创新创业环境
与农村创业行为研究

李秦阳◎著

CHUANGXIN CHUANGYE HUANJING

YU NONGCUN CHUANGYE

XINGWEI YANJIU

中国财经出版传媒集团

经济科学出版社

Economic Science Press

·北京·

图书在版编目（CIP）数据

创新创业环境与农村创业行为研究／李秦阳著．

北京：经济科学出版社，2024.9. -- ISBN 978 - 7 -5218 -
6343 -7

Ⅰ．F249.214

中国国家版本馆 CIP 数据核字第 2024M1K031 号

责任编辑：冯　蓉
责任校对：刘　娅
责任印制：范　艳

创新创业环境与农村创业行为研究
李秦阳　著
经济科学出版社出版、发行　新华书店经销
社址：北京市海淀区阜成路甲 28 号　邮编：100142
总编部电话：010 -88191217　发行部电话：010 -88191522
网址：www. esp. com. cn
电子邮箱：esp@ esp. com. cn
天猫网店：经济科学出版社旗舰店
网址：http：//jjkxcbs. tmall. com
固安华明印业有限公司印装
710×1000　16 开　25.25 印张　368000 字
2024 年 9 月第 1 版　2024 年 9 月第 1 次印刷
ISBN 978 - 7 -5218 -6343 -7　定价：114.00 元
（图书出现印装问题，本社负责调换。电话：010 -88191545）
（版权所有　侵权必究　打击盗版　举报热线：010 -88191661
QQ：2242791300　营销中心电话：010 -88191537
电子邮箱：dbts@ esp. com. cn）

前　言

PREFACE

　　党的十九大报告提出乡村振兴战略，强调优先发展农村地区，并以"产业兴旺"为根本，鼓励支持农民工、大学生、退伍军人等人员返乡入乡创新创业；党的二十大报告中强调了全面推进乡村振兴战略、农业农村优先发展总方针，积极培养本土人才。政府通过各种措施鼓励和支持农村地区的人才回流，包括返乡创业，以此促进农村经济的发展和农民的增收。2004～2024年，中央政府针对返乡入乡创业的特定人群和进入领域等诸多方面出台了一系列鼓励性政策。随着这些政策落实，各类返乡入乡创业人员也在逐年增加，农村创业实践呈现出两个显著特点：一是创业的主体多元化，农民成为主体力量。除了乡村能人，农村创业者还包括返乡农民工、返乡高校毕业生、退役军人以及工商资本等。二是创业的业态多样化，涉农产业是主要领域。创业的业态涉及农产品加工业、农村物流、农村电商、乡村休闲旅游与服务等领域。

　　习近平总书记强调："创新是乡村全面振兴的重要支撑。"① 全面实施乡村振兴战略的深度、广度、难度都不亚于脱贫攻坚，做好巩固拓展脱贫攻坚成果同乡村振兴有效衔接，加快农业农村现代化步伐，培育农村创新创业人才至关重要。农产发〔2020〕3号文《关于深入实施农村创新创业带头人培育行动的意见》指出，人才是创新创业的核心要素。2022年人力资源社会保障部、国家发展改革委、财政部、

---

① 习近平. 加快建设农业强国 推进农业农村现代化 [J]. 求是, 2023 (6).

农业农村部、国家乡村振兴局《关于进一步支持农民工就业创业的实施意见》提出，要促进农民工就近就业创业。多年来，涌现出一批饱含乡土情怀、具有超前眼光、充满创业激情、富有奉献精神的农村创新创业带头人，带动农村经济发展和农民就业增收的乡村企业家。

　　培育、鼓励和扶持农民创业是国家重要的战略计划之一。近年来国家扶持农村创业，相继推出了一系列有利于农村创业的政策。农村创业环境改善、创业机遇增多，农村创业正迎来迅猛发展的势头。就业是民生之本，创业是发展之源，实施乡村就业创业促进行动，对于推动乡村产业振兴、人才振兴、生态振兴、文化振兴和组织振兴，加快推进农业现代化，实现农业强起来、农村美起来、农民富起来，都具有十分重要的意义。但与此同时，农民创业仍然面临着诸多的困难和挑战，如教育培训机会少、金融政策覆盖面不足、获取创业信息困难等，这些因素无一例外地影响了农村创业者创业行为，从各个维度和方面影响着当下农村创业者的创业积极性。因此，本书首先对国内外关于农民创业、创业环境、创业行为等相关文献进行分析研究，并对 GEM 创业模型理论、计划行为理论、创业过程理论等相关理论进行综述，与此同时在对现有的文献资料综合梳理的前提下，以创业环境理论作为基础，对当前宏观经济运行状况进行扫描，对区域创新创业环境展开分析，从而确定研究的框架与研究重点。

　　农业农村部近年来实施三大举措推动农村创业活动，为我国农村营造优良的创业环境，掀起农村创业热潮，取得巨大成就。

　　一是树立农村创业标杆，发挥其示范引领作用。随着我国农村创业环境不断改善，涌现出一批农村创业带头人，成为引领乡村产业发展的重要力量。而人才是创业的核心要素，为激励更多优秀创业人才脱颖而出，扎根农村创业热潮中，农业农村部每年优选农村创业典型案例向社会公告[①]。例如，2023 年 12 月 11 日农业农村部决定面向全国推介北京亦辰园果蔬专业合作社陈山山等 156 个全国农村创业优秀

---

① 资料来源：农业农村部公告，http：//www.moa.gov.cn/。

带头人典型案例，宣讲他们的农村创业经验与创业成就，以激励更多创业者参与到农村创业实践中来。农业农村部公告中进一步强调，希望农村创业优秀带头人继续释放创业热情，敢为人先、先行先试，探索链条创业、融合创业、绿色创业、抱团创业、网络创业等新模式，不断丰富乡村经济业态、提升产业发展质量和水平，推动乡村产业高质量发展，带动更多农民就地创业就业。

农业农村部公告中要求全国各级农业农村部门要加大政策扶持力度，搭建更多平台载体，强化创新创业教育培训，做好服务保障，营造良好创业氛围。及时总结农村创业模式，推介一批农村创业典型案例，用鲜活的事例激励更多有梦想的创业者加入农村创业队伍中来，以拼搏的精神鼓舞他们、以富有创意的点子启迪他们，汇聚乡村产业振兴的各方力量，为全面推进乡村振兴、加快建设农业强国提供人才支撑。

二是加强农村创业平台的建设，孵化创业项目与培育创业人才并举。农村创业园区（基地）是推动农村创业发展、促进乡村产业振兴的重要平台。农业农村部近年来多次向社会公布我国农村创业平台建设情况，为农村创业提供更大便利，进一步优化农村创业环境。

为进一步高质量建设农村创业园区和孵化实训基地，打造一批县域返乡入乡创业平台载体，根据农业农村部等7部门《关于推进返乡入乡创业园建设提升农村创业创新水平的意见》（农产发〔2020〕5号）工作安排，农业农村部组织开展全国农村创业园区（基地）目录更新调整工作。按照政策措施有力、设施条件完备、创业服务聚焦的原则，经过考核优选，将北京市海淀区中关村创客小镇等2210个农村创业园区（基地）纳入《全国农村创业园区（基地）目录（2021）》，多年来我国农村创业服务平台数量节节攀升，为农村创业拓宽了创业空间，在提供更完善的农村创业服务和政策支持中起到了突出示范引领作用。

农业农村部在公告中还要求各地农村创业园区（基地）要持续完善设施建设、汇聚资源要素、提升综合能力，为入驻园区（基地）的创业项目以及有返乡创业意愿的人员提供全面、优质的创业服务，为推动乡村产业高质量发展贡献力量。同时要求各级农业农村部门要进一步推动农村创业园区（基地）建设，强化政策扶持，完善公共服务，加大宣传力度，为支持返乡入乡创业创造良好条件，为全面推进乡村振兴和加快农业农村现代化提供有力支撑。有条件的地区可以针对农村创业园区（基地）负责人素质提升开展专项培训、观摩研学等活动。

三是举办农村创业创新项目创意大赛，营造积极向上的农村创业氛围。农业农村部牵头并推动全国各地举办农村创业创新项目创意大赛，深入开展大赛以来，已经连续举办七届大赛，最大程度激发了农村创业者激情，提升了农村创业水平。例如，2023年第七届上海市、湖南长沙市、辽宁省、甘肃省等省市农村创业大赛成功举办，大赛主题是"聚焦农业服务价值提升，展现休闲产业发展更多可能"。各省市因地制宜、百家争鸣般的大赛盛况，将农村创业活动开展推向新的阶段。

通过以上对第七届全国农村创业大赛区域选拔赛以及长三角区域主题赛事部分省市盛况的回顾、创业典型个人与案例的推介以及分布在全国各地的农村创业平台的建设，显示出我国农村创业活动开展氛围浓厚，农村创业者创业过程中得到社会各界的关注和支持，创业环境很大程度上得以优化，未来农村创业活动会更加频繁，创业主体多元化，客观上急需创业理论的指导，规范其创业行为，提升其创业能力，降低创业风险，从而高效推动乡村振兴战略的实施。

"十四五"开局以来，全国各地以乡情感召、政策吸引、事业凝聚，引导有资金积累、技术专长、市场信息和经营头脑的人才到农村创新创业，但一定程度上仍存在总量不大、层次不高、带动力不强等问题，亟须加快培育壮大农村创业者队伍。对农村创业者而言，创业环境是影响他们创业行为的关键因素，我国农村的创业环境与城市创业环境相较还存在较大差距，例如，政策支持力度不够、技术与创业培训缺失、基础设施不全等。但近年来，国家及各地政府出台了系列政策鼓励支持农村创业，创业环境也在一定程度上得到了改善，农村创业的活跃度也在不断提高。由此可见，创业环境是农村创业的强大驱动力，研究农村创业环境，可以指导农村创业者的创业行为，增加当地的创业机会，有利于农村创业者获取创业资源，降低创业成本，提高创业的意愿和创业的成功率。对于当下的农村创业环境究竟如何？创业环境对农村创业的影响程度怎么样？农村创业者对创业环境的诉求究竟集中在何处？政府可以进行怎样的优化？农村创业者怎样才能准确捕捉和识别创业机会？如何设计可行的商业模式，提高创业成功的概率？明确当前创业环境对其创业行为带来的机遇与影响展开研究，只有将这些问题进行探究，才能促进农村创业者摒弃顾虑，放手创业，实现梦想，尤其是让农民走出"不敢创业、不想创业、不会创业"的困境。因此本书从我国宏微观创业环境观察与梳理入手，根据调查的实际情况，实证考察创业环境对农村创业者创业行为的影响以及作用机理，提出优化农村创业环境的对策建议，并对其他地区改善创业环境，增强农村创业者创业信心与决心，提高农村创业者创业能力等方面进行调查研究，为其创业活动顺利开展提供理论支持与现实参考。

自 2016 年起，笔者就参与到农村创业项目当中，深感农村创业艰辛，在乡土情结鞭策下思考着为农村创业做点研究。教学科研过程中得到南开大学张玉利教授、山东财经大学陈寒松教授等专家们的辛勤指导，本书从他们的丰硕研究成果中得到启发和借鉴，在此衷心感谢。在本书写作过程中还凝聚了研究团队心血和汗水，是他们贡献智慧和辛勤付出才使得本著作顺利完成，他们分别是施嘉岳副教授、汪金燕副教授，孙运兴、杨丽莉、邢梦凝、宗厚喜、潘腾腾等，在此深表感谢。希望在今后的研究过程中团队更加努力，出更多的成果。

衷心感谢经济科学出版社的领导与编辑，在你们悉心帮助下顺利完成本书。

感谢烟台大学农业与农村研究院对本项目的支持。

李秦阳

2024 年 4 月

目 录
CONTENTS

第一章 绪 论

第一节 研究背景

一、政策与理论背景

近年来，农村创业热潮持续升温，在推进乡村振兴的进程中发挥着举足轻重的作用，而积极地促进农村创业，一方面可以推动城镇化和农村非农产业的发展；另一方面可以拓宽农民的就业渠道，提高农民的收入水平。

党的十九大报告提出乡村振兴战略，强调优先发展农村地区，并以"产业兴旺"为根本，鼓励支持农民工、大学生、退伍军人等人员返乡入乡创新创业。2004～2024 年，中央政府针对返乡入乡创业的特定人群和进入领域等诸多方面出台了一系列鼓励性政策。随着这些政策落实，各类返乡入乡创业人员也在逐年增加，他们农村创业实践呈现出两个显著特点：一是创业的主体多元化，农民成为主体力量。除了乡村能人，农村创业者还包括返乡农民工、返乡高校毕业生、退役军人以及城市企业等。农业农村部的统计数据显示，2022 年 1 220 万返乡下乡创业人员有 850 万是农民工，占比达到 70%。二是创业的业态多样化，涉农产业是主要领域。创业的业态涉及农产品加工业、农村物流、农村电商、乡村休闲旅游与服务等领域。

培育、鼓励和扶持农民创业是国家重要的战略计划之一。近年来国家政策反复地强调扶持农村创业，相继推出了一系列有利于农村创业的政策，农村创业环境改善、创业机遇增多，农村创业正迎来迅猛发展的势头。2018 年农业农村部发布《关于大力实施乡村就业创业促进行动的通知》，强调就业是民生之本，创业是发展之源，实施乡村就业创业促进行动，对于推动乡村产业振兴、人才振兴、生态振兴、文化振兴和组织振兴，加快推进农业现代化，实现农业强起来、农村美起来、农民富起来，都具有十分重要的意义。农产发（2020）3 号文《关于深入实施农村创新创业带头人培育行动的意见》指出，人才是创新创业的核心要素。多年来，涌现出一批饱含乡土情怀、具有超前眼光、充满创业激情、富有奉献精神的农村创新创业带头人，他们是带动农村经济发展和农民就业增收的乡村企业家。2022 年人力资源社会保障部、国家发展改革委、财政部、农业农村部、国家乡村振兴局《关于进一步支持农民工就业创业的实施意见》提出，要促进农民工就近就业创业。

但与此同时，农民创业仍然面临着诸多的困难和挑战，如教育培训机会少、金融政策覆盖率低、获取创业信息困难等，而这些因素无一例外地影响了农村创业者创业行为，这些因素中最为集中的部分则是创业环境情况，它从各个维度和方面影响着当下农村创业者的创业积极性。因此，本书首先对国内外关于农民创业、创业环境、创业行为等相关文献进行分析研究，并对 GEM 创业模型理论、计划行为理论、创业过程理论等相关理论进行综述，最终在对现有的文献资料综合梳理的前提下，以创业环境理论作为基础，对当前宏观经济运行状况进行扫描，对区域创新创业环境展开分析，从而确定研究的框架与研究重点。

二、现实背景

农业农村部是我国农村创业活动开展的领导者和发起主体，近年来实施三大举措推动农村创业活动，为我国农村营造优良的创业环境，掀起农村创业热潮，取得巨大成就。

（一）树立农村创业标杆，充分发挥其示范引领作用

随着我国农村创业环境不断改善，涌现出一批农村创业带头人，成为引领乡村产业发展的重要力量。人才是创业的核心要素，为激励更多优秀创业人才脱颖而出，扎根农村创业热潮中来，农业农村部每年优选农村创业典型案例向社会公告。例如，2023 年 12 月 11 日农业农村部决定面向全国推介北京亦辰园果蔬专业合作社陈山山等 156 个全国农村创业优秀带头人典型案例，宣讲他们的农村创业经验与创业成就，以激励更多创业者参与到农村创业实践中来。农业农村部公告中进一步强调，希望农村创业优秀带头人继续释放创业热情，敢为人先、先行先试，探索链条创业、融合创业、绿色创业、抱团创业、网络创业等新模式，不断丰富乡村经济业态、提升产业发展质量和水平，推动乡村产业高质量发展，带动更多农民就地创业就业。

农业农村部公告中还要求全国各级农业农村部门要加大政策扶持力度，搭建更多平台载体，强化创新创业教育培训，做好服务保障，营造良好创业氛围。要及时总结农村创业模式，推介一批农村创业典型案例，用鲜活的事例激励更多有梦想的创业者加入农村创业队伍中来、以拼搏的精神鼓舞他们、以富有创意的点子启迪他们，汇聚乡村产业振兴的各方力量，为全面推进乡村振兴、加快建设农业强国提供人才支撑。

（二）加强农村创业平台的建设，孵化创业项目与培育创业人才并举

农村创业园区（基地）是推动农村创业发展、促进乡村产业振兴的重要平台。农业农村部近年来多次向社会公布我国农村创业平台建设情况，为农村创业提供更大便利，进一步优化农村创业环境。

为进一步高质量建设农村创业园区和孵化实训基地，打造一批县域返乡入乡创业平台载体，根据农业农村部等 7 部门《关于推进返乡入乡创业园建设提升农村创业创新水平的意见》（农产发〔2020〕5

号）工作安排，农业农村部组织开展全国农村创业园区（基地）目录更新调整工作。按照政策措施有力、设施条件完备、创业服务聚焦的原则，经过考核优选，将北京市海淀区中关村创客小镇等2 210个农村创业园区（基地）纳入《全国农村创业园区（基地）目录（2021）》，多年来我国农村创业服务平台数量节节攀升，为农村创业拓宽了创业空间，在提供更完善的农村创业服务和政策支持中起到了突出示范引领作用。

农业农村部在公告中还要求各地农村创业园区（基地）要持续完善设施建设、汇聚资源要素、提升综合能力，为入驻园区（基地）的创业项目以及有返乡创业意愿的人员提供全面、优质的创业服务，为推动乡村产业高质量发展贡献力量。同时要求各级农业农村部门要进一步推动农村创业园区（基地）建设，强化政策扶持，完善公共服务，加大宣传力度，为支持返乡入乡创业创造良好条件，为全面推进乡村振兴和加快农业农村现代化提供有力支撑。有条件的地区可以针对农村创业园区（基地）负责人素质提升开展专项培训、观摩研学等活动。

（三）举办农村创业创新项目创意大赛，营造积极向上的农村创业氛围

农业农村部牵头并推动全国各地举办农村创业创新项目创意大赛，深入开展大赛以来，已经连续举办七届大赛，最大限度激发了农村创业者激情，提升了农村创业水平。

例如，2023年第七届上海市、湖南长沙市、辽宁省、甘肃省等省市农村创业大赛成功举办，大赛主题是"聚焦农业服务价值提升，展现休闲产业发展更多可能"。各省市因地制宜、百家争鸣般的大赛盛况，将农村创业活动开展推向新的阶段。

当前，在市场拉动、政策推动、主体带动和创新驱动下，休闲农业和乡村旅游蓬勃发展，呈现出市场需求旺盛、经营主体多元、类型模式多样、质量效益提升的良好势头。第七届大赛聚焦休闲农业和乡村旅游，以"挖掘农业农村资源，做好乡村休闲产业"为主题，吸引

一批乡村企业、合作社、家庭农场等创业项目经营主体参赛，旨在通过搭建展示平台，营造大众创业、万众创新的良好氛围，为乡村振兴提供强而有力的支撑。

通过以上对第七届全国农村创业大赛区域选拔赛以及长三角区域主题赛事的部分省市盛况的回顾、创业典型个人与案例的推介以及分布在全国各地的农村创业平台的建设，显示出我国农村创业活动开展氛围浓厚，农村创业者创业过程中得到社会各界的关注和支持，创业环境很大程度上得以优化，未来农村创业活动会更加频繁，创业主体多元化，客观上急需创业理论的指导，规范其创业行为，提升其创业能力，降低创业风险，从而高效推动乡村振兴战略的实施。因此开展本书的研究恰如其时，意义重大。

第二节　问题的提出

对农村创业者而言，创业环境是影响他们创业行为的关键因素，我国农村的创业环境与城市创业环境相较还存在较大差距，例如，政策支持力度不够、技术与创业培训缺失、基础设施不全等。但近年来，国家及各地政府出台了系列政策鼓励支持农村创业，创业环境也在一定程度上得到了改善，农村创业的活跃度也在不断提高。由此可见，创业环境是农村创业的强大驱动力，研究农村创业环境，可以指导农村创业者的创业行为，增加当地的创业机会，有利于农村创业者获取创业资源，降低创业成本，提高创业的意愿和创业的成功率。对于当下的农村创业环境究竟如何？创业环境对农村创业的影响程度怎么样？农村创业者对创业环境的诉求究竟集中在何处？政府可以进行怎样的优化？农村创业者怎样才能准确捕捉和识别创业机会？如何设计可行的商业模式，提高创业成功的概率？明确当前创业环境对其创业行为带来的机遇与影响展开研究，只有将这些问题进行探究，才能促进农村创业者摒弃顾虑，放手创业，实现梦想，尤其是让农民走出"不敢创业、不想创业、不会创业"的困境。因此本书从我国宏微观创业环境观察与梳理入手，根据调查的实际情况，实证考察创业环境对农村创业者创业行为的影响以及作用机理，提出优化农村创业环境的对策建议，并对其他地区改善创业环境，增强农村创业者创业信心与决心，提高农村创业者创业能力等方面进行调查研究，为其创业活动顺利开展提供理论支持与现实参考。

有鉴于此，厘清有关农村创业研究涉及几个概念：农民创业、农村创业、农业创业、乡村创业、农村创业者。明确本书的研究主体——农村创业者内涵及本质为前提，构建研究框架（见表1-1）。

表1-1　农民创业、农村创业、农业创业及乡村创业的概念辨析

主题	研究视角	概念界定
农民创业	创业者特质	具备创业资本和能力的农民重组生产要素资源、开辟新的生产领域和创新经营形式的过程
农村创业	创业环境	在农村地区创建新组织，以生产新的产品、提供新的服务、创建新的市场，抑或采取新的技术
农业创业	产业特征	个人或集体参与农业的产前、产中、产后或全产程的自主创业活动
乡村创业	创业主体、环境、产业选择的交互特征	发生在乡村空间，以农民为主体，以农业为基础，通过开创与农业经济活动相关的新企业或新事业
农村创业者	创业者特质	发生在农村空间，由农民、返乡农民工、返乡大学生等组成群体，以农业为基础，通过开创与农业经济活动相关的新企业或新事业

资料来源：根据相关文献（庄晋财等，2023；吴昌华等，2008；Hartman，1990；赵立，2012）整理而成。

农村创业者本质内涵表现出复杂性和融合性，以"农村"这一创业空间的本质规定性作为逻辑起点，考虑农村创业的空间属性和产业属性，其限定性为"发生在农村空间，以农民、返乡农民工、返乡大学生、退伍军人、入乡创业的科技人员等组成的复合群体，以农业产业为基础，开创与农业经济活动相关的新企业或新事业"。

第三节 选题目的和意义

一、选题目的

农村创业是实现乡村振兴的主要方式，通过我国各地农村创业发展，既可以分摊大城市的就业压力，又能推进农村的产业振兴和经济发展，以创业带动当地就业，以就业促进创业的稳步前行，而创业环境作为农村创业的重要组成部分，在全球创业观察中国报告中指出，我国属于创业环境相对落后的地区，但是创业活跃度又相对较高，创业活动程度受到了创业环境的制约。因此，本书在梳理我国创新创业环境演变的前提下，对农村创业者创业行为进行了深入研究，进一步分析其创业行为与外在的创业环境以及内在的创业能力与资源的协同作用机制。

二、选题的意义

（一）理论意义

习近平总书记在浙江工作时亲自谋划推动"千村示范、万村整治"工程，从农村环境整治入手，由点及面、迭代升级。2024 年中央一号文件提出，要以学习运用"千万工程"经验为引领，对当前及今后一个时期"三农"工作进行系统部署，释放有力、有效推进乡村全面振兴信号。可见，对于我国农村的发展，一直以来都是党和国家坚守的不二阵地，而激发以农民为主体的农村创业活力，则是我国农村发展的一条重要途径。本书在对当下相关研究分析的基础上，对创造良好的创业环境、激发以农民为主体的农村创业者创业意愿、引导其创业行为等展开理论研究，以其丰富我国农村创业理论，为我国各级政府出台农村创业扶持政策与优化创业环境举措提供理论参考，为农村创业者开展创业活动提供理论学习与指导等方面具有重要理论意义。

（二）现实意义

创业环境是农村创业者创业的强大驱动力，研究农村创业环境，可以指导农民的创业行为，增加当地的创业机会，有利于农村创业者获取创业资源，降低创业成本，提高创业的意愿和创业的成功率。

我国近期出台的系列农村政策与创业环境的持续优化，一方面为农村创业活动拓宽了领域，增加了更多的创业机会，增强了农村创业者的信心；另一方面为本书的研究指明了方向，明确了其现实意义。

2024 年 1 月农业农村部关于落实《中共中央、国务院关于学习运用"千村示范、万村整治"工程经验有力有效推进乡村全面振兴工作部署的实施意见》中指出农村发展的重点领域，农村创业者从这些领域发现蕴藏的创业机会。例如，第十九条"大力发展生态循环农业。制定生态循环农业实施方案，加快构建生态循环农业产业体系。推广绿色技术促进小循环。加强新型农业经营主体技术培训，推广应用绿色高效品种机具，因地制宜发展稻渔综合种养、粮畜菌果等生态种养。推进种养结合促进中循环。实施绿色种养循环农业试点，培育一批粪肥还田社会化服务组织，促进种养适配、生态循环。发展绿色经济促进大循环。建设一批生态循环农业生产基地，推动全产业链绿色低碳发展。加快推进国家农业绿色发展先行区建设，开展省级农业绿色发展水平监测评价。"从这段论述中可以分析发展生态循环农业迎来发展机遇期，同时也指明了该类创业项目商业模式创新的主要思路，本书关于农村创业项目商业模式框架设计及案例分析部分将对此进行深入探讨。

再如，第二十一条"大力发展乡村特色产业。提升特色种养。支持开展特色种质资源收集普查，筛选一批性状优良的特色品种。建设一批特色农产品标准化生产基地，遴选一批热带作物标准示范园，推动产业提档升级。调优水果生产布局和品种结构，发展现代果园，完善采后处理、加工和冷链物流体系，促进水果产业高质量发展。做精乡土特色产业。加强传统手工艺保护传承，发掘培育篾匠、铁匠、剪纸工等能工巧匠，促进传统工艺特色产业发展，创响'工艺牌'、'文化牌'等乡土品牌。培育乡村特色产业专业村镇，发展一批特色粮油、果菜茶、畜禽、水产品、乡土产业等村镇。"这段论述中更是包含着丰富的农村创业项目（机会），农村创业者如何从中挖掘创业机会，并实施创业行动？本团队研究过程中有个典型的案例《柿子的财富密码》，非遗工艺技法"柿染工艺"的挖掘及传承项目荣获山东省第六届"建行杯""互联网＋"全国大学生创新创业省赛银奖，项目落地产生了很好的经济价值和社会效应。

因此，随着农村创业研究的深入，将会涌现出丰富的研究成果助力我国农村创业活动的顺利开展，为农村创业者提供理论学习与交流。本书的边际贡献在于：一是提出了"农村创业者"概念，一定程度上丰富农村创业的研究内容；二是创业知识传播与农村创业理论研究结合起来，即理论研究与实践观察紧密结合，便于农村创业者学习研讨，有助于农村创业者学习，提升其创业能力。此外，本书聚焦农民、返乡农民工、返乡大学生等群体创业行为，社会资本进入农村"二次创业"、科技人员下乡创业等尚未涉及，这方面的研究今后将持续展开。

第四节　研究思路与结构安排

一、研究思路

本书聚焦"农村创业者"这一复合群体，在梳理农村创业理论研究成果基础上，围绕当下创业环境分析展开农村创业者创业行为研究，全书分三个部分。

第一部分分析创业环境。对我国宏观经济环境近年来的变化及现状进行回顾，接着对我国区域创新创业环境变化及其影响因素进行分析，揭示区域创新效率、创新成果对农村创业的输出效应，引入互联网经济发展带来的社会变革及其对创新创业活动产生的推动作用。

第二部分研究农村创业者创业行为。针对农村创业行为的关键部分展开理论与案例研究，主要对创业群体及其行为特征、农村创业机会识别及把握、农村创业项目的商业模式设计等内容展开理论分析与案例研究。

第三部分展开研究创业环境与农村创业者创业行为互动特质性。主要对山东 Y 市返乡大学生农村创业行为影响因素、山东 YW 地区新生代农民工创业意愿展开调查与实证分析，结合当前创业环境对农民创业能力培育进行了研究。

二、结构安排

全书共分十章。围绕三个问题展开：第一，我国创新创业环境现状及其演变回顾；第二，农村创业者创业行为及其实践案例研究；第三，创业环境与农村创业者创业行为的互动研究，针对研究结论提出应对之策。

具体结构安排如下。

第一章，绪论。从理论与现实两个方面介绍本书的研究背景，提出本书的研究问题，揭示本书的研究目的与意义。指出本书的研究边际贡献与研究展望，并指明研究思路与结构安排。

第二章，概念辨析与理论基础。对本书涉及高频次概念与理论加以阐释，主要包括创新创业环境、农村创业者、农村创业行为概念辨析与蒂蒙斯创业理论、加纳创业模型、威科姆学习过程创业模型、GEM 创业模型、五维度模型以及劳动力转移理论、计划行为理论简介，是本书研究的前提与基础。

第三章，区域创新创业环境。基于前期的研究成果与研究团队的初心展开，主要分析了区域创新环境对创新效率的影响，随着区域创新能力的提升及其成果产出，给予农村创业输入效应等方面展开研究。

第四章，创新创业环境与农村创业。梳理宏观创新创业环境的演变、互联网经济发展对农村创业行为的影响、新时代宏观经济环境分析等，厘清当前我国的创新创业环境给农村创业带来的机遇和挑战。

第五章，农村创业者特征分析。农村创业者，相对独特的社会群体进行描述性分析基础上，对农村创业者创业能力组成与训练培育、农村创业者创业过程中经历的风险与压力等负面效应进行分析，结合案例研究总结经验，探索内在规律。

第六章，农村创业机会识别。从创业机会的来源、创业机会的类型及其特征、创业机会识别方法和实践入手，对创业机会进行评价，进一步构建创业机会。最后结合创业机会识别案例研究，以增强农村创业者对创业机会的识别能力。

第七章，农村创业商业模式设计。农村创业者需要关注创业环境的变化，明确时代特征，熟悉商业模式的内涵及构成要素；掌握商业模式设计的方法及难点所在，在动态和竞争过程中设计优化商业模式，尝试模仿借鉴；结合商业模式设计经典案例研究，强化其实践能力与提升创业成功几率。

第八章，乡村振兴背景下返乡大学生创业行为影响因素研究。主要采用文献综述、问卷调查、实证分析等方法，以山东 Y 市大学生作为调查对象，结合 Y 市大学生返乡创业的实践展开分析，结合当前国内外对于大学生返乡创业的研究现状，针对当前 Y 市大学生在乡村振兴战略推行的背景下，其返乡创业行为所受到的影响进行研究。通过从个人、环境、政策和学校四个维度进行实证分析，提出增加学生返乡创业了解度，提升返乡创业意识，拓宽返乡创业融资渠道，增加家庭创业支持度，加强大学生返乡政策宣传力度，完善政策落实措施，建立科学健全的人才培养体系，增强学生创业引导等建议。

第九章，乡村振兴背景下新生代农民工创业意愿影响研究。在研究过程中针对山东省 YW 地区新生代农民工，从不同方面、不同维度对乡村振兴战略背景下该区域新生代农民工创业意愿展开了深入化、全面化的探析。以资源禀赋理论、创业理论、推拉理论、需求层次理论等作为重要基础，结合研究目的，设计调查问卷，利用实地调研的方式收集、整理各方面信息数据；通过 logistic 回归模型围绕 YW 地区乡村振兴战略背景下新生代农民工创业意愿的影响因素展开深入、全面的研究，分析结论表明，对新生代农民工创业意愿产生影响的因素共包含 11 个，如文化水平、年龄、资金、工作技能等。本章研究结论与提出的假设相符度高，结合实证分析结论，从三个不同方面提出了乡村振兴战略背景下进一步提高新生代农民工创业意愿的对策，具体是提升新生代农民工的人力资本、改善新生代农民工创业环境、完善新生代农民工创业的政策支持等。

第十章，农村创业能力培育。在调研及文献查阅过程中发现农村创业培训大都包含在农民职业培训之中，选拔部分农民进行创业培训，推进农村创业活动，培育农村致富带头人解决"三农"问题的战略安排，农村返乡大学生创业群体大部分在学校接受过创业的系统培训，少部分参与到农民职业培训活动之中，也是农村创业者深入了解农村创业环境、了解农民、提升自身创业能力的关键通道。由于农村创业能力培育主要是通过新型农民职业培训同步完成的，实践当中极少单独开展农村创业培训，创业能力培育很大程度上等同于农村职业培训，以此调查并观测农村创业能力培育状况及其规律。本章从农民的视角研究职业农民创业培训目前存在的问题，并根据问卷数据统计分析结果提出合理化建议。

第二章　概念辨析与理论基础

　　本书涉及的基本概念和理论基础较为丰富，在本章里仅选频次高的概念和理论加以阐释，以便于农村创业者学习及同行交流，其余概念与研究理论基础在相应的章节有详细论述，在此不再赘述。

第一节　概念辨析

一、创新创业环境

　　在我国，政府高度重视创新创业，积极推进"大众创业，万众创新"，以此作为深入实施创新驱动发展战略的重要支撑和深入推进供给侧结构性改革的重要途径。近年来，我国的创新创业环境得到了持续改善，创新创业主体日益多元，各类支撑平台不断丰富，创新创业社会氛围更加浓厚，创新创业理念日益深入人心。

　　创新创业环境是一个综合性的概念，涵盖了一系列的外部因素，包括政策、经济、社会、文化和科技等方面人文环境以及地理区位、气候条件、水文植被等自然环境，本书研究的内容侧重于由政策环境、经济环境、社会环境、文化环境、科技环境等多个子环境构成的人文环境，其每个组成部分都对创业活动产生着极其重要的影响。

　　根据最新的研究，当前的创新创业环境呈现出以下几个特点：

　　（1）政策支持力度越来越大。政府深入实施创新驱动发展战略，为创新创业提供了有力的政策支持。例如，国务院发布了关于推动创新创业高质量发展的意见，提出了一系列的政策措施，包括打造"双创"升级版，推动创新创业高质量发展。

（2）科技进步提升创业能力越来越强。科技进步是推动创新创业的重要力量。大数据、人工智能、物联网等技术的快速发展，为创新创业提供了更多的可能性。

（3）全球化趋势让创业者视野更加开阔。全球创新创业逐渐偏向个性化以及流量化。大数据的存在使得创业者可以更准确地把握顾客的特征及需求，从而进行个性化定制。

（4）社会文化环境营造的创业氛围越来越浓。社会价值观的变化也对创新创业环境产生了影响。创新、创业、冒险、拼搏等成为主流价值观，鼓励创新、支持创业、宽容失败的文化氛围逐渐形成。

创新创业环境对创业活动的影响，概括起来一个良好的创新创业环境可以为创业者提供肥沃的土壤、适宜的空气和充足的阳光，让一切劳动、知识、技术、管理、资本的活力竞相迸发，让一切创造社会财富的源泉充分涌流。

在全球范围内，创新创业环境也在发生变化。例如，全球创新创业逐渐偏向个性化以及流量化，大数据的存在使得创业者可以更准确地把握顾客的特征及需求，从而进行个性化定制。此外，全球化背景下，信息传播加快，也为创新创业提供了更多的机会。

创新创业环境未来趋势。根据最新的研究进展观测到，我国的创新创业环境正在持续改善。一方面，政府正在深入实施创新驱动发展战略，推动大众创业万众创新，这为创新创业提供了强大的政策支持和市场环境；另一方面，我国拥有丰富的创业创新要素资源，这是大众创业、万众创新的强大基础。

与农村创新创业环境关联度高的是对农村创业生态关注和研究。农村创业生态是农村创业环境主要组成部分，是指在农村地区，以农民为主体，以农业为基础，开展与农业经济活动相关的新企业或新事业的生态环境。它包括政策环境、市场机会、创业资源、创业服务等多个方面。

农村创业生态的现状发生了很大变化。近年来，我国农村创业生态得到了快速发展。一方面，国家出台了一系列鼓励农村创业的政策，比如设立农村创新创业孵化实训基地，推动农村创业项目的实施；另一方面，农村创业也出现了许多新的业态，如生态农业、智慧农业、农业机械化、农村电商等。这些新业态的出现，为农村创业带来了更多的机会。

农村创业生态变化为农村创业者带来的挑战与机遇并存。虽然农村创业生态取得了一定的进步，但是仍然面临着一些挑战。例如，农村创业的资金短缺、技术落后、人才匮乏等问题依然存在。然而，这些挑战也正是农村创业的机遇所在。因为只有解决了这些问题，才能真正推动农村创业生态的发展。

对于农村创业者来说，有理由充满信心，随着我国乡村振兴战略的深入推进，农村创业生态将迎来更大的发展空间。同时，随着科技的进步，农村创业将更加便捷，创业成本将大大降低，这无疑将为农村创业生态注入新的活力。农村创业生态是一个复杂且多元的系统，它既包含了挑战，也孕育着机遇。只有充分认识和应对这些挑战，才能抓住机遇，推动农村创业生态的持续健康发展。

然而，尽管我国的创新创业环境取得了显著的成就，但也存在一些问题，比如创新创业生态不够完善、科技成果转化机制尚不健全、大中小企业融通发展还不充分、创新创业国际合作不够深入以及部分政策落实不到位等，这也是本书的价值以及我们团队持续研究的动力所在。

创新创业环境是一个动态变化的系统，受到许多内外因素的影响。因此，需要不断地研究和探索，以便更好地理解和应对创新创业环境的变化，为创新创业提供更好的支持和服务。正确理解和认知创新创业环境，识别创业机会，变环境的不确定性为可控，大大降低创业风险，本书的研究任重而道远。

二、乡村振兴战略

乡村振兴战略制定与实施，是当前农村创业环境的主要特征。在现阶段的"三农"问题中，乡村振兴战略是核心，能够促使农业农村现代化进程不断提升，可以让我国从农业大国转向农业强国。这一战略是以习近平同志为核心的党中央集体思想的重要组成部分，也是当前社会发展中将习近平新时代中国特色社会主义思想作为指引，从五个方面对当前社会进行的发展要求，乡村振兴也是对习近平新时代中国特色社会主义思想的具体解释。

乡村振兴战略内容为：产业兴旺、生态宜居、乡风文明、治理有效、生活富裕。其中产业兴旺是乡村振兴的重点，要想促进乡村产业振兴，就必须建立起一个现代农业的产业体系、生产体系、经营体系。产业兴旺的一个重要方面是发展现代农业，它的核心是通过产品、技术、制度、组织和管理等方面的创新，来提升良种化、机械化、科技化、信息化、标准化、制度化和组织化的程度。要发展现代农业，要发展新型职业农民，要发展适度规模经营，要发展业务外包，要发展生态化；同时要推动农村一二三产业的融合发展，推动农业产业链的延伸，为农民提供更多的工作岗位和收入。生态宜居，农村具有得天独厚的自然条件，能够创造出城市所不具备的青山绿水，从而实现人民安居乐业的理想。倡导保持乡土风貌，保持农村风貌，保护农村生态，治理农村环境污染，达到人与自然的和谐相处。乡风文明是乡村振兴的保障，乡风文明建设不仅包含推动乡村文化教育、促进医疗卫生等事业发展，完善农村基本公共服务等关乎民生的基础内容；还包含大力弘扬社会主义核心价值观，传承遵规守约、尊老爱幼、邻里互助、诚实守信等一系列乡村优良风气，使乡村传统文化与现代文明相互融合；更包含充分借鉴国内外乡村文明的精华，创建新举措。治理有效是实现乡村振兴的重要前提，健全党委领导、政府负责、社会协同、公众参与、法治保障的现代乡村社会治理体制，健全自治、法治、德治相结合的乡村治理体系，加强农村基层党组织建设，深化村民自治实践，建设平安乡村。生活富裕是乡村振兴的根本，要着力维持农民的经济稳定发展，不断降低农村居民的恩格尔系数，不断缩短城乡之间的收入差异，使广大农民与城镇居民一道迈入全面小康，并稳步迈向共同富裕。

三、农村创业者

农村创业者正在成为农村经济增长的新主体、新力量。农业农村部的数据显示，截至 2023 年底，当年全国返乡入乡创业人员数量累计达到了 1 220 多万。农村创业不仅能够刺激当地土地、产业、人才、市场等资源要素的高效流动，还能繁荣乡村产业、推动农业供给侧结构性改革、增加农民收入，助力农业强国建设。

农村创业者是指在农村地区开展创业活动的个人或团体，他们的创业活动通常与农业生产和农村经济发展紧密相连，他们主要由农民和返乡农民工、返乡创业大学生、退役军人、科技工作者等组成。农村创业者的内涵主要有以下几个维度构成：

（1）主体维度：农村创业者主体是农民、农民工，占比 70%，还包括返乡创业大学生、退役军人、科技工作者等，他们是农村产业发展的主体力量，通过辛勤劳动和创新创业致富。

（2）创业环境维度：农村创业者需要在特定的环境中进行创业活动，这包括农村的地理位置、资源状况、政策环境等因素。

（3）创业内容维度：农村创业者的创业活动通常与农业经济活动相关，例如种植业、养殖业、农产品加工业、乡村旅游及服务业等。

（4）创业模式维度：农村创业者的创业模式多样，包括传统的农业生产模式、现代化的农业经营模式、农村服务业等。

（5）创业能力维度：农村创业者需要具备一定的创业能力，包括信息获取能力、市场洞察能力、管理能力等。

（6）创业目标维度：农村创业者的创业目标是实现个人财富增长和社区经济发展，同时也为实现乡村振兴作出贡献。

以上六个维度界定了农村创业者概念内涵，确定了本书研究主体的特征。需要注意的是，尽管农村创业者在农村地区开展创业活动，但他们并不局限于农村地区，也可以在城市或其他地方进行创业活动。此外，农村创业者也面临着一些挑战，如资金短缺、人才缺乏等问题。农村创业者通常会选择利用当地的农业资源，例如种植业，通过土地流转获得使用权，有效地盘活农村闲置的耕地进行粮食生产。此外，农村创业者还会选择进入农业服务业。

一般来说，农村创业者需要具备一定的商业敏感度，善于从创业环境中发现和把握机会，同时也需要有一定的资金储备和良好的市场洞察力。此外，政府的政策扶持和社会各界的支持也是非常关键的因素。

四、新生代农民工

"农民工"这个词语有一定的历史性，这也是我国在特殊国情之下的产物。1984 年中央一号文件出台后，"农民工"这一称谓也应运而生，2006 年，国务院在《关于解决"农民工"问题的若干意见》中第一次使用了"农民工"概念，即老一辈农民工，并写入我国政府的相关指导文件中。2010 年《中共中央　国务院关于加大统筹发展力度、进一步夯实农业农村发展基础的若干意见》中第一次使用"新生代农民工"这个词，2011 年，国家统计局报告中明确指出，"新生代农民工"主要是指出生于 1980 年之后，进城务工时间在半年之上，并且常住地在城市、户籍在农村的劳动人口。《2022 年农民工监测调查报告》中显示，2022 年，中国农民工总人数增加至 29 562 万人，年龄在 40 岁及以下的农民工人数占比为 47% 左右。由此可见，新生代农民工在农民工队伍中占据着重要地位。与第一代农民工相比，新生代农民工的受教育水平相对更高，缺乏务农经验，以外出务工为主要经济来源。

新生代农民工具有独特的个人特征，主要表现在以下几个方面：一是自身条件较为优越。由于改革开放以来国家经济大环境的影响以及父辈的辛勤付出，家庭大多有一定的存款。并且新生代农民工受教育水平较高，他们对于自己的职业生涯具有较多的规划，不再愿意从事高强度低薪酬的工作。二是职业期望的转变。他们获取工作信息的渠道较多，同时他们的人力资本也比较高，因此其职业薪酬水平也会较父辈有明显提升。三是生活习惯方面。他们不再像老一辈一样执着于省吃俭用积攒存款，更加注重的是生活品质，追求物质享受、精神满足，注重子女教育，消费支出比例大，生活观念多元。四是价值目标方面。重视个人能力的提升，看重职业前景，期待更高的物质回报，物质基础的不断提升，也使他们更重视社会认同感与社会地位。

五、农村创业行为

（一）农村创业行为涵盖领域

农村创业行为涵盖了许多方面，包括农村创业选择的创业领域、创业动机、面临的挑战和机遇、创业机会识别与把握，以及对当地经济和社会的影响等。农村创业者创业行为内涵主要包括以下几个方面。

（1）农村创业领域。农村创业者通常会选择与农业相关的领域进行创业，例如农业生产加工、种植业、养殖业等，他们也可能会选择旅游业、物流业、农村电商、乡村休闲业、农村教育培训、农村金融服务等领域。

（2）农村创业者创业动机。农村创业者的创业动机可能受到多种因素的影响。一方面，可能是出于对提升家庭社会地位、改善村落人缘水平、增加村落话语权等非经济目标的追求；另一方面，也可能是因为看到了创业带来的经济收益，或者是希望通过创业来解决就业问题，增加收入等。

（3）农村创业者面临的挑战和机遇。农村创业者面临的主要挑战包括缺乏资金、技术和市场信息，以及不完善的创业环境和政策支持。然而，随着政府对农村创业的政策扶持力度加大，以及农村创业环境的逐步完善，农村创业者也面临着越来越多的机遇。

（4）创业机会的识别与把握。农村创业者对机会的识别是其创业行为重要组成部分，也是创业者应当具备核心能力，创业者需要通过市场调研、行业分析等方式，确定有潜力的商业机会，准确识别机会是创业成功的前提。

（5）农村创业者对经济和社会的影响。农村创业者的创业行为对当地经济发展和社会进步起到了积极的推动作用。他们的创业活动不仅增加了农民的收入，促进了农业现代化，而且也为农村地区注入了新的活力，推动了农村的社会进步。

概括起来，农村创业者的创业行为是一种复杂且多样化的现象，它受到了各种内外因素的影响，既充满了挑战，也充满了机遇。创业者的努力不仅有利于自己的发展，也为农村地区的经济和社会产生了深远的影响。

（二）农村创业行为研究方法

关于农村创业者创业行为的研究是一个广泛的领域，涵盖了许多不同的主题和方法。

（1）创业案例研究。这是一种聚焦典型案例选取和结合创业理论分析的创业研究方式，以案例描述、故事分析为方法论工具。这种研究范式提供了探究创业的新视角。

（2）创业企业的即兴行为研究。即兴行为是创业企业应对环境不确定性、克服资源短缺困境的常见选择。虽然过去的研究已经取得了一些进展，但是对创业过程中即兴行为的本质内涵和内存规律还需要更深入地探索。

（3）创业教育驱动下大学生创业行为研究。例如，一项针对北方某地区大学生的研究发现，创业教育对他们的创业行为具有正向影响，创业意愿在创业教育和创业行为之间起到了部分中介作用，而创业自我效能感则在创业意愿和创业行为之间起到了正向调节作用。

（4）创业意愿与创业行为的关系研究。研究结论表明，创业意愿和创业行为之间的关系既有一致性也有不一致性。一致性的研究认为，强烈的创业意愿可以激发创业行为；而不一致性的研究则认为，除了创业意愿之外，还有其他的因素会影响创业行为。

（5）基于计划行为理论的学术创业行为研究。这项研究构建了一个整合模型，该模型揭示了学术创业意愿的形成阶段和行为转化阶段，并发现学术创业意愿受到态度、主观规范和感知行为控制的影响。

以上都是近年来创业行为研究的一些重要发现和发展趋势，为开展农村创业者创业行为研究提供了重要的理论研究借鉴。

六、创业意愿

波德（Bird）在1988年首次将"创业意愿"的观点引入了商界，即创业家的创造力和投资意愿，反映了创业家的内在力量，即企图通过自身的努力和决策，获得更多的成功，从而更好地把握商机，更快地完成自己的商业梦想。克鲁格（Kruger，2000）把"创业意愿"描述为一群有抱负的人，他们希望能够通过自己的努力来成功地开设一家公司。而汤普森（Thompson，2012）则将其描述成一位有意愿的人，希望能够通过自己的努力来成功地开设一家公司。国内的创业研究学者们已经开始探讨如何确切地描述创业意愿。范巍、王重鸣（2016）把创业意愿称之为一种渴望。卢阳旭（2021）则将其称为一种心态，即一种渴望去实现自己的梦想。他们都强调心理倾向程度能够激发这部分人去实现自己的梦想，而且能够成为一种重要的推动力，从而影响创业决策。因此，可以把创业意愿称为一种深入探索和实践的能力，一种经由理智的思维而产生的创业行动。

七、社会资本

学术界诸多学者以及专家围绕"社会资本"展开了大量的研究分析，得到了相对较为丰富的研究结论，社会资本的内涵也相对更为丰富，目前学术界关于社会资本概念所提出的三种主流观点进行了阐述，具体为：

第一，社会资本是一种关系网络。社会资本主要是通过网络的形式而存在，不同成员之间通过密切沟通、交流形成关系网。在中西方国家之中，该种关系网存在显著差异，当围绕社会关系网进行探析时，应当对国家制度、国家文化等多方面进行综合性考量。在特定群体之中，每一位成员均需要严格遵守关系网络中的内部规范，由此获取行动所需资源。

第二，社会资本是个体在网络体系中获取各方面资源的一种能力，详细、充分展现了社会资本是个人能力的一种重要体现，其中对于能力相对较强的个体，能够获取丰富的资源。在社会结构或网络体系之中，不同成员之间利用网络获取各方面信息资源，其中个人在网络中获取资源的能力越强，那么其社会资本也越强。从严格意义上来讲，社会资本实质上是个人所拥有的一种资源，注重社会资本的资源属性，资源获取过程中需要全体成员共同参与。社会资本具备多种形式，比如信任、网络、规范等，对于这些形式而言，存在一定的社会网络或者社会结构之中。

第三，社会资本存在一定的功能属性。社会资本能够详细、全面地展现不同成员之间联系的紧密度，能够帮助个体实现发展目标。社会资本包含群体成员间的信任、共同遵守的行为规范等，还有一些学者主张认为，社会资本实质上是群体成员之间的一种信任程度，其可以促进合作，由此帮助群体成员实现共同目标。

基于上述分析可以得知，社会资本能够为个体创业提供丰富的资源，本书在研究过程中也对社会资本的概念进行了定义，即农民工所拥有的，有助于其创业的资源以及社会网络关系，同时还包含农民工基于个人主观能动性从网络中持续获取资源、利用资源的一种能力。

第二节　理论基础

一、蒂蒙斯创业理论

蒂蒙斯创业模型是由美国创业学家杰弗里·A. 蒂蒙斯（Jeffry

A. Timmons）在 20 世纪 80 年代提出的，该模型是一种创业过程管理方法，旨在帮助创业者建立可持续的商业模式，推动企业快速成长该模型主要包括以下几个要素，模型结构如图 2 - 1 所示。

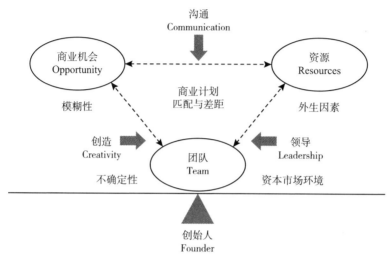

图 2 - 1　蒂蒙斯创业模型

资料来源：Timmons，J A，Spinelli，S J. New Venture Creation：Entrepreneurship for the 21st Century ［M］. New York：McGraw - Hill Education，2004：24.

蒂蒙斯模型主要包括以下几个要素：

（1）商业机会。创业的核心要素，是指能够满足市场需求、创造经济价值的商业想法。创业者需要通过市场调研、行业分析等方式确定商业机会，并进行持续优化。

（2）资源。资源是指企业所拥有的各种资源，包括人力、财务、技术等。创业者需要通过合理规划，充分利用有限的资源，提高企业的效率和效益。

（3）团队。团队是创业者成功的重要保障。创业者需要建立一支团结、互补、专业的团队，共同完成企业的各项任务。

（4）创新。创新是企业发展的关键。创业者需要不断创新，提高产品、服务的竞争力，引领市场潮流。

蒂蒙斯创业模型的流程包括：

（1）商业机会识别。创业者需要通过市场调研、行业分析等方式，确定有潜力的商业机会。

（2）商业计划制订。创业者需要根据商业机会，制定详细的商业计划，包括市场定位、产品规划、财务规划等。

（3）资源整合。创业者需要整合资源，包括人力、财务、技术等，为企业的快速发展提供支持。

（4）团队建设。创业者需要建立一支团结、互补、专业的团队，共同完成企业的各项任务。

（5）产品研发。创业者需要通过创新，不断研发出具有竞争力的产品，满足市场需求。

（6）市场推广。创业者需要通过各种渠道，积极推广企业和产品，提高品牌知名度和市场份额。

（7）持续优化。创业者需要持续优化企业的各项工作，提高效率和效益，保持企业的持续发展。

蒂蒙斯所构建的理论模型，一方面以机会、团队及资源三大关键要素精练概括了创业过程的复杂性，并指出创业机会（商业机会）是整个过程的核心要素，创业资源是过程推进的必要支持；而创业团队则是发现和开发机会、整合资源的主体；另一方面重点描述了机会模糊性、市场不确定性、资本市场风险以及其他外生因素影响下的关键要素之间的动态匹配过程。在蒂蒙斯看来，要实现要素之间的弹性平衡，扮演决策者角色的创业团队需要具备一定的创造力、领导力和沟通能力。在创业初期，创业团队的决策重心在于挖掘和选择合适的机会，并快速组织所需资源以把握机会；随着新企业的建立与壮大，它将面临更加复杂的市场环境和更为严峻的竞争挑战，此时创业团队的决策重心则应转向合理配置各项资源和规范建设管理体系，以提高自身应对风险的综合能力。显而易见，蒂蒙斯的创业过程理论模型高度适应了创业过程的复杂性和动态性特征，为分析创业现象提供了一个颇为有效的系统性方法。

总的来说，蒂蒙斯创业模型是一种有效的创业过程管理方法，适用于各类创业企业。创业者可以通过该模型，建立可持续的商业模式，推动企业快速成长。

二、盖特纳创业模型

盖特纳（Gartner）在 1985 年研究指出，创业就是一个新组织的创建过程，新企业创建是一个新企业组织过程，即按照既定目标将各个相互独立行为要素进行排列组合以达到理想结果。他认为，新企业创业结构模型有四个要素构成，包括创业者、创业组织、创业过程和创业环境四个维度，创业者需要诸如获取成就感的渴望、善于冒险以及有丰富的经历等特质。并进一步分析了创业环境维度的具体内容：金融资源和风险资本的可获性，供应商、顾客和新市场的可获性，土地和自然资源的可获性，政府政策影响，支持性服务的可获性，模型结构如图 2 - 2 所示。

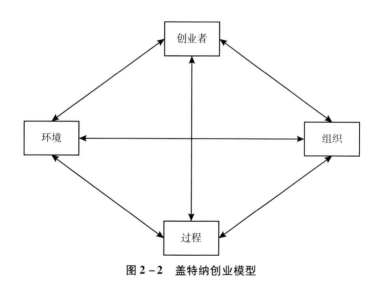

图 2 - 2　盖特纳创业模型

资料来源：Gartner 公司于 1985 年提出理论模型。

三、威科姆学习过程创业模型

威科姆（Wickham）于1998研究提出基于学习过程创业模型。学习过程创业模型是一种关于创业活动的理论框架，它将创业活动视为一个持续的学习过程，并强调创业型组织作为一个学习型组织的重要性。这个模型主要由四个要素构成：创业者、机会、组织和资源，如图2-3所示。

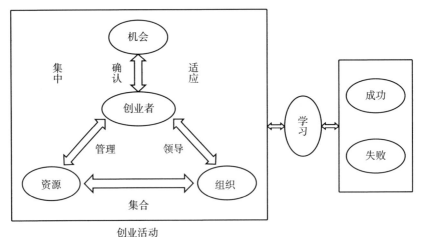

图2-3 威科姆（Wickham）学习过程创业模型

资料来源：朱红根. 创业环境对农民创业影响及其优化研究［M］. 北京：经济管理出版社，2017：49.

威科姆（Wickham）学习过程模型包括以下三个方面内容：

第一，创业活动包括创业者、创业机会、创业组织和创业环境四个要素，且这四个要素之间相互影响、相互制约。

第二，在创业活动过程中，该模型倡导创业者的重要作用，并进一步指出，创业就是创业者识别创业机会、管理创业组织和适应创业环境的学习过程。

第三，创业就是在学习中发现和解决问题，并不断适应创业环境的过程，而创业组织是一个学习型组织。通过学习，实现要素之间转化和平衡，进而成功完成创业。

在这个模型中，创业者被视为创业活动的核心，他们在创业过程中的职责体现在与其他三个要素的关系上，包括识别和确认创业机会、管理创业资源、领导创业组织。通过创业者，机会、资源和组织之间实现动态协调和匹配。

威科姆学习过程创业模型还强调了资源、机会、组织三要素之间的相互关系。资本、人力、技术等资源应集中用于机会利用上，同时也要考虑资源的成本和风险。这些资源的集合形成组织，包括组织的资本结构、组织结构、程序和制度以及组织文化。为了适应所开发的机会，组织需要根据机会的变化而不断进行调整。

此外，威科姆学习过程创业模型也揭示了创业过程是一个不断学习的过程，而创业型组织是一个学习型组织。创业组织不仅要对机会和挑战作出及时反应，还要根据情势变化及时总结、积累、调整。通过"干中学"的方式，使组织的规则、结构、文化和资源等不断改进，在不断地成功与失败中学习和锤炼，从而实现组织的完善、发展和创业要素间的动态平衡。

四、GEM 创业模型

全球创业观察（Global Entrepreneurship Monitor，GEM）是一项全球范围内的创业研究项目，旨在评估和监测各个国家和地区的创业活动和环境。GEM 是由英国伦敦商学院和美国百森商学院共同发起成立的研究项目。GEM 研究在国别层次上主要关注 5 个问题：创业活动水平的状态、特性和变化；不同创业活动类型的特性、差异和变化；创业与区域经济发展关系；创业环境条件的优劣；创业政策评价。GEM 提出的国际经济增长的概念模型（见图 2 - 4），将促进经济增长的条件分成一般国家条件和创业条件两种，分别表示现有大中小企业发展的基础和环境、创业活动的基础和环境。其中，创业环境条件由金融支持、政府政策、政府项目、教育与培训、研究开发转移、商业和专业基础设施、市场开放程度/进入壁垒、有形基础设施、文化和社会规范 9 个维度组成，用于反映对创业产生显著影响的主要社会经济特征。

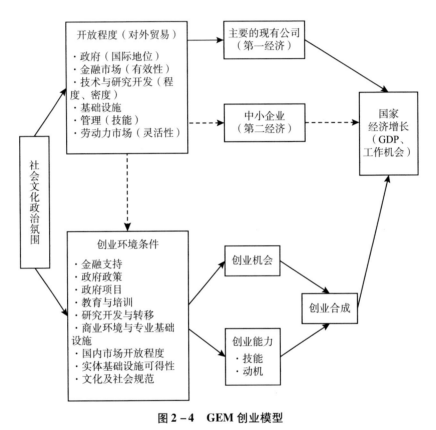

图 2 – 4 GEM 创业模型

资料来源：高建，姜彦福，李习保等. 全球创业观察中国报告——基于 2005 年数据的分析 [M]. 北京：清华大学出版社，2006.

GEM 模型研究了两套推动国家或地区经济增长的机制，既相互补充又相互独立。

第一套机制是图 2 – 4 中上半部分的描述，反映了作为一个国家国际贸易主体代表的大企业和成熟企业的地位（第一经济）。它隐含着这样的假设：如果适当改善国家条件，将增强大企业的国际竞争力，为国家经济创造更多产品和服务需求，这些需求的增加会为更多小微企业提供市场机会。当国际贸易环境非常稳定，生产技术和市场变化很小时，成熟企业对经济增长的推动作用尤其明显。

第二套体制是图 2 - 4 中下半部分的描述，这部分强调创业活动的地位和作用。该机制分为两部分：一是创业机会，二是创业者能力。当市场环境处于动荡变革时，企业需要具备高度的创新性和对市场变化的灵敏反应才能获得成功，此时创业活动对经济增长的推动作用更为显著。GEM 主要集中于对第二套体制的研究，即创业活动与经济增长的作用机制。

《全球创业观察（GEM）中国报告（2019/2020）》由清华经管学院中国创业研究中心发布，主题为 G20 背景下的中国创业。该报告的主要发现包括三个方面：

（1）活跃的创业活动。中国的创业活动在 G20 经济体中处于活跃状态，早期创业活动指数为 12.84，高于大多数创新驱动经济体，如美国（11.88），英国（6.93），德国（4.70）和日本（3.83）。

（2）青年是创业主力军。中国创业活动的主体是青年，占创业者总体比例的 41.67%，创业动机以机会型创业为主。

（3）创业活动集中于客户服务产业领域。中国创业活动主要集中在客户服务产业（如批发、零售等），占所有行业创业活动比例的 69.79%，高附加值的商业服务业（如信息通信、金融、专业服务等）创业比例较低，仅为 8.2%。

创业环境与政策方面变化趋势。虽然中国的创业环境在参加全球创业观察的 69 个国家和地区中排在第 36 位，居于中游水平，但在金融支持、政府项目、创业教育与培训、商务环境等方面仍有待改善。

对未来的预期。中国的创业活动表现出强大的活力和潜力，但也面临一些挑战，包括进一步提升创新能力、增强国际竞争力以及改善创业环境等，这些都需要政策制定者和社会各界共同努力，以促进中国创业生态的健康发展。

五、五维度模型

五维度模型由格耶瓦里和佛格尔（Gnyawli and Fogel）于 1994 年提出，他们认为外部环境对新创企业的生存与发展有很大影响力，是创业过程中多种因素的组合，该组合包括社会经济条件；政府政策和规程；创业和管理技能；创业的资金支持；创业的非资金支持 5 个维度的指标，并设计了 33 个子维度。

1. 社会经济条件

社会经济主要包括两个方面，一是地区经济状况，二是公众对创业的态度，它影响创业环境其他四个维度。地区经济状况良好，该地区机构和居民收入多，可投资资金也相对较多，创业者创办新企业获得资金支持更容易；同时创业机会随之增加，使得创业者对创业和管理技能的需求增加，促进了社会对创业和管理技能培训和服务的质量与数量的发展。公众对创业的态度直接影响政府政策和规程及创业非资金支持，公众对创业的态度影响政府态度，政府政策和规程会向有利于创业行为的方向发展；同时，如果社会对创业行为态度积极，会增强企业的非资金支持。此外，社会公众对创业的态度还将严重影响创业者的创业意愿，从而影响创业活动的发展。

2. 政府政策和规程

政府运用宏观调控手段影响市场机制产生，特别是在经济转型国家，政府的改革开放政策通过经济增长和市场变化率对创业机会产生影响。同时，政府通过建立健全政策和规程，为创业者提供广阔的发展机会，营造一种适度承担风险条件下追求利润的企业文化。

3. 创业和管理技能

缺乏创业技术与管理技能不仅会大大降低人们的创业意愿，而且会阻碍创业者的事业发展。而具备良好的技术和管理技能，可以使创业者在创业过程中克服各种困难。因此，对创业者的创业技术和管理技能的培训和教育显得尤为重要。

4. 创业的资金支持

创业者需要的资金支持主要有分散创业风险、积累原始资本和扩大融资三个方面。由于创业初期的不稳定性和高风险性以及创业者对融资成本的考虑，难以获得金融机构的有效支持。因此，新创企业的资金来源主要是自有资金、亲朋借贷等。创业企业进入成长阶段，不确定性逐渐降低，风险投资才开始介入。

5. 创业的非资金支持

非资金支持包括孵化器设施、社会关系网络、政府对研发项目的支持力度、基础设施等方面。在如何进行市场研究、准备商业计划、获得贷款等方面，创业者尤其需要援助，孵化器在这方面发挥的作用很大。相关研究显示，新创企业初期，创业者将大量时间花费在与相关企业和组织建立关系网络上，使关系网络成为增强创业能力的有效机制。政府针对创业的研发项目，向创业者提供政策优惠、技能培训、咨询服务等促进创业。基础设施是创业的前提和保障，包括便利的交通设施、现代化的通信设施、良好的水电气设施等。

六、劳动力转移理论

劳动力转移理论。国外学者从不同的角度阐述了农业剩余劳动力转移的理论，主要代表有刘易斯、拉尼斯—费模型和哈里斯—托达罗理论模型。

（一）刘易斯理论模型

劳动力转移理论是由英国经济学家阿瑟·刘易斯（William Arthur Lewis）提出的，该理论首次提出是在 1954 年的《劳动无限供给条件下的经济发展》一文中。刘易斯认为，发展中国家并存着由传统的自给自足的农业经济体系和城市现代工业体系两种不同的经济体系，这两种体系构成了所谓的"二元经济结构"。

刘易斯劳动力转移理论的核心观点是，在发展中国家，传统的农业部门劳动力可以无限供给，而现代工业部门则面临劳动力短缺的问题。当现代工业部门发展起来后，可以从农业部门获取所需的劳动力，这个过程称为劳动力转移。当农业部门的剩余劳动力被现代工业部门完全吸纳后，二元经济增长就会逐步转变为同质的现代经济增长，此时就达到了所谓的"刘易斯转折点"。

刘易斯分析和提出了发展中国家存在着的一种二元经济结构：城市比较发达的现代工业部门和农村传统的自给自足的农业部门。在传统农业部门，由于缺乏资本投入，人口持续增长，使得劳动力过剩，形成了不充分就业和隐蔽性失业的状态，劳动力的边际生产率接近零甚至小于零。而在现代工业部门中，随着生产发展和资本积累的不断扩大，规模日益扩大，加快的速度超过了城市本身的人口增长，劳动力的边际生产率逐步提高。因而在允许农业部门劳动力可以自由流动的前提下，农业劳动力不断向工业转移，这就是刘易斯的"劳动力无限供给下的经济发展模式"。

总之，刘易斯劳动力转移理论对于理解发展中国家的经济发展和劳动力市场变化具有重要意义。该理论可以帮助我们理解为什么在一些发展中国家会出现大量的农村剩余劳动力向城市转移的现象，以及这种转移如何影响这些国家的经济发展和社会变革。同时，刘易斯劳动力转移理论也为政策制定者提供了指导，帮助他们更好地解决劳动力市场的失衡问题，促进经济的健康发展。

（二）拉尼斯—费理论模型

拉尼斯—费理论模型（Ranis – Fei model）是由费景汉（John C. H. Fei）和古斯塔夫·拉尼斯（Gustav Ranis）在1961年提出的，这是一种从动态角度研究农业和工业均衡增长的二元结构理论。

他们认为，刘易斯模型有两个缺陷：一是没有充分重视农业在推动工业增长中的作用，二是没有注意到农业由于生产率的提高而出现剩余产品应该是农业中的劳动力向工业流动的先决条件。因此，他们对这两个方面进行了补充，从而发展了刘易斯模型。

拉尼斯—费理论模型将劳动力向工业部门的流动过程划分为三个阶段：

第一阶段类似于刘易斯模型。

第二阶段工业部门吸收那些边际劳动生产率低于农业部门平均产量的劳动力。此时，劳动力的边际产量为正值，劳动力向工业部门的转移导致农业部门的萎缩，从而农业向工业提供的剩余减少，农产品供给短缺，使工农业产品间的贸易条件转而有利于农业，工业部门工资开始上涨。

第三阶段是经济完成了对二元经济的改造，农业完成了从传统农业向现代农业的转变。农业和工业工资都由其边际生产力决定，农业与工业间的劳动力流动。

费景汉、拉尼斯（1964）将农业部门劳动力向城镇的转移和经济发展联系起来，分为三个阶段进行分析。

第一阶段，农业部门劳动力的边际生产率接近零，由于存在着大量的隐性失业者，农业部门劳动力的转移不会造成农业总产出的减少。

第二阶段，农业部门劳动力边际生产率大于零且小于平均工资水平，在此阶段存在着一定的隐性失业者，随着工业部门的规模扩张，这些剩余劳动力转移到工业部门。

第三阶段，农业部门劳动力边际生产率不小于平均工资水平，隐性失业者完全被吸纳，传统农业被完全商品化，农民和工人的收入都由劳动力的边际生产率来决定，工业部门与农业部门对劳动力的需求呈竞争属性。

这个模型为我们理解和分析农业和工业之间的关系提供了重要的视角和方法。

（三）哈里斯—托达罗模型

哈里斯—托达罗模型是一种描述发展中国家农村劳动力向城市迁移的理论模型，由美国经济学家约翰·R. 哈里斯（John R. Harris）和迈克尔·P. 托达罗（Michael P. Todaro）在20世纪70年代提出。

这个模型的基本思想是，农村劳动力向城市迁移的主要动机在于城乡预期收入的差异。如果城乡预期收入差异大，那么流向城市的人口就会更多。在这个模型中，城市预期收入差异是由城市实际工资率和就业概率决定的，而农村预期收入则是未来的实际收入。

哈里斯—托达罗模型的具体形式如下：

$$M = f(d)$$

其中，M 表示人口从农村迁移到城市的数量，d 表示城乡预期收入差异，$f(d)$ 是一个增函数，表示人口流动是预期收入差异的增函数。

这个模型的一个重要结果是，只要城市部门的预期工资超过农村部门，就会有劳动力从农村转移到城市。随着迁移人口的增加，城市部门的失业人数也会增加，从而使得预期工资下降。当城市部门的预期工资与农村部门的工资相等时，劳动力向城市部门的转移就会停止。

哈里斯—托达罗模型对于理解发展中国家的城市化进程、劳动力流动以及城市失业等问题有着重要的意义。

哈里斯—托达罗模型比刘易斯模型和拉尼斯—费模型这两个模型更适合发展中国家的事实，该模型揭示了在城镇存在高失业率的情况下农业剩余劳动力仍向城镇转移这一现象。

七、计划行为理论模型

计划行为理论（theory of planned behavior，TPB）是由爱斯克·贾泽恩（Icek Ajzen）在 1988 年和 1991 年提出的。它是贾泽恩（Ajzen）和费舍宾（Fishbein）在 1975 年和 1980 年共同提出的理性行为理论（theory of reasoned action，TRA）的继承与发展。TPB 核心观点是人的行为是经过深思熟虑的计划的结果。

TPB 主要包括三个关键因素：（1）态度，个人对某个行为的积极或消极看法；（2）主观规范，个人感受到的社会压力去执行或避免某种行为；（3）知觉行为控制，个人对执行某种行为的难易程度的感知和对所需资源的可用性的感知。

这三个因素共同影响个人的行为意图，而行为意图则进一步影响实际行为。如果个人对执行某种行为的信念和能力越强，那么他们就越可能执行这种行为。相反，如果他们对执行某种行为的信念和能力较弱，那么他们就不太可能执行这种行为。

　　计划行为理论（theory of planned behavior，TPB）认为，人的行为是经过深思熟虑的计划结果，已被许多学者广泛运用在各种情境下，作为探讨和诠释个人采取某一特定行为的主要理论基础。分三个阶段来分析行为的形成过程：一是行为意图决定了行为；二是行为意图受到行为的态度、主观规范、控制认知三个内生的心理因素共同或部分作用影响；三是个体特征、对事物的信念和态度、工作特性和情境外生变量决定了其行为的态度、主观规范和控制认知心理因素。具体分析过程如图 2－5 所示。

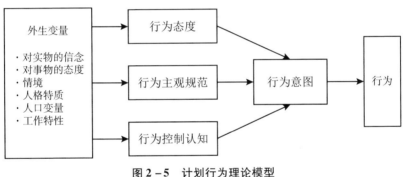

图 2－5　计划行为理论模型

　　TPB 认为，行为意图是预测行为的最好方法（Fishbein and Ajzen，1975），即意图越强，行为执行的可能性越高，换言之，行为意图与行为之间息息相关（Ajzen，1991）。因而该理论假定，个体对行为的态度越正面，即对该行为认识的实际控制越多，则个体从事该行为的意图越强；当预测的行为不能受自己完全控制时，行为控制认知会对行为产生影响。

　　计划行为理论已经被广泛应用于各种行为领域的研究，如健康、运动、社会和学习等，并被证明能显著提高对这些行为的理解和预测。例如，它在理解消费者行为、预测和改变不健康行为（如吸烟、饮酒和不良饮食习惯）、鼓励健康行为（如锻炼和定期体检）以及在工作场所促进积极行为等方面都有重要的应用。

计划行为理论对研究农村创业者创业行为至关重要，对于他们的创业决策过程理论指导意义重大。

八、推拉理论

埃弗雷特·李（E. S. Lee，1966）的推拉理论表明，劳动者的流动不仅仅取决于其薪酬水平，而且也取决于其选择的就业方向、居住的舒适度、接受的教育程度，以及周围的社会氛围。这些都将对他们的流动产生重要的影响。埃弗雷特·李的"推力"与"拉力"两个理论指导了人类迁徙的过程，"推力"指的是负面的外部条件，即不利于本土文化的传统，而"拉力"则指的是有利于本土文化的内在动力，即本土文化能够激发本土文化的发展，从而推动本土文化的传承与发展。

经过研究，可以得出结论：农民工的创业动机可能源于多种因素，包括：城市的经济压力、缺乏充足的社会福利、较低的薪酬、艰苦的劳动条件、缺乏公平的就业机会、缺乏对自身价值的认可，以及"边缘人"规定的《居住证》的实施。农民工创业的动机可以从多个方面考虑：曾在异国他乡务工，收获了丰富的财富、高超的技术、坚韧不拔的敬业精神、当地政府的支持、较高的投入、较少的开支、较强的人际关系、深厚的文化底蕴，以及自身的特殊背景、丰富的土地、社会资源等。在"推力"和"拉力"的指导下，农村劳动力开始进行创业。

九、资源禀赋理论

瑞典经济学家赫克歇尔（Eli. Heckscher，1919）和波尔特尔·俄林（Bertil Ohlin，1933）提出的资源禀赋理论表明全球范围内国家获得的资源禀赋有着一定的差别，有的国家资源较为丰富，而有的国家自然资源比较少，各个国家使用自身具备的生产要素进行生产，然后通过国际贸易获得利润。帕特里克·弗金斯（Patrick Firkin，2003）认为：一个创业人员所具有的基本要素禀赋主要涉及三个层面，第一个是人力资本，第二个是经济资本，第三个是社会资本。资源禀赋理论在本书中主要体现在：人力资本指的是一个国家或者地区之间，通过后天长期累积的资源，想要以此来获得理论的知识技能和各种有价值的因素。分为一般人力资源和特殊人力资源。其中一般人力资源指的是具有一定受教育程度、工作经验和个人特点的创业者。特殊人力资本则要求创业者具备一些特定的产业类的知识、技能等。即一些能够展现劳动者自身价值的非物质资本。一般人力资本中农民工的知识水平普遍较差，社交程度普遍较低，工作技能也较为匮乏。站在创业者的品质来讲，农民工在进行长期的磨炼之后，其个人素质有着艰苦奋斗这一项，而且能够适应环境，心理素质也较强，另外会通过自身的努力而改变生存的条件。特殊人力资本中农民工的学历不高，在外务工主要依靠纯熟的工作经验与体力，所以对于创业时的法律，经营管理等知识通常较为匮乏。

社会资本指的是人们从自身的社会关系中获得的资源，也包括个体或团体之间的关联—社会网络、互惠性规范和由此产生的信任。一般展现在创业者的人际交往，特别是其亲属、朋友、领导等方面。创业者的父母、兄弟、亲戚、朋友、老乡、合作伙伴、领导等人都能给予其创业方面的帮助。总而言之，社会资本不但存在于个体关系网络之中，同时还存在于社会结构之中，个体与成员之间的关系将会直接影响个体利用社会资本获取行动资源的能力。本书在研究过程中以社会资本理论为重要基础，把社会资源作为个体所拥有的一种资源，利用梳理农民工与成员之间的关系、所拥有的网络结构直接获取创业过程中所需要的各方面资源。通过对潜在创业者网络关系进行分析、描述，能够深入分析、了解其关系资本情况。其中对于潜在创业者的网络结构，可以详细、全面地展现其创业过程中获取资源的能力，其中在关系与结构之中，个体获取资源的状况实质上就是资源资本的一种具体反映。所以，农民工可以基于个人网络关系以及结构获取行动过程中所需要的资源，农民工社会资本水平也会对其创业意愿产生直接影响。

经济资本指的是那些能够通过投入生产或销售获得收益的物质。这些物质包含：土地、宅基地的使用权，基础设施、融资、信贷等。然而，由于大部分农村劳动力的贫困，往往缺乏足够的资源来进行创业[①]。另外由于农民工的社会地位较低，没有良好的社交圈子和可靠的投资来源，很难获得充裕的投入资金，从而无法支撑其初步的发展，进而阻碍其创业梦想。

十、需求层次理论

马斯洛（Maslow）1943 年提出了需求层次理论，从社会学和行为动机的角度出发，将人的需求分为五个层面，即生理需求、安全需求、爱与归属感、尊重和实现自我价值。

第一层次是生理上的需求，如果不能达到需求，就意味着个体不能运转自身的生理功能，也意味着不能保证人的生命。说明了生理需求是人类活动的一大前提。第二层次是安全需求，在满足了生理需求之后，就会出现安全需求，也就是开展任何活动的基础和保证。人类会喜欢安定的环境，科学观，价值观，人生观以及世界观也是保障人类安全的一大组成部分。第三层次是情感和归属感的需求，人类在进行群体生活时，想要得到别人的关心和爱护，情感上的需求比生理需求更为细腻，此方面的要求和个人的价值观、教育经历、生活经历等有着密切的关系。第四层次的需求就是获取他人的尊重，无论是从表面上还是从深刻的思考中，都渴望获得他人的认同，以及获取支持。为了达成这种目标，必须从表面上给予其赞赏，从而获取支持和关注，使价值观变得更加明确，实现自己的梦

---

① 阙立峻. 创业机会、政策获得抑或乡土情怀：新生代农民工返乡创业意愿及影响因素——基于浙江丽水的调查 [J]. 丽水学院学报，2019，41（1）.

想。马斯洛的需求层次理论指出，每一种需求都具有一定的深浅，而第五种则是自我实现，它既体现出一种普遍的期望，又体现出一种内在的动力，即通过不断努力，获得成功，从而达到完善的目标。

第三章 区域创新创业环境

第一节 区域创新创业环境概述[*]

创新创业之间逻辑关联而言，创业始于创新，创新是创业活动的重要前提和关键特征，影响创新环境的因素常常与创业环境影响因素交织在一起，甚至很多情境下，二者密不可分，分析创业环境需要对创新环境进行深入的观察研究。因此本章重点对创新环境展开研究，主要通过梳理我国区域创新能力及其形成机理、区域创新效率及其影响因素展开研究，以及推及创业环境，探寻其内在规律，为农村创业识别创业机会、创业区域选择、设计商业模式等提供理论指导。

一、区域创新环境

理论界共识创业活动重要前提是创新能力的积累和释放，创新能力的培育、蓄积和以及提升离不开创新环境这个重要的外部条件。在对农村创业者创业研究的过程中感受到，大量的实践证明了区域创新创业环境对农村创业的溢出效应更加显著，区域创新能力及创新体系的完善是农村创业活动的新知识、新技术的主要源泉。因此本节着重

---

* 本节内容基于：李秦阳，汪金燕，娇卫红. 基于信息熵——区间数 TOPSIS 的省际竞争力评价 [J]. 统计与决策，2015（6）：63 – 65.

对区域创新几个组成部分展开研究，力求窥一斑而知全豹。

区域创新环境是指在特定的区域内各种与创新相联系的主体要素和非主体要素组成，主体要素主要是产生创新的机构或组织，非主体要素主要是创新所需的物质条件，以及协调各要素之间关系的制度及其政策的总和。区域创新环境应该包括两方面的含义：一是促进区域内企业等行为主体不断创新的区域环境（静态的环境）；二是为进一步促进区域内创新活动的发生和创新绩效提高，区域环境自身不断随着客观条件的变化，而不断自我创造和改善，以形成自我调节功能强的区域创新系统（动态的创新环境）。

二、关于区域创新环境的理论研究回顾

创新环境学派主要代表人物卡玛尼（Camagni，1995）认为，合作关系或称地域网络构成了创新环境的核心组成部分。贾亚男（2001）把区域创新环境分为互相联系、彼此依赖的 4 个层次网络系统，即基础层次网络系统、文化层次网络系统、组织层次网络系统和信息层次网络系统。蔡秀玲（2022）认为区域创新环境主要由基础设施环境、社会文化环境、区域制度环境、区域学习环境 4 个部分构成。基础设施环境是有利于主体进行创新的静态创新环境，社会文化环境、区域制度环境、区域学习环境能促进区域内创新活动发生和创新绩效提高，属于动态创新环境。黄桥庆等（2004）将创新环境的基本构成划分为 4 个方面的内容：（1）基础设施环境；（2）创新资源环境；（3）政策与制度环境；（4）社会文化环境。基础设施环境和创新资源环境属于区域创新的硬环境，而政策制度环境和社会文化环境则属于区域创新的软环境。

盖文启（2022）认为创新环境由三方面构成，即区域的社会文化环境与创新、区域发展的制度新环境以及区域劳动力市场创新环境。邱成利（2002）认为区域创新环境是由创新基础、创新资源和制度环境构成的。从创新的动态过程来看，区域创新环境由研究与开发、创新导引、创新运行与调控、创新支撑与服务构成；从创新对象来看，

区域创新环境由技术创新、制度创新、组织创新和管理创新等部分构成。程工（2008）认为区域创新环境就是一个地区吸引投资的创新能力，主要包括制度、技术、管理体制、文化等方面的创新。

综观国内外学者对区域创新环境的描述，普遍认为区域创新环境由区域创新软环境和硬环境构成。区域创新硬环境包括交通、通信、信息网络等；软环境包括利于区域知识创新和顺利流通扩散的制度、政策法规及学习氛围，勇于创新和尝试、宽容失败等社会文化环境。在区域创新活动中始终贯穿文化的思维，对于区域创新的价值体系和发展目标形成指引[1]。

培育和形成区域创新环境方面。创新是企业区域创新体系的核心主体，区域创新环境与企业发展基本上是双向互动关系。一方面，区域创新环境不同程度影响着企业的创新活动；另一方面，企业行为也反作用于区域创新环境。因此，必须立足于企业的需求来建立区域创新环境。培育和形成良好的区域创新环境目前主要存在两种途径。一种是自上而下的政府行为，其出发点是发展区域经济。这一渠道又可以分为两种方式实现：一是建立物质基础，如投资建立良好的区域交通运输系统和信息通讯网络，建设企业家聚会的场所，以及投资于培养人才、产生技术的院校和科研机构等，理论界称之为硬方式；二是影响开发区吸引力的形成以及文化氛围，主要着眼于建立起一种富有活力的创新精神，尊重人才的区域文化，理论界称之为软方式。

创造区域创新环境的另外一种途径，即自下而上的企业行为，其出发点是利润和各种效益。它也可以分为两种方式：第一种是自发的，出于企业自身的需要而产生的行为，如出于对信息的需要、环境的要求而投资高新区基本建设等，这些无疑都是对区域创新环境的贡献；第二种是在政府引导下的行为，出于政府所提供的利益和自身对区域责任感的行为，如出于政府诱发而进行的企业间、企业与政府间、个人与个人间的正式和非正式交流等。此外，王铮等（2019）提出了构建区域创新环境的阶段论。在区域创新环境的创立阶段，战略

---

① 资料来源：《中国区域创新能力评价报告（2019）》。

主体是政府；而在创新环境的发展和成长阶段，中介机构、企业和科研机构成为战略主体；在区域创新环境的成熟阶段，战略主体是企业和大学科研机构。分类播报编辑区域创新环境主要包括硬环境（静态的环境）和软环境（动态的环境）两大部分。从大量的案例分析可以看到，国内不同区域之所以存在不同类型的创新环境，一个基本的特征是，这些地区创新的软、硬环境的匹配关系不同。基于此，黄桥庆等（2004）将区域创新环境划分为四种类型，即互动型、承接型、吸收型、摩擦型。

三、我国区域创新环境评价分析

区域创新环境状况复杂，我国各个区域（省份）存在很大的差异。前期通过对我国省际竞争力的研究一定程度上反映了区域创新能力及创新创业环境的状况（李秦阳，2015），对于区域创新环境的研究有了一定的理论研究积累。

我国地大物博、地域广阔，各个地区在基础设施建设水平、经济发展水平、产业层次与居民收入与消费上存在着巨大的差异，在"城乡统筹发展""产业转型与承接"的口号下，缩小区域差异、实现区域间协同发展成为当今宏观经济调控的任务。但在现实背景下，短期内欲让各区域的异质性得到收敛是几乎不可能的，不可否认的是，通过对各区域经济发展水平合理的评价能够为各项战略实施提供依据，从而为各项经济决策的顺利实施保驾护航。目前理论界关于"经济发展水平评价"和"地区竞争力评价"的文献非常多，以"经济发展水平评价"为关键词在中国知网（www.cnki.net）进行搜索，共得到文献96条，其中江莹（2002）的《天津市各区县经济发展水平评价》一文引用次数最高（40次），以"区域竞争力评价"为关键词搜索得到20条。因为篇幅所限，无法将所有相关文献一一列出，仅选取部分与经济社会评价和竞争力评价的有关文献进行归纳，盛明兰（2008）采用层次分析方法和灰色关联度模型，对重庆40个县域经济发展水平进行了综合评价；毛晓丹、冯中朝（2013）采取 Delphi 法构建了农业循环经济发展评价指标体系，并运用综合指数分析法对湖北省农业循环经济发展进行综合评价；李俊莉、曹明明（2013）使用能值理论方法，构建了资源循环利用率（RRR）、可持续发展指数（ESI）、改进的可持续发展指数（SDI）、循环经济能值指数（EREI）、生态效率指数（UEI）对陕西榆林的十年中的经济发展状况进行了评价；刘洪、金林（2011）使用 BP 人工神经网络算法对湖北循环经济水平进行了评价；张兴国、马崇启（2011）使用动态的偏离—份额模型，对东中西区域的不同省份的纺织行业竞争力进行了科学评价，认为区域结构中的竞争力有从东向西转移的趋势；熊焰、赵铁山（2005）运用综合评价法和因子分析法，对福建省地区竞争力进行综合评价与分析。

通过以上文献可以看出，目前对于经济发展水平的评价研究，无论是从指标体系设置还是数学评价方法上，都体现为越来越丰富和更具多元特征，对评价学的发展与运用有极大的促进作用。遗憾的是：现有评价都忽略了评价过程中的一个基本现象——决策信息的不确定性，即采用确定的实数来构建指标体系进行决策，但实际上因为统计误差的存在和 AHP 方法权重确定中决策者偏好的不确定性，实数型评价结果存在一定的偏差。基于此，本节针对 2020～2021 年的有关数据，使用一套基于信息熵客观赋权方法和区间数 TOPSIS 方法相结合的不确定性评价方法对我国 31 个省份的经济发展水平进行评价。

四、指标体系与区间数评价模型

（一）指标体系与数据来源

地区经济发展水平涉及产出能力、投资水平、对外贸易、财政收入、居民资本、教育、科技和社会保障等多个方面，根据科学性、数据可获得性的原则，以及以往研究文献中的指标设计，本节拟选取地区生产总值（GDP）、固定资产投资额（INV）、进出口总额（EM）、地区财政收入（Fin）、城乡居民储蓄存款（K）、普通高等院校数量

（Edu）、技术市场成交额（Tech）、新型农村社会养老保险试点参保人数（Sn）。为了满足区间数决策需要，本节设置数据年限为 2010 ～ 2011 年，具体区域为除西藏外全国 30 个省份，所有指标数据均来自国家统计局网站（http：//data. stats. gov. cn/）。

（二）评价模型

1. 决策矩阵

多属性决策的主要问题是要解决指标间的不可公度性，即指标量纲差异引起的不可比较。将各个指标 2010 年、2011 年的数据分别作为区间数下界和上界，如第 i 个被评价对象第 j 个指标的评价值可由 $\overline{x_{ij}} = [x_{ij}^L, x_{ij}^U]$ 表示，则构成了评价矩阵：$X = [\overline{x_{ij}}]_{m \times n}$，具体到本节，有 31 个待评价单元，故 $m = 31$，评价指标为 8，故 $n = 8$。归一化步骤为：

（1）将各个指标的上界进行加总，再由各个下界除以加总值得到新矩阵元素的下界，即 $b_{ij}^L = x_{ij}^L / \sum_{i=1}^{m} x_{ij}^U$，将各指标的下界加总。

（2）用上界除以该加总值，形成新矩阵元素上界：$b_{ij}^U = x_{ij}^U / \sum_{i=1}^{m} x_{ij}^L$。

（3）形成新的规范化区间数矩阵：$B = [\overline{b_{ij}}]_{m \times n}$，$\overline{b_{ij}} = [b_{ij}^L, b_{ij}^U]$。

2. 权重向量

因为对于 8 个评价指标的权重为一个不确定性数，即 $\overline{w_j} = [w_j^L, w_j^U]$（$j = 1, 2, \cdots, 8$），上界 w_j^U 和下界 w_j^L 分别由 2010 年、2011 年的信息熵方法确定。步骤如下：

首先用对各指标值去量纲化，即：

$$y_{ij} = x_{ij} / \sum_{i=1}^{m} x_{ij}$$

其次是计算信息熵：

$$e_j = -k \sum_{i=1}^{m} y_{ij} \ln y_{ij}, \quad k = 1/\ln(m)$$

再次是估计熵权：

$$\lambda_j = (1 - e_j) / \sum_{j=1}^{n} (1 - e_j)$$

最后得到归一化权重：

$$w_j = \lambda_j \Big/ \sum_{j=1}^{n} \lambda_j$$

3. 区间数 TOPSIS 评价模型

（1）对上界 w_j^U 和下界 w_j^L 计算平均数，然后进行归一化处理形成最终权重 $K = [k_j]_{n \times 1}$。形成新的决策矩阵：$G = B \times K = [g_{ij}]_{m \times n}$，其中 $g_{ij} = [g_{ij}^L, g_{ij}^U]$。

（2）计算各个方案正负理想解：$g_j^+ = \max_i g_{ij}^U$，$g_j^- = \min_i g_{ij}^L$。

（3）计算各个方案与正负理想点距离：

$$d_i^+ = \sum_{j=1}^{n} \left\| \overline{g_{ij}} - g_j^+ \right\| = \sum_{j=1}^{n} \left| g_{ij}^L - g_j^+ \right| + \sum_{j=1}^{n} \left| g_{ij}^U - g_j^+ \right|$$

$$d_i^- = \sum_{j=1}^{n} \left\| \overline{g_{ij}} - g_j^- \right\| = \sum_{j=1}^{n} \left| g_{ij}^L - g_j^- \right| + \sum_{j=1}^{n} \left| g_{ij}^U - g_j^- \right|$$

（4）计算贴近度 $c_i = \dfrac{d_i^-}{d_i^+ + d_i^-}$ 并进行总排序。

五、实证分析

（一）各指标权重计算

使用信息熵赋权计算出各指标 2020 年、2021 年的权重与综合权重如表 3-1 所示。发现根据两年数据计算出的 8 个指标权重差异不大，体现了较好的稳健性，最后一行给出了综合权重，发现技术市场成交额、进出口总额的权重较大，分别为 0.3245、0.274，而地区生产总值、城乡居民储蓄存款、固定资产投资额的权重系数较小，体现了在多元化和外向化的经济发展形势下，科技创新能力和出口能力是评价省域经济发展水平的重要指标，而普通高等院校数量的重要性最低仅为 0.0345，这是因为目前我国大学数量虽然众多，但在教学和人才培养质量上存在缺陷，所以数量多并不意味着能力高，降低了该指标的权重。

表 3 - 1　　　　　　　　　信息熵赋权结果

年份	指标	GDP	Inv	Em	Fin	K	Edu	Tech	Sn
2020	信息熵	0.923	0.942	0.707	0.920	0.924	0.964	0.659	0.905
	权重	0.073	0.055	0.277	0.076	0.072	0.034	0.323	0.090
2021	信息熵	0.927	0.944	0.726	0.928	0.926	0.965	0.670	0.903
	权重	0.072	0.056	0.271	0.071	0.073	0.035	0.326	0.096
综合权重		0.0725	0.0555	0.274	0.0735	0.0725	0.0345	0.3245	0.093

（二）区间数评判矩阵归一化

由各地区每个指标下 2010 年数值作为下界，2011 年数值作为上界，作为原始矩阵。根据区间数归一化算法，因为本节 8 大指标均为正向型指标（越大越好），所以直接代入归一化公式，并不需要调换指标顺序和进行倒数处理。值得说明的是，区间数矩阵归一化与计算熵权步骤存在很大差异，在具体运用中需要进行具体识别。

计算出最终评价矩阵 G 后，得出各个指标下的正负理想解。如指标 GDP 归一化数值中的正理想解为：

$$g_{gdp}^{+} = \max_i g_{igdp}^{U} = 0.0088 , \quad g_{gdp}^{-} = \min_i g_{igdp}^{L} = 0.0002$$

8 个指标下的正负理想解计算结果如表 3 - 2 所示。

表 3 - 2　　　　　　区间数 TOPSIS 方法的正负理想解

指标	GDP	Inv	Em	Fin	K	Edu	Tech	Sn
正理想解	0.0088	0.0055	0.0842	0.0100	0.0097	0.0022	0.1690	0.0323
负理想解	0.0002	0.0002	0.0001	0.0002	0.0002	0.0001	0.0001	0.0001

（三）距离与相对贴近度计算

对于被评价单元 i 与正负理想点的距离以绝对值为标准，实际是上、下界与正、负理想点的绝对距离。如北京被评价集与正理想解的距离 d^{+} 为：

$$d^+_{北京} = \sum_{j=1}^{n} \left\| \overline{g_{北京j}} - g_j^+ \right\| = \sum_{j=1}^{n} \left| g^L_{北京j} - g_j^+ \right| + \sum_{j=1}^{n} \left| g^U_{北京j} - g_j^+ \right|$$

$$= ABS(0.0020 - 0.0088) + ABS(0.0027 - 0.0088)$$

$$+ ABS(0.0010 - 0.0055) + ABS(0.0011 - 0.0055)$$

$$+ ABS(0.0227 - 0.0842) + ABS(0.0359 - 0.0842)$$

$$+ ABS(0.0033 - 0.01) + ABS(0.0054 - 0.01)$$

$$+ ABS(0.0036 - 0.0097) + ABS(0.0046 - 0.0097)$$

$$+ ABS(0.0012 - 0.0022) + ABS(0.0013 - 0.0022)$$

$$+ ABS(0.1148 - 0.169) + ABS(0.1690 - 0.169)$$

$$+ ABS(0.0005 - 0.0323) + ABS(0.0016 - 0.0323)$$

$$= 0.2726$$

北京被评价集与负理想解的距离 d^- 为:

$$d^-_{北京} = \sum_{j=1}^{n} \left\| \overline{g_{北京j}} - g_j^- \right\| = \sum_{j=1}^{n} \left| g^L_{北京j} - g_j^- \right| + \sum_{j=1}^{n} \left| g^U_{北京j} - g_j^- \right|$$

$$= ABS(0.0020 - 0.0002) + ABS(0.0027 - 0.0002)$$

$$+ ABS(0.0010 - 0.0002) + ABS(0.0011 - 0.0002)$$

$$+ ABS(0.0227 - 0.0001) + ABS(0.0359 - 0.0001)$$

$$+ ABS(0.0033 - 0.0002) + ABS(0.0054 - 0.0002)$$

$$+ ABS(0.0036 - 0.0002) + ABS(0.0046 - 0.0002)$$

$$+ ABS(0.0012 - 0.0001) + ABS(0.0013 - 0.0001)$$

$$+ ABS(0.1148 - 0.0001) + ABS(0.1690 - 0.0001)$$

$$+ ABS(0.0005 - 0.0001) + ABS(0.0016 - 0.0001)$$

$$= 0.3684$$

ABS 表示取绝对值,从而计算相对贴近度为 $c_{北京} = \dfrac{d^-_{北京}}{d^+_{北京} + d^-_{北京}} = $ 0.3684/(0.3684 + 0.2726) = 0.5747。类似可计算出其他 29 个地区与正、负理想点的距离和相对贴近度(如表 3 - 3 所示)。从表 3 - 3 发现各地区的贴近度系数整体上比较小,系数最高的北京也仅为 0.5747,而广东、江苏、上海等经济较为发达的地区的贴近度也在 0.4 以下,但贴近度并非效率指标,不具备任何数量刻画的意义,其功能在于为方案排序提供依据。从排序结果看比较符合现有的普遍认识，北上广、江浙地区的经济社会发展水平排名前列，但值得注意的是东北三省中辽宁的排序为第 7 位，但黑龙江和吉林的排序仅为第 19 位和第 25 位，位列于大部分中部省份之后，究其原因，主要是在技术市场成交额指标上，辽宁远远高于黑龙江和吉林，以 2010 年为例，辽宁、吉林、黑龙江三省的技术市场成交额分别为 130.68 亿元、18.81 亿元、52.91 亿元，而该年三省的进出口总额分别为 80 712 148 千美元、16 845 182 千美元、25 515 415 千美元，正是这两项指标高达 0.274 和 0.3245，从而拉大了三省间的评价结果。中部地区中河南、河北、湖北排名相对靠前，而湖南、江西排名相对较后。广大西部地区中四川、陕西的区域竞争力排名依次为第 11 位、第 12 位，其他大部分地区均在 15 名以后。

表 3 - 3　　　　　　　区间数 TOPSIS 评价排序结果

排名	地区	d^+	d^-	相对贴近度	排名	地区	d^+	d^-	相对贴近度
1	北京	0.2726	0.3684	0.5747	16	湖南	0.5915	0.0495	0.0773
2	广东	0.3916	0.2496	0.3893	17	重庆	0.6012	0.0398	0.062
3	江苏	0.4367	0.2043	0.3187	18	江西	0.6063	0.0347	0.0541
4	上海	0.473	0.168	0.2621	19	黑龙江	0.6107	0.0303	0.0473
5	山东	0.5077	0.1334	0.2081	20	山西	0.6125	0.0285	0.0445
6	浙江	0.54	0.101	0.1575	21	云南	0.6137	0.0273	0.0425
7	辽宁	0.5671	0.0739	0.1153	22	广西	0.6174	0.0236	0.0369
8	河南	0.5711	0.0699	0.1091	23	内蒙古	0.6192	0.0218	0.034
9	河北	0.5791	0.0619	0.0965	24	甘肃	0.6195	0.0215	0.0336
10	湖北	0.5817	0.0593	0.0926	25	吉林	0.6201	0.0209	0.0325
11	陕西	0.5841	0.0569	0.0888	26	贵州	0.6245	0.0165	0.0257
12	四川	0.5842	0.0568	0.0886	27	新疆	0.6254	0.0156	0.0243
13	安徽	0.5883	0.0527	0.0822	28	海南	0.6355	0.0055	0.0085
14	天津	0.5887	0.0523	0.0815	29	青海	0.637	0.0042	0.0066
15	福建	0.5893	0.0517	0.0806	30	宁夏	0.6381	0.003	0.0047

六、结论

本节从一个客观的视角提出了区域竞争力评价的不确定性方法，根据实证分析发现评价结论与现实较为吻合，突出了科技进步和对外贸易能力是刻画地区竞争力的主要指标。主要结论与启示如下：

一是现有关于宏观、中观、微观层面的评价研究依据的信息均为确定性的数值，但实际上因为统计误差和被观察对象属性值受到了一些随机扰动的干扰，观测值往往是不可靠的，如果直接采取统计和观察数值直接进行评价可能会造成偏差，另外评价所涉及的指标权重问题一直是困扰学者的一大问题，尽管在客观指标赋权的研究上已经取得了很多进展，如信息熵和多目标规划方法，但在权重设计上仍然存在着不确定性，故也应当加以考虑。对于权重求解，李翀等（2009）提出采用线性规划或目标规划的手段、通过设置方案评价值区间下界最小化和上界最大化为目标来进行权重求解，但该方法的前提是决策者先给出各个指标的权重区间，而不是由数据信息自身给出权重，本节采用两年的数据进行信息熵求解，通过均值化运算后得到指标权重，这是以两年中各指标具备的稳健性为基础的，但若不同时点上各指标权重发生了较大变化，则需要进行一定的改进以消除权重波动，这是未来研究需要改进的方向。

二是在区间数多属性决策上，目前已经取得了一些新的进展，如三端点区间数方法和基于投影的区间评价方法（卫贵武、易文德，2007），但随着方法的衍生，在具体计算操作上难度也逐渐增加，采用 Excel 计算难度较大，使用专业 Matlab 软件对操作人员的程序能力要求过高，在区间数决策方法使用上应当开发出简便、易于操作的软件。

三是在各类评价研究中，指标权重会随着样本的变更和指标结构的变动发生变化，所以也会对评价结果造成很大的影响，这也是为什么以往研究中结论存在较大差异的原因，所以应当建立指标权重的灵敏性分析机制，当增加、减少某些样本和某些指标后评价结果发生较大变化时，应当加以合理的手段保持评价的稳健性，这也是未来评价决策科学中应重点关注的方向，为正确地分析区域创新环境提供了理论依据。

从中国科学技术发展战略研究院研究撰写的《中国区域科技创新评价报告 2023》可观全貌。报告显示，我国综合科技创新水平进一步提升，科技活动产出和高技术产业化发展水平显著提高，科技创新环境持续改善。上海、北京、广东、天津、江苏和浙江 6 省份综合科技创新水平领先全国，中部的安徽、湖北等地区科技创新综合实力提升较快。区域协同创新发展成效进一步显现。我国多层次、各具特色的区域创新体系更加完善，有力支撑我国高水平科技自立自强和科技强国建设。

《中国区域科技创新评价报告 2023》从科技创新环境、科技活动投入、科技活动产出、高新技术产业化和科技促进经济社会发展 5 个方面，选取 12 个二级指标和 43 个三级指标，对全国 31 个省、自治区、直辖市（不包括港澳台）综合科技创新水平进行评价，并对各地区科技创新发展态势进行分析研究，为地方科技管理决策提供参考和依据。

第二节　基于创新环境视角区域创新效率影响因素研究[*]

创业源于创新，没有创新能力这个大前提，创业活动举步维艰，农村创业者的创业活动对区域创新环境优化及创新能力的需求尤为迫切。本部分研究基于李秦阳（2019）针对创业环境之创新环境视角区域创新效率影响因素展开分析，其研究意义在于区域创新能力的溢出效应提升农村创业者创业活动的活跃度至关重要，区域创新为农村创业者开展创业活动提供有力智力支撑。创新是现代经济发展的重要驱动力，提升技术创新水平、建设创新型国家已经上升到国家战略的高度予以保障和实施。2017 年，时任国务院总理李克强同志的政府工作

---

　　[*] 本节内容基于：李秦阳. 基于随机前沿分析的区域创新效率影响因素研究 [J]. 统计与决策，2019（14）：108 – 111.

报告指出，我国将在创新型国家建设的框架内进一步提高创新的质量和效益，实现发明专利授权数量超过 100 万件，技术交易超过 1 万亿元，科技进步对经济增长的贡献率超过 56% 等总体目标。从生态经济学的角度分析，良好的区域创新环境建设对提高创新绩效具有重要影响。美国著名经济学家德怀特·珀金斯（Dwight H. Perkins，1983）指出"政府想要刺激技术创新，就要着力提升创新的环境"，同时，"加大在研发上的投入力度，并要保护知识产权，让创新的人得到回报"，珀金斯教授同时以硅谷的成功作为案例，认为政府在硅谷成功案例中提供的启示在于营造了良好的创新环境。苹果公司首席执行官蒂姆·库克也认为，官僚程序越少、组织结构越扁平化，就越容易催生创造力。因此，良好的创新环境的营造对于技术创新和经济发展具有重要影响，加强创新环境建设也是提高创新能力的关键路径。

一、文献述评

创新环境对创新能力的影响问题得到国外学者的广泛关注和深入研究。在对创新实践的考察中，弗曼（Furman，2002）、弗里奇等（Fritsch et al.，2007）共同发现了不同的创新主体在创新能力方面存在显著的差异性，而创新环境本身的差异是造成创新主体在创新能力方面存在差异的主要原因，其影响机制在于不同的创新环境将影响不同创新主体从创新资源投入到获得创新产出的转化效率；杨等（Yang et al.，2012）以中国台湾为例研究了环境规制、研发诱导政策以及生产效率之间的关系，从而佐证了创新环境影响创新效率的结论；科斯坦蒂尼等（Costantini et al.，2012）基于欧盟为实证对象的研究得到了同样的研究结论；同样，创新环境对产业的发展和产业创新能力的提升也具有重要影响，努恩斯等（Nunes et al.，2012）和洛（Law，2012）研究了创新环境对高新技术产业和非高新技术产业影响的差异性，发现优良的创新环境对高新技术产业发展的促进作用比其对非高新技术产业的推动作用更加显著。

简兆权、王晨、陈键宏（2015）以环境不确定性的调节作用为研究中介变量，对战略导向、动态能力与技术创新之间的关系进行了研究。通过实证研究，发现市场导向在技术创新的过程中具有重要的正向影响作用，在二者关系中动态能力发挥完全中介作用，创业导向在技术创新的过程中具有重要的正向影响作用，在二者关系中动态能力发挥部分中介作用；李苗苗、肖洪钧、赵爽（2015）以我国省级区域为实证研究对象，重点研究了金融发展这一外部环境变量对技术创新与经济增长的影响，金融发展是引致技术创新的直接原因，即国内金融发展和 R&D 投入之间具有很强正向关系，但以银行主导的金融发展结构不利于 R&D 投资；朱建峰、郁培丽、石俊国（2015）研究了奖励、惩罚以及绿色制造最低比例三种不同模式下，绿色技术创新、环境绩效、经济绩效之间的关系。通过研究发现，在三种不同模式下，绿色技术创新均对环境绩效产生正向影响，而在不同模式下，绿色技术创新对经济绩效的影响具有差异性；胡园园、顾新（2015）应用层级回归分析方法研究了创新环境和开放程度对区域科技创新产出的影响，通过研究发现，科技投入、创新环境以及对外开放均有助于创新产出水平的提升。

区域创新环境显著影响区域创新能力和区域创新绩效的结论已经得到较充分论证和广泛认可，而关于区域创新环境对区域创新效率影响的研究尚不充分。本节拟在分析区域创新环境主要构成要素的基础上，以随机前沿分析方法为工具，以 2014 年数据为基础，深入分析区域创新环境各构成要素对区域创新效率的影响，为优化和完善区域创新环境，促进区域创新效率和区域创新能力的提高提供理论依据。

二、理论分析与研究假设

区域创新环境包括创新链接、创新意识、创新基础和创新熟练度 4 个主要方面：

（一）创新链接

传统的建立在高校、科研机构、企业顺序基础上的线性创新范式和环形创新范式越来越难以有效适应科技创新成果产业化的需求，因此，网络创新范式应运而生。网络创新范式的核心在于创新主体之间通过有机联系实现人力资源、知识资源、物力资源等创新资源的协同利用，并提高创新成果从知识创新成果向经济价值之间的转化效率。因此，以创新链接强度为表征的创新主体之间协同合作关系的强弱是创新效率的重要影响变量。因此，作如下假设：

H1：区域创新链接与区域创新效率正相关，区域创新链接越强，区域创新效率越高，反之，则越低。

（二）创新意识

在创新活动的初期可以通过外部制度设计形成创新主体强化创新意识、提高创新资源投入强度的外部激励机制，但是从战略角度加强创新能力建设，必须要求各个创新主体形成自主加强创新投入的内在激励机制。例如，硅谷地区宽容失败的创新文化就是良好的创新意识的体现，也是硅谷地区不断涌现高层次创新成果的重要环境保障。创新意识越强，创新主体的创新型活动越踊跃，越容易促进创新成果的产生、利用、扩散和再创新。因此，作如下假设：

H2：区域创新意识与区域创新效率正相关，区域创新意识越强，区域创新效率越高，反之，则越低。

（三）创新基础

创新基础是区域创新的基本条件之一，在创新的过程中发挥辅助作用，主要包括硬件基础、通信基础、交通基础等。例如在网络化创新范式的模式下，创新主体需要通过一定的通信网络实施实现信息交互等，又如，交通基础包括对外交通设施和对内交通设施，对外交通设施主要包括航空、铁路、航运、高速公路等，对内交通设施主要包括道路、桥梁、公共交通等。因此，创新基础在促进创新成果共享和创新成果价值实现过程中发挥重要的作用。因此，作如下假设：

H3：区域创新基础与区域创新效率正相关，区域创新基础条件越好，区域创新效率越高，反之，则越低。

（四）创新熟练度

创新熟练度用于反映区域创新系统中企业的创新能力。之所以突出企业的创新能力，是因为在区域创新的过程中，企业位居核心的地位。从创新的过程分析，企业最容易发现市场需求，企业主导的创新模式最容易促进创新成果价值的实现。创新熟练度主要取决于相关已有知识的积累程度，已有知识的积累程度越高，创新活动惯性越大，也越容易促进提升创新的效率。因此，作如下假设：

H4：区域创新熟练度与区域创新效率正相关，区域创新熟练程度越高，区域创新效率越高，反之，则越低。

三、研究方法

（一）研究变量

研究变量包括创新产出变量、创新投入变量和区域创新环境变量，如表3-4所示。

1. 创新产出变量

从创新活动的发展阶段划分，创新活动的产出包括专利、论文等知识成果产出和新产品增加值以及新产品销售收入等经济成果产出。专利是常用的创新产出表征变量，但是从创新活动最终价值的角度分析，创新活动的价值最终体现在提高经济发展的质量和效益，因此，"新产品销售收入"指标作为创新的产出变量更具有导向性。

2. 创新投入变量

作为一种以最终实现经济发展水平和经济发展效益提高的经济活动而言，创新活动的资源投入遵循一般性的经济发展规律。从古典经济学的角度分析，资本和劳动是实现经济发展的重要投入变量。结合创新活动的特点，选取R&D经费支出和R&D人员全时当量作为创新投入变量。研究与发展人员指统计年度内，从事研究与发展工作时间占本人教学、科研总时间10%以上的"教学与科研人员"。全时人员当量指在统计年度中，从事研究与发展（包括科研管理）或从事研究与发展成果应用、科技服务（包括科研管理）工作时间占本人全部工作时间90％及以上的人员。

3. 区域创新环境变量

根据上文分析，区域创新环境包括创新链接、创新意识、创新基础和创新熟练度4个维度。创新链接通过创新主体间的科技论文和科研经费合作力度测度；创新意识通过对创新活动一系列人力、财力、物力投入力度测度；创新环境通过区域内的硬件基础、通信基础、交通基础等指标测度；创新熟练度通过企业开展创新活动已有知识积累、人力资源等指标测度。

表3-4　　　区域创新产出、创新投入和创新环境指标体系

	一级指标	二级指标	单位	编码
因变量	创新产出	新产品销售收入	万元	Y
自变量	创新投入	R&D 财力资源	亿元	X1
		R&D 人力资源	千人年	X2
	创新链接	每十万人作者同省异单位科技论文数	篇	A1
		高校和科研院所科技活动筹集的资金中来自企业资金的比例	%	A2
	创新意识	政府科技投入占 GDP 的比例	%	B1
		大中型工业企业科技活动经费内部支出总额占销售收入的比重	%	B2
		规模以上工业企业中有科技机构的企业占总企业数的比例	%	B3
	创新基础	每百人平均国际互联网络用户	人	C1
		人均国内固定资产投资额	千元	C2
		三种交通方式的旅客吞吐量	万人	C3
	创新熟练度	大中型工业企业生产经营用设备原价	亿元	D1
		每十万人平均实用新型专利申请数	件	D2
		每十万人平均外观设计专利申请数	件	D3

（二）研究样本与数据来源

本节的研究以中国大陆省际区域为研究对象，考虑到数据的易获得性，由于西藏数据残缺比较严重，没有将其考虑在内。本节的数据使用 2017 年数据表征各变量状态，其中创新产出变量和创新环境变量来自《中国区域创新能力评价报告 2018》，创新投入变量来自中华人民共和国科学技术部发布的《中国科技统计数据 2017》以及国家统计局官方发布的统计数据①。

区域创新环境维度各变量通过对底层指标的加权平均计算得出。考虑到二级指标均可获取原始客观数据，因此指标权重的计算方法采用反映指标对评价对象甄别能力高低的信息熵赋权法，经过数据整理和计算，经过对数化处理的数据如表 3 - 5 所示。

表 3 - 5 区域创新产出、创新投入和创新环境指标数据

地区	发明专利	财力资源	人力资源	创新链接	创新意识	创新基础	创新熟练度
北京	8.776	6.310	5.245	3.605	3.802	3.752	3.920
天津	7.384	5.048	3.878	3.884	3.300	3.378	3.854
河北	6.308	4.692	3.832	4.000	2.293	3.054	2.460
山西	6.040	4.137	3.784	3.285	2.874	2.901	2.907
内蒙古	4.942	3.523	2.905	3.622	1.335	3.254	2.407
辽宁	7.324	5.248	4.340	4.412	2.695	3.490	3.174
吉林	6.353	3.967	3.457	4.002	2.092	3.086	2.370
黑龙江	6.607	4.462	3.926	4.101	2.407	2.827	2.518
上海	8.357	5.873	4.555	4.029	3.288	3.632	4.393
江苏	8.163	6.365	5.275	4.179	3.567	3.696	4.101
浙江	8.092	5.842	5.073	4.218	3.346	3.871	4.111
安徽	6.192	4.588	3.901	3.517	3.040	2.890	2.332

① 《中国区域创新能力评价报告 2018》中 R&D 经费支出和 R&D 人员全时当量指标描述均为 2017 年的情况。

地区	发明专利	财力资源	人力资源	创新链接	创新意识	创新基础	创新熟练度
福建	6.273	4.624	4.082	3.401	2.425	3.408	2.549
江西	5.384	4.145	3.341	3.873	2.208	2.617	1.946
山东	7.520	6.072	5.078	3.694	3.131	3.622	3.318
河南	6.504	4.806	4.270	4.091	2.557	3.082	2.322
湖北	7.049	5.004	4.287	4.177	2.885	3.011	3.109
湖南	7.087	4.725	3.917	4.415	2.603	2.981	2.416
广东	8.936	6.220	5.475	3.696	3.440	4.292	3.694
广西	5.318	3.490	3.146	3.728	2.092	2.460	2.054
重庆	3.850	4.098	3.539	3.144	3.418	2.485	1.308
四川	6.277	5.077	4.463	4.248	2.890	3.144	2.322
贵州	6.990	2.939	2.439	3.773	2.991	3.215	2.688
云南	5.598	3.434	2.983	3.453	2.197	2.001	2.140
陕西	5.948	4.965	4.171	3.757	2.293	2.460	1.668
甘肃	6.869	3.459	3.002	4.156	3.140	3.077	2.839
青海	5.352	1.361	0.916	3.816	2.588	2.398	2.152
宁夏	3.135	2.015	1.639	2.208	1.526	3.035	1.629
新疆	3.871	2.773	2.176	2.313	3.798	2.660	2.845
海南	4.407	1.194	0.548	3.586	1.435	3.114	2.425

（三）随机前沿方法

效率是一个重要的经济学概念，是资源利用程度高低的经济学概念，在同等资源投入强度下，产出的水平越高，则效率也越高，同理，在既定的产出总量水平下，需要的资源投入数量越少，则效率越高。数据包络分析方法（data envelopment analysis）和随机前沿分析方法（stochastic frontier analysis）是常用下效率计算和分析方法。其中，数据包络分析方法根据决策单元的投入和产出数值进行生产前沿面的构造，并可以根据决策单元的数量的变化进行生产前沿面的调整。相比数据包络分析方法，随机前沿模型更具有广泛的适用性：首先，随机前沿模型不仅可以构造生产前沿面，更可以对生产函数及其相关参数的统计学意义进行检验，其次，随机前沿模型不仅可以计算经济效率，而且可以对影响经济效率高低的变量进行分析，从而发现效率影响因素的方向和强度。

贝泰斯和科埃利（Battese and Coelli，1992）建立了对数型柯布—道格拉斯生产函数的 SFA 模型：

$$\begin{cases} \ln(Y_{it}) = \beta_0 + \beta_1 \ln(L_{it}) + \beta_2 \ln(K_{it}) + v_{it} + u_{it} \\ TE_{it} = \exp(-u_{it}) \\ u_{it} = \beta(t) u_i \\ \beta(t) = \exp\{-\eta(t - T)\} \\ \gamma = \dfrac{\sigma_u^2}{\sigma_u^2 + \sigma_v^2} \end{cases}$$

根据区域创新环境的构成变量，构建的创新效率损失回归方程：

$$m_i = \delta_0 + z_1 \delta_1 + z_2 \delta_2 + z_3 \delta_3 + z_4 \delta_4$$

式中，m_i 表示区域创新效率损失，z_1 表示区域创新链接，z_2 表示区域创新意识，z_3 表示区域创新基础，z_4 表示区域创新熟练度，δ_0 是截距项，δ_1、δ_2、δ_3 和 δ_4 是待估计参数。

四、研究结论与政策建议

（一）研究结果分析

数据计算过程应用 Frontier 4.1 软件实施，计算结果如表 3-6 所示。

表 3-6　　　　　　　　　　随机前沿模型估计结果

参数	估计值	标准差	T - 检验值
β_0	7.009	0.4808	14.5796 **
β_1	0.209	0.5134	0.4072 **
β_2	0.633	0.5423	1.1678 **
δ_0	2.245	0.4438	5.0595 **

参数	估计值	标准差	T - 检验值
δ_1	- 0. 0014	0. 0051	0. 2829 **
δ_2	- 0. 0046	0. 01	0. 4557 **
δ_3	- 0. 0204	0. 0124	1. 6373 **
δ_4	- 0. 0062	0. 009	0. 6901 **
σ^2	0. 1601	0. 0418	3. 8278 **
γ	0. 9999	0. 3043	3. 2860 **

注： *** 、 ** 、 * 分别表示在 10% 、5% 和 1% 的水平下显著。

根据极大似然估计结果和描述性统计分析结果，可以得出以下结论：

1. 模型适用性分析

模型适用性分析的功能在于从统计学的角度验证相关变量在构造的模型中具有统计学意义，通过模型计算结果可以发现，σ^2 和 γ 的值在 0. 05 的水平下显著，说明随机误差项和技术无效率误差项均显著存在，有必要在生产函数中予以考虑，进一步分析发现 γ（0. 9999）接近 1，证明了随机前沿模型的适用性。

2. 资源投入效应分析

资源投入包括研究与开发的资本投入和劳动投入，相关统计数据显示，$\beta_1 = 0. 209$，$\beta_2 = 0. 633$，且二者的统计水平均在 0. 05 的水平下显著，说明在促进创新能力提高方面，研究与开发的资本投入和劳动投入均发挥正向促进功能，且研究与开发的资本投入每提高一个百分点，区域创新产出能够上升约 0. 2 个百分点；研究与开发的劳动投入每提高一个百分点，区域创新产出能够上升约 0. 633 个百分点，这也佐证了在促进创新能力提升方面，劳动的投入对资本的投入具有更大的弹性，创新能力提升的过程必须高度重视创新型人力资本的投入和开发。

3. 影响区域创新效率的环境因素分析

$\delta_1 = - 0. 0014$，$\delta_2 = - 0. 0046$，$\delta_3 = - 0. 0204$，$\delta_4 = - 0. 0062$，4

个系数的 t 值都在 5% 的水平下显著，且符号方向与研究假设的情况一致，说明创新链接、创新意识、创新基础和创新熟练度都对区域创新效率的损失有不同程度的抑制作用。

$\delta_1 = -0.0014$，说明创新链接每提高 1% 的水平，区域创新效率损失减少 0.14%，表明创新链接的差异是造成区域创新效率不平衡的原因之一。创新链接维度综合得分显示，东部地区和中部地区的创新链接差别不显著，但是相对于东部地区和中部地区而言，西部地区的创新链接显著落后。创新链接程度反映了不同创新主体合作意愿和水平的高低，特别是"高校和科研院所科技活动筹集的资金中来自企业资金的比例"指标，反映了该企业在创新主体中的地位以及市场驱动型创新程度的高低。这也说明，相比于东部和中部地区，企业在西部地区的创新主体地位有待进一步提高，创新模式有待进一步改变。

$\delta_2 = -0.0046$，说明创新意识每提高 1% 的水平，区域创新效率损失减少 0.46%，表明创新意识的差异是造成区域创新效率不平衡的原因之一。创新意识维度综合得分显示，中部地区和西部地区得分接近，但是落后于东部地区而言。创新意识的落后影响了对中部和西部地区对资金、技术、人才等稀缺资源的吸收能力，阻碍了经济发展。

$\delta_3 = -0.0204$，说明创新基础每提高 1% 的水平，区域创新效率损失减少 2.04%。从区域创新效率损失减少的角度看，创新基础在区域创新环境四项要素中的作用最明显。创新基础维度综合得分显示，中部地区和西部地区得分接近，但是相对于东部地区而言，中部地区和西部地区的创新基础显著落后。创新基础服务于创新资源的自由流动和创新成果的市场化，是区域创新的基础条件之一，也是改变目前我国区域创新效率差异的最重要途径。考虑到创新基础的公共物品属性，政府应该在改变区域创新基础差异的进程中发挥主导作用。

$\delta_4 = -0.0062$，说明创新熟练度每提高 1% 的水平，区域创新效率损失减少 0.62%。区域创新熟练度在降低创新效率损失方面的作用仅次于创新基础。创新熟练度综合得分显示，中部地区和西部地区得分接近，但是相对于东部地区而言，中部地区和西部地区的创新熟练度显著落后。创新熟练度反映了区域已有知识存量、劳动者素质等，这一结果为区域创新政策的制定提供了依据：加强地区之间的知识转移、提高落后地区知识存量、提高劳动者素质是缩小区域创新效率差异的有效途径之一。

（二）政策建议

上述研究结论为政策制定提供了以下启示：

1. 着重增加创新的人力资本开发投入

与资本投入相比，人力资本投入对创新效率的提升具有更高弹性，著名经济学家舒尔茨的在人力资本理论的研究中也指出，人力资源在促进经济增长中的决定性作用，并指出人力资本投资的渠道包括医疗投资、教育投资、培训投入等方面，上述投资行为一旦完成，将产生较为长远的影响（江涛，2008）。因此，在我国创新型国家建设的过程中，应合理分配投资结构，强化对创新型人力资源开发的投入，大力通过项目支持以及创新型团队支持的模式强化创新型人力资本开发投入。

2. 大力构建良好的区域创新环境

创新环境特征对创新效率提高具有重要影响，我国地区间的创新环境存在显著差异性，有必要通过改善地区之间创新环境的差异缩小区域创新效率和创新能力的差异。根据三大经济区之间创新环境的现状，中部地区和西部地区首先应该从加强创新主体之间的合作、改善区域内的创新基础条件、提高创新的知识资本和人力资本的积累等方面改善创新环境。

3. 推进区域创新环境的全面升级与优化

研究结果表明，创新链接、创新意识、创新基础和创新熟练度对区域创新效率的提高（或区域创新效率损失的减少）存在不同程度的影响，因此，应高度重视区域创新环境建设。通过创新主体之间的合作、科技中介机构建设等提高创新链接强度；通过创新风险分担、创新成果共享等机制的建设，促进各地区创新意识的提高；通过形成企业（特别是高技术企业）为核心的创新体系促进创新基础条件的进一步完善；通过培养和引进具有国际化视野的高层次创新型人才、提高现有知识的利用水平等提高创新熟练度。

五、小结

本节以区域创新环境与区域创新效率之间的关系为研究对象，运用随机前沿分析方法，以 2017 年数据为基础，对我国 30 个区域的创新环境与区域创新效率之间的关系进行了实证研究。研究结果表明，现阶段，我国各地区之间创新环境存在显著差异，东部地区明显优于中部和西部；区域创新链接、创新意识、创新基础和创新熟练度与区域创新效率显著地负相关。根据研究结果，从注重人力资源投入、改变区域间创新环境差异现状和推进区域创新环境的全面优化、升级等方面提出了一系列政策建议。提升区域创新能力，推进乡村振兴战略、实现共同富裕的伟大目标，相当一部分重任最终落在大批农村创业者肩上。然而构建具有地方特色创新体系，加强地方政府创新政策支持，激发区域创新活力，建立产学研创新联盟。硬件知识流动环境或平台，加强知识贸易将是促进农村创业者开展创业活动的基础条件。因此区域创新环境优化是推动区域内新知识、新技术流向农村创业者创业活动的重要智力支撑。本节的研究基于横截面数据的基础上开展，没有考虑时序维度区域创新环境对区域创新效率影响的变化，该问题值得在后续研究中作进一步的探讨。

第三节　区域创新创业环境对农村创业的影响

通过前文研究分析，区域创新创业环境对农村创业有着更为直接的重要影响。农村创业面临的挑战主要包括资源短缺、技术落后、市场狭小等问题。解决这些问题的办法包括引入先进的技术和管理经验，提高农业生产效率；利用电商平台拓宽销售市场；加强与城市的联系，引导城市资金、技术、人才等要素流向农村，促进城乡融合发展。一个良好的区域创新创业环境的优化可以提供必要的支持和激励，营造良好的创新创业氛围，提供重要的科技成果支撑，帮助农村创业者克服困难，实现农村创业的成功和发展，区域创新创业环境优化的主导者当地政府作用极为重要。

一、制定政策赋能农村创业

政府在营造创新创业环境中起着主导作用，政府可以通过出台优惠政策、提供财政资助、简化行政审批程序等方式，为农村创业提供便利和支持。例如，政府可以主动对接优势产业，引导农村创业者主动对接农业新产业、新业态，如规模种养业、特色农业和设施农业。此外，政府还可以通过改进工作作风和审批机制，营造良好的创业环境，促进农村创业的市场化发展。

政府着力推动农村人才培养和引进政策的完善。人才的引入和培养对于农村创业也非常重要，当地政府可以通过提供更具吸引力的条件，如取消最低注册资本限制、实施税收减免、投资补助、贷款贴息等措施，吸引优秀人才返乡创业。同时，还需要为这些人才提供良好的工作和生活环境，包括改善乡村生活环境、提高基层治理能力和水平、保障基本生活等，这样才能使人才愿意留在乡村，为乡村振兴服务。

政府主导并推动基础设施建设和完善，筑巢引凤。基础设施的建设和完善也是区域创新创业环境的重要组成部分。当地政府通过加大对基础设施的投资，特别是应加大在农村地区的交通、通信、电力等基础设施的建设力度，提高农村的基础设施水平，为农村创业提供更好的环境和条件，提高农村的基础设施水平，从而为农村创业提供更好的环境和条件。这不仅有助于提高农村的生活水平，还能吸引更多的投资者和创业者进入农村市场，进一步推动农村创业的发展。

政府牵头建立创业孵化平台。建立创业孵化平台可以帮助农村创业者更好地获取资源和信息。通过创业大赛、行业大会、交流论坛等方式，为入孵企业对接优势资源；同时结合空间创业企业培训、入孵企业沙龙交流、投融资对接会、行业协会走访等活动，帮助农村创业者提升技能和拓宽视野。

二、鼓励金融创新，培育要素市场

金融创新可以为农村创业提供更多元化的金融服务。政府可以鼓励金融机构创新金融产品和服务，满足农村创业者的不同金融需求，如提供小额贷款、担保贷款等，缓解农村创业者的资金压力。

培育农村创业要素市场十分重要。农村创业对于农业发展和乡村振兴具有重要作用。它能够紧密围绕市场需求变化，吸引各种资源要素和人气向农村聚集，有利于构建现代农业产业体系、生产体系和经营体系，推动农业发展由"生产导向"向"消费导向"转变。此外，农村创业还有利于激发农业内生动力，增强农业产业韧性，通过重组生产要素，提升了产业链供应链抗风险能力和稳定性。

农村创业要素市场培育措施，可以从提升农民创业能力培训措施入手展开，通过开展创业培训，有助于高新技术人才队伍建设，增强科技创新内生动力。各地区应成立创业农民工指导中心，提供必要的指导和支持，帮助农民工等群体返乡创业。实现以人才定向流动带活其他要素的聚集。

总的来说，区域创新创业环境对农村创业有着深远的影响，本章研究理论成果主要围绕区域创新创业环境的优化进行了探讨，为我国区域内各级政府出台支持农村创新创业政策和措施为基础的创新创业环境优化提供理论支撑。一个良好的创新创业环境可以为农村创业提供必要的支持，帮助农村创业者克服困难，实现项目的成功和发展。因此，政府和相关部门应该继续努力，进一步优化创新创业环境，推动农村创业的发展。

以上策略需要根据具体的区域特点和农村创业的实际需求相机抉择来实施，并结合实际情况不断调整优化，以确保取得最佳效果。

第四章　创新创业环境与农村创业

第一节　创新创业环境

一、创新创业环境内涵

创新创业环境是指那些影响创新创业活动的主要社会力量，包括政治、经济、社会、技术、自然和法律等因素，是决定创新创业活动能否顺利进行的外部环境，对创新创业活动有着深远的影响。

创新创业环境研究的重要性在于对创新创业活动的影响是多方面的。首先，它能够为创新创业活动提供必要的资源和条件，如资金、人才、技术等；其次，它能够为创新创业活动提供有利的政策环境，如税收优惠、贷款利率优惠等。最后，它能够为创新创业活动提供良好的市场环境，如市场规模、竞争程度等。

我国的创新创业环境在过去几年中得到了显著的改善和发展，政府、企业和社会各界都在积极推动创新创业的进程。我国创新创业环境现状呈现总体状态是：政策支持方面，我国政府高度重视创新创业，推出了一系列政策措施，包括税收减免、资金支持、简化注册流程等，为创新创业提供有力支持；创新创业生态方面，我国已经形成了较为完善的创新创业生态，包括创业孵化器、加速器、投资者、咨询服务等，为创业者提供了良好的环境和资源；科学技术进步方面，随着科技的不断进步，新的技术和应用正在为创新创业提供新的机会和动力，注入新动能；创新创业文化氛围方面，我国的创新创业文化及氛围正在逐渐形成，创业正在成为一种社会趋势和时尚。

二、创新创业环境对农村创业的影响

创新创业环境对农村创业的影响主要体现在以下几个方面：

第一，提升创业质量。良好的创新创业环境可以激发农村创业者的创新思维，帮助他们寻找和把握市场机会，从而提升创业的质量和效率。此外，创新创业环境也可以为农村创业者提供必要的资源和支持，包括资金、技术、人才等，这些都是创业成功的重要因素。

第二，创造就业机会。农村创业者的创业活动不仅可以带动当地经济的发展，而且可以创造大量的就业机会，缓解农村的就业压力。同时，农村创业者的创业活动也可以带动周边农户的增收，形成良好的经济效益和社会效益。

第三，推动农村现代化。创新创业环境的改善可以推动农村的现代化进程，包括农业现代化、农村社区现代化等。这不仅可以提升农村的生活水平，而且可以增强农村的吸引力，吸引更多的人才和资本投入到农村的发展中去。

第四，培养农村创业人才。良好的创新创业环境可以培养和激励农村创业者，使他们有更多的机会和可能性去尝试和实现自己的创业梦想。这对于农村的长期发展来说是非常重要的。创新创业环境的优化，也有助于培养农村创新创业人才。比如，通过实施农村创新创业带头人培育行动，可以培育一批带动农村经济发展和农民就业增收的乡村企业家，进一步推动农村创新创业的发展，壮大农村创业者队伍。

创新创业环境经过多年的努力虽然发生了很多变化，而且也越来越优越，但是目前仍存在一些亟待改进和完善之处，一定程度上制约创新创业活动广泛开展，归纳起来主要有以下几个方面表现。

（1）融资难题尚未全面解决。尽管政府提供了一定的资金支持，但许多初创企业仍然面临融资难题，尤其是早期融资。

（2）市场监管存在短板。市场监管体系尚不完善，一些不规范的市场行为可能对创新创业造成负面影响。

（3）知识产权保护力度有待加强。知识产权保护力度有待加强，以更好地保护创新成果和创新者的权益。

（4）人才短缺。高素质的创业人才和专业人才相对短缺，制约了创新创业的发展。

我国的宏观创新创业环境正在持续改善和发展，但仍存在一些问题和挑战。通过加强政策支持、完善市场监管、加强知识产权保护、培养人才等对策的实施，可以进一步推动中国创新创业的发展。

几年来，我国正处于经济转型期，创新创业环境正在不断优化。政府正在加大对创新创业的支持力度，出台了一系列鼓励创新创业的政策，如减税降费、优化营商环境、加强知识产权保护等。同时，我国也在积极推动科技创新，加快科技成果转化，为创新创业提供了广阔的空间。

然而，目前农村的创新创业环境还有待改善。比如，农村的创新创业资源不足，农村创业者的素质和能力有待提高，农村的创新创业政策和服务体系还不够完善等。因此，需要从政策、教育、投资等多方面入手，努力改善农村的创新创业环境，为农村创业者提供更好的创业条件和机会。

三、农村创业环境新时代特征——政策解读

从下文观察和深刻体会我国农村创业者创业环境的新时代特征，正确理解与把握农村创业环境变化，是农村创业成功的关键步骤。

2020 年 6 月 19 日，9 部委联合印发《关于深入实施农村创新创业带头人培育行动的意见》（以下简称《意见》），农业农村部乡村产业发展司负责人围绕《意见》相关问题进行解读，详见表 4 – 1。

表4－1　《关于深入实施农村创新创业带头人培育行动的意见》内容解读

主题：培育创新创业领头雁　打造创新创业升级版

问题	解决方案概要	具体措施（或实施要点）
问题1：为什么要实施农村创新创业带头人培育行动？什么是农村创新创业带头人？	农村创新创业带头人，具有乡土情怀，充满创业激情，富有奉献精神，超前眼光。是带动农村经济发展和农民就业增收的农村创新创业家。培育农村创新创业带头人，就是培育农村创新创业的"领头雁"，培育乡村产业发展的动能	一是实施国家创新驱动战略的迫切需要。当前，我国经济已由高速增长阶段转向高质量发展阶段。"大众创业、万众创新"持续向更大范围、更高层次和更深程度推进，对推动农村创新创业提出新的更高要求。但与城市相比，农村创新创业还存在质量相对较低、配套政策、服务和基础设施还相对薄弱等问题。吸引培育一批农村振兴战略的迫切需要。创新创业是乡村产业振兴的重点。 二是实施乡村振兴战略的迫切需要。产业兴旺是乡村振兴的重点，有利于引导更多农民、大中毕业生、退役军人，有利于促进农业人口脱贫。实施农村创新创业带头人培育行动，开发新产品，开拓新市场，培育新业态，促进乡村全面振兴。科研人员跨界社会创新创业人才、技术、资金等要素双向流动。 三是全面建成小康社会的迫切需要。突发的新冠疫情，对农民工返岗就业造成冲击，影响农民就业增收和农村经济发展和农民就业增收，创业带就业，就业带增收，致富奔小康的良好局面
问题2：目前，农村创新创业的形势如何？还存在哪些困难和问题？	党的十八大以来，城乡融合发展步伐加快，农村双创环境持续改善，广袤乡村正成为返乡入乡创新创业热土	一是规模不断扩大。据监测，2019年返乡入乡创新创业人员850万人，比上年增加70万人。本乡创业人员3100多万，2019年新冠疫情暴发后，阻碍了农民工外出务工步伐，2300多万留乡村的农民工中约有2.6%（60万人）产生留乡创业意向。 二是创业层次提升。近年来，农村创业人员素质不断提高，除返乡入乡农民工外，还有一大批大中专毕业生、退役军人，科技人员和城市白领返乡入乡人员。据监测，40%农村创新创业人员具有高中以上学历，60%以上的农村创业项目具有创新因素，80%以上属于产业融合类型。 三是乡村特色鲜明。农村创新创业多依托当地优势、特色农业资源，发掘田园风光和乡土文化资源，发展乡村休闲旅游，开发小专精特产品，创响了一批"土字号""乡字号"品牌。

问题	解决方案概要	具体措施（或实施要点）
问题2：目前，农村创新创业环境如何？还存在哪些困难和问题？	党的十八大以来，城乡融合发展持续加快，农村双创环境持续改善，广袤乡村正成为返乡入乡创业创新热土	四是应用新型技术。据调查，55%左右的返乡入乡创新创业人员广泛利用大数据、互联网、物联网等现代信息技术。发展5G视频农业，农村电商、直播直销等供乡新业态新模式。五是带动现代富民兴乡。我们研究的能力非常强，点对点直供乡新业态的情况显示，平均每个农村创业项目能够吸纳6人长期就业和16人短期灵活就业。此外，据监测，40%的农村创新创业项目对农村人居环境改善有帮助。 从基层反映情况看，当前返乡入乡创业面临不少困难和问题。一是创业项目日不好选。60%的返乡创业者认为，项目日不好选，缺技术、找不到困难。二是创业资金不好筹。80%的返乡创业资金不好筹。各类创业新业态企业，银行贷款所需的抵押担保难以提供。三是创业用地不好拿。返乡入乡创业一般需要一定的建设用地，但存量建设用地成本高、用地不好拿。四是创业人才不好聘。城里人才不愿去，返乡人员也难去。五是创业风险不好保。返乡入乡创业者只参加了养老保险和城镇农合，日本在失业保险的覆盖范围，其他救助措施也不多，抵御创业风险难度大
问题3：哪些返乡入乡人员是农村创新创业带头人培育的重点？	近年来，返乡入乡创新创业已成为一种趋势。一大批农民工返乡创业，一大批中专毕业生返乡入乡创业，一大批"田秀才""乡创客""乡专家"和能工巧匠在乡创业。这些都是我们培育农村创新创业带头人的重点对象	一是扶持返乡创业农民工。返乡农民工占农村创新创业人员的70%，他们的创业成败决定了农村创新创业的总体情况。要支持引导返乡农民工在乡村重点发展特色种植业、规模养殖业、加工流通业、乡村服务业、休闲旅游业、劳动密集型制造业等，吸纳更多农村劳动力就地就近就业。 二是鼓励返乡入乡创业人员。近年来，大量经过系统教育训练，具有一技之长或掌握前沿科技的大中专毕业生、退役军人和科技人员返乡入乡创业，应用了新技术，引入了新理念，为农村创新创业引入了新鲜血液，开发了新产品，拓展了新市场。我们要加快培育创意新颖、受众年轻、留得住，干得好的乡村新业态，效益良好的乡村新产业，带动更多农民乡创业带头人，提升乡村产业的层次和水平。 三是发掘在乡创业带头人和能工巧匠。在乡村，潜藏有大批传承中国乡土文化的能工巧匠，我们要将这些乡土人才挖掘出来，打造一批"田秀才""土专家""乡创客""乡字号""土字号"乡土特色产品，支持他们创办家庭工场、手工作坊、乡村车间，发掘乡村非物质文化遗产资源，保护传统手工艺，发掘乡村非物质文化遗产资源，带动农民就业增收，

续表

问题	解决方案概要	具体措施（或实施要点）
问题4：9部委联合出台的《意见》为农村创新创业带头人提供了哪些新政策、新支持？	实施农村创新创业带头人培育行动，主要从"钱、地、人"三方面给予政策支持	在用钱方面：一是落实创业一次性补贴政策。对首次创业、正常经营1年以上的农村创新创业带头人，按规定给予一次性创业补贴。二是加强国家融资担保基金等政策扶持。发挥国家融资担保基金等政策性融资担保作用，落实创业担保贷款贴息政策，重点扶持农村创新创业带头人。此外，鼓励各地统筹利用现有农村创新创业资金，积极为农村创业提供融资担保，并引导各类产业发展基金、创业投资基金投入农村创新创业，支持农村创新创业园和孵化实训基地中符合条件的项目。设立返乡入乡创业资金。允许发行地方政府专项债券，支持农村创新创业园和孵化实训基地因地制宜创办的项目。 在用地方面：一是强化用地保障。各地新编县乡级国土空间规划，省级制定土地利用年度计划应做好农村创新创业用地保障。二是盘活现有土地资源。支持开展县域农村闲置宅基地、农业生产与村庄建设复合用地，村庄生产、村庄建设等土地综合整治，农村集体经营性建设用地、复垦腾退建设用地指标，优先用于乡村新产业和返乡入乡创业。 在人才方面：一是政策激励。支持和鼓励农村创新创业科研人才引进政策范围。将农村创新创业带头人及其所需人员纳入国家有关规定离岗创业人员范围，允许高校科技人员及其科技成果作价入股，对符合条件的农村创新创业带头人及其科技人才入地方政府人才引进政策范围。二是社会保障。对农村创新创业带头人及其共同生活的配偶、子女和父母全面放开城镇落户限制，纳入城镇住房保障范围，增加优质教育、住房等供给。加快推进社会保险关系转移接续，切实为农村创新创业带头人及其所需人才完善社会保障公共服务平台建设
问题5：如何解决农村创新创业项目不好选、创业过程风险大的问题？	重点是要加强创业培训，搭建创业平台，优化创业服务	一是加强创业培训。要扩大培训范围，将农村创新创业带头人纳入职业培训补贴范围，支持有意愿人员参加创业培训，符合条件的按规定纳入创业培训补贴范围。要创新培训方式，充分利用门户网站、远程视频、云互动平台等现代信息技术手段，提供灵活便捷的在线培训，要提升创业培训质量，推行互动教学、案例教学、现场观摩教学，组建专业化、培养专业化、规模化、制度化的创新创业培训师资队伍和专家顾问团，建立"一对一""师带徒"培养机制

71

续表

问题	解决方案概要	具体措施（或实施要点）
问题5：如何解决农村创新创业项目不好选、创业过程风险大的问题？	重点是要加强创业培训，搭建创业平台，优化创业服务	二是提供优质服务。要建设服务窗口栏，县乡政府在政务大厅设立农村创新创业网页专栏，充分发挥基层乡村创业服务指导机构作用。要提供一站式服务，打通部门间信息查询互认通道，集中提供项目选择、技术支持、政策咨询，注册代办等一站式服务，推进政务服务"一网通办"，扶持政策"一键查询"。 三是搭建创业平台。要建设农村创新创业园区，依托现代农业产业园、农产品加工园、高新技术园区等，建设一批具有特色突出、设施齐全的农村创新创业院校，企业深化校企合作，依托大型农业企业、知名村庄，支持有条件的职业院校、大中专院校等建设"预孵化+孵化器+加速器+稳定器"全产业链的农村创新创业孵化实训基地，帮助农村创业带头人开展上下游配套创业。 四是拓宽农村创业服务渠道。要培育农村社会化服务机构，积极培育农村创业带头人在线，抱团创业，发挥行业协会商会作用，组建农村创业联盟，实现信息共享，推进农村互联网创业，建立"互联网+创新创业"模式，云平台和大数据等创新创业，利用5G技术、发展农村互联网创业，商超和电商对接，实时与资本、技术、实现与资本、技术

资料来源：农业农村部有关负责人就《关于深入实施农村创新创业带头人培育行动的意见》答记者问［EB/OL］. 农业农村部网站，（2020-06-19）［2024-03-20］. http://www.gov.cn/zhengce/2020-06/19/content_5520414.htm.

表4-1中，农业农村部产业司领导对《关于深入实施农村创新创业带头人培育行动的意见》进行了详细解读，从政策解读内容中能够全面地感受到农村创业环境的变化，农村蕴藏更多的创业机遇，同时为本书的研究指明了方向、划出了重点。此外，我国创业环境越来越有利于农村创业者开展创业活动，国家及区域政策支持、创新创业领军人才队伍建设、农村创业人力资源开发建设等方面取得成就，为农村创业者创造了更加优越的外部条件，也提振了农村创业者创业信心。

第二节 互联网经济发展对农村创业行为的影响

互联网技术快速发展与传播推动了我国互联网经济格局的形成，近几年来对我国创新创业环境的改变非常显著，结合阿里研究院研究团队对我国互联网经济发展的研究成果，归纳总结出互联网经济发展带来以下十个方面的变革，将会对农村创业行为产生深远的影响①。

第一，互联网经济发展励精图治，使得中国从网络大国成长为网络强国。

第二，技术创新战略布局发生的变化，从应用到原创成为我国技术创新战略实施的大趋势。

第三，商业创新新趋势，使得我国零售业发生变革，变革领域从电商到全业态。

第四，消费行为升级快且覆盖面广，消费关注点从数量到品质的转变正在蔓延。

第五，生产加工制造业产业结构发生巨变，从规模化到智能化成为提升重要途径。

第六，创新创业形成覆盖全社会的局面，从事创业活动的群体从小众到大众。

---

① 本研究团队成员曾参与阿里研究院的研究讨论，此处笔者整理并借鉴其研究结论，有改动。

第七，我国全社会的工作就业形态发生潜移默化的改变，从传统固定形式到更为灵活就业方式的出现，拓宽了就业渠道。

第八，电商推广到广袤的农村，使得我国农村小地方丰富的农产品流通到全国，甚至国外。

第九，营商环境、网络环境治理创新发生了重大转变，从单向到协同大幅提升了治理效率。

第十，消费者生活方式发生了重大转变，从"脚尖"到"指尖"，用指尖点击手机上的平台界面网络下单购物人群越来越大。

互联网经济发展对我国社会与经济带来的变革让世人有目共睹，对我国农村的创业环境影响巨大。针对我国互联网经济发展特征和成就的总结，以下进一步分析互联网经济发展给我国农村创业活动带来的环境影响以及创业机遇，为农村创业者开展创业活动提供重要的决策参考。

一、互联网经济在我国的快速发展，加快我国成为互联网强国的进程

互联网经济主体是数字经济，我国数字经济高速发展阶段（2013～2017年）进程的状况如图4-1所示。

图4-1　我国互联网经济快速发展的五年（2013～2017年）

资料来源：笔者根据中华人民共和国商务部数据，http：//www.mofcom.gov.cn/index/，经 BCG 模型分析后整理。

我国互联网发展五年的增长，网民总数与互联网消费，均保持高速增长，过去 15 年我国网民数量复合增长率高达 25%，全球第一，人数达 6.8 亿人，过去五年我国互联网消费复合增长率高达 32%，领先于世界主要国家①。

我国互联网经济发展五年带来的深度变化，到了 2016 年之后中国网络零售占比是美国的 1.5 倍以上，如表 4 - 2 所示。

表 4 - 2　　　　中美网络零售下社会消费品零售总额中的占比

年份	2007	2008	2009	2010	2011	2012	2013	2014	2015	2016	2017
中国	0.2	0.2	0.3	5.2	6.0	6.7	7.6	9.9	13.8	17.3	21.5
美国	4.0	4.3	4.6	1.0	2.5	4.3	6.5	8.4	9.2	10.1	13.4

资料来源：笔者根据国家统计局（http：//www.stats.gov.cn/）和 Euro monitor（http：//www.euromonitor.com/）数据，经 BCG 模型分析后整理。

我国互联网五年发展带来全球的地位变化，中国跻身全球互联网企业第一层级，如表 4 - 3 所示。

表 4 - 3　　　　中国在全球十大互联网上市公司中占 3 席

（截至 2017 年 9 月 29 日，市值单位：10 亿美元）

年份	2017						
中国	阿里	腾讯	京东				
市值	442	408	85				
美国	Apple	Google	Microsoft	Facebook	Amazon	Priceline	Net fix
市值	785	674	574	486	452	90	75

资料来源：笔者根据 Crunch Base（http：//www.crunchbase.com/）数据，经 BCG 模型分析后整理。

---

① 创新飞跃的五年：10 大关键词解读中国互联网［EB/OL］. 阿里研究院，（2017 - 10 - 09）［2024 - 08 - 20］，http：//www.aliresearch.com/ch/information/informationdetails?articleCode = 21398&type = %E6%96%B0%E9%97%BB.

近年来，中国互联网企业明显崛起。截至 2024 年 1 月，全球排名前 10 的电商 App 中有 7 个——Peepshow（中企出资），Emu，SHEIN，Lazaro（中企出资），淘宝网，全球速卖通，小红书属于中国企业或由中国企业参与投资。

中国电商平台利用国内的低价供应链和丰富产品线抓住需求。2024 年跃居第四的 Temu 是中国拼多多控股推出的，短短一年半已进驻 50 多个国家和地区，作为跨境电商平台在各国的用户正激增。全球电商 App 使用人数排第五的时尚电商网站 SHEIN 也受益于从中国进口快消类服装，颇受年轻人青睐。从 2021 年开始，其月度访客量逐渐增加，在美英法泰、巴西等地，访客量也进入前五[①]。

在中企席卷世界的情况下，日本和印度正构筑自己的电商网，以亚马逊为首的美国电商也紧追中国企业，阵地争夺战越来越激烈。

二、技术创新从应用到原创的格局已经形成

随着我国互联网技术的发展和创新，我国创新的"云计算 + 大数据"技术和平台得到了快速发展，支撑起被誉为我国新四大发明，即网购、共享单车、移动支付、高铁已为公众熟知。基础研究方面，中国"深度学习"论文发表和被引用数量均世界领先。

云计算方面，我国市场国内品牌主导，中国品牌进入全球三强。

自 2016 年以来我国云计算市场国内品牌主导，远不同于过往 IT 时代的国外品牌主导。

云计算赋能各行各业：从初创到成熟，从企业到政府。政府治理创新、大型企业转型升级、创业企业快速发展等诸多领域，构建起我国具有鲜明时代特征的创新创业环境。

中国大数据技术能力：从追赶到领先。阿里云在 2015 年打破 4 项 sort benchmark 世界纪录，用时不到 7 分钟（377 秒）完成 100TB

---

① 全球电商 APP 前十，七个"中国系"［EB/OL］. 香港新闻网，（2024 – 03 – 30）［2024 – 08 – 20］，http：//www. hkcna. hk/docDetail. isp?channel = 2803&id = 100636752.

的数据排序，比 Apache Spark 的纪录 23.4 分钟快了 3 倍。阿里云在 2016 年打破 cloud sort 比赛世界纪录，仅用 1.44 美元完成了 1TB 的数据排序。比 AWS 花费 4.51 美元，节省 2/3 成本[1]。

新技术创新格局的形成为我国农村创业者提供了更多的创业机遇和强有力的科技支撑。

三、商业类型创新领域不断拓宽，从电商到全业态渗透

我国的电商取得了快速发展，2013～2017 年 5 年时间规模增长 10 倍，加速迈入新零售时代。2016 年，我国网络零售总额达到 5.16 万亿元，是 2010 年的 10 倍，2012 年的 4 倍。跨境电商崛起，促进普惠贸易全球化发展。

2012 年，我国跨境电商进出口总额仅占全国进出口总量的 8.1%；2016 年，我国跨境电商进出口总规模达 6 万亿元，占国家进出口总额的近 25%。

移动支付、普惠金融，成为全球金融创新的中国故事。2013～2017 年 5 年间支付宝利用互联网、云计算技术，将单笔支付费用降低至 0.02 元。

服务超过 4.55 亿的活跃用户，500 万家小微企业，150 万涉农经营者，服务 200 多个国家与地区，支持 18 种货币结算；3 亿互联网保险用户，2 亿理财用户，5 亿信用查询服务[2]。

2013～2017 年 5 年间，中国超越美国成为世界第一快递大国。2005 年，中国快递业务量还不足美国的 1/10，2014 年，中国快递量首次超过美国，成为世界第一快递大国，2016 年，中国快递业务量已超美国 2 倍。如图 4-2 所示为中国与美国 2012～2018 年快递业发展对比。

---

① CloudSort 阿里云 2016 夺冠，性价比高出 AWS 保持的世界记录三倍［EB/OL］. 阿里云官网，（2017-10-12）［2024-08-20］，https：//developer. aliyun. com/article/223283.

② 创新飞跃的五年：10 大关键词解读中国互联网［EB/OL］. 阿里研究院，（2017-10-09）［2024-08-20］，http：//www. aliresearch. com/ch/information/informationdetails? articleCode = 21398&type = %E6%96%B0E9%97%BB.

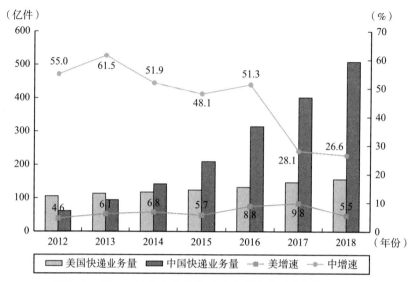

图4-2 2012～2018年中美快递业务量及增速变化情况对比

资料来源：国家邮政局发展研究中心，http：//www.spbdrc.org.cn/yzfzyjzx/index.shtml。

如图4-3所示为中国与美国快递业单件收入（客户支出）比较。

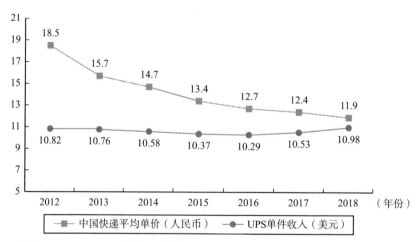

图4-3 2012～2018年中国快递平均单件与美国UPS单件收入比较（2019）

资料来源：国家邮政局发展研究中心，http：//www.spbdrc.org.cn/yzfzyjzx/index.shtml。

从图 4 – 2 和图 4 – 3 的发展数据我们可以清晰地看到，互联网经济快速发展，尤其是快递业的发展推动我国整体经济快速发展的同时为农村创业带来了更多的创新创业机遇。

智慧物流发展阶段成果，使得我国物流行业的时效同比提升 10%。

2016 年，全国电商物流时效同比提升了 10%，比 2014 年提升 15.7%，提升速度在加快。"双 11"一亿单位物流签收时效提高了 61%。2023 年对于我国的物流行业而言尤为特殊。从"双 11"快递单量打破纪录，到全国快递单量首次突破 1 200 亿件，我国物流行业在 2023 年迎来了重大转折。物流行业不仅实现了业务量的快速增长，更在全球化、时效性、数字化等方面迎来了重大变革。物流行业变革不仅让物流行业更上一层楼，还提高了物流服务的水平和效率，让消费者享受到更好的体验，便利了农村创业者创业活动。2023 年被称为我国物流行业的变革之年，也是物流行业迈向新阶段的起点[1]。

跨境电商物流的蓬勃发展，为创业者拓宽了视野，带来了更多的创业选择。《2022 – 2027 年中国跨境电商市场需求预测及发展趋势前瞻报告》显示，到 2022 年，我国的跨境物流企业数量达到了 146 661 家，同比增长了 10.04%。而截至 2023 年 10 月，跨境物流企业数量已达到 156 719 家，实现了显著的增长。我国快递物流企业正在全面走向国际舞台，顺丰、菜鸟、京东物流等企业都在加快出海的步伐，积极拓展国际市场，以提升其全球竞争力。

由此可见，新商业的基础设施由云计算、大数据、电商交易、物流快递、信用体系、移动支付组成，呈现出鲜明的时代特征，同时也需要我国农村创业者不断学习新的知识，夯实创业活动的知识基础。创新商业基础设施快速发展，激发社会的创新力量。共享单车、知识付费、住宿出行、社交电商、直播电商、文娱电商等风起云涌，为我国农村创新创业者提供了更多创业项目选择的便利性。

---

① 本部分关于我国物流研究成果数据均来自国家邮政局发展研究中心，http: // www. spbdrc. org. cn/yzfzy. jzx/index. shtml.

四、消费升级，从关注数量到品质的转变

随着消费者收入的增加和生活水平的提高，消费者的购买行为和偏好也发生了变化。他们不再仅仅关注产品的价格和基本功能，而是开始更加注重产品的品质、品牌、设计、个性化等方面。这种现象被称为消费升级。

近年来我国消费结构发生了显著变化：形成了新的消费动力。2021年，中国上层、中产及富裕家庭数量将翻一番，达到1亿户；新一代消费者（生于1980年以后）也将达1亿户，消费能力强劲，近五年消费复合增长率为11%，线上线下全渠道，网络购物（含移动互联网）将贡献私人消费增量的44%①。

2016年，阿里零售平台上中高端消费1.2万亿元，相当于中国人一年境外消费总额②。运动户外、家具、手机数码，品质消费新趋势凸显。几年过后，到了2023年，消费逐渐呈现新的态势，从产品品质升级到服务消费热潮的到来，演唱会、跨省游等文旅消费高开高走；体育消费得益于政策与赛事的推动而活力倍增，多巴胺消费与兴趣经济爆发式增长③。

在消费升级的背景下，创业者需要调整其企业产品和服务策略，以满足消费者对高品质、个性化和差异化产品的需求。这意味着创业者需要加强其企业品牌建设和营销策略，提升产品质量和设计水平，同时注重创新和研发能力的提升。

消费升级还带来了新的市场机会和挑战。创业者需要密切关注消费者需求的变化，不断调整其企业产品和服务策略，以适应市场的变

---

① 资料来源：国家邮政局发展研究中心，http：//www. spbdrc. org. cn。

② 创新飞跃的五年：10大关键词解读中国互联网［EB/OL］. 阿里研究院，（2017 - 10 - 09）［2024 - 08 - 20］，http：//www. aliresearch. com/ch/information/informationdetails? articleCode = 21398&type = % E6% 96% B0% E9% 97% BB.

③ 第一财经商业数据中心. 从产品品质升级到服务消费热潮，为你揭秘消费新机遇［EB/OL］. 财经头条，（2024 - 01 - 29）［2024 - 08 - 20］，https：//t. cj. sina. com. cn/articles/view/6192937794/17120bb42020025eq5?finpagefr = p_104.

化。同时，还需要加强与消费者的沟通和互动，了解消费者的需求和偏好，为消费者提供更好的购物体验和服务。

五、新生产模式从规模化到智能化转变，对农村创业者提出更高的要求

以消费需求为导向形成新的生产模式动因比较复杂，归结起来主要有三个方面。

其一，互联网消费拉动产业转型，金融系统、交易系统、流通系统给消费者行为带来的变化显著，具体特征如图4－4所示。

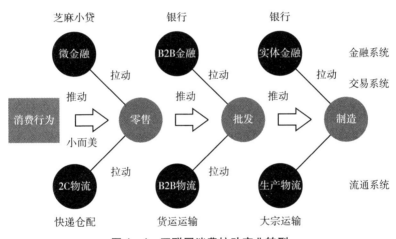

图4－4　互联网消费拉动产业转型

资料来源：笔者根据国家统计局（http：//www.state.gov.cn/）的数据整理而得。

其二，全新业态涌现。以消费需求为导向形成新的生产模式，大型工厂采取模块化生产，以满足个性化大众标准产品，如组件模块化，柔性化生产大众非标准化产品，以达到快速翻单的效能；小微企业与作坊实现集单生产，生产加工专业非标产品，采取社群经济制造模式，逆向创新生产小众而非标产品，采取快速市场反应模式。

其三，智能制造领域。数据驱动供应链创新升级，前端门店与后

端工厂数据联通、个性化定制与智能制造同步、供应链智能协同（个性化定制），如奇瑞捷豹路虎智能无人工厂数据与前端4S店联通。从技术来源方面选取技术众筹方式。产品开放式研发，工业大数据与生产管理优化，设备与信息整体集成（工业云），如徐工集团联姻阿里云打造国内首个工业云。数字化推动供给侧结构性改革方式，产能在线化。供应链协同、数字联通为供应方解决生产线闲置、优化档期、商品产能，为需求方解决找厂难、翻单难、新款开发难等企业难题。

因此，以消费需求为导向形成新的生产模式，生产制造从规模化向智能化的转变，对创业者提出更高的要求，步入创业的门槛加高。

六、创新创业从"小众到大众"，促进创新创业环境演变

自2015年以来，创新创业文化和环境发生根本性变化，创业群体逐步壮大形成创业聚集效应，创新产业生态持续完善。

2015年，《国务院关于大力推进大众创业万众创新若干政策措施的意见》颁布，带来几个方面创新创业环境的变化，如图4-5所示。

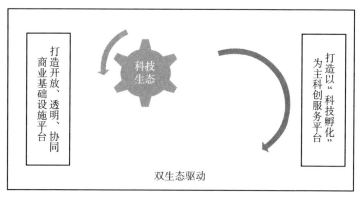

图4-5 创新创业环境生态演变

具体演变概括起来聚焦在以下几个方面。

（1）商事制度、科技成果转化、金融服务体系建设等重点领域改

革取得突破性进展。

（2）科技型创业孵化服务、早期投资、创业投资规模稳步提升。

（3）信用体系建设和知识产权保护不断推进，创新创业环境进一步优化。

（4）富生态，构建商业与科技双生态，营造创业就业"大平台"。

（5）扫码技术创新突破，使得小创新从中国到世界。

（6）以淘宝为代表的中国电商平台成为全球最大的新品发布平台。

七、新型就业方式对农村创业者素质提出新的挑战

互联网经济快速发展带来的另一个变化是创造灵活就业新形态，工作就业从稳定到灵活。具体变化表现在以下几个方面：（1）对新就业人群来说，专业技能和素质要求不断提高，如数字技术的应用，身体素质、地域不再成为制约；（2）新就业领域产生，数字化基础服务领域跨界呈现"传统产业＋数字化"态势；（3）创新商业模式而激活就业，产业转型、商业模式变革使某些传统的工作领域消失；（4）标准、程序化的非脑力增值工作被技术取代；（5）数字经济催生的新就业方式，共享经济，平台就业/创业，斜杠青年"数字原住民"一代成为就业主力军，挑战传统"组织＋雇员"关系；（6）就业形式，重新定义：公司＋雇员——平台＋个人，变化特征是工作职业边界模糊；（7）工作关系变化，雇佣分离、去雇主化；（8）供给与需求，即时性，零交易成本变得更低，学历、年龄、性别、是否专职、公平、包容成为职场重新考量的要素，同时也赋予了新的内涵。

由于以上就业新态势的形成并逐渐推动创业环境的变化，演化出创业活动的新特征，特别是农村创业者创业核心团队的组建，农村创业者应深入调研并掌握这一趋势，开阔视野，从而使得其创业活动更高效。

八、电商推广到广袤的农村，拓展了农村创业领域

随着我国互联网经济的快速发展，农村电商发展顺势而至。阿里巴巴"千县万村，百万英才"计划在全国铺开。全国 29 省 700 县、3 万名农村淘宝"村小二"、2.5 万名"淘帮手"，组建了 6 万名乡村基层服务体系；全国 18 个省淘宝村 1 311 个，带来直接就业达 100 万人，农村淘宝平台乡村卖家百万，带动直接就业 200 万人，农村物流带动 7 万人直接就业，间接就业 20 万人①。农村电商快速发展为农村创业者带来更多创业机会。

我国电商扶贫政策相继出台成效显著。2014 年 12 月，国务院扶贫办将"电商扶贫"列入十大扶贫工程之一；2015 年 11 月，《中共中央　国务院关于打赢脱贫攻坚战的决定》专门就"电商扶贫"作出明确部署；2016 年 11 月，《"十三五"脱贫攻坚规划》中专门单列"电商扶贫"与中央网信办等发布《网络扶贫行动计划》，将农村电商作为网络扶贫五大工程之一；2016 年 11 月，国务院扶贫办等发布《关于促进电商精准扶贫的指导意见》，贫困县电子商务持续、快速增长。随着时间的推移，2024 年中央一号文件指出，实施农村电商高质量发展工程，推进县域电商直播基地建设，发展乡村土特产网络销售。商务部、农业农村部等 9 部门联合印发《关于推动农村电商高质量发展的实施意见》，引导农村电商实现数字化转型升级。国家系列政策的出台为农村创业者营建良好的创业环境，正确引导农村创业者创业行为。

2013～2016 年，我国贫困县电子商务持续发展、快速增长。在阿里零售平台上，国家级贫困县的网络销售额在 2014 年、2015 年先后突破 100 亿元、200 亿元大关，2016 年接近 300 亿元，较 2013 年增长

---

① 创新飞跃的五年：10 大关键词解读中国互联网［EB/OL］. 阿里研究院，（2017 - 10 - 09）［2024 - 08 - 20］，http://www.aliresearch.com/ch/information/informationdetails?articleCode = 21398&type = % E6%96% B0% E9%97% BB.

2.4 倍。2016 年，280 多个贫困县网络销售额均超过 1 000 万元，其中 41 个贫困县网络销售额超过 1 亿元。"亿元电商县" 2013 年为 11 个，2014 年为 21 个、2015 年为 34 个。2016 年在阿里平台，一个国家级贫困县的商品平均销往 280 个地级城市，即覆盖全国绝大部分城市。典型个案表明，如 2016 年河北平乡在阿里平台的网络销售额超过 20 亿元。通过电商平台，河北平乡的网店覆盖超过 700 万网购消费者，相当于该县人口 20 余倍，这些消费者广泛分布全国超过 300 个城市[①]。

2023 年，全国农村网络零售额达 2.5 万亿元，比 2014 年增长近 13 倍；全国农产品网络零售额达 5 870.3 亿元，同比增长 12.5%[②]。这一数字表明农村电商发展为农民带来了实实在在的增收和就业创业机会。然而，我国农村电商发展并不均衡，东中西部之间、城乡之间数字鸿沟客观存在。第 53 次《中国互联网络发展状况统计报告》显示，截至 2023 年 12 月，农村地区互联网普及率为 66.5%。与此同时，我国农村电商发展还面临着基础设施不健全、配送体系滞后、电商人才缺乏等实际问题。这就要求我们采取针对性强的举措，加快补齐农村电商发展短板。

未来几年，应着力缩小城乡差距，不断丰富农村电商各类应用场景，推动农村地区互联网普及率稳步增长，促进农村数字基础设施建设取得新成效、数字经济实现新突破、数字惠民服务满足农民新期待。综上，大力发展农村电商助力乡村振兴，为乡村经济创造价值、增加收入、降低各项成本，为农村创业者顺利开展创业活动提供平台支持，提升农村创业者创业能力。由此可见农村创业成长空间巨大，大有可为。

---

① 创新飞跃的五年：10 大关键词解读中国互联网 [EB/OL]. 阿里研究院，（2017 - 10 - 09）［2024 - 08 - 20］，http：//www. aliresearch. com/ch/information/informationdetails? articleCode = 21398&type = % E6% 96% B0% E9% 97% BB.

② 中国农村年网络零售额达 2.5 万亿元——直播成了新农活 [EB/OL]. 财经头条，（2024 - 06 - 24）［2024 - 08 - 20］，https：//cj. sina. com. cn/articles/view/1686546714/6486a91a020025qns.

九、营建规范的互联网营商及创业环境，治理创新从单向到协同

治理法规不断完善健全，治理措施相继出台，我国互联网治理法规不断完善。特别是互联网经济发展的规范性尤为迫切，龙头企业纷纷参与。

我国互联网治理近几年来发生的五个改变，让网络营商环境更清朗、更规范。这五个转变分别为：由单一治理向多元治理转变、单向治理向协同治理转变、人工治理向数据治理转变、国内治理向全球治理转变、事前治理向事中事后治理转变。例如，阿里大数据与执法机构协同，实现线上＋线下精准打假。2016年浙江省"云剑行动"中，阿里巴巴向浙江执法部门推送的线索数量从385个上升到402个，查处制售假货毁窝从244个上升到417个，破获假货案件总案值达14.3亿元，承办了一批大案、要案，包括销售网络遍及12个省市，总涉案金额达1.2亿元的假"三星"内存案；涉案金额上亿元，从马来西亚流入中国的假冒"美孚""壳牌""嘉实多"润滑油案[①]。

2017年6月，阿里巴巴首次对外披露了"售假账户操控人"与"假货生产企业"两张大数据"打假地图"，并向外界公布了首批"百家售假企业黑名单"，作为对制假、售假者进行联合信用惩戒的探索。

阿里巴巴纠纷处理的创新——大众评审制度。大众评审自2012年12月上线以来至今，主动加入大众评审队伍的淘宝"剁手党"累计超过百万人，这些编外维权评审参与处理的任务主要集中在买家在交易过程中遇到的退换货退款等问题，累计完成3000万次以上的维权判定，有效保护了千万商家和上亿消费者的合法权益。

---

① 创新飞跃的五年：10大关键词解读中国互联网 [EB/OL]. 阿里研究院，（2017 – 10 – 09）[2024 – 08 – 20]，http：//www. aliresearch. com/ch/information/informationdetails? articleCode = 21398&type = % E6％96％ B0% E9％97％ BB.

如此一来，一方面规范了互联网经济发展的主体行为；另一方面，营造更加健康可持续发展的创新创业环境，极大程度上增强了农村创业者的创业信心。

十、消费购物方式从脚尖到指尖

未来相当长的一段时期，中国人的生活方式，正在全面向数字大陆迁移，消费者的购买方式发生重大转变，消费者购物方式从"脚尖"到"指尖"，把握这一发展趋势及其内在规律，是我国农村创业者在创业项目运营过程中正确选择营销渠道重要依据。从我国智能手机客户普及情况，以快速发展阶段 2012 年与 2017 年统计数据为例可见一斑，具体如表 4-4 所示。

表 4-4　　　　　　　近年来智能手机应用使用率持续增长　　　　　单位：%

手机应用率	即时通信	网络视频	在线支付	网络音乐	网上购物	导航与地图	网络文学	旅行预订	订外卖
2012 年	83.9	32	13.2	5.90	13.2	—	43.30	5.90	—
2017 年	92.30	72.60	69.40	67.60	66.40	60.90	45.10	41.30	39.90

资料来源：笔者根据 CNNIC（http://www.cnnic.net.cn/）数据整理而得。

截至 2022 年 12 月 20 日，我国手机网民规模为 10.47 亿，网民中使用手机上网的比例达到 99.6%。2024 年 3 月 22 日，中国互联网络信息中心（CNNIC）发布的第 53 次《中国互联网络发展状况统计报告》显示，截至 2023 年 12 月，农村地区互联网普及率为 66.5%，较 2022 年 12 月提升 4.6 个百分点。因此我国消费者购物方式更在线，从车轮到移动互联网，消费行为从"脚尖"到"指尖"，中国被誉为移动互联网上的国家。表 4-5 所示为 2012~2017 年中国网民平均每周网络购物时间，从中可以看出 2023 年 6 月已达 29.1 小时，可以判断出线上渠道潜力巨大。

表 4 – 5　　　　　　中国网民平均每周购物时间统计

年份	2012	2013	2014	2015	2016	2017
时间（小时）	20.5	25	26.1	26.2	26.4	26.5

资料来源：笔者根据阿里、京东、拼多多等平台的数据统计、整理后得到。

消费行为更环保，绿色消费持续增长。2016 年阿里平台绿色消费者超过 8 400 万人减排放 CO_2 3 800 万吨，相比传统商务，2016 年阿里平台的网络零售，因节省能耗与物耗而让全社会减少 CO_2 排放约 3 800 万吨。约相当于 709 万亩森林、近 2 个太湖水域产生的绿色效应。相比于传统商务，线上消费方式更便捷，新技术、新应用，让消费者生活更方便[①]。

电商商品的来源更加丰富。呈现出更全球化：全球买、全球卖、全球付、全球运、全球游趋势。中国人从共建"一带一路"的国家购买商品的种类如表 4 – 6 所示。

表 4 – 6　　　　中国人从共建"一带一路"国家购买的商品种类

国别	泰国	新加坡	马来西亚	以色列	捷克	匈牙利	波兰	俄罗斯
商品	乳胶枕	保健品	饼干	脱毛器	家电	电子产品	3C 电子、母婴产品	数码产品、服装

资料来源：笔者根据商务部（http：//www. mofcom. gov. cn/index）的数据整理而得。

以互联网经济为主要特征的数字经济快速发展，对我国经济社会发展的贡献及影响归纳起来存在于以下几个方面。

（1）新增消费：网络零售创造 39% 的新增消费，释放低线城市消费潜力；（2）创造就业：阿里巴巴零售商业生态创造的就业机会超过 3 300 万；（3）激活生产力："互联网 +"各行各业，表现为

---

① 创新飞跃的五年：10 大关键词解读中国互联网 ［EB/OL］. 阿里研究院，（2017 – 10 – 09）［2024 – 08 – 20］，http：//www. aliresearch. com/ch/information/informationdetails? articleCode = 21398&type = % E6% 96% B0% E9% 97% BB.

一个个环节的互联网化；（4）重建信用体系：基于交易的信用体系，让信用等于财富；（5）普惠金融：微贷累计服务小微企业超过 2 000 万家。

以互联网经济为时代特征大趋势已经形成，带来的创新和变革巨大，可以说是前所未有的，为农村创业机会的识别与培育提供了更多的选择，特别是农村电商的快速发展，更加拓宽了农村创业活动领域。

第三节　新时代我国宏观经济环境分析

我国宏观经济发展虽然受到新冠疫情的严重影响，经济增速减缓、下行压力大，但是从全球经济发展观察到我国经济仍然是持续向好，每年保持5%的增速，担负着世界经济增长极重任。回顾我国经济发展趋势，展望未来机遇与挑战并存，农村创业者准确识别我国宏观经济环境给创业活动带来的机遇所在尤为重要。

一、2023 年的主要经济数据

（一）我国经济发展虽有波动，但持续向好

通过以下总体数据来进行观测。2023 年全年的 GDP 为 126 万亿元，折合美元 18 万亿美元，同比增长 5.2%，2024 年预计 132 万亿元，预计增长 5% 左右，增速稳健；主要指标，2023 年 PMI、CPI 与上一年度持平，PPI 同比下降 2% ~ 3%；我国 2023 年主要出口数据 1 ~ 12 月 41.76 万亿元，与上一年度基本持平，出口 23.77 万亿元，同比增加 0.6%，进口 17.99 万亿元，下降 0.3%；我国 2023 年主要社融贷款规模数据 376.39 万亿元，同比上升 9.4%。贷款 234 万亿元，同比上升 10.7%。

2023 年我国 PMI 具体特征是上半年上升，下半年下降，综合指标是上半年上升，下半年逐波下降。PMI 主要是反映采购经理人对我国经济变化趋势的主要信心，2023 年我国的 PMI 的数据情况如图 4－6 所示。

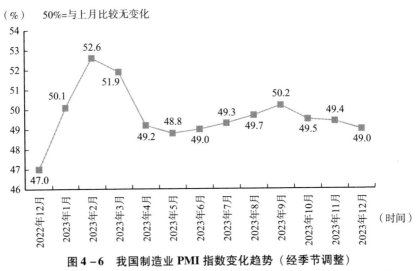

图 4－6　我国制造业 PMI 指数变化趋势（经季节调整）

资料来源：笔者根据国家统计局官网（http：//www. data. stata. gov. cn/）2023 年数据整理所得。

从这些数据反映的情况我们可以认识到，我国宏观经济发展取得成绩优异，让全国人民树立信心，相关激励政策的出台着力点在于拉动经济，提振消费信心；从微观层面需要各个主体克服暂时困难，相机制定措施，尽可能消除疫情带来的经济"疤痕效应"，齐心协力谋发展。

（二）进出口逆势增长，国别与商品结构呈现新特征①

我国国际贸易发展形成的国别新特征。我国 2023 年前 10 个月，东盟为我国第一大贸易伙伴，我国与东盟贸易总值为 5.23 万亿元，

---

① 本部分数据来自国家统计局官网（http：//www. data. stats. gov. cn/），数据经笔者整理而得。

增长 0.9%，占我国外贸总值的 15.2%。其中，对东盟出口 3 万亿元，增长 0.6%；自东盟进口 2.23 万亿元，增长 1.3%；我国对东盟贸易顺差 7 696.4 亿元，收窄 1.6%。欧盟为我国第二大贸易伙伴，我国与欧盟贸易总值为 4.59 万亿元，下降 1.6%，占 13.4%。其中，对欧盟出口 2.94 万亿元，下降 5%；自欧盟进口 1.65 万亿元，增长 5.1%；对欧盟贸易顺差 1.29 万亿元，收窄 15.3%。

美国为我国第三大贸易伙伴，我国与美国贸易总值为 3.86 万亿元，下降 7.6%，占 11.2%。其中，对美国出口 2.91 万亿元，下降 9.9%；自美国进口 9 488.7 亿元，增长 0.2%；对美贸易顺差 1.96 万亿元，收窄 14.1%。

日本为我国第四大贸易伙伴，我国与日本贸易总值为 1.84 万亿元，下降 6.5%，占 5.4%。其中，对日本出口 9 193.6 亿元，下降 2.9%；自日本进口 9 240.1 亿元，下降 9.8%；对日贸易逆差 46.5 亿元，收窄 94.1%。

同期，我国对共建"一带一路"国家合计进出口 15.96 万亿元，增长 3.2%。其中，出口 8.78 万亿元，增长 7.7%；进口 7.18 万亿元，下降 1.8%。

前 10 个月，民营企业进出口 18.24 万亿元，增长 6.2%，占我国外贸总值的 53.1%，比上年同期提升 3.1 个百分点。其中，出口 12.3 万亿元，增长 5.6%，占出口总值的 62.9%；进口 5.94 万亿元，增长 7.4%，占进口总值的 40.2%。国有企业进出口 5.51 万亿元，下降 0.2%，占我国外贸总值的 16.1%。其中，出口 1.56 万亿元，增长 0.5%；进口 3.95 万亿元，下降 0.6%。同期，外商投资企业进出口 10.48 万亿元，下降 9.2%，占我国外贸总值的 30.5%。其中，出口 5.67 万亿元，下降 9.4%；进口 4.81 万亿元，下降 9%[①]。从我国海关总署公布的数据观测到我国民营企业进出口增长势头平稳，国有企业虽有所下降，但幅度不大。

---

① 资料来源：海关总署 2024 年的统计数据，http：//www. customs. gov. cn/，经笔者整理而得。

我国出口商品结构呈现出新特征，从表 4－7（以 2023 年我国出口总值降序排列）可以观察到：出口排名前十位的车辆、航空器、船舶及有关运输设备出口增长幅度大，增速达 28.9%，化学工业及其相关工业的产品降幅较大，降幅达 15.2%，其余虽有升降，但大体持平。

表 4－7　　　　　　　2023 年度进出口商品结构与类章总值

类章	出口（万元）	进口（万元）	累计比上年同期 ±（%）	
			出口	进口
总值	2 377 258 788	1 798 424 066	0.6	－ 0.3
机电类	989 987 250	525 410 048	－ 0.4	－ 6.3
纺织原料及纺织制品	204 918 694	21 053 823	－ 2.6	0.6
贱金属及其制品	188 443 610	100 591 745	－ 3.6	－ 5.7
车辆、航空器、船舶及有关运输设备	171 083 763	58 527 609	28.9	－ 4.9
杂项制品	167 158 317	4 452 899	－ 1.0	－ 7.9
化学工业及其相关工业的产品	138 216 842	129 485 989	－ 15.2	－ 2.2
塑料及其制品；橡胶及其制品	116 182 929	55 220 263	1.6	－ 11.4
光学、医疗或外科用仪器及设备、精密仪器及设备等	53 769 189	58 241 843	6.0	1.2
鞋、帽、伞、杖、鞭及其零件；已加工的羽毛及其制品；人造花；人发制品	51 186 233	5 506 004	－ 7.7	9.8
矿产品	48 051 912	544 814 529	－ 0.5	5.3
特殊交易品及未分类商品	47 529 558	7 646 768	42.4	46.6
石料、石膏、水泥、石棉、云母及类似材料的制品；陶瓷产品；玻璃及其制品	45 372 991	6 673 562	－ 5.3	－ 9.3
食品；饮料、酒及醋；烟草类	35 002 562	25 435 480	11.2	13.2
动物及其制品类	28 615 791	7 195 599	5.7	10.9

类章	出口（万元）	进口（万元）	累计比上年同期±（%）	
			出口	进口
木浆及其他纤维状纤维素浆及其制品类	23 493 361	23 053 478	−0.6	8.9
天然或养殖珍珠、宝石或半宝石、贵金属、包贵金属及其制品；仿首饰；硬币	22 041 033	79 919 305	10.4	14.6
植物产品	20 458 887	81 794 927	8.1	9.3
木及木制品、篮筐及柳条编结品等	12 181 417	12 705 455	−8.1	−14.2
活动物；动物产品	10 134 713	38 855 304	−7.9	−5.3
动、植物油、脂及其分解产品类	2 463 100	10 690 169	3.0	3.6
类艺术品、收藏品及古物	819 992	1 139 180	28.9	−6.4
武器、弹药及其零件、附件	146 645	10 086	−18.6	263.0

资料来源：笔者根据国家海关总署官网（http：//www. customs. gov. cn/.），2024 年数据整理所得。

2023 年我国进出口商品结构呈现出新的优化趋势，仅从 2023 年上半年（1~6 月）来看，展现了较强的韧性①。

对共建"一带一路"国家进出口增速明显高于整体，2023 年上半年我国对共建"一带一路"国家进出口增长 9.8%，高出整体增速 7.7 个百分点，占 34.3%，同比提升 2.4 个百分点。

机电产品出口占比提升，上半年我国机电产品出口 6.66 万亿元，同比增长 6.3%，占出口总值的 58.2%，同比提升 1.4 个百分点。其中，电动载人汽车、锂离子蓄电池和太阳能蓄电池等"新三样"产品合计出口 1.06 万亿元，首次突破万亿元大关，增长了 29.9%。

大宗商品、消费品进口增速较快，上半年我国能源、矿砂、粮食等大宗商品进口量同比增长 17.1%，进口原油、天然气和煤炭等能源产品

① 本部分数据来自海关总署官网（http：//www. customs. gov. cn/）2024 年统计，经笔者整理所得。

5.61亿吨，增长33.2%。同时，进口消费品9748.4亿元，增长6.6%。

上述数据表明，我国进出口商品结构在2023年实现了新的优化，特别是在共建"一带一路"国家的进出口增长以及机电产品出口占比的提升，显示了我国外贸的韧性和活力。同时，大宗商品和消费品的进口增速也反映了我国在全球经济中的重要作用和影响力。

从我国2023年1~12月进出口产品结构数据变化以及2023年我国进出口结构优化情况，观察到国际产品市场需求的变化，可以进一步推及我国宏观经济环境变化的趋势，有助于农村创业者进行创业项目的行业环境分析，正确识别创业机会。

（三）中国经济出现消费曲线左移新特点，对农村创业者的启示

我国经济发展体现在消费领域的新特征出现，如图4-7所示，消费曲线左移，具体表现是我国消费者消费行为实践中主要表现为正品折扣、性价比、品牌特卖进入消费者的关注序列，究其原因是消费降级。

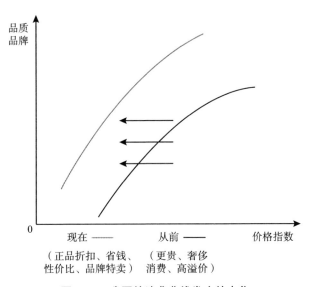

图4-7　我国的消费曲线发生的变化

资料来源：笔者依据阿尔弗雷德·马歇尔（Alfred Marshall，1889）绘制。

图 4 - 7 将阿尔弗雷德·马歇尔（Alfred Marshall，1890）消费左移曲线与我国经济实践结合描述我国消费变化趋势。可以观察到，例如永辉折扣店、抖音直播、盒马奥莱、唯品会特卖、百亿补贴、Costco、奥特莱斯等进入消费者关注之列，消费者越来越理性。总消费包括居民消费和政府消费，而我国居民消费走势是消费占比呈现逐年下降的态势，说明居民消费占总消费的比重逐年下降，居民消费占GDP 的比重逐年下降，消费者更加理性；与此同时政府的消费潜力大，而总消费包括居民消费和政府消费。政府消费包括：科教文卫，行政管理费，国防费，公共安全，外交等支出工资福利，商品和服务经常性支出。

通过分析我们得出的结论是居民消费的比重在逐步降低，政府的消费在一段时期内潜力大，引领消费，比较客观地反映了我国消费领域的趋势，这一趋势变化应引起农村创业者的高度重视。

（四）居民可支配收入增长，城乡居民人均可支配收入比值缩小

2024 年 2 月 29 日，国家统计局发布的《2023 年国民经济和社会发展统计公报》显示，2023 年我国居民人均可支配收入比上年实际增长 6.1%，城乡居民人均可支配收入比值缩小至 2.39[①]。

随着国内消费市场的不断升级，消费者对于商品和服务的需求越来越高。近年来，"国货潮品"和"冰雪文旅"等商品和服务受到了消费者广泛关注和热捧。这些高品质、具有特色的产品和服务，不仅满足了居民日益增长的消费需求，还推动了国内消费市场的繁荣发展。

此外，随着国家对农村经济的扶持政策不断加大，农村居民的收入水平也在逐步提高，有助于缩小城乡居民收入差距，促进社会公平和谐。

农村创业者需要准确把握这一宏观经济趋势及其内在规律，深入

---

① 本部分数据来自国际统计局官网（https：//www.data.stats.gov.cn/）2024 年统计，经笔者整理所得。

研究消费行为的变化，对创业项目的选择至关重要。

二、我国宏观经济实现跨越式发展，驱动力源于创新战略的实施

我国经济发展进入"十三五"与"十四五"时期以来，党和国家确定了创新驱动发展战略并广泛推进，我国宏观经济实现跨越式发展所采取的经济政策策略概括起来主要由四个方面组成。

一是通过创新驱动战略、科技强国战略以及人才强国战略，全面推进技术进步，全面突破当前关键技术和核心技术的"卡脖子约束"，实现中国的新技术红利；重整科技部和金融体系。

二是全面推进关键领域改革，构建第二轮制度红利；推进"卡脖子工程"的加快实施。

三是通过人才强国和教育强国战略，推进人口红利转化为人力资源红利。

四是全面构建百年未有之大变局的合作平台和新的竞争力，突破价值链和分工链重构的瓶颈约束，构建新一轮全球化红利。

从当今世界前沿科技总体来看，我国科技创新能力发生了质的飞跃，经过努力破解了很多技术创新难题，跻身全球前列。我国实现 21 项先进技术突破，目前尚有 14 项未突破。从全球排名前十的技术榜单中，我国突破了 7 项，目前尚未突破 3 项。我国完成突破 7 项技术分别是：芯片、操作系统、真空蒸镀机、手机射频、重型汽轮机、触觉传感器、激光雷达。目前尚未突破 3 项技术是：光刻机、航空防冻剂短仓、ICLIP 技术。五年前被国外"卡脖子"技术，我国经过各方面努力突破的、未突破的技术清单如表 4-8 所示。

表 4 - 8　　　　　　国际公认关键技术我国掌握情况统计

序号	关键技术名称	已突破	未突破	序号	关键技术名称	已突破	未突破
1	光刻机		√	19	航空设计软件		√
2	芯片	√		20	光刻机		√
3	操作系统	√		21	高压共轨系统	√	
4	真空蒸镀机	√		22	透射式电镜		√
5	手机射频	√		23	掘进机主轴承	√	
6	重型汽轮机	√		24	微球	√	
7	航空防冻剂短仓		√	25	水下连接器	√	
8	触觉传感器	√		26	燃料电池关键材料	√	
9	激光雷达	√		27	高端焊接电源	√	
10	ICLIP 技术		√	28	锂电池隔膜	√	
11	高端电容电阻		√	29	医学影像设备元器件		√
12	核心工业软件		√	30	超精密抛光工艺	√	
13	ITO 靶材	√		31	环氧树脂		√
14	核心算法		√	32	高强度不锈钢		√
15	航空钢材	√		33	数据库管理系统	√	
16	铣刀		√	34	扫描电镜	√	
17	高端轴承钢	√		35	适航标准		√
18	高压柱塞泵	√					

资料来源：笔者根据科技部（http：//www. most. gov. cn/index. com）的数据整理而得。

　　我国已经突破和掌握了大部分国际公认的关键技术，一方面体现了我国的科技进步和实力；另一方面能够助力我国经济稳健发展，尚未掌握的技术是我们科技创新努力的方向，由此可以推断出，我国经济发展和科技进步为农村创业者开展创业活动提供更多支撑，带来无限可能。

三、全球产业链转移对我国"全球制造工厂"的地位影响与机遇

全球产业链转移对我国"全球制造工厂"的地位影响以及带来的机遇总体情况如下。

首先，我国"全球制造工厂"的地位不可替代性。对我国来说，全球产业链转移从单个项目来看都是小经济体，即便把东盟国家加起来经济体量也没有我国大。估计未来很长一段时间里，这样的产业链重组不会改变我国"全球制造工厂"的地位。

其次，产业转移。产业转移主要有两方面因素：一方面是技术进步，另一方面是政治因素或其他因素导致成本增加带来产业链的转移。技术进步推动产业转移，原因之一是东南亚生产中低端产品，需要较长时间才能生产并出口中端产品到欧美，或者返销我国；另一原因是，我国产业升级速度特别快，我国生产的元器件中间品会大量出口到东南亚国家，转出的只是产业链低端部分。2023年1月13日，达沃斯世界经济论坛与麦肯锡共同发布全世界"灯塔工厂①"132家，分布在30多个国家和地区，我国占50家，未来这种全球制造业领域的智能制造和数字化高水平"灯塔工厂"在中国会越来越多，应对产业转移带来影响的防御能力会更强。

如果产业彻底转移出去，不再和我国发生联系，对我国确实有不利影响。事实上当某些产业向东南亚转移时，我国对东南亚的出口大幅提升，而且主要是出口中间产品，如此一来大大对冲了产业转移对我国的影响。

最后，新的竞争逻辑已形成。衡量一个国家的比较优势，可能考虑的不再是劳动力和资本，而是机器人数量与技术先进性。基于这些分析，有理由认为全球产业链向东南亚转移还不会影响我国发展。

对企业来说，产业链放置的区域，要综合考虑生产成本和运输成

---

① 2018年由世界经济论坛与麦肯锡管理咨询公司共同提出的概念。

本。应对的关键点，还是要提升我国在全球产业链、价值链的位置，即从中下游移到上游，所以科技创新最关键。

正确理解与把握新时代的机遇，创业者采取以下思考问题的思路展开讨论，从而降低创业风险：（1）没有正确的假设，就没有正确的方向；（2）没有正确的方向，就没有正确的思想；（3）没有正确的思想，就没有正确的理论；（4）没有正确的理论，就没有正确的战略。

对农村创业者的启示是，只有首先看到事情的可能性，才会有发生的机会，农村创业者只有掌握认知社会变革的过程中蕴藏的机遇，创业活动才能拥有良好的开端。

四、改善金融生态，营造良好的货币金融环境

我国宏观经济发展的金融环境近年来不断发展和优化，2023 年 10 月，中央金融工作会议高屋建瓴地布局我国金融健康发展战略路径，营建更为有利于科技进步、创新创业活动开展的金融环境。

2023 年 10 月，中央金融工作会议主要内容可从以下方面解读方能对创业的金融环境有一个整体把握，使得创业活动与金融环境形成良性互动。

（一）主要内容

第一，会议本身由"全国金融工作会议"升格为"中央金融工作会议"，强调坚持党中央对金融工作的集中统一领导，深刻把握金融工作的政治性、人民性。

第二，会议明确提出"加快建设金融强国"，走中国特色金融发展之路，加快建设中国特色现代金融体系。

第三，会议在肯定成绩的同时，深刻分析不足，认为金融服务实体经济的质效不高，金融乱象和腐败问题屡禁不止，金融监管和治理能力薄弱。

第四，会议把防范化解金融风险放在突出位置，强调以全面加强

监管、防范化解风险为重点，建立健全权责一致、激励约束相容的风险处置责任机制。同时，要把握好快和稳的关系，在稳定大局的前提下扎实稳妥化解风险。

第五，会议要求始终保持货币政策的稳健性，更加注重做好跨周期和逆周期调节，切实加强对重大战略、重点领域和薄弱环节的优质金融服务。

第六，会议要求做好科技金融、绿色金融、普惠金融、养老金融、数字金融五篇大文章，着力打造现代金融机构和市场体系，疏通资金进入实体经济的渠道。

（二）会议的主要目标

第一，加快建设金融强国。金融强国要有完备的金融法律体系、丰富的金融机构体系、完善的金融监管体系、有效的货币政策、有影响力的国际金融中心和优秀的金融人才队伍。

第二，完善金融机构和市场体系。着力打造现代金融机构和市场体系，强化市场规则，打造规则统一、监管协同的金融市场。

第三，保持货币政策稳健性。始终保持货币政策的稳健性，更加注重做好跨周期和逆周期调节，充实货币政策工具箱。目前我国共有结构性货币政策工具17个，在支持小微民营、科技创新、绿色发展方面有不小的空间。

第四，全面加强金融监管。要全面加强金融监管，切实提高金融监管有效性。

第五，稳步扩大金融开放。稳步扩大金融领域制度型开放，吸引更多外资金融机构和长期资本来华展业。

第六，促进金融与房地产良性循环。要促进金融与房地产良性循环，健全房地产企业主体监管制度和资金监管，完善房地产金融宏观审慎管理，一视同仁满足不同所有制房地产企业合理融资需求，因城施策用好政策工具箱。

（三）近几年推出的政策路径与金融政策的协同效应

近几年我国推出的政策路径与金融政策的协同效应主要由两部分内容组成。

1. 双循环的新发展格局

建立以国内大循环为主体，国内国际双循环相互促进新发展格局。发展国内循环拉动内需，以国际循环促进区域和国际贸易发展。该政策是 2020 年 5 月 14 日中央政治局常委会会议提出，立足国内大循环，协同推进强大的国内市场和贸易强国建设，依托国内循环体系形成对全球要素资源的强大引力场，促进国内和国际双循环。

2. 国内大市场

2022 年 4 月 10 日《中共中央 国务院关于加快建设全国内统一大市场的意见》指出，加快建立全国统一的市场制度规则，打破地方保护和市场分割，打通制约经济循环的关键堵点，促进商品要素资源在更大范围内畅通流动，加快建设高效规范、公平竞争、充分开放的全国统一大市场，全面推动我国市场由大到强转变，为建设高标准市场体系、构建高水平社会主义市场经济体制提供坚强支撑。

综上，农村创业者把握新时代生存法则需要创业者准确理解以下内容：第一，未来需要塑造，实力决定地位；第二，弱者接受世界，强者改变世界；第三，大机遇要顺应，小机遇要把握；第四，战略塑造未来，管理成就现实。

对于每一位创业者来说，面对新的创业环境，我们应当充满信心，同时要充分认识到新时代创业环境的根本特征是新时代、新挑战、新战略、新发展。

第四节　创新创业环境新时代特征对农村创业者的启示

时代在变迁，创新创业环境重塑，农村创业者只有站立在正确认知基础上，才能顺势而为，取得成功，以下是在农村创业过程中要重点关注的几个方面。

一、正确认知新时代创新创业环境下的创业活动特征

为了更深入地理解和把握以上建议，农村创业者开展创业活动还需要深入领会以下几个基本内容，方能使得创业活动效率大大提高。

（一）商业本质就是创造价值，提升效率

这是对商业本质最全面、最浓缩、最深刻、最准确的定义。商业的本质是检验一切生意的终极标准，是任何企业存在的价值和意义，创造价值，提升效率，与性价比为一体两面。

（二）核心竞争力培育

创业活动的一切利润来自核心竞争力，一切长期稳定来自核心竞争力。竞争力的标准最高层是制定标准，第二层是控制价值链，第三层是强调强势品牌，第四层是领先技术，第五层是总成本优势。农村创业者努力培育并形成两个层面，一是管理性，二是经营性。

（三）需求就是人性，是一切生意的起点和终点

顾客不是人，而是相同需求的集合，研究顾客需求动机，正确掌握或培育十分重要。

（四）底层逻辑

任何企业的成功都是底层逻辑的成功，力求脚踏实地，极致服务是制胜法宝不二选择。

（五）产品的本质

顾客需要的不是产品，而是帮助其完成某些特定任务的工具。

（六）行业本质

全球投资名言，企业家对于其所在行业的本质理解越深，掌控能力就越强，决定企业能做多大，能走多远。

（七）解决利益获取和分配的问题

企业的本质是构建了由内外组成的利益共同体，解决利益获取和分配的问题，解决利益获取问题，企业就解决了盈利，解决利益分配问题，解决内外合作原生动力。

（八）杠杆思维

企业资源能力优势是一切的放大器和加速器。任何企业仅仅靠有限的资源和能力，是难以实现做大做强的。

（九）局部规模优势

规模优势是企业做大的原动力，但是要实现整体优势是很难的，必须始于创造局部优势。

（十）价值认知，普遍认知

顾客主要是根据产品来判断和认知价值的。事实上绝大部分顾客难以客观地判断，产品本身对顾客的价值认知很小。

以上十个方面是创业者应当重点关注的，此外还应当涉及重构顾客的价值体系、品牌是与一切产品有关的顾客体验和认知的总和、降维策略、从人性开始的顶层设计等企业经营金科玉律。具体来说就是，行业内企业通常遵循相似的顾客价值曲线，企业通过新增剔除增强减弱各项顾客价值，以提升与同行迥异的顾客价值体系，企业改变行业游戏规则，实现破局的主要手段之一，重构顾客价值曲线，使企业发展的重要的维度，第一专业维度，第二系统维度。

降维策略就是，如果你和你的对手在同一纬度思考和行动，你就只能靠努力去取胜，特定情况下可能还需要做局，这是一种高级的生物思维，从无到有，整合资源，构建一个参与者都满意的交易体系，从而获得高额的回报。

顶层设计从人性开始，就是需要创业者研究人性的使命，研究价值，形成经营的策略，站在更高的维度，看更低层面的问题，产生认知逻辑。从更高的维度发现机会，使底层无法发现的机会，从而使创业活动变得可以控制。

二、未来创业活动可能面对的主流发展模式

（一）国家发展的大国联盟模式

从欧盟，到东盟，到上合组织，到金砖国家，到五眼联盟，到印太联盟，到共建"一带一路"。大国联盟的时代到来。当一个国家的现代化程度不高、经济规模不够强、产业链不够长时，城市间的竞争关系大于合作关系，低端产业的产业链短、附加值低，城市间的竞争接近于零和博弈，互相挖产业是常态也难以避免；当现代化程度提高后，现代产业的规模经济延长了产业链，产业链的上下游关系就会体现为城市间的辐射、带动与联动作用。

（二）企业发展的大企业链主模式

龙头企业比如数字平台企业在解决就业、带动中小企业发展的积极作用。中小企业发展是不能脱离这些大的龙头企业的，在制造业中很多中小企业是为大企业进行配套。龙头首先要活起来，龙身和龙尾才能摆动。这些大企业有信心了、开始扩张了，自然就会带动很多中小微企业的扩张。要把大中小企业当成一个有机整体来看，不能单纯为了稳就业而去扶持中小企业。产业链安全也需要依靠这些龙头企业来当"链主"，缺乏这些链主，产业链安全也得不到保障。

（三）城市强城发展模式，从城市发展的从大到强的城市模式

从"大城"到"强城"模式，背后是我国不断促进资源有效配

置、畅通国内大循环、建设统一大市场的直观体现。

当前对城市之"大"的理解，可能包含人口多，城市面积大等维度，从这一视角出发，当前中国的情况是城市面积扩张得很快，但城市人口增长的步伐未能跟上，也就是所谓的土地城市化快于人口城市化问题。当前大城市的扩张速率是齐步走还是存在差异化？我们认为出现了两类典型问题，一是更大的城市受到了限制，例如上海、北京、深圳；二是城市体量没有进一步扩张的潜力，但盲目进行新城建设、工业园区建设，超出了城市区位和自然条件决定的发展潜力。

（四）城市群的发展模式

龙头思维到一体化思维。城市群内部（或者说省域范围内）较外围的地区，需重点关注两个维度：一是与中心城市的距离，远离中心城市的地区不宜贪大；二是自身的特色产业，要加强竞争力，从而与中心城市间构成分工协作、优势互补、梯度发展的功能格局。

要考虑建立跨行政区的协调机制。在解决都市圈问题时，要改变现行的市级行政区划，形成新的都市圈行政架构。例如日本在发展东京都市圈时，建立了总理府下属、建设大臣领衔的首都整备委员会，实际就是用以协调东京与周边地方的行政关系。

当前长三角地区设立了长三角一体化办公室，但上海和毗邻县级市的协调机制还有待建立。当前的经济发展已经以都市圈为单位，但财税依然以市和区为划分，这必然会导致市与市、区与区之间的同质化竞争；我国以增值税为主的税制结构与发达国家相比，重生产而轻消费轻服务，这固然部分是因为服务业企业规模小、隐藏税收难度低、征税难，但也导致城市发展过于注重 GDP 和投资；而服务业往往带来大量外来从业人口，导致政府缺乏足够动力发展服务业，并为增长的人口提供公共服务。

在经济层面，探索新的合作模式和税制结构。合作模式方面，当前中国存在一些共同开发经济区、飞地经济的实践，都是依托都市圈集聚效应提供创新能力、服务能力支持，而把实体生产放在周边地区；税制结构方面，要适当调整增值税与消费税、所得税、财产税比例。

（五）产业发展的新模式

农场创业者要更新认识，生产即消费，消费品质的提升和消费服务业的发展，本身就有利于提高城市劳动生产力。

一是家政、网约车、快递等基于消费的服务产业发展本身就有利于解放劳动生产率。

二是咖啡馆等第三空间消费极大促进了人们的交流和创新的产生。

三是城市消费环境、生活品质的优化能够吸引人才，为城市提供持续创新力。此外，受限于客观条件，部分城市可能在总量层面的表现不尽如人意，但是在有特色的先进制造业、宜居度、生活质量等层面有独特优势。未来，我们也会将消费力、生活质量等维度纳入指标体系中。

三、对农村创业者的启示

（一）迎接快到慢的时代

三年疫情结束，中国创业市场的野蛮发展阶段彻底结束了，"硬科技"会成为下一个创业浪潮的新主流。"唯快不败"的原则可能会慢慢被放弃，我们会呼唤一种"慢哲学"，同时那些"快公司"会面临考验。

（二）把握平台的机会

平台经济进入新时代。反垄断仍是科技行业最大变量，但互联网反垄断将从"破"转变为"立"，更多互联网企业将抓住缝隙机会出海，赚海外的钱，互联网企业的股票将探底回升。

（三）面对数字化革命

数字化趋势不可逆，继续被疫情大大提前了，至少加速了时间。同时，数字化的未来，是一个分化的未来。数字化对你来说是蜜糖还是毒药，只取决于你是对人负责，还是对事负责，互联网业态狂飙多年后，消费行业开始反攻线下，国货运动，方兴未艾。越来越多的企业会愿意投入到国产品牌的创造中，越来越多的消费者愿意为国货买单。

（四）理解垂直的价值

原来的企业是横向发展：越做越大、涉及面越来越宽。因此企业越做越容易展开"同质化竞争"，今后的企业是纵向发展：越做越精，挖掘度越来越深。这种变化使行业将越来越垂直、协作越来越完善。于是中国越来越细分，结构越来越周密，企业与企业之间、行业与行业之间的独立性越来越强，"差异化共存"成为商业主流。

（五）迎接新消费时代

原来一流的企业做"标准"，这是大工业时代的逻辑，所有的产品都是被整齐划一的，标准的制定者可以坐享其成。今后一流的企业做"服务"，紧跟时代技术。能够满足各种消费者、各种需求的服务，往往是定制性的，它对企业的两方面要求比较高：第一就是提供定制化的能力（科技），第二就是对接消费者的能力中国产业链的流向正在逆袭。以前是先生产再消费：生产者——经销商——消费者。未来一定是先消费再生产：消费者——设计者——生产者。因此，传统经销商这个群体将消失，而能够根据消费者想法而转化成产品的设计师将大量出现。

（六）重视新服务时代

未来所有的"经销商"都将变成"服务商"，他们不再依靠帮厂家售卖产品（赚差价）挣钱，而是依靠自己向消费者提供后续的增值服务赚钱，这既有利于发挥他们的创造性和主动性，也有利于产品的售后。

农村创业者在面对新的创业环境，需要拥有系统的发展思维习惯和能力。不管结果，思维要对；不问得失，顺应趋势；不管输赢，模式要对；不断迭代，管理匹配；各方努力，结果要好。

建构创新思维，改善经营管理，加强横向合作，提高运作能力，追求稳健发展。因此农村创业者要清晰理解中国式现代化内涵，塑造时代组织。运用新型的管理思想塑造时代组织，在战略机会点上，聚集力量，实施饱和攻击，深刻理解和运用系统的管理思想改造组织，建立以专业运作产品，平台运作组织，体系运作管理，以思想改造人，以政策引导发展，建立新型模式，营造新世界。

第五章　农村创业者特征分析

第一节　农村创业者——相对独特社会群体

随着我国经济发展历程的推进，在不同时期涌现出一大批耳熟能详创业者的名字，他们是华为掌门人任正非、海尔缔造者张瑞敏、联想掌舵者柳传志等，他们的创业行为及成就为我国先进制造业的成长厥功至伟；互联网企业创业者阿里的马云、腾讯的马化腾、百度的李彦宏等，他们的创业活动推动了我国新型产业的发展与进步；福耀集团奠基人曹德旺、新希望集团的刘永好、福建达利园创始人许世辉、波司登创建者高德康等，他们创业从农村启航，经过几十年的努力打拼，取得了巨大成就，创下世界知名品牌，扬国人志气。特别是20世纪八九十年代涌现出大批乡镇企业领头人，"三分天下必有其一"的经济成就激励着当今农村创业者。创业者们创业故事激励着农村创业者，从他们的创业经历中能够领略到他们身上具有的独特品质：强烈的成功欲望、敢于承担风险的精神、超强的意志力等，感觉是遥不可及的事情，他们成功的创业以及取得成就，难以模仿。然而，天生的创业者和天生的非创业者占比都是很小的，符合管理"二八定理"，承认创业者特质在创业过程中的重要作用，但是也不能过于放大天生特质的影响，后续的教育培训会让更多的创业者成长起来。

创业成功与否取决于创业者的天赋，这样的认知被大多数人认同，甚至认为创业能力是无法培养、是天生禀赋。然而美国西北大学谢洛德教授（Lloyd E. Shefsky，2005）经过实证研究，历时 6 年，采访了全世界 200 多位最具成就的创业者。深入研究他们的个人特质、创业经历以及创业成就后得出结论是创业者在创业实践过程中经过历练才能培育出敏锐的市场洞察力，才能更好地把握市场需求，创造出辉煌成就。

由此坚定信心，作为创业群体中重要组成部分的农村创业者从事创业活动具有无限可能。随着我国农村创新创业环境的持续优化，政府和社会机构加大力度培育农村创业者的创业能力，整体提升他们的创业素养，壮大农村创业队伍并形成中坚力量，取得我国乡村振兴战略的成功指日可待。

一、农村创业活动特点

农村创业者是一个相对独特的社会群体，他们在农村地区开展自己的创业项目，为当地的经济发展做出了重要贡献。2023 年我国农业农村部统计的农村创业者这个群体达 1 220 多万人，央广媒体预测到 2025 年，这一数据将超过 1 500 万人，他们的创业活动归纳起来有以下几个方面共同特点。

一是创业项目选择立足农村。农村创业者是一类立足农村地区的自主创业形式，他们的创业项目及业务范围涵盖了多个领域，如农业种养殖业、乡村旅游及服务、乡村教育培训、乡村医疗等。

二是创新驱动创业活动开展。农村创业者创业的商业模式创新是关乎农村创业项目成功的根本问题，是企业参与市场竞争和实现商业目标的重要手段，这部分内容也是本研究的重点所在。

三是社会资本支持。社会资本支持是影响农村创业者成功创业的关键要素，如民间技艺、农家特产、建筑地貌等赋予农村产品独特性和不可复制性。

四是乡村振兴的新生力量。农村创业者是乡村振兴的新生力量，他们既具有一定的职业经验和社会关系网络，又具备一定的知识和技术。

二、农村创业者特征

农村创业者特征集中表现在使命和担当，具体内容是：

（1）促进农村经济发展。农村创业者通过开展各种创业项目，促进了农村地区的经济发展，提高了农民的收入和生活水平。

（2）推动乡村振兴战略实施。农村创业者是推动实施乡村振兴战略主体的重要组成部分，他们的创业活动有助于推动乡村振兴，实现中国式农业现代化。

（3）他们的创业活动能够为农民提供更多的就业机会。农村创业者的项目提供了大量的就业机会，帮助解决了农村地区的就业问题，减少了农村劳动力的流失。

（4）立足农村的创业活动开展，能够引领农村社会变革。农村创业者通过自身的实践活动，引领着农村社会的变革，推动了农村社会的进步和发展。

农村创业者是创业者群体重要组成部分，同时也是推动我国实现农业现代化非常重要社会群体力量，他们的存在和发展对于农村地区的经济社会发展具有重要意义。作为创业者群体重要组成部分，下面进一步分析这个群体的心理特征。

西方学者们对创业者的研究是从人口统计特征入手的，许多研究成果发现有些群体可能投身到创业当中去。如安纳利·萨克森宁（Annalee Saxenian，2020）研究认为，移民具有更高的创业倾向，甚至还有的研究者认为头胎出生的孩子最有可能成为创业者，创业者行为最有可能发生在 30 岁、40 岁、50 岁这些里程碑年龄。但是更多的研究者认为这些人口统计学特征并不真正决定创业者行为。如移民更容易开展创业活动重要原因是他们有克服困境的经历，不是因为身份原因。2009 年美国哈佛大学研究员维韦克·瓦德瓦等（Vivek Wadhwa et al.，2009）在卡夫基金会的支持下对 549 名成功的高成长创业企业创始人做了一次普查，得出一些非常有趣的发现：90%成功创业者来自中产或者低产中偏上阶层家庭；95%的大学毕业，47%的人有硕士以上学位，75%的人在高中学业优秀；多数创业者非常聪明，爱读书；第一次创业年龄平均 40 岁，70%的人已经结婚成家，60%的人已经有小孩。研究认为成家结婚会让他们专注创业事业，有小孩的创业者更加关注孩子将来长大后的社会，想要留给孩子一个更好的社会环境，认为这是创业者重要的外在动因，如表 5 – 1 所示。

表 5 – 1　维韦克·瓦德瓦（Vivek Wadhwa，2009）对美国 549 名高成长创业企业创始人调查结果统计

特征变量	社会阶层	学历层次	高中学业水平	个性特点	结婚成家	是否有小孩
创业者特征	中产或低产中偏上	大学毕业	优秀，名列前茅	非常聪明、爱读书	已结婚	有
高成长创业企业创始人中占比	90%	96%	75%	多数	70%	60%
创业年龄	平均 40 岁	平均 40 岁	—	平均 40 岁	平均 40 岁	平均 40 岁
创业动因	事业、机会驱动	事业、机会驱动	—	事业驱动	家庭幸福	孩子未来的成长环境

资料来源：Wadhwa V，Aggarwal R，Hoolly K，Salkevera. The Anatomy of Enttrepreneur：Family Background and Motivation ［R］. The Ewing Marion Kauffman Foundation，July，2009.

除很多学者从人口统计特征研究创业者外，学术界很多人还关注研究创业者的心理特征，研究发现创业者的心理特征比天生特质重要得多，因为心理特征或素质在一定程度上可以改变和培养。创业者区别于一般人的特征表现为以下 6 个方面，如图 5 – 1 所示。

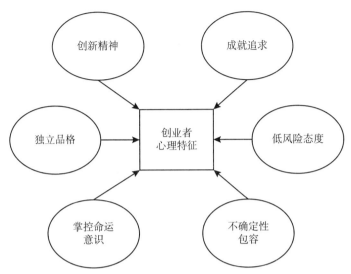

图 5 - 1　创业者区别一般人心理特征构成

资料来源：亚瑟·布鲁克斯．社会创业［M］．李华晶，译．北京：机械工业出版社，2009：13.

（1）创新。既然创新是创业精神的本质所在，创业者趋向于那些具有创新精神的人就不足为奇了。他们选用创造新的方法迎接不同的挑战，追求别具一格的商业模式。有相关研究结论是"21 世纪是商业模式竞争的时代"，这方面是创业者重点关注的。如波司登创始人高德康创业起步的时候就聚焦创新，波司登品牌设计、产品研发等环节颠覆传统，引领潮流，充分彰显了高德康先生"凡事都想争第一的"个性特质。

（2）成就导向。创业者无一例外都是目标导向型的，不甘平庸，干事创业是他们的追求，信奉"幸福生活奋斗出来"人生信条，创业者很自然地设定个人目标并且确保成长以完成这些目标。

（3）独立品格。创业者是出了名的独立自主，这也是敢于担当的性格体现。他们大多数都高度地自我依赖，并且他们中的许多人都很自然地偏向于独立工作来完成他们的目标。

（4）掌控命运的意识。创业者很少把他们自己看成是环境的受害者，而是自己掌控自己的命运。这可能是由于他们具有把消极的环境看作机会而不是威胁的趋向，这也是企业家精神的体现。

（5）低风险厌恶。创业者相信风险与机会均等，虽然没有证据证明任何理性人（包括创业者）为了风险带来的利益而去寻找风险，但是有证据表明创业者对风险有更多的包容性，并且在找到方法减轻风险方面更具有创造性，也就是能够掌握识别风险方法并采取有效措施应对风险能力。

（6）对不确定性的包容。创业者总是比其他人对动态变化且不是特别明确的情况更加适应，创业环境处于动态中，带来更多的不确定性是普遍存在的，创业者努力做到顺势而为，不抱怨，而且能够从复杂的不确定性中探寻到创业机会所在。

近年来，关于创业者特征的研究更进一步，有了更多成果的积累。自20世纪末以来，对创业者在创业之前的经验（简称"先前经验"）的研究进入大部分创业学者的视野，识别有影响的先前经验主要有：行业经验，即曾经在新企业同一行业工作过的经验；创业经验，即创建并管理新企业的经验；管理经验，即从事领导及管理岗位的经验；与新产品开发、特定的技术研发及与某类顾客打交道的独特经验；其他职能经验，如从事研发、市场营销、财务等工作的经验。先前经验对机会发现及所发现机会的创新性、资源获取、战略选择、新企业生存和成长绩效有影响作用。有学者研究发现，行业经验、管理经验比创业经验对新企业的绩效影响更显著。这些经验可以通过后人获取，可以有意识积累。关于创业者另一个研究是人力资本、社会资本、以及所处的社会阶层等因素。这些研究成果的应用价值广泛，例如大多刚毕业的大学生、返乡创业农民工、退役军人等可以给出较明确的职业发展建议，甚至为今后的创业构建什么类型的组织积累什么样的经验。

第二节　农村创业者创业能力与培育

农村创业者在创业行动开始之前，需要构建个人创业策略，制订个人创业计划，这是检视自身创业知识和技能的第一步。

一、个人创业计划

制订计划可以从诸多方面给创业者以坚定创业信心，为后续的创业活动预热。因此，创业者需要事先对个人创业计划进行早期评估。

一是自我评价。根据创业目标的要求，现实、客观地评价自己的创业态度与行为是十分有效的。同时，自我评价也是对管理能力、经验、技术以及需要建立的网络关系的评价，对现有自身资源和能力进行梳理。自我评价首先要从观察分析自我思想行为以及他人评价中获得信息，其目的在于了解创业者及其团队存在的认知盲点，加强自我认识，强化已有的特长，改变自身弱点。一旦获取所需信息。自我评价的后续步骤就是分析所获得的信息，得出相应结论，建立学习目标，以获得创业的知识和经验，确定最终目标和抓住机遇。

二是获取信息。第一步，纵向分析。每个人的经历都会深远地影响其价值观、动机、态度和行为。创业者价值观和动机会直接影响创业态度与行为。分析个人的某些经历，能够有效地理解以前的创业倾向，也能以此准确地预见以后的创业潜力。第二步，现状描述。一些创业态度及行为同其成功创业有关，这些态度和行为包括创业承诺、决心与坚持、主动性与责任感等。另外，对机会的追求导致各种各样的个人创业定位。第三步，获得有效反馈。从熟悉和值得信任那里收集反馈信息等，对提高创业业绩和成功概率有重要意义。

三是综合分析。任何创业者都存在着优点和缺陷，重要的是认知自我的优点和缺点，可以通过信息的收集来加强自我认识。创业者需要把自我素质和创业动机结合在一起进行综合分析。图 5-2 反映了在一定的相关创业态度、行为、技能、经验、技术和人际关系以及一定的创业机会要求下，创业机会与创业者素质之间的对应关系所引起的创业潜力和创业成功的可能性。

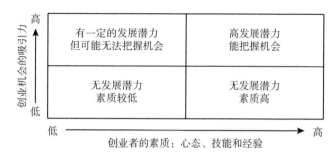

图 5 - 2   创业者创业机会与创业素质的平衡

资料来源：Timmons，J A，Spinelli，S J. New Venture Creation：Entrepreneurship for the 21st Century［M］. New York：McGraw - Hill Education，2004：646.

四是确立目标。目标的确立是一个过程，也是处理现实问题的一种方法。有效地确立目标需要时间、自律、承诺、奉献以及实践。确立目标需要目标具体，使之具有可计量性、阶段性和可行性。优先确定矛盾并提出解决方案，确定阻碍目标实现的潜在问题和障碍，具体说明实现目标的行为步骤，确定如何评估结果，制定进度表。确定实现目标的风险、所需资源和帮助；阶段性审核并及时修正目标。

下面结合 2014 年从中国地质大学毕业返乡大学生翁新强的创业心路历程，分析一下农村创业者能力与提升情况。

翁新强：在大山深处书写闪亮青春

"石伯伯，这段时间墒情还不错，要抢时间准备五味子秋栽。" 71岁的石明洪，儿女都不在身边，又不愿意随儿女一起生活，是翁新强最放心不下的村民之一。他隔段时间就要上门看看，这次去北京开会，前后得半个月，走之前再来看看老人家，顺便提醒莫误农时。

坚定初心梦想，义无反顾返乡创业。

2014 年，一次回乡过节的见闻，改变了翁新强的人生轨迹：车子一路颠簸起伏，路两旁荒芜的土地、破败不堪的土坯房、无所事事的村民……作为土生土长的小新川人，家乡依然贫穷落后，深深地刺痛了他的心，让他萌生了一个强烈的念头——回到大山里，给乡亲们找条出路。就这样，带着对家乡的别样感情，翁新强不顾父母的反对、众人的不解，辞去高薪工作，放弃能在大城市发展的机会，2014 年 9 月回到湖北省郧西县小新川村成了一名大学生村官，并从 2018 年担任村党支部书记至今。

苦寻发展密码，带来产业富民强村。

8 年来，翁新强远离了城市的喧嚣，一头扎在大山深处，一门心思钻研带领群众发展产业、脱贫致富的路子，经过长期探索、反复实践，终于找到了"发展密码"——种植五味子。五味子是一种易种植、药用价值高、市场前景好的中药材，在湖北口回族乡几乎漫山遍野都是，村民们常摘回来当果子吃。

他按照"党建强村、产业富民"的发展思路，采取"党支部 + 公司 + 合作社 + 农户 + 基地"的模式，带动鄂陕两省三县 60 多个村 1 043 户群众，发展五味子产业 4 100 余亩，探索开发了五味子红酒、五味子饮料、五味子健胃消食茶等系列保健产品，累计实现销售收入 1 200 余万元。他本人也先后被评为"全国脱贫攻坚先进个人""全国向上向善好青年"，并当选为湖北省第十三届人大代表，再到如今当选党的二十大代表。

"作为一名年轻的共产党员，能让乡亲们在家门口挣到钱，过上好日子，我觉得这 8 年的坚守和付出都是值得的。"作为中国地质大学一名大学毕业生，面对大家对他放弃大城市发展机会的质疑，他回应道。

修通致富路，架起连心桥。

小新川村地处鄂陕两省交界，是郧西离县城最远的村子之一，行路难一直是制约该村发展的瓶颈。"2019 年之前，从乡政府到小新川村，全都是泥巴路，路面坑坑洼洼、高低不平，一不小心就会挂坏底盘，跑一趟差不多 3 个小时，谁都不愿意去。"今年 56 岁的驻村第一书记、县烟草专卖局干部陈兴玉回忆道。

翁新强就任村党支部书记后，积极向上争取资金，为村民们修通致富路。2022 年 5 月中旬，29 公里长、5.5 米宽的双向道水泥路"虎新路"终于建成通车了，半个小时就可以到乡集镇了。"快速通道"

极大改善了村民出行条件，赢得了群众普遍点赞。

2021年，一所标准化的中心小学在小新川村落成，附近2个村的320余农村孩子，实现了在家门口上好学校的梦想，享受到了更均衡的教育资源，村子里没有一个辍学、失学儿童。这里面也少不了翁新强的奔波与操劳。

"原来我也以为，他回来就是想混个官儿当。这几年，他带着大家修公路、建学校、搞产业，村子变美了。他是一个能干事的小伙儿。"58岁的6组村民朱增胜说起翁新强，就竖起了大拇指。如今的小新川村，水泥路通组入户，房屋错落有致，校园里书声朗朗，崭新的太阳能路灯点亮了静谧的夜空，烟叶、五味子、马头山羊等产业日益壮大……这些变化都离不开被村民们亲切称之为"小翁书记"的翁新强。

坚持党建引领，劲吹文明新风。

近年来，小新川村将党建引领作为推动乡村振兴的引擎，带领村民大力发展中药材、养殖产业，实现户户有产业、人人有事干、致富有门路。"四个千级规模"示范村建设正在如火如荼进行，即引导群众发展烟叶1000余亩，带动发展五味子、苍术、连翘等中药材1000余亩，年出栏马头山羊1000头、生猪1000头，不断夯实产业基础，在带动群众发家致富的同时，增加村集体经济收入。

"脱贫攻坚不是终点，乡村振兴任务更加艰巨，作为党的二十大代表，我深知使命光荣、责任重大。我既要想办法让村民们富口袋，还要想办法让村民们富脑袋。"翁新强对小新川村的发展早就有了谋划。

红军长征时期，红二十五军及红74师在郧西活动长达2年8个月，小新川村六组的何家大院曾是中共鄂豫陕省委及红二十五军军部，这里留下了非常珍贵的红色革命遗址和革命斗争历史故事。62岁的老党员郑传记说："我的父亲当年在小新川村还见到过红军，红军所到之处，军纪严明，对老百姓秋毫不犯，还热心帮助老百姓。"这些红色故事的耳濡目染，使翁新强早早地就树立起了坚定的共产党人信念。

2021 年 8 月，长征国家文化公园建设领导小组将郧西县纳入长征国家文化公园建设"一轴四线"红二十五军长征路线主体重点县。为了更好地传承红色基因，赓续红色血脉，主动融入国家长征文化公园建设项目，翁新强正积极挖掘保护开发村内的红色资源，尝试打造红色文化坐标、激活红色文化力量、拉动红色文化引擎，建设红色文化特色村。"我们要通过打造红色文化特色村，引导广大村民发自内心地感党恩、听党话、跟党走，不断提升乡村治理水平，让外出务工的人放心、在家的人安心、群众过得舒心。"谈起未来的打算，翁新强语气坚定。

说明：案例内容来源系笔者访谈翁新强书记、当地村民的记录以及他本人提供的资料，经本人同意作为案例写入本书公开出版，他本人期望与更多的农村创业者交流共勉。

从翁新强返乡创业案例中可以感受到他本人构建清晰创业策略，即制订个人创业计划过程。在做好自我评价的前提下有针对性获取信息，在做好创业定位、进行综合分析基础上确立创业目标。当然他的成功归功于他本人坚定的创业动机和强大的创业技能，二者相辅相成，缺一不可共同组成创业能力，夯实了创业成功的基础。案例中他以扎实的五味子种植技术和对农村节令、土壤墒情的准确判断来精心指导村民把握种植时机，专业知识的储备是创业者必备创业能力所在。他本人特别重视对创业信息的收集和处理，在访谈交流过程中，多次提到只有打开偏远落后乡村信息通道，才能把握准创业机会，特别注重与上级政府部门的沟通，优先把握住国家扶持政策信息，同时关注中药材市场需求信息，才能做到决策准确。

在翁新强的返乡创业带动家乡农民共同致富过程中，他不断加强管理知识、农业技术学习，努力让自己成为一位浑身拥有十八般武艺的农村创业领头人，他深信只有夯实自身创业能力，才能更加坚定自己的创业梦想，带领更多村民踏上共同富裕之路。经过八年多的努力，取得了丰硕创业成果，同时更大更宏伟的创业目标在等待他去实现。

二、创业动机

根据 GEM（全球创业观察）中国报告，创业能力包括创业动机与创业技能两个方面，针对农村创业者创业能力分析依然遵循这一原则，从创业动机与创业技能展开分析。

面对诸多不确定性，人们为什么要去创办企业，他们与非创业者有什么不同？从大量的创业实践中不难观察到他们之间的区别所在，虽然很多关于创业者心理特征方面的研究结论并不统一，但从认识心理因素在创业过程中作用还是十分重要的。

人们选择产业的动机各不相同。研究者们通过大量调查发现，创业者的动机主要有以下几个方面，如表 5 - 2 所示。

表 5 - 2　　　　　　　　　创业者的动机构成

动机类型	自己当老板	追求自己的创意	获得财务回报	社会责任
主要特征	追求自由、有更多个性展现机会	天生敏捷有自己的创意，希望创意变为现实	获得财务自由	带领更多人一起干事创业
程度	强	强	较强	较强

一是自己当老板。这是最普遍的心理动机，然而这并不意味着创业者与他人难以共同工作，或他们难以接受他人领导权威。实际上，许多创业者想自己当老板，要么因为他们怀有想拥有一家自己的企业的恒久梦想，要么因为他们在传统工作中变得很沮丧。自己当老板的动机本质上是追求自由。例如 Facebook 联合创始人达斯汀·莫斯科维茨（Dustin Moskovitz, 2006）总结了三个常见的创业原因：其一就是自己想当老板，原因是他们对现在老板做的事情和方法看不过去，但是你开始创业后，事实上每个人都是你的老板，需要你有更大的胸怀来包容他们；其二是工作更有灵活性，可以有很大的自主支配权；其三才是赚更多的钱。其实，有更大的影响力是一个比较实际的理由。

二是追求自己的创意。有些人天生机敏，当他们认识到新产品或新服务的创意时，他们就渴望看到这些创意得到实现，成为实在的产品，从而使得他们很有成就感。在现存企业环境下进行创新的公司创业者，常常具有使创意变为现实的意念。然而，现存企业环境经常阻碍创新。当这种情况发生时，由于员工对创意的激情和承诺，他们常会决定带着未实现的创意离开雇用他们的企业，开创自己的企业并将其作为开发自己创意的途径。这类事件的发展过程也可发生在企业以外的背景条件下，比如有些人通过爱好、休闲活动或日常生活，认识到市场中有未被满足的产品或服务需求，当这种愿望越来越强烈时，他们就会萌生自己创业的想法。如果创意非常可行且能够支撑一家企业，他们就会付出大量时间和精力去将创意转变为一家兼职经营或全职经营的企业。

三是获得财务回报。调研发现大部分创业者认为这种动机与前两种动机相比明显是次要的，它也常常不能达到所宣称的那种目的，他们甚至更为看重自己的创业经历。总体来看，与传统职业中承担同样责任的人相比，创业者并没有赚取更多的金钱。创业的财务诱惑在于它的上升潜力。很多功成名就的创业者从创建企业中获得了数以亿计的美元收入。但这些人坚持认为，金钱并非他们创业的主要动机，然而农村创业者比较看重这一创业动机，我们认为这是他们身上朴实特质的体现。如果创业过程赚不到钱，创业活动也难以持续，并且也很难吸引更多创业者参与其中。

四是带领更多的人一起创业。调查发现农村创业者都有一个做领头人的愿望，希望自己的创业过程中有更多情志相同的人与自己同甘共苦，分享创业过程中喜与愁，换句话说就是需要有自己的团队，希望带领团队无往而不胜，共同把创业蛋糕做大，共同享受创业带来的成就。

三、创业技能

毕海德（Amar Bhide，2004）将创业者的品质特征归为三大类：

第一是创业倾向，第二是适应性调整的力，第三是获取资源的能力。这些品质特征，实际包括了创业者的心理特征和技能两大类。前面我们对创业动机的心理特征也做了分析，现将创业技能部分从中分离出来，创业技能主要由以下几个方面内容组成。

一是控制内心冲突的能力。创业者不允许先前所犯的错误损害自己的自信须设法控制无时不在的内心冲突：是做一个客观怀疑论者而有所保留，还是做一个忠实信徒而完全信赖。他们必须对自己的理论和假设有极大的信心，并将这种信心转达给其他人，同时又愿意随时抛弃这些理论和假设。这方面的能力对农村创业者来说通过他们的社会经验以及先前积累，大都有一定的基础条件。

二是发现因果关系的能力。创业者必须具有非同寻常的发现意外事件真正原因的能力。创业者可能面对多种问题，比如定价不合理，产品功能失效，推销能力不够，目标市场定位不准确，或者运气太差找不到合适的顾客。诸多因素使得创业者以找到真正的原因并从失败中吸取教训。这就需要创业者具有从有限而混乱的数据中发现因果关系的能力。农村创业者往往在这方面短板，然而通过学习培训可以提升这方面的技能。

三是应变能力。从克服顾客、供应商、资源这些方面困难的一些细枝末节中，研究者们可以发现创业者拥有极高的应变能力。农村创业者在应对资源的短缺时，会认真掂量每一分钱，"将一分钱掰成两半花"成为他们的习惯。

四是洞察力。有洞察力的创业者采取"全方位"定位，他们从别人的角度看世界，善于换位思考，在获取信息时讲求技巧，具有识别应聘者表面上的资格或缺少什么的能力等，例如如家快捷连锁酒店掌门人孙坚用人识人方面，常采用的考察方法是看被面试者的一些生活习惯：开车、喝酒、打牌等活动过程中所呈现的个性特征。

埃里克·莱斯（Eric Ries，2012）在《精益创业》一书中把创业者所应具备的必要条件概括为：拥有合适的团队架构与优秀的员工队伍、对未来强烈的愿景以及甘冒风险的勇气。他的研究还强调说，如果创业的根本目的是在极不确定的环境中建立组织机构，那么创业者最重要的能力是学习能力。

全球创业观察（GEM）报告将创业能力归纳为创办企业的经验、对机会的捕捉能力、以及整合资源的能力。该研究显示，相对于众多的创业机会，人们却缺乏有效的把握能力。从全球整体来看，中国的创业能力低于 GEM 的均值水平，说明我国的创业能力属于低水平。大多数人都认为创办新公司不容易，而且人们缺乏创办新公司的经验，未能组织创办公司所需的各种资源，也不知道如何管理这样一家新成立的小公司，对于创办新公司的机会很难做出快速的反应。研究表明，我国首先欠缺的是创业能力以及管理创业企业的经验和知识，其次是机会识别和资源组织上的能力不足（见表 5-3）。

表 5-3 创业技能 GEM 专家调查

问题	内容
问题 1	在我国，许多人不知道如何创办及管理高成长型公司
问题 2	在我国，许多人不知道如何创办及管理一家小公司
问题 3	在我国，许多人没有创办新公司的经验
问题 4	在我国，许多人不能对创办新公司的好机会迅速做出反应
问题 5	在我国，许多人没有能力组织创办新公司所需的资源

四、创业能力的训练与培养

大量事实表明，创业者具有先天素质，并可以在后天被塑造得更好，某些态度和行为可以通过经验和学习获得，被开发、实践或提炼出来。蒂蒙斯等（2005）总结出通过训练强化的态度和行为包括社会责任、社会伦理及风险意识。下面结合我国农村创业者的具体情况展开分析。

（一）农村创业的社会责任

加拿大不列颠哥伦比亚大学创业学教授莫佐克（Bygrave W. D.，

1998）非常强调社会责任对创业者的重要性，他指出"没有人能够脱离社会、脱离社区而获得成功，但不幸的是现在有相当数量的年轻企业家，他们认为自己的责任只是股东利益最大化，除此之外别无他物。但这真是大错特错了""承担社会责任不是一家企业做出的选择，这是任何一家企业必须承担的责任。企业只有承担起这份责任，才能和世界一起前进、发展"。

唐方成等（2007）指出"企业主动承担社会责任有利可图还是为博个好名声有利可图，或是为了躲开危机不被谴责？其实，趋利避害不是承担社会责任的唯一逻辑，承担社会责任本身就是企业价值所在，让世界更加美好应该就是创业者为之奋斗的目标，也应该成为新创企业的愿景"。

企业社会责任问题越来越受到各国政府和广大民众的关注。《中华人民共和国公司法》第五条明确规定："公司从事经营活动，必须遵守法律、行政法规，遵守社会公德、商业道德、诚实守信，接受政府和社会公众的监督，承担社会责任。"

结合我国农村经济发展实践和社会进步的客观需要，可以归纳一下农村创业者应当承担的社会责任主要包括以下几个方面：

（1）保护环境，贯彻可持续发展战略。遵循"绿水青山就是金山银山"的创业企业发展理念，而且我国现行的环保法规强力执行，有效规范了农村创业者的创业行为，潜移默化形成习惯，如此一来让我们农村创业者的创业企业健康成长起来。

（2）资源节约、高效利用。农村资源具有一定的区域特征，创业者大都因地制宜选择创业项目并开展创业活动，但是任何创业项目都会受到资源有限性的约束。特别是农村土地资源，避免过度开发，做到"留得方寸地，留给子孙耕"。

（3）遵纪守法，严守社会伦理规范。遵纪守法是农村创业者应当严守的底线，同时还要做到严守社会伦理规范，依据新时代新农村建设的发展规划和要求，做乡村文明的传播者和建设者，做农村时代楷模。农村创业者不仅是农村创富带头人，而且是乡风文明的缔造者，他们的一言一行影响到更多的农民。

（4）秉承创新精神，培育企业家情怀。创新是社会进步的原动力，农村创业者努力学习新知识、新方法、新科技，培育和提升自身的创新能力，一方面让自己创办的企业获得更好的发展后劲；另一方面形成一个创新的氛围，让农村创业者的创新创业环境得到优化。农村创者应当修炼自身企业家情怀，具体内容涵盖"志存高远、仁爱利他、淡泊名利、环境友好"。当然企业家情怀不仅包含创业者应当承担的社会责任，还有创业伦理在内，它是农村创业者追求人生自我价值的实现，属于马斯洛的需求层次理论分析的最高层次。

（二）农村创业的社会伦理

农村创业者使命创造财富，但是常言说得好"君子爱财、取之有道"。农村创业者要守着这个"道"，就是农村创业者在创业过程中要遵守伦理道德，这是创业能够成功并持续发展的关键。

农村创业者作为创新实践者，通过创造新产品或服务和提供就业机会，极大地推动社会进步和发展；与此同时，他们又常常被批评片面追求商业成功，被认为是追求急功近利，甚至在必要时牺牲道德价值观。例如有的农村创业者延迟偿付厂商和其他债权人的账款，营销过程夸大宣传产品属性，有时候对员工也可能采取同样的方法，延迟工资的发放。农村创业者使用这种方法，有的是因为陷入困境而迫不得已，有的则不是。有些农村创业者常常在未经他人允许和同意的情况下，使用他人的资源来弥补自身资源的不足。这些行为会因为违背相关法律规定和市场经济原则而受到惩罚，如果农村创业者有意这样做，首先是不道德，而且有悖商业伦理。时间长了人们会认为这样的农村创业者的诚信有问题，素质有问题，当然最后吃亏的还是农村创业者自身。

与企业社会责任相比，强调伦理规范是更高层次的素质要求。伦理主要应对和处理国家法律、政策和企业制度等明文规定与约束所无法覆盖的一些问题。事实上，法律再健全的国家，也不可能对人类的一切行为都予以明确的规范，"天理、国法、人情"的顺序本身就说明了这一点。有些农村创业者创业行为本身并不违法违规，但对健康的商业环境和优秀的组织文化不利，仍然要求农村创业者能够自我约束、加强自律，这不仅是境界，也有利于企业健康可持续发展。绍伊莫希和马斯特斯（Solymossy and Masters，2002）根据道德行为决定因素模型，分析了创业者在道德问题识别、道德判断、道德认知发展水平和道德行为方面可能存在一些特殊性。首先，道德问题识别上小企业主可能面临与大企业主经理人员不同的道德问题，设计创业活动性质本身（信息不对称）、利益相关者优先排序、个人与组织利益冲突和人格问题。其次在道德判断上，朗格内克等（Languedoc et al.，2007）在调查发现个别创业者更计较个人财务收益最大化，哪怕损害了别人利益会违背公平原则。对偷税漏税、内部交易、串通竞标、以次充好、盗版软件等不当市场行为却表现了更高的宽容。"

（三）农村创业者的风险意识

相对于拥有资源分配权力但不承担对等风险的大公司经理而言，创业者承担较高的财务和社会风险。这种较高的风险承担可能在一定程度上影响创业者伦理倾向（张玉利，2010）。研究发现，创业者风险倾向与打破规则之间有一定关系。打破规则应把握好"度"，适度的破坏规则行为有利于创业活动，但严重的破坏规则行为可能阻碍个人的职业成就，甚至给社会带来不利的影响。创业活动不仅对产品和服务而且也可能对道德标准带来创造性破坏。另外，创业者强烈的成功动机和自我意识决定了他们会想尽办法避免失败，当公司陷入经营困境或生存危机时，来自员工供应商、银行和家庭的巨大压力，可能导致原本诚实的创业者牺牲伦理标准，选择权宜之计，以上情景农村创业者更会遇到，概莫置身事外。

新企业在资源不足的情况下，可以适当迎合资源持有者的偏好和期望，通过宣传新企业构建竞争优势的属性、能力和资源，有意识地向外部资源持有者传递有利于自身的积极信息，以具有吸引力的故事沟通来确立创业身份和合法地位。例如惠普公司创始人比尔和戴维把他们研制的第一台产品命名为"200A"，因为这个编号看上去像一家拥有许多产品的成熟企业推出的新产品编号。他俩一致认为，应该让阅读产品手册的潜在客户相信自己是在和一家发展成熟的公司做生意，而不是购买两个 25 岁的年轻人在车库鼓捣出的新鲜玩意儿。创业者很是无奈，卢瑟福等（Rutherford et al.，2009）提出"合法性谎言"（legitimacylie）的概念，即创业者有意识地对利益相关者歪曲事实，以赢取合法身份。他们按照对利益相关者的积极或消极影响，以及是否有意识地歪曲事实两个维度，分析了合法性谎言的伦理问题。有意识地传递虚假信息毫无疑问是错误的，无意识的谎言虽然不一定违背了伦理标准，但也是不值得提倡的。考虑创业伦理问题，关键要看给利益相关者带来的消极影响，如果没有带来消极影响，比如惠普公司创业人产品编号问题，则在伦理上就是可以接受的。下面提供了一些保证创业符合伦理规范的忠告和建议（杰弗里·康沃尔，2009）。

一是做正确的事。农村创业者创办企业能将人置于为获取竞争优势而言过其实的境地，它可能以多种方式出现。他们可能宣称自己很强大或者是一家成立已久的公司来吸投资者和顾客。他们用夸大未来前景的故事吸引雇员和消费者。他们可能在刚去说服关键人物时，就声称已经拥有了关键要素，这种虚构的故事的方式往往仅仅是为了使得公司有倍增效应而吸引他人，创业者会辩解他们的极端行为全是为了公司，也就是为了公司而非个人，然而实际上是为了个人利益。

二是说到做到。尽管农村创业者创建的创业企业是崭新的，企业文化建设伴随始终。一个开诚布公的文化会带来同样多的公开和诚实，而对谎言的默认和认可并不可避免产生更多的谎言，也就是所谓的一个谎言需要更多的谎言来解释。

总之，农村创业者自打开始创业或者创办企业，理解和履行创业者的社会责任、坚守创业伦理至关重要，这方面是培养创业者号召力和创业企业凝聚力灵魂所在，同时也是企业稳定可持续发展的精神内核，不可偏废。

第三节 农村创业者创业负面效应

当今的创业环境和创业氛围，让很有梦想的人跃跃欲试。大量媒体都在宣扬创业回报、成功与伟大事业成就。但是作为农村创业者必须清楚成为创业者必然应对的各种负面因素，这些因素主要有创业风险、创业压力和自我主义等可能影响创业者行为，甚至会威胁农村创业的成功。

一、风险与农村创业者

农村创业者在创业过程中总会面临这样那样风险，主要综合风险包括财务风险、家庭与社交风险、心理风险等。

（一）农村创业者在创业过程中可能面临财务风险

财务风险主要体现在以下几个方面。

（1）筹资风险。筹资是企业生产经营的起始环节，企业筹资主要有两种方式，一种是向所有者进行股权融资，另一种是向金融机构进行债权融资。对于农村创业者来说，由于其企业规模和地理位置等因素的限制，融资渠道可能相对单一。农村电商一般为家庭式企业，在初期，股东可能已经投入了大量资金，很难进行持续的投资，因此股权融资可能存在困难。

（2）投资风险。投资风险是指在企业各项财务活动中，由于内外环境的变化以及各种不确定因素，导致财务系统运行无法达到预期目标，从而形成经济损失的可能性。农村创业者在进行投资决策时，需要考虑到投资回报率、投资周期、投资成本等因素，否则可能会产生投资风险。

（3）资金回收风险。资金回收风险是指企业投资出去的资金不能按时收回，或者收回的资金低于预期的风险。对于农村创业者来说，由于其业务特性的限制，可能存在资金回收风险。

（4）收益分配风险。收益分配风险是指企业在分配收益时，可能出现的不公平、不合理等情况，这会影响到企业的稳定和发展。对于农村创业者来说，合理的收益分配机制是非常重要的，否则可能会引发内部矛盾，影响到企业的正常运营。

以上财务风险防范和应对措施，农村创业者需要建立健全的财务管理制度，合理规划资金使用，及时回收投资，公平合理地进行收益分配，同时还需要不断提高自身的管理能力和专业知识，以便更好地应对各种风险。

（二）农村创业者创业活动过程中存在着家庭风险

家庭风险主要包括以下几个方面：

（1）经济风险。农村创业者面临的经济风险主要是投资失败带来的经济损失。由于农村地区的特殊性，创业者可能需要投入大量的资金用于土地租赁、设备购置、原材料采购等，一旦业务失败，这些投入的资金可能无法回收，甚至可能导致家庭财务状况恶化。

（2）市场风险。农村创业者可能面临的市场风险包括产品销售不畅、市场需求减少等。由于农村地区市场规模相对较小，消费者需求不稳定，运营成本高等，这可能导致创业者面临较大的市场风险。

（3）管理风险。农村创业者可能面临的管理风险包括人力资源管理不当、生产流程控制不严等。由于农村地区教育水平普遍较低，创业者可能难以找到合适的管理人员和技术工人，这可能导致企业的运营效率低下，进而影响到企业的盈利能力。

（4）法律风险。农村创业者可能面临的法律风险包括合同违约、侵权纠纷等。由于农村地区的法律意识较弱，创业者可能在签订合同或者处理法律事务时出现失误，这可能导致企业面临巨额的赔偿费用，甚至可能导致企业破产。

农村创业者的家庭风险主要来自经济、市场、管理和法律等多个方面，这些风险都可能对创业者的家庭造成负面影响。因此，农村创业者在创业过程中需要充分考虑到这些风险，并采取有效的措施进行防范。

（三）农村创业者创业过程中也会面临的诸多心理风险

这些心理风险一定程度上对农村创业者创业活动形成重要影响或障碍。主要包括以下几个方面：

（1）压力和不确定性。农村创业者可能会面临巨大的压力和不确定性。他们需要投入大量的时间和精力，而且成功的可能性并不总是确定的。这种压力和不确定性可能导致焦虑和抑郁，对他们的心理健康产生负面影响。

（2）从众心理。一些农村创业者可能在创业过程中因为对各项创业扶持政策了解不到位、对创业风险的识别能力不高，而在创业项目选择上存在一定的从众心理，导致创业项目出现同质化，增加了创业失败的风险。

（3）对失败的恐惧。农村创业者可能会对失败感到恐惧，因为他们可能没有足够的资源和机会来恢复失败带来的损失。这种恐惧感可能会阻碍他们的创新思维和冒险精神，限制他们的成功潜力。

（4）缺乏自信。农村创业者可能会对自己的能力和判断产生怀疑，这种自我怀疑可能会影响他们的决策制定和创新能力，使他们在面对挑战时更加困难。

（5）信息不足和欺诈风险。农村创业者可能因为信息不足或者受到欺诈，比如被虚假的广告或者承诺所吸引，导致投资失误或者陷入诈骗，这也是一种重要的心理风险。

总体来讲，农村创业者面临的心理风险多种多样，需要他们在创业过程中保持清醒的头脑，做好充分的准备，并寻找适当的支持和指导。此外，农村创业者还可能面临如下几种综合性的风险：

（1）知识和经验不足。许多农村创业者是第一次创业，他们在企业注册、管理、营销、调控、策划等方面可能存在知识和经验的缺乏，这可能导致创业风险。应对策略不断加强学习，充实自己可以大大降低此类风险。

（2）人才短缺。农村创业者可能会面临人才短缺的问题，尤其是对于新产业和新业态的企业，需要大量的专业人才，但农村存量人才不多，城里人才也不愿去农村工作。应对策略是踏实做事、真诚做人，有了一定的积累后，总会找到志同道合的人加盟到自己的队伍中。

（3）融资难度大以及投资的财务风险。由于金融体系的发展在城乡之间存在系统性差异，农村创业者通常面临着更加严峻的融资壁垒，与此同时很多人都会将自己的积蓄和资产较大比例作为投资，我们知道凡是投资都有风险。这方面综合起来就是创业者面临的财务风险，需要创业者认真评价创业机会、通过学习不断提升自己管理和运用资产的能力方能立于不败之地。

（4）自然风险和市场风险。农村创业项目与农业相关性极强，农业本身面临较大的自然风险和市场风险，如天气变化、市场价格波动等，这些都可能影响到农村创业者业务的顺利开展。

（5）产品同质化严重。农村创业期间，大部分都是在身边能看到的产品，比如瓜果、蔬菜、家禽等，很难让消费者产生新奇感，这就导致了产品同质化严重的问题。尽管农村现在依赖大数据等众多信息通道可以做到精准决策，努力做到一村一品或者一镇一品，尽可能克服同质化问题，努力利用好我国地大物博地理标志性产品带来的区域优势。

为了降低这些风险，农村创业者可以通过不断学习，增长知识，减少技术、管理和市场风险；也可以通过正规渠道聘用技术专家或签订经济合同保护自己的权益。同时，他们还需要学会分析风险，对可能出现的风险要有明确的认识和克服的预案。

二、压力与农村创业者

农村创业者的工作压力可能来自多个方面，很多压力源自个人期望与现有能力之间的差距，归纳起来主要有：

（1）舆论压力。农村创业者可能会面临舆论压力，尤其是对于那些在外求学或工作后选择回到农村创业的人来说，他们可能会感到返乡创业没有面子，甚至被乡亲们误认为在城市里混不下去了，或者被认为是回乡捞更多的好处等。这种压力可能来自亲友的期待，也可能来自社会的评价。

（2）资金压力。农村创业者往往面临着资金不足的问题。创业需要投入一定的资金，包括用于购买设备、租赁场地、支付员工工资等各种开支。如果资金不足，可能会影响到创业项目的正常运营。

（3）技能压力。农村创业者可能缺乏相关的创业经验和技能。创业不仅仅是有一个好的想法，更需要有实现这个想法的能力。对于初次创业的人来说，他们可能需要花费更多的时间和精力去学习和适应。

（4）市场竞争压力。农村创业者还需要面对市场的竞争压力。在市场经济条件下，任何一个行业都有竞争对手，如何在众多的竞争者中脱颖而出，是每一个创业者都需要考虑的问题。

（5）政策环境压力。政策环境的改变也会给农村创业者带来压力。例如，政策的变动可能会影响到创业项目的可行性，或者增加了创业的成本和难度。

从大量的农村创业实践来看，农村创业者的工作压力可能来自多个方面，包括但不限于舆论压力、资金压力、技能压力、市场竞争压力以及政策环境压力。为了减轻这些压力，创业者需要做好充足的准备，包括提升自身的技能、寻找合适的合作伙伴、制订合理的商业计划等。同时，也需要得到社会各界的支持和帮助，包括政府的政策扶持、金融机构的贷款支持、专业机构的培训指导等。

三、自我主义与农村创业者

自我主义在心理学上通常指的是个人将自身的利益置于集体利益之上的倾向，大多数情况下表现为个人有极强的控制欲，还有诸如缺乏信任，或者有极强的成功欲望、可能还存在不切实际的乐观等个性心理特征。这种倾向可能表现为过度关注个人的需求和欲望，忽视他人的感受和需求。然而，自我主义并不总是消极的，它也可以激励个人追求卓越，实现自我价值。

农村创业者是指在农村地区开展创业活动的人群，他们的目标是利用当地的资源和条件，创造新的商业机会，推动农村地区的经济发展和社会进步。农村创业者往往需要具备较强的自我组织和创新能力，因为他们需要在相对较为艰苦的环境中独立应对各种挑战。

自我主义与农村创业者之间的关系可能取决于具体的情境和环境。在一些情况下，自我主义的创业者可能会更加注重个人的成就和收益，而不是社区的发展和福利。但在其他情况下，自我主义的创业者可能会将个人的成功与社区的繁荣联系起来，从而产生积极的动力。例如，一些农村创业者可能会选择回到家乡创业，因为他们希望在自己的社区做出贡献，同时也实现个人的价值。在这种情况下，他们的自我主义可能表现为对社区的高度投入和对个人目标的坚定追求。陕西德润康农业科技有限公司李源朝总经理返乡创业的重要原因之一就是想让当年本乡一些缺少长远眼光的人长长见识。当年李总创业第一个项目是做豆腐串乡售卖，他的创业行为不被村民认可，大家不能正确对待他这位有想法和抱负的同乡人。在外乡 20 余年的创业获得成功，想返乡带动更多的乡亲们通过创业踏上致富路。经过 5 年的努力一座占地 300 余亩崭新的特色食品加工工业园区在东平村建成，吸引了 20 余家特色加工食品企业入驻，吸纳了当地附近村庄 500 余人就业，解决了他们常年在外地打工，远离家乡不能很好地照顾家人的困扰。

自我主义可以影响农村创业者的行为和决策，但这种影响的具体表现形式取决于多种因素，包括个人的价值观、目标、环境等。因此，不能简单地将自我主义视为农村创业者的负面特征，而应该根据具体情况来评估其影响。

综上，无论农村创业者是可能面临的诸多风险，还是创业者面临工作压力以及个人特征等一定程度上对创业活动构成影响，但是这些方面都会成为农村创业者实现梦想的磨刀石，创业过程中扬长避短，坚定理想信念，天道酬勤，创业成功的概率会大大提高。

第四节　农村创业者案例研究

一、案例介绍

前文已经向大家介绍返乡大学生翁新强带领乡村农民创业致富的典型案例，现在向大家介绍返乡创业农民工代表——陕西山阳县络亿农业科技有限公司总经理刘祥明的创业经历及其取得的成就。

创业案例扫描——情系家乡搭建致富金桥，
发展中药材产业带领乡亲走上致富路

2018 年入夏以来，山阳县延坪镇络亿中药材种植专业合作社 GAP 产业化示范基地绿意满眼，千万株紫菀、玄参、丹参、何首乌、桔梗、防风、知母等各种中药材苗木依坡就势，在连绵起伏的山坡上争奇斗艳，淡淡的药香扑鼻而来，沁人心脾，在田间地头忙碌地给药材除草的药农脸上挂满丰收的喜悦。延坪镇马家店村村民陈建文高兴地说："多亏了人大代表刘祥明，是他带领家家户户种上了药材，能卖个好价钱，让俺们对好日子有了盼头！"延坪镇镇长段宏文说："络亿公司采用'合作社＋基地＋农户'的模式，积极发动农户以入股的形式加入合作社，种植中药材，经过精心管理，取得了良好的生态、社会和经济效益。"

奋斗，是改变现实的杠杆。

苏轼说："古之成大事者，不惟有超世之才，亦必有坚忍不拔之志。"奋斗，是改变现实的杠杆。

1974 年 5 月，刘祥明降生在秦岭南麓的山阳县延坪镇两岔河村一个农民家庭。山阳县是典型的"八山一水一分田"的山区农业县，农业基础设施薄弱，山林面积大，贫困人口多。高高的山梁上，两间石板房里住着他们一家 5 口人，童年留在他记忆里的最深印象就是饥饿、寒冷。在那个生产力尚不发达的年代，像他家那样人多劳动力少，要吃口饱饭不是件容易事，父亲和母亲在耕作之余，总要挤时间熬更守夜搓草绳，变点现钱买油盐。年幼的他看到父母为全家操劳累得腰脊弯曲的背影，心如刀割。于是，他白天读书，晚上帮父母打草鞋，周末砍柴搓草绳，放牛干家务，乡邻们都夸他是个勤快听话的好孩子。就这样，刘祥明不仅从小就学会了打龙须草鞋的手艺，还练就了坚韧不拔的意志。刚满 18 岁的他，毅然辍学外出打工，去煤窑拉过煤，下金矿采过矿，但由于文化程度不高，又没有专业技能，只能干一些繁重的体力活。

刘祥明深感知识的重要，1993 年 9 月考取了深圳电子技术学校电子专业，1996 年 9 月毕业后，开始了在深圳的打工历程。出身深山农家的刘祥明，虽然年龄小身子单薄，但脑子机灵，工作踏实。在异乡闯荡的过程中，他开阔了眼界，增长了见识，于 2000 年开始了艰难的创业之路。

一个有雄心壮志的人，迟早会振翅高飞。刘祥明从一个打工仔起步，经过脚踏实地的努力，收获了累累的硕果。他在深圳先后创建了络亿科技有限公司和络亿生物实业有限公司，2008 年开始做国内外贸易，生意越做越大，身家资产近亿元。这也正应了萧伯纳说的"有信心的人，可以化渺小为伟大，化平庸为神奇"这句至理名言。

反哺家乡脱贫，开启二次创业。

大爱无痕，大音希声，大象无形。凡能称得起大者，皆自强不息，厚德载物。刘祥明就是这样一位厚德载物、自强不息的企业家。

大海再深，也挡不住刘祥明对山阳故土的一往情深；秦岭再高，也阻不断异乡游子对父老乡亲的思念情怀！在发展个人事业的同时，刘祥明还非常关注家乡经济社会的变迁。面对依然贫困的乡亲父老，他看在眼里，急在心里。

山阳气候温和，土地肥沃，十分适宜中药材的生长。"再也不能守着金山要饭吃，一定要带领群众过上好日子。"刘祥明有了自己的想法。

他多次外出考察，进行广泛论证。紫菀、玄参、柴胡是做各种中成药的重要原材料，种植前景比较好，目前在国内供不应求，他琢磨出了帮助农民从"粮农"变为"药农"的良方。2016 年 6 月，刘祥明积极响应县政府号召，回到故乡，注册成立了集中药材种植、加工和销售为一体的山阳县络亿农业科技有限公司，利用当地气候条件、山地资源优势，组织群众发展中药材产业。

刘祥明下定决心，要带领群众向荒山要钱。种什么？怎么种？种植资金从哪儿来？种植风险怎么规避？发展中药材产业的过程并非一帆风顺，起初群众顾虑很大，大都持观望态度。为了消除群众的后顾之忧，他组织农户外出参观考察，借鉴经验，同时采取打造样板、典型引路的举措，创建科技示范样板，大力推广中药材标准化种植技术，结合"绿色证书"培训、"科技进村"等活动，邀请专家举办集中培训和现场教学，传授中药材种植技术，培养与中药材产业发展相适应的新型农民。同时，他率先在家乡延坪镇种植中药材并建设占地 5 300 平方米的中药材加工厂，建成后可满足 1 万~1.5 万亩药材的初加工能力；在延坪镇马家店村建设 50 亩高标准种植基地，已种植中药材 100 多个品种；采取"一厂带十村，示范带区域"的发展模式，采用"公司＋基地＋农户＋市场"的经营模式，走"订单药业"道路，与药农签订合同，按照 50 亩以上种植村组建一个中药材种植合作社的构想，以村委会或种植大户为依托，在延坪、高坝等 5 个镇建立中药材种植合作社 15 个，实行"6＋3＋1"效益分成，即农户60%，公司 30%，合作社 10%。对农户实行药材订单收购，制定收购保护价，政府、企业和农户购置中药材种植自然灾害险；他投资50% 种子，代购化肥，让农民经营，药材成熟后以市场价收购，零风险种植撬动农户增收，带领公司和药农走出了一条绿色可持续发展的道路，企业和药农形成"双赢"机制，药农经济持续增收，成为延坪镇脱贫致富的支柱产业。山阳络亿专业合作社流转山地，累计种植皂刺 150 万株，面积达 5 000 多亩。"打破传统农业，种植中药材，让我们尝到了真正的甜头。"延坪镇两岔河村支书朱忠宝说到刘祥明带动村民种植中药材时喜笑颜开。

由于广泛宣传动员，示范带动，在刘祥明的带动下，延坪镇种植中药材的农民 2016 年就达 250 余户，每户每年可实现增收 1 万元，中药材种植产业成为当地群众脱贫致富的新引擎。刘祥明高兴地说："能为老百姓办点事，心里才感觉踏实。"

昔日打工仔，今日变成了带领群众脱贫致富的"药状元"。由于刘祥明的突出表现，家乡群众选举他为山阳县第十八届人大代表。

履职人大代表，担起光荣使命。

"人民选我当代表，我当代表为人民。"这是刘祥明常常挂在嘴边的话。

作为成功的民营企业家，刘祥明从未表现出一丝骄傲自满，反倒是怀着一颗感恩的心，依法履行代表职务，充分发挥代表作用，全心全意当好人民群众的代言人。当选为人大代表以来，刘祥明既感到骄傲，又感到责任重大。他深入农村调研，体察民情，倾听民声，对家乡群众特别是一些贫困户的家庭状况、致贫原因、劳动技能、亟待解决的问题都有了比较详细的了解。在县第十八届人民代表大会第一次会议上，刘祥明积极发言："产业扶贫是精准扶贫的有效途径，一定要改'输血'扶贫为'造血'扶贫，彻底实现贫困地区的可持续发展。"他还提出了很多具有前瞻性、可操作性的意见和建议，如他领衔提出的《关于大力发展中药材种植，实施产业精准扶贫》建议，引起了与会代表的共鸣。县政府将"着力打造现代中药材产业基地，实现现代医药大突破，把山阳打造成全国中药材战略储备基地"列入政府工作报告关注民生工程之列，实现中药材优势产品的经济效益和生态效益，力促农业增效和农民增收。

潮起海天阔，扬帆正当时。面对如火如荼的种植场面和广大药农高涨的种植积极性，刘祥明始终坚持走品牌发展战略，以品牌战略作为企业的核心战略；坚持走科技兴企之路，坚持以质量为企业的生命，视诚信为企业的无形资产。刘祥明选址户家塬镇拟建中药材中间体精加工提取车间，并建设 200 亩中药材种植示范基地，目前正在办理土地流转手续。公司在中药材集散地亳州聘请科技人员为药农提供药园管理、病虫害防治技术培训。公司常年聘请 2 名中药材种植加工高级工程师，负责种植区土壤测试、药材适生区规划、药田科学管理和项目区农民技术员培训，目前已现场培训100多名农民兼职技术员。2018年开春以来，已完成延坪、高坝、天竺山、两岭、户家塬、小河、杨地、城关8个镇办46村（社区）的项目区，加入合作社的群众家家户户忙得不可开交，乐呵呵地种植紫菀、丹参、玄参、前胡、赤芍、何首乌、桔梗、防风、知母、射干、皂刺、柴胡、菊花等各种中药材7 232亩，为实现"万元增收"作准备。与此同时，其他10个镇办的部分农民也加入了中药材种植队伍。据统计，发展种植基地可带动贫困户4 800户10万余人，预计人均收入3 500元以上。深加工工厂建成投产后，吸纳就业280人，人均劳务收入3 000元/月，年收入3.6万元。

作为从大山深处走出来的企业家，刘祥明深知扶贫方式必须从"授人以鱼"向"授人以渔"转变，实现贫困地区的可持续发展。刘祥明表示，产业帮扶比给钱更重要，在本届人大代表履职期间，他要发挥自己的优势，采取产业帮扶，进一步降低市场风险，提高农户种植积极性，以延坪镇、户家塬镇为示范点，进一步拓展流转土地，辐射全县，种植药材10万亩以上，助推全县农户"万元增收"，使家乡群众尽快脱贫致富；在就业帮扶方面，帮助100名有劳动能力但无劳动技能的贫困户，通过技能培训，吸纳到中药材初加工厂工作。

"我以前也种过药材，但没想到要种好药材还有这么多讲究，行距、窝距、锄草、施肥都要讲科学。"高坝店镇鱼塘村支书陈书成说起种植中药材的事，便打开了话匣子，"种植药材，农户没有单独聘请专业技术人员的实力，药材专业合作社正好解决了农户的技术难题。明年我们准备种植800亩药材"。

"刘总不仅为我们提供了技术，最重要的是让我们看到了广阔的市场。"高坝店镇骆驼巷村药材种植合作社的李学根说，"以前我们一直担心药材种出来了，不能卖个好价钱，现在不愁了，药材还没种，农户便与公司签订了合同，最低保护价让农户吃了定心丸"。

专注中药材种植，迎来俄罗斯考察团。2019年10月24至25日，俄罗斯（莫斯科）中国传统医学实践发展中心总负责人、俄罗斯国家杜马国家政策委员会副主席助理、国家杜马补充医学鉴定委员会成员古谢娃·达玛拉以及俄中友协副主席、阿尔希波夫基金会主席阿尔西波夫·伊万率领俄罗斯考察团一行8人，来商洛考察中草药种植情况，陕西省中医药管理局、商洛市外事、卫健、林业等部门以及柞水、山阳县政府相关负责人陪同考察，旨在全面了解商洛这一"秦岭天然药库"的中草药资源及开发利用情况，并在中草药资源开发利用，特别是"药食两用"中药材的开发利用和发展中医药大健康产业等方面，与商洛谋求深度合作发展。

考察团先后深入考察了林潓中药材种植专业合作社以及山阳县络亿农业科技有限公司金山中药材科普示范基地、金鸡扶贫产业园射干标准化种植示范基地、柞水县云岭生态科技有限公司五味子种植基地、陕西必康制药集团中药材种植及加工利用情况，与中药材种植基地、加工企业及相关部门负责人进行了广泛交流。

俄罗斯（莫斯科）中国传统医学实践发展中心，是一个集"医、产、学、研"为一体的中国传统医学传承展示窗口和俄中友好合作纽带，近年来在国家中医药管理局和中国中医药科技研发交流中心的大力支持下，得到了国内众多一流学术机构的鼎力支持，在发展中医药大健康产业方面取得了显著成效，目前已形成四个中心、一所学院、一个行业协会、26种中草药种植基地的产业格局，已发展成为弘扬中国独具民族文化特色和发展优势的中医药产业推广平台，为中华民族中医药文化稳步走向世界奠定了坚实的基础。

2019年12月山阳县络亿农业科技有限公司应邀回访俄罗斯（莫斯科）中国传统医学实践发展中心，开启了双方进一步合作的进程。

说明：案例来自对刘祥明董事长的访谈记录以及其本人提供的资料，经过整理并征得其本人同意写入本书公开出版。

二、案例分析

针对农村创业者的个性特征、创业能力、社会责任与创业伦理以及创业的负面影响等内容，针对本章选取的返乡大学生翁新强创业案例与返乡创业农民工刘祥明创业案例结合起来进行分析，对农村创业者创业行为从个性特征视角有一个整体的认识。以下从两位农村创业者个人特征展开对比研究。

（一）个性特质

通过详细研读本章第二节中翁新强和本节刘祥明的创业案例，以及与他们面对面的深度访谈内容可以感受到，虽然他们两位是众多农村创业者庞大群体中的极小数，但是他们创业经历及个性特征在笔者的调研过程中却很有代表性，从他们身上体现出来的农村创业者行为特征非常值得研究。

两个案例的主人公个人特质与创业能力方面有着许多相似特点。

1. 热爱家乡农村

农村创业者通常对农村有着深厚的感情，他们对农村的生活方式、文化习俗有着深深的热爱和理解，这也是他们选择在农村创业的原因之一。刘祥明年少时远离家乡出外打工，历尽艰辛，不断学习和积累经验最终自主创业，经过十多年拼搏收获了自己的事业，有了一定的财富积累。他奋斗的过程中一直有一个心愿就是回到家乡开拓自己的事业，带动家乡的父老乡亲一起干更大的事业，企图通过自己的努力为家乡做点事情，在访谈的过程中能够真切地感受到他这方面的强烈愿望。翁新强大学毕业是可以选择在大城市谋发展，然而故乡的落后、乡亲们贫穷的生活现状深深地触动了他，2014年大学毕业毅然决然地返回家乡开始创业，创业的项目完全是结合当地自然条件和经济基础展开的，他因势利导带领当地乡亲规模化种植五味子，通过自己的不懈努力改变当地父老乡亲的种植观念，创新设计自己的商业模式。他们坚信，只要坚持不懈，一定会带领乡亲们走上发展农村产业致富之路。

2. 充满创业激情

农村创业者往往面临各种挑战和困难，他们需要有足够的毅力和决心去坚持自己的目标，即使遇到挫折也不会轻易放弃。农村创业之路从来不会是平坦的，他们都遇到过很多难题，例如，他们在选择中药材种植项目一开始不被当地乡亲们所理解，持怀疑态度者甚多，还要改变乡亲们传统的种粮习惯，宣传说服效果不理想，乡亲们的想法很实际，不让他们尝到甜头是万万不行的，中药材种植项目特点大部分具有周期长的特点，很少当年可以见到显著经济收益，如此一来项目推行起来困难重重。然而他们没有气馁，他们各自充满创业热情，下大力气改变。他们创新出"公司＋基地＋农户（合作社）＋市场的"或者"农民土地入股合作社＋公司＋市场"的经营模式，公司为农户提供免费提供种苗、种植技术培训。公司与农户签订保底价收购、公司与当地政府共同为种植户购买中药材种植险等措施，克服重重困难，项目才逐步得到拓展。

（二）创业能力

1. 超强创业能力

农村创业者需要有创新的思维和解决问题的能力，这样才能在竞争激烈的市场中找到自己的位置。客观上讲，刘祥明和翁新强都不是他们所选择项目的专业选手，却有很强的创业能力，包括经营管理、市场洞察力等方面能力他们都不缺。返乡创业项目对他们来说都是新领域。他们只有通过努力学习相关知识，尽快让自己成长为行家里手，并结合自身整合资源能力的优势，才能够夯实创业基础。经过 3 年左右的努力，他们做到了在创业实践中丰富和增强自身创业能力。

2. 敏锐洞察力

农村创业者需要对市场趋势有深入的了解和把握，以便及时调整自己的经营策略。自 2013 年以来，我国在全国范围内精准扶贫战略全面实施，他们抓住了我国这一战略实施机遇及其带来创业机会，党和政府扶贫政策的空前力度，大力发展中医药国家战略部署和落地，以及各类资源的倾斜等，他们敏锐地观察到了，认为是他们选择返乡创业最佳时机。

（三）创业项目选择的相似性

他们返乡创业项目选择具有很高的相似性，如区域选择相似性，翁新强选择家乡湖北十堰的郧西县回族自治乡开始创业，刘祥明回到家乡陕西商洛的山阳县，它们都地处秦岭山区，自然环境条件具有一定的相似性，当地野生中药材资源比较丰富；我国国家层面制定了《中医药发展战略规划纲要（2016－2030年）》都让他们认识到发展中药材产业的新机遇。他们创业项目都涉及中药材种植与加工。还有创业时机选择的相似性，我国精准扶贫政策之产业扶贫助力区域产业发展以及在产品线纵深拓展方面共同点，还有就是他们都得到当地政府的大力支持。

此外，遇到的困难虽然因区域差异而有所不同，但相似的困难也是很多，诸如种植技术问题、农民种植户认同感与参与度、农民素养与合同履行情况等方面都存在相似的风险。

（四）个人特质差异

同为农村创业者，由于成长环境、受教育程度等方面存在差异，他们的创业不同之处在于：第一，刘祥明有先前创业经历，翁新强相对来说缺少创业经历；第二，刘祥明有一定的资金积累作为返乡创业基础，而翁新强缺少这方面的积累，主要依靠自身滚动发展和部分当地政策性支持资金；第三，刘祥明有较为丰富社会经验和社会阅历，翁新强是刚毕业大学生缺少相关经验与阅历；第四，翁新强是大学毕业，专业能力和知识素养方面具有优势，且年轻大学生接受新生事物快、学习能力强；第五，翁新强选取五味子产业为突破口，从单品入手做精细加工（深加工），刘祥明从中药材逐步扩大面积种植，优化种植结构入手，前期投入大。

总之，他们作为农村创业者群体代表，经过不懈努力取得了农村创业的成功，而且实现了造福一方的伟大梦想，同时也给更多即将成为农村创业者们带来启示。

三、案例启示

通过本章两个案例的对比分析，给我们带来的启示是深刻的，归纳一下主要在于以下4个方面。

（一）高效利用现有资源

农村地区的资源丰富多样，包括土地、农产品、人力资源等。创业者可以通过管理创新的方式，因地制宜选择创业项目，不贪大求全，走"专精特新"发展道路，充分发挥地域之间的差别优势，高效利用好这些资源开展业务。从刘祥明和翁新强的创业经历中我们认为这方面是作为农村创业者创业必备的个人特质与创业能力所在，也是农村创业成功的关键因素。

（二）抓住市场机遇

随着互联网经济的发展，大数据的运用、农村电商等新型商业模式的出现，为农村创业者创新设计创业项目的商业模式提供了更多的选择，同时也蕴藏着新的市场机遇，农村创业者只有认清并抓住新的市场机遇，才能稳妥地让创业机会不溜走。

（三）注重产品质量和服务

无论是在城市还是在农村，产品质量和服务都是决定企业成败的关键因素。农村创业者必须注重提升产品质量，提供优质的服务，才能让创业活动行稳致远，这是创业成功的生命线，必须坚守。

（四）积极寻求政策支持

政府对于农村创业者创业有一系列的优惠政策和支持措施，农村的创业环境不断得到优化，农村创业者要特别注意这方面的动态，积极寻求并利用这些资源，以降低创业风险，提高创业成功率。

以上只是两个具体的案例，实际上，每个农村创业者的经历与经验都有其独特之处，他们成功的经验以及经历失败的教训都值得我们学习和借鉴。

通过以上分析与总结，我们得出结论，农村创业者只要怀着改变自己人生的梦想，坚定信念，秉承成功不必在我的豪迈，有着坚持不懈的毅力，不断加强学习提升自己，抢抓机遇，不等不靠，农村广阔天地大有作为。正所谓一方土地养一方人，随着我国乡村振兴战略的持续推进，三产融合、城乡二元经济结构的转变带来更多农村创业机会，我们坚信农村创业者群体会更加壮大，他们的创业成就会更加辉煌。

第六章　农村创业机会识别

创业机会是一种隐形的状态或情形，通常隐藏在环境之中。同样的机会，不同的人看到的情形迥异，让不同的创业者来开发，效果也会差异巨大。创业的实质是具有创业精神的个体对具有价值机会的认知过程，具体由机会的识别、评价和构建等环节组成，这也是开展创业活动的起始环节。常言说，良好的开端是成功的一半，对农村创业者来说，创业机会识别的理论研究至关重要。

第一节　创业机会识别

创业因机会而存在，机会是具有时效性的情形，通常是未明确的市场需求或未充分使用的资源和能力。农村创业者识别机会就是要敏锐地察觉到这些有利情况，捕捉甚至创造出创业机会。创业机会的本质是顾客的需求，目标是满足顾客的需求，解决顾客意识到和没有意识到的实际问题，让人们生活得到改善或者更加美好，这是创业价值来源的根本；创业经营过程是价值实现的途径；在创业机会识别阶段至少需要有价值的创意产生和较为清晰的商业概念形成。

一、创业机会的来源

（一）西方学者理论观点

国外学者关于创业机会的研究成果颇丰，以美国管理大师彼得·

德鲁克（Peter F. Drucker，2007）最具代表性，曾在其《创新与企业家精神》一书中提出机会的七种来源，具体内容简述如下。

1. 意外之事

一是意外的成功，没有哪一种来源比意外的成功更能提供更多的成功创新的机遇，而且所提供的创新机遇风险最小，求索的过程也最不艰辛，但是意外的成功几乎完全被忽视。更遗憾的是，管理人员往往积极地将其拒之门外。二是意外的失败。与成功不同的是，失败的不能够被拒绝，而且几乎不可能不受注意，但是他们很少被看作机遇的征兆。当然，许多失败都是失误，是贪婪、愚昧、盲目地追求或是设计或者执行不得力的结果。但是，如果经过精心设计、规划及小心执行后仍然失败，那么这种失败常常反映隐藏的变化以及随变化而来的机遇。

2. 不协调

所谓"不协调"（incongruity），指事物的状态与事物应该的状态之间，或者事物的状态与人们假想的状态之间的不一致、不合拍。也许创业者并不了解其中的原因，事实上，经常说不出个所以然来。但是不协调是创新机遇的一个征兆。引用地质学的术语来说，它表示下面有一个"断层"。这样的断层提供了创新的机遇，它产生了一种不稳定性，四两可拨千斤，少做努力即可促成经济和社会形态的重构。

3. 程序需要

与意外事件或不协调一样，它也存在于一家企业、一个产业或者一个服务领域的程序中。程序需要与其他创新来源不同，一是它并不始于环境中（无论内部还是外部）的某一件事；二是始于需要完成的某项工作，它以任务为中心，而不是以状况为中心，它是完善一个已经存在的程序，替换薄弱的环节，用新知识重新设计一个旧程序。

4. 产业与市场机构

产业和市场结构有时可持续很多年，从表面上看非常稳定，实际上产业和市场结构相对脆弱，受到一点点冲击，就会瓦解。而且速度很快，产业与市场结构的变化同样也是一个重要的创新机遇。

5. 人口变化

在所有外部变化中，人口变化被定义为人口、人口规模、年龄结构、人口组合、就业情况、教育情况以及收入的变化等，最为一目了然，他们毫不含混，并且能够得出最初预测的结果。

6. 认知、意义和情绪上的变化

从数学上说，"杯子是半满的"和"杯子是半空的"没有任何区别，但是这两句话的意义在于商业上完全不同，造成的结果也不一样。如果一般的认知从看见杯子是"半满的"改变为看见杯子是"半空的"，那么，这里就可能存在着重大的创新。

7. 新知识

基于知识的创新是企业家精神的"超级巨星"，它可以得到关注，获得钱财，它是人们通常所指的创新。当然，并不是所有基于知识的创新都非常重要。有一些的确微不足道，但是在创新历史的创新中，基于知识的创新占有很重要的分量。然而，知识并不一定是科技方面的，基于知识的社会创新甚至更重要。

（二）国内学者理论观点

由于国情、创业环境存在差异以及农村创业者群体的特殊性，在国外学者研究的基础上，国内学者认为创业的机会来源主要在于以下4种情景的变化。

1. 技术变革

技术变革可以使人们去做以前不可能做到的事情，或者更有效地去做以前只能用，不太有效的方法去做的事情，新技术出现也改变了企业之间竞争的模式，使得创办新企业的机会大大提高。例如随着互联网技术的普及与广泛应用，农村电商迎来大发展机遇期，很多相关的涉农产业跃跃欲试，纷纷登上淘宝、美团、京东、拼多多等电商平台，特别是富有区域特色的农村产品，为农村创业者带来了更多的创业机会。

2. 政治和制度变革

政治和制度变革意味着革除过去的禁区和障碍，或者将价值从经济因素的一部分转移到另一部分，或者创造了更大的创新价值。比如环境保护和治理政策出台会将那些污染严重的企业的资源转移到保护环境的创业机会上来。随着我国消费者的需求升级，以前追求吃饱的消费需求特征转变为吃好的需求特征，绿色、有机、天然的农产品需求快速增长，相应推动了有机肥料产业、生物源与植物源农药产业快速成长起来，绿色农业产业链逐步形成。我国政府大力推动绿色发展战略，秉承"绿水青山就是金山银山"发展理念，如此一来对农村创业者来说蕴藏着更多的创业机会。

3. 社会人口结构改革

社会人口结构改革通过改变人们的偏好和创造以前并不存在的需求来创造机会。经常表现为市场需求的变化，新兴国家的兴起，消费结构和消费者结构的变化，对物质产品的非物质需求的关注等都值得重视。我国在乡村振兴战略实施过程中，大力发展乡村旅游、乡村新型服务产业，很多有梦想的农村创业者参与到这些新兴产业中来，谋求事业机会。

4. 产业结构变革

产业结构变革是指因其他企业或者顾客提供产品和服务的关键企业的消亡，或者企业吞并或互相合并，行业结构发生变化，从而改变了行业中的竞争状态，形成或终止了创业机会。不难看出，没有变化就没有创业机会，创业者更善于创造性地利用变化。产业结构变革形式多样，结构调整是必然选择，有的产业升级后继续壮大，有的进行重组诞生新的产业，无论是市场需求发生变革推动，还是企业内部力量催生的，企业只有顺势而为才能获得持续发展的机会。我国产业的调结构、转方式已经全面展开，经济发展进入经济体制改革深水期，城市剩余劳动力转向农村趋势越来越明显，如此一来城乡结合密切的相关产业带来很多的发展机遇。

（三）农村创业机会发现

除了以上创业者可以考察的创业机会来源之外，农村创业者应当重点考察农村创业环境下存在的创业机会。我国农业农村部门正在大力发展乡村产业，落实创业就业帮扶政策，促进返乡农民工就地就近创业就业等政策措施相继出台。因此，对于农村创业者来说，不仅有机会在本地找到合适的创业项目，还可以得到政府的支持和帮助。农村创业者可以从以下几个方面寻找创业机会。

1. 农业产业链的延伸

农业产业链包括种植、养殖、加工、销售等多个环节，每个环节都有可能产生创业机会。例如，可以通过种植有机蔬菜、水果、粮食等进行有机农产品种植与销售；或者对农产品进行深加工，提高其附加值，并增加销售渠道。

2. 农村电商发展

利用电商平台将农村的特色产品销往全国各地，打破地域限制，提高销售额。同时，也可以借助电商平台开展农产品代购、代销等服务。

3. 农家乐等农村特色旅游服务产业的发展

利用农村的优美环境和特色文化，开展农家乐旅游项目。可以提供农家饭、农家住宿、农家体验等服务，吸引城市居民前来休闲度假。

4. 农村物流服务发展

随着农村电商的发展，农村物流需求也在不断增加。可以考虑开设农村物流公司，提供快递代收代发、货物运输等服务。

5. 农业技术咨询与服务

随着农业现代化的发展，越来越多的农户需要农业技术咨询与服务。可以提供农业技术培训、农业机械租赁等服务，帮助农户提高生产效率。

6. 生态农业发展

生态农业是未来农业发展的趋势，通过采用生态种植、生态养殖等技术，实现农业的可持续发展。可以在这个领域寻找创业机会。

7. 乡村旅游产业发展

随着人们生活水平的提高，乡村旅游越来越受到人们的欢迎。可以利用农村的自然风光和文化资源，开发乡村旅游项目，比如农耕文化展览、农家乐、民宿、乡村游等，吸引游客前来消费。

8. 农村教育培训

农村教育培训市场广阔，有很大的发展潜力。可以开设农村教育培训课程，提供职业技能培训、创业培训、文化教育等服务，帮助农民提高自身素质，增加就业机会。

此外，随着城乡融合的不断深入，乡村提供了更多的创业机会和平台，吸引更多的资金、技术和人才要素汇聚乡村，使得我国农村创业机会来源更加充实。

二、创业机会类型及其特征

为了更好地让创业者研究和识别创业机会，需要认真分析创业机会类型，掌握每种创业机会类型的特征，了解其内在逻辑，如此才能做到正确识别机会。

农村创业者可以采用"目的—手段"关系来划分创业机会类型。

（一）依据"目的—手段"关系的明确程度来划分

这一划分标准可以将创业机会分为识别型、发现型和创造型3种，如表6-1所示。

表6-1　依据"目的—手段"关系明确程度的创业机会分类及特征

"目的—手段"关系	目的明确	特征	目的不明确	特征
手段明确	识别型机会	目的与手段关系明确，供求出现矛盾和冲突时，不能有效满足需求，辨别出新的机会，常见的问题型机会	发现型机会	目的或手段任意一方情况未知，等待创业者去挖掘机会
手段不明确	发现型机会	目的或手段任意一方情况未知，等待创业者去挖掘机会	创造型机会	目的与手段都不明确，创业者更要有先见之明，创造出有价值的市场机会，承担的风险大

在创业实践中，识别型、发现型和创造型三种类型的机会可能同时存在。通常情况下，识别型机会大多存在于供需尚未均衡的市场，创新程度较低，这类市场识别较为容易，但对资源的需求高，可以快速进入。把握创造型机会就困难得多，他需要创新"目的—手段"关系，而创业者往往拥有专业技术、资源规模等相当有限，更需要创业者创造型的资源整合与敏锐的市场洞察力，同时还需承担较大的风险，而发现型机会较为常见，也是创业者较为关注的。

（二）依据"目的—手段"关系中的目的性质来划分

依此可以将创业机会划分为问题型、趋势型、组合型风险三种类型，如表6-2所示。

表6-2　　依据"目的—手段"关系中的目的性质来划分
创业机会分类及特征

"目的—手段"关系	机会类型	内涵与特征	实践特征
问题型	问题型机会	由现实中存在未解决的问题所产生的一类机会，在日常生活和企业实践中大量存在	消费者的不便、顾客的抱怨、大量的退货、无法买到称心如意的商品、服务质量差等问题解决过程中，存在着价值或创业机会，需要用心去挖掘
趋势型	趋势型机会	在变化中看到未来的方向，预测到将来的潜力和机会，这种机会产生于时代变迁、环境动荡的时期	经济变革、政治变革、人口变化、社会制度变革文化习俗变革等多方面，一旦被认可，将产生持久影响，带来的利益也是最大的
组合型	组合型机会	将问题型机会与趋势型机会组合	即将技术、产品、服务等因素组合起来，实现新的用途和价值，从而"嫁接"对已存在的各种要素重新组合，产生更大的功能或收益

（三）依据"目的—手段"关系中的手段方式划分

依此可以将创业机会划分为复制型、改进型、突破型三种类型，如表6-3所示。

表6-3　　　　依据"目的—手段"关系中的手段方式划分
创业机会分类及特征

"目的—手段"关系	内涵	特征
复制型	创业机会对现有手段的模仿	模仿式创新
改进型	创业机会对现有手段的改进	渐进式创新
突破型	创业机会对现有手段的突破	突破创新，甚至是"创造性的破坏"

大量实践或研究表明，创业者更倾向于"创造性破坏"，他们能够抓住某些重大变革带来的机会，创造出新的经营模式，另辟蹊径，获得更好的发展。

三、创业机会的识别

在本章前面理论研究基础上，构建出创业机会识别的起始阶段逻辑模型，如图6-1所示。

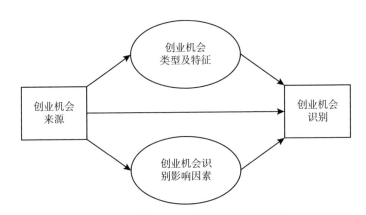

图6-1　创业机会识别的起始阶段逻辑

准确识别创业机会，首先就需研究创业机会的来源，然而创业机会往往隐身于环境之中，只有认真分析每一种创业机会类型及其特征，做到有标杆或尺度，还需要分析哪些因素对创业机会的识别产生影响，梳理清楚其内在逻辑才能有助于准确识别创业机会。

（一）影响因素

通过中外学者调查研究，得出比较一致观点，先前经验、认知因素、社会关系网络以及创造性是创业机会识别的关键影响要素，下面一一展开分析。

1. 先前经验

在特定产业中的先前经验有助于创业者识别机会。例如 1989 年对美国 INC. 500 企业组建者的调查报告显示，43% 的被调查者是在为同一产业内企业工作期间获得了他们的新企业创意的。这个发现与美国独立工商企业联合会（National Federation of Independent Business）的研究相一致，在某个产业工作，个体可能识别出未被满足的利基市场。另外，创业经验也非常重要，一旦有过创业经验，创业者就很容易发现新的创业机会，这被称为"走廊原理"，指创业者一旦创建企业，他们就开始了一段旅程，在这段旅程中，通向创业机会的走廊将变得清晰可见。这个原理提供的见解是，某个人一旦投身于某个产业创业，将比那些从产业外观察的人更容易看到产业内的新机会。

杨俊、薛红志等（2011）调查发现，创业者创业以前所担任过的管理职位的多样性越高，行业经验相关性越强，往往越能收获更多的企业绩效。相对于创新性较低的机会而言，创新性较强的机会更多被经验多样性高的创业者所识别和开发。调研过程中了解得到大部分农村创业者都有一定先前经验的积累，主要来自他们或多或少地曾参与城市经济活动的经历。

2. 认知因素

有些人认为创业者"第六感"使他们能够看到别人错过的机会。多数创业者以这种观点看待自己，认为他们比别人更警觉、更敏感，这种个人特质在很大程度上成长为一种习惯性的技能。拥有某个领域更多知识的人倾向于比其他人对该领域的更敏感、更警觉。例如 IT 工程师就比律师对 AI 产业内的机会和需求更警觉，有些研究者认为警觉不仅是敏锐地观察周边事物，还包括个体头脑中的意识行为。

学者们研究发现，发现机会者（创业者）与未发现机会者之间最大的差别在于他们对市场的相对评价。换句话说，创业者可能比其他人更擅长估计市场规模，并推断其可能的含义。目前，不少学者利用认知心理学乃至社会心理学的理论知识引入该领域研究创业行为，值得学习探究。农村创业者一般都拥有丰富的人生经历，对事物的认知深度与广度超乎常人，这是他们对创业机会的识别优势。

3. 社会关系网络

个人社会关系网络的深度和广度影响着机会识别，建立了大量的社会和专家联系网络的人比那些社会关系网络较为单薄的人容易得到更多的机会创意。机会属于那些怀着创业梦想的人，他们时刻关注并努力为自己将来创业储备人际关系网络资源。按照关系的亲疏远近，社会网络关系可以划分为强关系与弱关系。强关系以频繁相互作用为特点，形成了亲戚、密友和配偶之间。弱关系以不频繁、相互作用为特点，形成于同事、同学和一般朋友之间。研究显示，创业者通过弱关系比强关系更可能获得新的商业创意，因为强关系主要用于具有相似性的个人之间，从而倾向于强化个人义务的建设观念。另外，在弱关系中，个人之间的意识往往存在着较大差别，因此某个人可能对其他人说一些能激发全新创意的事。农村创业者社会关系网络资源相对单一，可能涉及的社会关系资源限制较多，某些方面受制于阶层和社会认知的限制，因此选择到农村创业更合适。

4. 创造性

创造性是产生新奇或者有用创意的过程，从某种程度上讲，机会识别是一个创造过程，是不断反复的创造性思维过程。在听到更多奇闻轶事的基础上体会到，很容易地看到创造性包含在许多产品、服务和业务的形成过程，创造性思维很难找准定位，但有时又非常具体，几乎每家创业企业都希望能尝试一些创新，不难发现，在不同的现实背景下。那些具有前瞻性思维的创业者，不仅自身就具备了一些高效的创造性思维习惯，而且早已把培养创造性思维的文化潜移默化地融入到自己的企业之中。我国农村区域广阔，各个区域不仅有丰富自然资源，人文资源也各具特色，挖掘并讲好乡村故事是农村创业者创业必修课，也是必需的创造性思维活动。农村创业者只有加强学习，努力培养个人的创造性思维能力，才能真正准确识别创业机会所在。

（二）识别过程

创业机会识别过程，通常包括三部分主要内容。

1. 创业机会识别过程的框架

创业机会识别是创业者与外部环境（各种机会来源）之间互动的过程，在这个过程中创业者利用各种渠道和各种方式获取并掌握有关环境变化的信息，从而发现现实世界中在产品、服务、原材料和组织方式等方面存在差距和缺陷，找出改进或创造"目的—手段"的可能性，最后识别出可能带来的新产品、新服务、新原料和新组织方式的创业机会。图6-2 勾勒出创业机会识别过程。

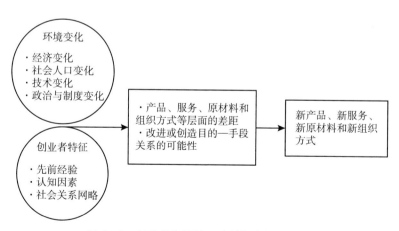

图 6-2　创业者与环境互动的机会识别过程

2. 创业机会识别的阶段

对创业者个体而言，创业机会识别过程可以分成 5 个阶段，如表 6-4 所示。

表 6-4　　　　　　　　创业机会识别过程 5 个阶段

创业机会识别的过程	具体内容	机会来源	特征
准备阶段	创业者带入识别机会过程中的背景、经验、知识	先前经验	创业者需要经验来识别机会，50%~90%初创企业
孵化阶段	个人仔细考虑创意和思考问题，做到深思熟虑	认知能力	有意识、无意识孵化行为并存
洞察阶段	问题的解决办法被发现或创意得以产生	灵感+经验（创造型）	有可能返回到准备阶段，继续积累知识与经验
评价阶段	仔细审查创意并分析其可行性	认知能力	特别具有挑战性
阐述阶段	创意变为最终形式		新产品、新服务或新商业概念诞生

资料来源：布鲁斯. 巴林格，杜安. 爱尔兰，等. 创业管理：成功创业建新企业 [M]. 张玉利，等译，北京：机械工业出版社，2006.

如果在某个阶段某个人停留下来或者没有足够信息使识别过程继续下去，他的最佳选择就是返回到准备阶段，以便在继续识别机会之前获得更多的知识和经验。

一是准备阶段。这主要是指创业者带入机会识别过程的，背景、经验和知识。正如运动员必须练习才能变得优秀一样，创业者需要经验、认识、机会。研究发现，50%~90%的初创企业创意来自个人的先前工作经验。

二是孵化阶段。这是个人仔细考虑创意和思考问题的阶段，也是对事情进行深思熟虑的阶段。有时孵化是有意识的行为，有时它是无意识的行为，并出现在人们从事其他活动的时候。

三是洞察阶段。此时问题的解决办法被发现或创意得以产生，有时他被称为灵感体验，是创业者识别出机会的时刻，有时这种经验推动过程向前发展，有时他使个人返回到准备阶段。比如创业者可能意识到机会的潜力，但认为在追求。聚会之前需要更多的知识和考虑。

四是评价阶段。这是创业机会识别过程中仔细审查创意并分析其可行性的阶段。许多创业者错误地跳过这个阶段，他们在确定创意可行之前去设法实现它。评价是创业机会识别过程中特别具有挑战性的阶段，因为他要求创业者对创业的可行性持一种公正的看法。

五是阐述阶段。这是创造性创意变为最终形式的过程详细。详细情节已经构思出来并且创意变为有价值的东西，诸如新产品、新服务和新商业理念，甚至已经形成了能够实现价值的商业模式。

3. 创业机会识别的方法

创业机会的识别方法不拘一格，常用方法有 5 种，有的方法来自创业者受到启发或者经验，有些方法很复杂，需要借助外部资源，如市场专家的力量予以支持。如表 6 - 5 所示为 5 种识别机会的方法及其应用场景。

表 6 - 5　　　　　　　5 种常用创业机会识别方法及其应用

创业机会识别的方法	具体内容	特征及要求
新眼光调查	运用互联网搜索数据，阅读他人的发现或者研究，阅读报纸杂志获取大量信息	广泛调查，学会提问，通过不断地获取信息，建立自己的直觉，新眼光、新方法看待问题
系统分析	从宏观环境（政治、法律、技术、人口等）和微观环境（顾客、竞争对手、供应商等）的变化中发现机会	借助市场调研，从环境变化中发现机会
问题分析	找出个人或组织的需求和他们面临的问题，找寻一个有效并有回报的解决方法	明确或者含蓄的需求或问题，有可能被识别也有可能被忽略，需要全面了解顾客需求

续表

创业机会识别的方法	具体内容	特征及要求
顾客建议	一个新的机会可能是由顾客识别出来的	顾客的建议是重要的创业机会识别途径，善于倾听顾客建议
创造需求	始于拟满足的市场需求，从而探索新技术和新知识	通过创造获得机会比其他任何方式难度都大，风险也更高，如果能够成功，回报也更大

以上 5 种识别创业机会的方法，往往交织在一起使用更加有效。当年京东创始人刘强东就是综合运用这些方法的典范，创业初期涉足项目得到许多有效的顾客建议，结合自己对当时宏微观环境的正确判断，毅然决然地开创京东电商，经过十几年的不懈努力获得巨大成功。"老干妈"创始人陶华碧当年路边店售卖自己亲手做的辣酱，因为听取顾客的建议和鼓励，逐步转为工厂化生产，服务更多的消费者，30 余年来收获丰硕。

作为当今农村创业者面临的创业环境更加复杂，需要掌握更多更合理的方法来识别创业机会，同时需要更多地了解创业机会来源，进行大量的市场调研来掌握更多信息，借助各种外在力量和智慧甄别创业机会。常言说"磨刀不误砍柴工"，农村创业者只有通过不断学习来储备知识和积累经验，才能让自己的创意落地生根，成长为真正的创业机会。

（三）其他识别方法

重点介绍转变思维，以一种融合、动态、关联的视角看待市场，有迹可循地寻找创业机会。农村创业者可以依据这 4 个策略进行机会识别：（1）成为他择品；（2）整合市场；（3）切换买方群体；（4）成为互补品。

上述机会识别方法，对农村创业者启发作用显著，有很多农村创业者依此方法识别到创业机会。尤其是对农村创业者对机会识别过程中的纠结心态有着很好的启发。例如，在我国西北农村由于地处偏远、人口稀少，当每家每户遇到红白喜事的时候，宴请客人就是摆在村民眼前的难题，一下子聚集那么多的客人，准备饭菜就是一件挠头的事情，有眼光的农村创业者就看到这是一个创业机会，牵头组建由厨师、司仪等组成的服务团队上门服务，有的还提供桌椅板凳，走村串乡向村民提供一条龙服务，收费合理，每天订单不断，既服务了乡亲们，又有不错的收入。所以农村服务创业机会很多，创业者应当多加关注。

第二节　创业机会评价

在梳理清楚创业机会来源与特征之后，对创业机会进行评价，通常要经过创业者自我评价与基于系统分析的评价。

一、创业者自我评价

（一）创业者与创业机会的匹配

准确分析创业者与创业机会是否匹配，先从一个案例谈起。

2001年从招远老家来山东生活的刘伟红女士，不安于现状的她梦想着一定要干自己喜欢的事业，曾经摆过摊售卖过衣服、化妆品等，还加盟过刘阿婆酱香饼品牌，创业经历可谓丰富而艰辛，几经辗转与思考怎样给大众带来美食是她最喜欢做的事情。一次偶然的机会去东北探亲过程中，看到在一家麻花店门口很多人排长队等着购买，好奇心驱使下也排队购买了一份，吃过以后感觉没有很特别的地方，只是那排长队的情景萦绕在脑海挥之不去。返乡后细致琢磨，要是把麻花做得更好吃些，那生意岂不是更好！于是就开始研究麻花加工制作方法。传统的麻花，她品尝过以后觉得太油腻、太硬，她的想法是把麻花做成面包的口味，既能当零食吃，也能当饭吃。但是想象总是美好的，当她兴高采烈地试着把麻花做出来以后，一尝自己都觉得不好吃，这谁还会去买呢，多少个夜晚难以入眠、辗转反侧。

下定决心要做好这件事的刘伟红去了北京、天津、上海等城市找专家学技术，但是师傅说配料可以教你，适不适合麻花就不知道了。回来以后，刘伟红结合专家的建议，再一次沉下心来，用学到的那些配方开始试验，家里的厨房成了试验地，可是炸一次失败一次、炸一次又失败一次，还是做不出自己想象中的那种味道。久而久之，身边的家人、朋友都吃腻了，麻花只能喂了小狗，看着自己辛辛苦苦炸的麻花喂了狗，刘伟红的心里很不是个滋味。

一次次的失败，让自己没有了希望，她打算最后再试一次，不成功就放弃这个创业梦想，回归生活，然而，就在她把配料随意调配到一起的时候，奇迹出现了！

刘伟红激动不已，万万没想到她不经意的一次实验，竟然意外地配出了自己心里的味道，这么多天的辛苦，终于有了回报，就像黑夜里照进了一束光，刘女士激动得几乎落泪。

接下来，2003 年，第一家麻花店开业了，起名"弘祥麻花"，到2020 年，麻花店已经有了上千家，开遍了全国。

皇天不负有心人，刘伟红成功了，这个有韧性、不服输，为了自己的梦想拼命努力的女人终于成功了，她用小小的麻花拧出了千万的财富。

说明：案例来自对刘伟红总经理的访谈记录以及其本人提供的资料，经过笔者整理并征得本人同意写入本书公开出版。

上文案例中，从刘伟红创业成功的过程中可以感受到，摆在创业者面前可能有很多经过识别后的机会，但是真正适合创业者的机会是很少的，特别是刚开始创业的要从众多机会当中选择与自身匹配度高的。并非所有的机会都有足够大的价值潜力来弥补为把握机会所付出的成本，包括前期市场调研、产品测试、营销和促销、招聘员工、购买设备和原材料等一系列与机会开发相关的成本，还包括为创业所付出的时间、精力以及放弃更好的机会而产生的机会成本。有研究发现，创业者的创业机会成本越高，所把握的创业机会的价值创造潜力就越大，所创办起来的企业成长潜力就越大。如蒙牛创始人牛根生及其团队选择自己最熟悉的牛奶行业创业起步，经过多年的艰苦创业，成就辉煌，他们是农村创业者的典范，成功案例值得农村创业者研究学习、借鉴。

（二）创业机会的初始判断

经过创业机会与创业者匹配分析以后，还需要对创业机会进一步评价，进行假设加上简单计算。蒂蒙斯认为创业机会应该具有吸引力、持久性和吸引力，是应当具有 4 个方面特征的创业构想：一是对消费者有吸引力；二是能够在创业环境中实施；三是能够在现存的机会窗口中执行；四是创业者拥有创立企业的资源和能力，或者知道谁拥有这些资源和能力并且愿意和创业者共同创业。如雷军创立小米科技有限责任公司（以下简称"小米科技"）时，说服林斌和自己一起创业，林斌是资深的 IT 人士，对移动通信行业很有研究，而且掌握行业关键技术是最佳人选，有了他们的精诚合作，才有今天的小米科技。

创业者对机会的初始判断，假设加简单计算，看似十分简陋，却十分奏效。机会稍纵即逝，如果一开始要展开周密市场调查，机会难以把握，有时候在调研过程中发现困难重重，甚至会熄灭掉创业激情。假设演绎加上简单计算只是创业者对机会初始判断，为了确保创业行动的连续、更进一步，还需要对机会进行详细评价——基于系统分析的评价。

二、基于系统分析的评价

系统评价创业机会就是展开项目可行性分析。关注点在于创业活动的高度不确定性。在评价的过程中力求客观，尽可能做到不放大困难，弱化创业者勇气，也不盲目乐观，忽视风险的存在，需要在创业行动中不断检验创业者假设，并进行必要的修正。创业理论研究者公认并推崇蒂蒙斯创业机会评价指标体系，该评价指标体系被认为是目前比较完善的。

（一）蒂蒙斯创业机会评价指标体系

蒂蒙斯创业机会评价指标体系认为创业者应该从行业和市场、经济因素、收获条件、竞争优势、管理团队、致命性缺陷问题、个人标准、理想与现实的战略差异 8 个方面评价机会的价值潜力，并围绕 8 个方面形成 53 个二级指标，如表 6 - 6 所示。

表 6 - 6　　　　　　　　　蒂蒙斯创业机会评价体系

评价方案	评价指标
行业和市场	（1）市场容易识别，可以带来持续收入
	（2）顾客可以接受产品，愿意为此付费
	（3）产品的附加值高
	（4）产品对市场的影响力大
	（5）将要开发的产品生命长久
	（6）项目所在行业是新兴行业，竞争不完善
	（7）市场规模大，销售潜力达 1 000 万 ~ 10 亿元
	（8）市场成长率在 30% ~ 50% 甚至更高
	（9）现有厂商的生产能力几乎完全饱和
	（10）在 5 年内能占据市场的领导地位，达到 20% 以上
	（11）拥有低成本的供货商，具有成本优势
经济因素	（12）达到盈亏平衡点所需要的时间在两年以下
	（13）盈亏平衡点不会逐渐提高
	（14）投资回报率在 25% 以上
	（15）项目对资金的要求不是很高，能获得融资
	（16）销售额年增长率高于 15%
	（17）有良好的现金流量，能占到销售额 20% 以上
	（18）能获得的持久的毛利，毛利率要达到 40% 以上
	（19）能获得持久的税后利润，税后利润率要超过 10%

续表

评价方案	评价指标
经济因素	（20）资产集中度低
	（21）运营资金不多，需求量是逐渐增加的
	（22）研究开发工作对资金的要求不高
收获条件	（23）项目带来的附加价值，具有较高的战略意义
	（24）存在现有的或可预料的退出方式
	（25）资本市场环境有利，可以实现资本的流动
竞争优势	（26）固定成本和可变成本低
	（27）对成本、价格和销售的控制较高
	（28）已经获得获可以获得对专利所有权的保护
	（29）竞争对手尚未觉醒、竞争软弱
	（30）拥有专利和某种独占性
	（31）拥有发展良好的网络关系、容易获得合同
	（32）拥有杰出的关键人员和管理团队
管理团队	（33）创业团队是一个优秀的管理者组合
	（34）行业与技术经验达到本行业内最高水平
	（35）管理团队正直廉洁程度达到最高水平
	（36）管理团队知道自己缺乏哪方面知识
致命缺陷问题	（37）不存在任何致命缺陷的问题
个人标准	（38）个人目标与创业活动相符合
	（39）创业家可以做到在有限的风险下实现成功
	（40）创业家能够接受薪水减少等损失
	（41）创业家渴望创业这种生活方式，而不是为了赚大钱
	（42）创业家可以承受适当风险
	（43）创业家在压力下状态依然良好
理想与现实的战略差异	（44）理想与现实情况相吻合
	（45）管理团队已经是最好的
	（46）在客户服务管理方面有很好的服务理念

评价方案	评价指标
理想与现实的战略差异	（47）所创办的事业顺应时代潮流
	（48）所采取的技术有突破性，不存在许多竞争对手或替代品
	（49）具备灵活的适应能力，能快速地进行取舍
	（50）始终在寻找新的机会
	（51）定价与市场领先者几乎持平
	（52）能够获得销售渠道，或已拥有现成的销售网络
	（53）能够允许失败

资料来源：杰弗里·蒂蒙斯，小斯蒂芬·斯皮内利. 创业学案例［M］. 周伟民，吕长春，译，北京：人民邮电出版社，2005：84 – 87.

农村创业者在经过创业机会与个人匹配、初始评价后，可借助蒂蒙斯教授的评价体系指标对照创业项目进一步评价，做到心中有数，才能最大限度创造价值，挖掘项目潜力，以创业机会评价结果为依据科学布局，设计合理的商业模式，逐步培育企业核心竞争力。

（二）通过市场测试评价创业机会

市场测试类似科学实验，不同于市场调研，产品怎么样，只有通过顾客测试才能获取准确顾客需求数据。市场测试是与现实顾客互动交流过程，能观察到顾客的真实体验和需求特点，真实地观测到顾客的行为。市场测试过程也是对前期假设和调研结果的验证，测试还可以发现许多突如其来的顾客行为，以及以前没有想到的问题。市场测试是对创业者创意和设计商业概念的检测过程，以确定以后是否有必要继续进行探索。同时又是对概念和产品的检测，有助于了解消费者对创业想法和原型的反应，获取相关用户的满意度、购买意愿以及下一步创意开发的可行性。测试是处于产品开发早期的工作，耗费的资源较少，但意义重大。测试结果包括获知完善产品和服务的信息，进一步明确产品和服务的定位，明确开发的经济成本，以及其他关键决策信息。

在产品开发领域，为了给资源配置和产品选择提供信息并推动开发阶段顺利度过"模糊前端"（fuzzy front end），需要针对新产品开发设计一套概念生成、检测和选择的流程。通过对各种产品属性的重要性、消费者价格敏感度和其他问题的定量分析，概念测试有助于降低不确定性，帮助设计者权衡和优化产品特性水平。在实践中，概念测试的目的是在打算对产品进行大幅投资之前，预测消费者对这个产品创意的反应。

为此，创业者需要遵循"创建—测试—学习"的步骤，步步为营来检测创业机会的愿景，目的是快速获取重要的顾客信息，通过产品、管理等迭代性的进程推动商业概念以及最终的商业模式得以奏效实施。循环必须通过小批量的快速原型制作来完成，这会促进学习并鼓励假设的检验，从而做出改变或者调整商业模式的决定。

（三）创业机会定性评价

创业机会通常采用定性评价，需要回答 5 个基础问题：一是机会的大小、存在的时间跨度和随时间成长的速度；二是潜在的利润是否足够弥补投入的资本、时间和机会成本，继而带来令人满意的收益；三是机会是否开辟了额外的扩张、多样化或综合的商业机会选择；四是在可能的障碍面前，收益是否会持久；五是产品或服务是否真正满足了顾客真实的需求。

创业机会定性评价，通常遵循以下 5 项基本标准：第一，机会对产品有明确界定的市场需求，推出的时机也是恰当的；第二，投资的项目必须能够维持持久的竞争优势；第三，投资必须具有一定程度的高回报，从而允许一些投资中的失误；第四，创业者和机会之间必须互相适合；第五，机会中不存在致命的缺陷。

创业机会定性评价，通常分为以下 5 个环节：其一，判断新产品或服务将如何为购买者创造价值，判断新产品或服务使用的潜在障碍，如何克服这些障碍，根据对产品和市场认可度的分析，得出新产品的潜在需求、早期使用者的行为特征、产品达到创造收益的预期时间；其二，分析产品在目标市场投放的技术风险、财务风险和竞争风险，进行机会窗口分析；其三，在产品的制造过程中是否能保证足够的生产批量和可以接受的产品质量；其四，估算新产品项目的初始投资额，使用何种融资渠道；其五，在更大的范围内考虑风险的程度，以及如何控制和管理那些风险因素。

总之，机会识别是创业活动起始阶段，"万里长城第一步"至关重要，识别过程不拘一格，方法得当事半功倍。

第三节　创业机会构建

一、创业机会的发现

持创业机会的发现观点者认为，市场信息分布不均衡，创业机会是客观存在的，这一主张的代表学派是奥地利学派。但是，在认知心理学视角下，创业机会研究则强调创业者个体的认知图式对于识别和发现机会的重要作用，并且认为创业者的一些主观因素（如认知）会决定机会的形成。因为创业机会来源不同，所以，发现创业机会的方式也不尽相同。

现实中有两种不同的创业机会发现方式。一是系统搜寻，即通过有意识的系统搜寻来发现创业机会；二是意外发现，即创业者不是通过系统搜寻而是凭借自己在创业前积累的知识（即所谓的"先前知识"和"创业警觉"）来"意外"发现创业机会，这就意味着创业者的个体异质性是机会发现的决定因素。

图6-3是创业机会发现的二维框架。这个框架超越了创业机会的发现观与建构观之间的争论，融合了不同学科即论对创业机会的本质界定，弥补了主动搜寻或意外发现无法充分解释创业现象的不足，

同时还有效区分了不同的机会形成机制，为创业机会研究提供了更加贴近现实的概念框架，不仅可以用来解释不同行业和类型的创业现象，而且可以用来解释并预测在创业过程的不同阶段采取何种方式有效地发现机会（杨静、王重鸣，2012）。

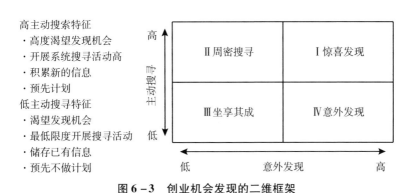

图 6 - 3　创业机会发现的二维框架

资料来源：Murphy P J. A2 × 2 Conceptual Foundation for Entrepreneurial Discovery Theory [J]. Entrepreneurship Theory and Practice，2010，35（2）：359 - 374.

二、创业机会的建构

目前，运用信息加工理论来解释创业机会识别问题，已经成为创业机会的一种新趋势。创业机会的建构意味着创业是创业者从赖以生存的环境中获取信息并建构自认为可靠的机会的认知过程，即使机会是被发现的，它们仍需要被感知。在创业机会的建构过程中，创业者的启发式思维和系统思维对认知加工非常重要。在高度复杂、不确定的创业情境下，创业者更倾向于采用启发式思维进行创业决策，不过，成功的创业者往往更善于酌情灵活运用这两种思维方式来识别创业机会。

在建构主义视角下，创业机会开发是一个信息加工的过程，创业者应该采用试错或探索模式，通过诠释法来加工信息，并且利用他们从周围环境中捕捉到的信息来建构他们心目中的现实。为了共享信息、创造新知识、实施创新和建构机会，创业者必须证明自己基于已加工信息形成的信念。因此，信息加工是创新和发现商机的关键。图 6-4 是基于信息创业机会建构的概念框架。

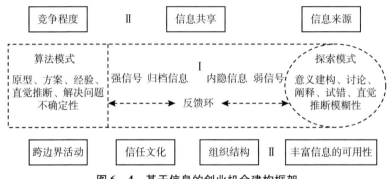

图 6-4　基于信息的创业机会建构框架

资料来源：Vaghely I P, Julien P A. Are Opportunities Recognized or Constructed? An Information Perspective on Entrepreneurial Opportunity Identification［J］. Journal of Business Venturing, 2010（25）：73-86.

以上框架综合运用了信息加工与建构主义分析思路，提出了一个以组织为分析层次的创业信息加工模型。图 6-4 中第Ⅰ部分由七个信息加工环节构成，具体包括：算法模式端的信息加工是一种"原型识别"的过程，探索模式端的信息加工侧重于建构主义的试错过程，直觉推断在两种模式中都是重要组成部分；两端之间的中间环节用来表示典型的算法模式或探索模式信息加工行为，包括从已归档的信息中获取强信号，从内隐信息中搜寻弱信号；位于中间的反馈环表示创业者检查信息质量的机制。模型的第Ⅱ部分位于第Ⅰ部分的上下两端，表示在算法模式端影响创业者信息加工脚本以及在探索模式端影响创业者阐释环境的情境因素或环境因素，具体包括行业竞争程度、跨边界活动、创业者信息网络中的内外部信息来源、丰富信息的可用性、信息共享水平以及组织的信任文化和组织结构等。

总体来说，创业机会的建构过程包括 3 个方面，如表 6-7 所示。

表 6 – 7   创业机会的建构过程

创业机会的建构过程	主体行为和特征
第一方面	农村创业者是具有主动性、目的性和创造性的能动者
第二方面	农村创业者在建构创业机会和创业企业的过程中伴随着与他人的互动和交流
第三方面	农村创业者在社会性地建构创业机会和企业的过程中受到嵌入特定情境的规则与资源的影响

以上创业机会建构的 3 个方面及创业者主体行为与特征诠释了创业机会的建构过程与条件。创业学界把建构主义范式用于创业机会研究和实践指导，为社会世界和自然世界划界，注重现实的建构过程，而不是客观给定的状态；注重主体间性，而不是主客二分；注重互动和共同的社会建构，而不是单个创业者的行为；注重"机会关系"和"关系的创业者"，而不是客观的机会和"本质的创业者"；注重创业过程中的机会生成性以及创业者的自我成长和自我超越，而不是客观给定的机会和创业者（方世建等，2013）。

三、创业机会的信息加工

机会的存在是由于像技术、行业结构、社会和人口趋势以及政治和制度等方面的信息发生了改变。这说明，获取信息以及相应的信息处理能力是识别创业机会的关键所在。例如，有些人最早知道某项技术发明，可能是因为他们在产生这项发明的研究实验室里工作的缘故。在他人了解这项技术之前先行获得这些信息可以使人们在提供和销售新产品方面比其他人做出更优的决策。为此，获取别人难以接触到的有价值信息与具备优越的信息处理能力，共同构成了创业者发现创业机会的前提条件。

（一）获取别人难以接触到的有价值信息

有些人比其他人更善于获取关于那些提供创业机会的变革信息。

其中，有几个因素非常重要，成功的创业者往往正是利用这些因素来识别有价值的机会。

首先，有些人在社会网络中处于更佳的位置。由于信息总是通过人们的社会关系纽带进行传播，所以，在社会网络中占据有利位置能使某人获得他人无法获得的信息。另外，强有力的社会纽带使人们更愿意相信在不确定条件下传输的信息，这加快了信息从一个人到另一个人的传播速度。对于能提供创业机会的那些关键变革的信息源，拥有强有力的社会纽带的人们通常能够获得他人无法获得的信息。如"弘祥麻花"创始人当初多年的创业经历，使得自己拥有丰富的社会关系网络，才有恰如其时的信息来源凑成和加速了创业企业的落地生根。

其次，个体的工作或生活圈子使自己比他人更接近于能提供创业机会的变革信息。例如，研究开发工作提供了关于新技术的信息，而这种新技术能为新企业的创立提供机会；市场营销工作能提供关于顾客偏好或者未被满足的顾客需求方面的信息。在某些特殊情况下，有些人可能是因为他们注意搜索这些信息，但是为了找到技术或者市场问题的解决方案而做出的有目的的努力可以为机会源提供有价值的信息。

最后，有些人可能因为具有创业警觉，从而使其获取别人看到了却没有引起注意或者注意到了却没有引起触动的信息。最早使用警觉这一术语用来解释创业机会识别的是奥地利经济学家柯兹纳，他认为任何一个被创业者所甄别的机会都来自创业者对环境中有关客体、事件和行为方式等信息的高度敏感性与关注倾向。创业警觉不仅仅意味着高度敏感性和关注倾向，是一种先天禀赋，也是个体在多年实践中学习积累和沉淀下来的认知特质，是一种复合的有机能力。这方面的特质需要农村创业者从更多的实践活动中去历练和积累。

（二）具备优越的信息处理能力

农村创业者在获取别人难以接触或忽视的信息是发现创业机会的

必要条件，在此基础上，还必须具备相应的信息处理能力，能够看到信息背后的商业价值和含义，从而发现创业机会。优越的信息处理能力依赖于良好的智力结构、乐观的心态和敏锐的洞察力。

智力结构来自知识的储备、经验的反复提炼，使人们具有组织和利用信息的能力。个体智力结构可能影响其信息处理能力，并帮助他们识别创业机会。研究显示，无论是对于顾客还是供应商，关于市场的领先知识以及如何为这些市场提供服务的领先知识有助于发现创业机会的智力结构的重要来源。例如，如果农村创业者关注到植物油加工行业中关于顾客问题的知识，那么当他们获知一种新发明专利、新加工工艺的时候，他们就比其他那些不熟悉植物油市场的人更有可能看到创办一家新的植物油生产加工企业的机会。

保持乐观的心态能帮助个体锤炼信息处理能力，因为它使个体首先看到的是信息中蕴含的机会，而不是风险，农村创业者要富有激情，时刻保持乐观向上心态，才能积极主动地去观察和识别信息中隐含的机会。因为农村创业者个体不能确定新的产品是否能被创造出来，人们是否愿意购买这种产品，或者竞争对手是否会通过模仿的新产品或新服务来抢占市场机会，所以蕴含新产品和新服务的机会具有高度的不确定性。这就意味着识别机会要求农村创业者要愿意看到不确定性机会中的潜力而不是因为仅看到不确定性和风险。

敏锐的洞察力是提高信息处理能力的加速器或者催化剂。所谓洞察力，就是深层次分析、解决问题及把握大局和未来发展趋势的能力。在当今信息泛滥的时代，缺乏的往往不是信息，而是甄别信息的能力，也就是需要创业者有自己的见解和洞察力。拥有敏锐的洞察力，农村创业者凭借对农村的了解和深厚感情，就可以在别人看不到的地方看到无形事物和事物隐藏的无形价值，现状是微不足道的，就能根据事情的发生缘由或者一点苗头，感知其发展趋势，就能预测或者推断出创业企业发展方向。

第四节　创业机会识别案例研究

一、案例概述

"每月美月——呵护那几天"，开启零食治愈女性痛经先例。"每月美月"系美月美（烟台）生物科技有限公司注册的女性痛经功能食品的商标（品牌），公司创始人刘高顺，2020年3月注册成立，以下案例还原一下刘高顺创业过程，特别是其对创业机会的识别值得研究。

砥砺深耕，逐梦烟园

与大多数人一样，因为高考，刘高顺与美丽的烟台大学相遇；因为怀着想要创业的理想，他选择了经济管理学院的工商管理专业。在这里，他努力学习，提升自己，全面发展，留下了一串串踏实而清晰的脚印。

在刘高顺的微信朋友圈里，至今仍有烟大图书馆的影子。在他的大学生活中，当周围的朋友同学都热衷于休闲娱乐时，他更喜欢在图书馆上自习，让自己在学好专业课的同时，广泛地阅读历史、军事、传统文化等很多其他类型的书籍。古人云："读万卷书，行万里路。"在他看来，每读一本经典书籍，都是对自己的投资。

除此之外，刘高顺还经常与自己的导师、任课老师交流。他认为老师们有着渊博的专业知识、广阔的眼界与丰富的社会经验，老师们对自己的启发不仅仅是"传道授业解惑"，更是精神的启迪与升华。在一次又一次的交流中，老师们帮助他确定了努力的目标，探寻了努力的方向，终有所获。

为了给自己的创业之路打下基础，刘高顺在大学期间积极组织学生团队参加创业竞赛。在老师和校外企业导师的指导支持下，他在诸多竞赛中获得了多项省级和国家级的荣誉；除此之外，他也经常去校外企业锻炼实习或与同学一起做创业项目、积累工作经验和创业知识；为了丰富自己的人生履历，刘高顺还在大三时参加了天津卫视的《非你莫属》节目，获得了多位嘉宾的认可和创业上的帮助支持。然而，大家不曾知道的是，为了上这个节目，他曾投过60多次简历。

大众创业、万众创新，在这个全社会都在鼓励大学生创业的时代，真正毕业就创业、能找到自己喜欢的方向并持之以恒做出来一定事情的寥寥无几。每月美月品牌创始人、山东匠小医生物科技有限公司总经理刘高顺，作为烟台大学2015届校友中的创业代表，在过去两年的时间里，秉持着一份匠心和情怀，在10余位教授团队的支持和参与下，致力于新型中医产品的科学研发。产品刚一面市，一些知名投资机构就给出了近3 000万的公司估值。

创业团队构建是刘高顺极其重视的战略环节，几经寻觅与磨合、优选，让自己的核心团队有了很大改观，有的是一直和自己同甘共苦并肩走过来的兄弟，也有的是被自己对创业事业的执着所吸引。当提到创业团队时，刘高顺颇为自豪。当聊到做这个产品的初衷时，刘先生和团队都显得很激动，就像是谈论自己的孩子抑或是自己最得意的作品，那份成就感和对未来的期待溢于言表。

刘高顺本就是中医世家，对医学和中医类产品有种莫名其妙的感情和亲近感，他表示做这个产品可能是冥冥中注定的。另外，很大程度上这个产品的灵感也来自其生活，因为他大学期间一直担任班长，发现很多女同学请假很有规律，每月那几天都会请假，过后了解到是她们生理期疼痛无奈的选择。后来自己有了女朋友以后，女朋友痛经是非常严重的，每次都要吃止疼片的那种，每个月都很苦恼。也尝试过很多种治疗和调理办法，止疼类的西药，治标不治本，副作用还很大不敢长期吃。像姜糖水、代茶饮、阿胶之类的调理品都试过，效果也很不理想，后来刘高顺提议女友喝中药调理。她每次喝中药，都能看出来非常痛苦，虽然中药调理的效果确实很好，但是又苦又难闻的味道对于现在的年轻女性来说太煎熬了。刘高顺的灵感由此而生，要是能把配方中中药材里面的有效成分提取出来，做得像咖啡一样方便又好喝，要是有这样的产品该多好。

　　带着这个大胆的想法他很激动地联系了大学恩师李秦阳教授，一番沟通之后，获得了李教授的认可和支持。之后又多次拜访北京中医药大学王天芳教授沟通交流研发这个产品的技术问题和可行性，这个大胆新颖的想法也获得了王教授的高度赞赏和支持。

　　回烟台后，刘高顺立马组织团队对市场做了详细调研，发现有75%的年轻女性都受痛经的困扰，80%左右的女性痛经都是饮食和作息不规律导致的宫寒、瘀滞、气血不足不顺等原因引起的。这些问题恰恰最适合用中医理论来调理治疗，且能在短时间内见效和基本除根。带着一种解决广大女性生理期疼痛困扰的情怀和社会责任感，刘高顺请教并组织了6所高校的10余位教授，在王醒恩教授的主持下，展开了漫长的产品组方研发工作。在产品研发和商业模式上，选择了用年轻人的思维方式来打造产品，好喝、安全有效、无副作用、方便、包装高颜值等，来迎合年轻消费群体的生活习惯、消费习惯和审美习惯。可以自用同时也有礼品属性，用于表达关心和呵护。历时一年半的时间，23次调方，13次研发，20次口感调试，成功研发食品级女性生理期食养饮品，在保证安全无副作用的前提下，把药材里的药物作用最大程度地发挥出来，并把口感做到极致。三次样品对重点人群做了功效测试工作，反馈数据显示，当月痛经明显缓解率达到71%，感受到缓解作用的人群达到87%，这是一个很可喜的数字，这是对团队一年半以来不懈努力和精益求精精神最好的诠释和鼓励。为了从源头保证产品原材料质量，团队又陆续考察了全国多地的道地药材种植基地，与山阳县络亿农业科技有限公司等公司合作建设了5万余亩药材育苗和种植基地，并投入重金建设生产工厂和产品生产线，实现对产品质量的全过程控制把关。"万里长征才迈开第一步，将来的路还很长，困难会很多。"刘高顺面带微笑却又意味深长地说道。

　　每个路过他的人，都成就了他。尽管这些嘉宾与他或许是一面之缘，但每一次经历对于他来说却万分难忘，既收获了成长，也收获了感动与激情，为他以后走向工作、走向社会搭建了阶梯。

　　创业道路，艰辛征途。非知之难也，行之则难也。也许在我们眼中的创业者是光鲜亮丽的，但是其背后的艰辛也只有自己可知。在我们的采访中，刘高顺坦言说："创业艰辛，是一场修行，对心智、心力都是极大的挑战。"在高中毕业时候，刘高顺就曾和几个同学一起成立了一个补习班。由于补习班坐落在偏远乡下的教室，他只能亲自动手拉电线；为了准备教辅资料，他骑着一辆破旧的摩托，跑遍了全县的所有打印店，只为每份资料省下几块钱……因为资金的短缺，很多东西都是借的或者是赊的。然而，这些困难和创业的艰辛比起来不过是九牛一毛。

"创业的过程中每天都有不同的问题和困扰，每天都焦头烂额，特别是在创业的初期。那些问题我和你们说一周也说不完。"创业过程中不仅仅是外界的压力，每天还要面临着巨大的心理压力。就像刘高顺在讲述中说的，在做培训班的时候，每天最担心的莫过于孩子上下学的安全。

真正有光的人是压得越久，深度越深，绽放的光芒才可以越灿烂。这句话正是对刘高顺的真实写照。面对这些困难，他凭借自己在大学时奠定的扎实基础，沉稳的做事风格，以及自己的胸怀和格局，带领着自己的公司不断前进，解决一个又一个的困难，一步一步地向前探索与发展。

展望未来，大有可为。提及自己对未来的规划时，刘高顺既欣喜又期待。

生在中医世家，他希望自己能够很好地弘扬中华优秀传统文化，传承国粹精神，赓续文化薪火，让更多的人，尤其是让年轻人，了解中医、喜爱中医，从而使中医药能够帮助更多人解决疾病和痛苦。

在创业导师李秦阳教授的支持帮助下，刘高顺自从有从事中医药事业发展的想法到现在，已经有三年多的时间。三年来，他深入田间地头和工厂生产一线，亲身参与中药材育苗、道地中药材种植、药材初加工、中药材生物萃取、产品组方研发、产品生产、品牌营销、市场运营等各个环节。除此之外，他与多个地方龙头企业达成深度战略合作，并与烟台大学、陕西省中医研究院等高校和科研机构深度合作，搭建产学研协同创新平台。在多个不同领域企业的投资之下，公司初步形成了集"中药材育苗＋道地药材药源基地建设＋产品研发＋

产品生产＋品牌策划＋市场运营"为一体的商业运营模式。公司研发团队汇集了北京中医药大学、山东中医药大学、陕西中医药大学、山东滨州医学院等高校的多位教授专家，拥有教授4人，本科以上学历13人的高学历领域的创业团队，保障各个重要环节的技术先进性和专业化。

"匠心铭记，不断创新。"中医药文化博大精深，本着传承的初心，刘高顺团队将国学中医智慧与现代生物技术结合，在口感、产品包装、运营模式等多个方面做出了自己的创新——精选华夏道地药材、挖掘中医传统古方，打造味道甘甜的中药复方功能产品，改掉人们对中药"又苦又涩"的刻板印象和认知，迎合消费者的口味；紧跟国风潮流，打造高颜值的中医药产品，让中医产品年轻化、时尚化、生活化，让更多人爱上中医药，以独特的方式弘扬中医药文化。

中医药的发展从某种程度上来说也可以促进国家健康事业的发展。刘高顺创业团队下一步要研发的产品正是致力于保障女性健康，从而呵护下一代的成长。怀着一种解决广大女性生理期疼痛困扰的情怀和社会责任感，他们努力把"每月美月"打造成国内女性生理期中医药产品领域的知名品牌，用自己的方式为社会、为祖国下一代的健康贡献一份力量。

尽管已经取得如此成就，但他依旧谦虚地说"万里长征才迈开第一步，将来的路还很长，困难会很多。"前途似海，来日方长，路虽远，行则将至。坚实的脚步终将化为他前进的动力，与他一同迈向成功的彼岸。

说到对学弟学妹的寄语，刘高顺语重心长说："大学的本质是学习。"

他不建议大学生参加太多无意义的社交，认为这不仅是一种自我精力的消耗，更是一种对事业和时间规划的不负责任。他更希望大学生可以将更多的时间放在提升自我，拓宽自己的眼界上，钻研自己喜欢的领域和方向。

另外，刘高顺也提出了有一个好的规划的重要性，要提早对自己毕业后的工作做出规划。正如他自己很早就有了创业的想法，在大学时就不断地为自己以后创业做准备，与此同时，他也提醒我们规划要一步一步来，将一个大目标分成几个阶段性的小目标。

对于想创业的大学生他提出了你喜欢什么方向，门槛和核心竞争力在哪，能够为社会和消费者解决什么问题，启动创业和创业成功需要什么条件，这个条件我应该通过什么方式去获取，关于创业的资源、人脉、平台等是不是都提前准备了，这几个问题，希望每一个想要创业的大学生都可以提前思考，在谨慎考虑的基础上慎重决策。

说明：案例资料来自对刘高顺的访谈记录以及其本人提供资料，经笔者整理所得，并经其本人同意可以写入本书公开出版。

二、案例分析

（一）创业机会的来源

案例中刘高顺的创业机会来源于他对日常生活中事情的关注，这个关注也是有前提条件的，就是他对社会群体的关心和热爱，是自己骨子里那份责任心和事业心使然。换作别人要么觉着这事情很正常，感觉与自己无关；要么熟视无睹，觉着无能为力。往往怀揣梦想的人，那份责任感冥冥之中会驱使他们去寻找机会。作为农村创业者需要怀着这份初心，用自己的热情、关爱、执着去自己的生活环境中探寻，一定会发现很多创业机会就在身边。

（二）创业机会的类型

依据"目的—手段"关系来判断的话，刘高顺创业机会既是识别型的机会，也是问题型的机会。识别型表现在消费者（痛经者）有需求，目前解决方法吃止痛药、喝姜糖水、中药调理等方式是她们勉为其难可接受的措施，如果能找到更好的解决办法，那就是创业者的机会所在；问题型机会在刘高顺创业过程对机会特征的认知更加明显，女性痛经这一问题能够得到有效解决，经过他们的不懈努力，问题解决方案有了，而且经过大量人群测试，有效率达85%以上，治愈率也达到 70% 以上。

（三）创业机会的识别影响因素

从先前的经验来看，刘高顺有过创业经历，而且在大学期间积极参加"互联网＋"全国大学生创新创业大赛、科创大赛等获得过骄人的成绩，多次获得省部级以上的奖项和荣誉，磨炼了自己，积累了思考和解决问题的经验与能力，为今后的创业打下了坚实的基础。从认知的层面来看，他家族世代中医，耳濡目染，使得自己有一定创业的专业技能，加上好学这一特点，创业成功只是时间问题。从社会关系网络角度分析，刘高顺团队创业之初还是较为单薄的，但是经过自己的不懈努力，三次前往北京求教北京中医药大学王天芳教授的经历，也看出他个人的坚韧和执着，最终有了以行业知名专家组成的研发指导团队；刘高顺参加天津卫视《非你莫属》节目，一方面让自己开阔了眼界，另一方面让自己的社会网络关系边界得到拓展。刘高顺创业项目的创造性特征是显著的，创造性思维的准确运用，让创业项目找准了定位，为后续的持续经营夯实了基础。

（四）创业机会识别过程

笔者带领团队深入到刘高顺的创业项目中，亲身体会与见证他们团队对创业机会识别过程的严谨，不急于一时尽快将产品推向市场，而是经过 10 多次的产品测试，一是观测产品的有效性；二是通过与测试者互动，真正找到消费者普遍能够接受的产品形态，如口感、包装、饮品还是零食等方面。功夫不负有心人，2023 年上半年第二代产品"好巧巧克力"功能性食品一经推出，深受消费者喜爱，市场快速铺开。在研究团队指导下，新眼光调查、系统分析、问题分析、顾客建议、创造需求等创业机会评价方法在刘高顺创业项目中得到了很好的运用，时效卓著，在这些方法的运用过程中，对创业团队成员思考问题能力都有极大的提高。

选取创业机会评价方法方面，刘高顺团队借鉴蒂蒙斯教授的评价指标体系，详尽对照进行系统分析，通过分析清晰地看到创业项目的长处和不足，为今后创业活动的顺利开展明确了方向，找到了工作重点。

通过市场测试评价创业机会。从上述案例中可以了解到刘高顺创业团队主要是借助产品功效测试过程、产品形态、包装设计等来完成的，测试结果让刘高顺团队更加坚定了信心，明确了产品迭代升级的路径，确定产品创新与研发的领域。

（五）创业机会建构

刘高顺创业团队经历了创业机会的识别各个阶段，运用了定性定量方法进行了检验，而且也经过了较长时间的市场测试，于此过程中也发现创业机会并不是很完美，存在短板的地方也不少，团队运用创业机会建构理论对其进行完善。作为创业者，他们是拥有主动性、目的性和创造性的能动者，不等不靠去创造条件，克服困难，解决难题；在建构创业机会过程中，伴随着与他人的互动和交流，获取了丰富信息，开阔了眼界；同时也会受到嵌入特定的情景规则与资源的影响，但他们注重互动和共同的社会建构，而不是受单个创业者行为的限制；注重"机会关系"和"关系的创业者"，而不是客观的机会和"本质的创业者"（天赋异禀）；注重创业过程中的机会生成性（机会可以完善）以及创业者的自我成长和自我超越，而不是客观给定的机会和创业者。

综上分析，一个可靠的创业机会不是空穴来风，是真正蕴藏在环境之中的宝藏，需要有准备的人掌握开启之法（了解并掌握一系列机会识别方法），然后才可以带领自己的团队去挖掘，如此才能事半功倍，对于农村创业者来说，只有聚焦创业机会识别这一关键环节，创业成功的概率才会大大提高。

第七章　农村创业商业模式设计

第一节　商业模式研究概述

现代管理学之父彼得·德鲁克（2007）说过："当今企业之间的竞争，并非产品间竞争，而是商业模式间的竞争。"随着科技的发展和时代的进步，新产品越来越多，产品之间的差别变小，同质化现象普遍，企业很难单纯靠产品取胜，关键在于有没有好的商业模式。没有好的商业模式很难受到资本的关注，团队打造很困难，消费者也不会选择。因此创业者一定要设计出好的商业模式。

商业模式设计受制于创业环境的变化，是农村创业者认知的重要内容之一。当今时代是以"互联网＋"经济为特征的发展时期，"互联网＋"时代概念被广泛认同和接受。"互联网＋"时代发展到今天，极大地加快各行各业的创新步伐，人们的自我把控能力在提升，并从衣食住行各个方面改变着人们的生活方式，从各个层面和角度影响着人们的消费方式。新一代信息技术发展演进的新业态，也意味着经济社会转型带来的新机遇。农村创业者只有创造设计出自己的现代商业模式，才能真正地抓住农村产业发展机遇，精准地识别并把握住创业机会，实现突破性发展。

随着以"互联网＋行业"的发展战略推进催生出无数新兴行业。例如，"互联网＋金融"激活并提升了传统金融行业，创造出包括移动支付、第三方支付、众筹、P2P 网贷等模式的互联网金融，为农村创业者开展创业活动带来了支付便利和更多的创业融资可能性。"互联网+农业"把专家装进农民手机里。2015年末，一年一度的中央农村工作会议在北京举行，"三农"再次成为社会关注的焦点，推进农村现代化成为会议的中心内容和结构性改革一项重要工作。在实现这一战略目标的过程中，一批批创新型"互联网+农业"项目应运而生，定位于中国农业问诊平台的"云种养"就是典型的一个，该项目在"互联网+农业"的探索中把握机遇，以农业技术咨询服务为切入点，链接全国农业专家与农业生产者，架起他们之间的互动桥梁。"云种养"App分为农户端和专家端两个版本，以即时通信的方式帮助农户解决种养难题，该App农户端面向全国数以亿计的农业从业者、农村创业提供农业问诊为核心的各项农业科技服务。当农户遇到种养问题就可以在农户端描述问题或者上传图片，后台系统就可以将这些问题与平台对应的农技师或专家进行匹配，专家用户端会收到提示，在几分钟内为农户进行解答。针对专家建议农户与专家可以进行更多的交流，还可以对专家提供解决方案进行评价。

农村创业者需要关注创业环境变化，特别是应当关注"互联网+"时代，消费方式发生的变化，准确判断未来的消费趋势。世界著名的英国市场研究机构英敏特（Mintel）于2017年10月发布的《2017年中国消费者趋势报告》中指出，中国消费未来存在四大趋势，了解这些变化趋势，有助于农村创业者在把握市场趋势条件下设计创业项目的商业模式，如表7-1所示。

表7-1   "互联网+"时代中国消费四大趋势变化

趋势	特征分析
O2O是大势所趋	英敏特在报告中指出，O2O依然受消费者欢迎。无论是传统零售品牌还是创业公司，都在将消费者的兴趣转化成可持续发展的业务。研究发现，中国城市消费者对上门到家的专业服务有着强烈的兴趣及忠诚度，有46%的中国消费者在网上预订过上门服务如洗衣、家居清洁、按摩等，78%的使用过上门服务的人表示以后会再次使用。当然，对于差异定制服务，地区生活方式的不同也起到重要作用，比如英敏特发现，对比其他地区，中国华东地区72%的消费者由于工作忙碌，每天

趋势	特征分析
O2O 是大势所趋	较少在家做饭。年轻男性消费者尤其为定制化所吸引，2/5 的 20～29 岁中国年轻男性消费者追求定制化的个性产品。今后一段时期，更多企业将 O2O 业务覆盖到更多偏远地区。同时，传统实体店面临的挑战和威胁将继续增多。传统零售商除了尝试推出 O2O 服务，还应增加实体店的价值和意义，使店铺成为消费者获得新体验和进行社会活动的场所
互动及更强的"即时代入感"	根据英敏特的调查，多达 83% 的互联网用户在电脑上看视频，73% 的人在平板上看视频。而 38% 的中国消费者已在观看付费在线视频，31% 的人有兴趣试一试，这消费现象表明观看付费视频在中国有巨大的市场潜力。视频在受欢迎的同时也加大了与消费者的互动，"弹幕"的出现就是消费者有兴趣参与互联网互动的一个早期信号。此外，不少品牌将直播引入消费者的多个日常生活状态，通过这种方式建立行之有效的营销渠道。例如，直播与网购相结合便是一种较好的途径
"她时代"的来临	女性在生活以及财务上的独立自由趋势更明显，正在创造一个"她时代"市场。英敏特研究发现，58% 的中国妈妈表示她们全权掌管家庭财政。在消费习惯上，女性更愿意接受新的生活方式，也更渴望尝试新产品拥有新体验，而男性更加坚持他们熟悉的东西。事实上，如今中国有 66% 的未婚男性固守"不结婚生活就不完满"，而只有 52% 的未婚女性这样认为，同时 48% 的单身女性渴望去未知的地方旅行。为获得更多女性消费者的青睐，品牌产品除迎合女性消费者所需外，也应该显示出对女性的理解、欣赏和支持，有针对性地定制产品，从而促使"她经济"的继续增长，也期望市场上出现更多以女性为客户且是女性自创的独立品牌
健康意识更强	中国消费者健康的生活心态正在形成，他们在选择食品以及各种产品时更加谨慎。同时，科技对于中国关注健康趋势的形成发挥了重要的作用。研究发现，30% 的消费者使用手机或平板监控他们的活动量，74% 的消费者表示未来有兴趣使用可穿戴设备来管理健康，同时，声称身体处于亚健康状态的人数比例从 2012 年的 75% 上升到 2015 年的 86%。英敏特还发现，64% 的人认为定期运动是健康生活最重要的一个方式。因此，企业只有把更多精力投放在帮助消费者平衡身心健康上，才能获得消费者的好感

资料来源：英国市场研究咨询公司英敏特（Mintei），2016 年中国消费者趋势报告。

从"互联网＋"时代消费趋势的重大变化来判断，消费者更理性、更智慧，农创创业者只有能够更好地把握，才能让经营更加有效、更加持续，从而让创业事业对社会贡献更大。

一、商业模式的起源和发展

商业模式概念的起源，最早是出现在 20 世纪 70 年代，用来描写资料与流程之间的关联与结构（Konczal，1975）。到 20 世纪 90 年代中期，随着网际网络时代的来临，商业模式这个观念开始蓬勃发展，不断出现在各种学术期刊或实务性杂志上（Chaziani and Ventresca，2005），到了 2001 年，Fortune 杂志所列出的五百大企业中，已有将近 27% 的企业，在年度财务报表中出现商业模式的字眼（Shafer et al.，2005）。从这些趋势可以看出，商业模式已成为分析企业营运时的一项重要观点。

虽然商业模式这项概念，是在 20 世纪 70 年代才被正式提出，但是这项概念的实践，在 100 多年前就已经开始进行了。在 19 世纪的美国，一个鲜明的商业模式创新的例子，是肉品加工包装业的 Swift 公司的改造，在 19 世纪 70 年代之前，活牛是通常经由铁路从奥马哈、堪萨斯城和芝加哥等中西部城市运送到东海岸，在东海岸城市进行屠宰并在当地市场出售。当时 Swift 公司的创办人 GustavusiSwi 认为若是可以在中西部地区进行屠宰，就可以将屠宰活动集中，用冷藏货运车运送牛肉，在生产及运输上，可以产生可观的经济利益，也可以将市场拓展到更广大的市场，更可以提高最终肉品的品质（Teece，2010）。

Swift 公司的新商业模式，迅速取代了包括运输主、东海岸的屠宰业者和铁路在内的旧商业模式。Swift 公司最大的挑战是在东海岸市场销售点及配销系统中，缺乏冷藏仓库。Swift 公司必须建立全国性的冷藏设施网络，而拥有冷藏设备的当地批发商，就成为 Swift 公司建立伙伴关系的对象。Swift 公司在克服了消费者对远地宰杀的牛肉的排斥、证明远地宰杀的牛肉也同样新鲜且更为便宜之后，市场就开始大幅增长。该公司商业模式设计具体逻辑如图 7 - 1 所示。

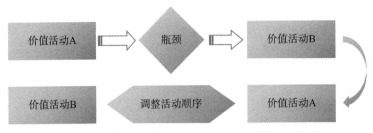

图 7 - 1 "改变活动顺序，消除流程'瓶颈'"模式

集装箱的发明。较近的一个例子发生在货柜业（也称集装箱），传统的货物装船方式是在码头进行，货物上船下船花费相当多的时间，Malcolm McLean 是美国一家大型货运公司的业主，他认为传统装船方式的效率极低。1955 年，他聘请工程师设计一个既可以脱离车体底盘，也可以在轮船上堆叠的货柜。他收购了一家小型轮船公司，更名为海陆工业（Sea-land Industries），这家公司后来被马士基海运公司（Maersk Line）合并。他还开发了钢架结构，以稳定牢固货柜，他发展出货柜装船的标准程序，免费将海陆工业的专利提供给国际标准组织（ISO）使用，促进了海运产业的发展。海陆工业从 1966 年开始在北大西洋航线上提供海运服务。当海陆工业在 1969 年被人以 5.3 亿美元收购时，Malcolm McLean 从中分得 1.6 亿美元（Teece，2010）。

土地佃租制。中国历史上，土地的收租制度，同样也存在商业模式演进的现象。在早期封建时期，土地拥有者（地主）向土地承租者（佃农）收取地租，是以分成制为主，在分成制之下，佃农耕作收获物的一定比例，会作为地租交给地主，这种收租制度，可能让地主为了有更多的地租收入干预佃农的耕作方式，徒生困扰。到了明朝，随着耕作者生产技术的进步，主流的收租制度，从分成制转变为定额租制，就是佃农不论耕作的收获是多少，都向地主缴交固定的地租，因此地主不必再干预佃农的生产活动，佃农也有安排全年生产、合理利用全家劳动力的自由。

随后，由于土地集中、人口增长、佃农经常会抗租，地主为了防止佃农欠租，在出租田地时，就向佃农索取一笔押金作为保证地租制度又转变成押租制，佃农在缴交押金以后，定额的地租还是要缴，如果欠租，地主就在押金中扣除。押金不生利息，退佃时归还佃农。地主若是不退押金，或者押租租佃关系尚未满期，地主也不能随意终止佃农耕作的权利。押租制可以保障地主的地租，佃农为了能够取回押金，也不会随意离开地主的土地，一定程度上限制了佃农的移动自由，但是也限制地主随意停止租佃关系的权利，使租佃关系比较稳定。押租制再进一步演变成永佃制，在永佃制下，土地所有权和土地耕作权是分离的。佃农取得耕作权后，即使地主将田地出卖，也无权变更原先佃农的耕作权，地主权力受到限制。同时，佃农亦可将自己的耕作权出卖或出租给第三者，作为"二房东"。始于山西的晋商乔家大院乔致庸创建的钱庄运营模式，通汇通兑，密押制度等方面的创造就是现代商业银行的商业模式的先驱模型。

时间再推移到2010年的中国台湾地区，其行政主管部门农委会推动"小地主，大佃农"政策，造成了另一种租佃关系。"小地主，大佃农"政策，起源于中国台湾地区农业农民高龄化，并且农户平均耕作的农地规模过小、细分零散，无法有效率地耕作经营。在这项政策下，地方政府辅导无力耕种的老农或无意耕作的农民，把原先自有土地长期出租给愿意扩大经营规模的农业经营者，包括专业农民、产销班、农会、合作社或农企业公司等大佃农，以鼓励年轻人加入农业耕作经营，提高农业经营效益。至此，租佃关系又呈现一种新的模式。从以上的梳理结果来看，商业模式的研究早些时期出现在与农业或农产品相关的领域。

二、商业模式定义及逻辑

（一）商业模式定义

在商业模式研究领域的发展过程中，包括电子商务、策略、功能、物流等众多领域的学者投入到商业模式的研究，不同领域对商业模式的研究及关注点存在差异，因此对商业模式的含义、看法等存在分歧，表7-2列出了有代表性学者的研究定义。

表7-2　　　　　　　代表性学者关于商业模式研究的定义

作者及年份	定义
蒂默尔斯（Timmers，1998）	商业模式是一组产品、服务及资讯流的架构，此架构描述了牵涉在模式内的各类企业行动者及其角色、潜在获利以及收入来源
阿米特和卓德（Amit and Zott，2001）	企业利用商业机会，设计一组交易，以创造价值。商业模式则是关于这组交易的具体内容、结构及统治的陈述。商业模式也是一组相互依赖的活动构成的系统
切萨布鲁夫和罗森布鲁姆（Chesbrough and Rosenbloom，2002）	商业模式是将技术与经济价值的实现加以结合的一套逻辑。商业模式是解释企业如何营运的一套故事。好的商业模式必须能回答"谁是顾客""顾客价值是什么""如何为企业获取赢利""以适当成本传递价值给顾客的经济原则是什么"等问题
玛格瑞特拉（Magretla，2002）	商业模式是一组陈述，说明要如何制定与投资及产品架构相关的决策，以便于在特定市场上创造持久竞争优势。商业模式有六个基本要素：价值主张、顾客、内部流程/能耐、外部定位、创造经济利益的模式、人事/投资者布局
莫里斯等（Moris et al.，2005）	商业模式包含四项必须一起考量以创造及传递价值的要素：顾客价值主张、创造利润的途径、关键资源及关键流程
约翰森、克里斯滕森和孔翰宁（Johnson，Christensen and Kagermann，2008）	商业模式陈述足以支持一项顾客价值主张的有效性的逻辑及资料收入结构，以及传递这项价值所需的成本结构
卡萨德布斯-马萨内尔和里卡特（Casadebus - Masanell and Ricart，2010）	商业模式描述了为了通过开发商业机会而创造价值所设计的交易内容、交易结构和交易治理，是跨越企业边界的一套相互依赖的活动体系
蒂斯（Teece，2010），阿米特和佐特（Amit and Zot，2001，2010）	商业模式清晰地展示了支持顾客价值主张、为企业传递价值的不同成本和盈利结构的逻辑、数据和证据

续表

作者及年份	定义
卡瓦尔坎特等（Cavalcante et al.，2011）	商业模式是一个强调商业过程的抽象概念，个人认知在商业模式的动态变化中起到了关键作用
韦尔斯特等（Verstraete et al.，2012）	商业模式是企业将其可理解的商业概念传达给利益相关者的方式。商业模式通过建模的实践来创造意义
卡萨德布斯－马萨内尔和朱（Casadesus－Masanell and Zhu，2013）	商业模式是企业如何运营以及为利益相关者创造价值的逻辑，是企业既定战略的反映

资料来源：王迎军，等. 新创企业成长过程中商业模式的构建研究［J］. 科学学与科学技术管理，2011：45 – 52；杨俊，薛鸿博，牛梦茜. 基于双重属性的商业模式构念化与研究框架建议［J］. 外国经济与管理，2018，40（4）：96 – 109.

表 7 – 2 中学者们的研究视角各异，研究结论也存在分歧，仍然能从上述的结论中汲取一些相似的核心项目，就是顾客价值。商业模式核心议题就是围绕"顾客价值"发展出 3 个主要问题：（1）企业的商业模式为顾客提供什么价值，即如何提供给顾客价值；（2）企业的商业模式设计，如何为企业创造价值；（3）企业的商业模式如何让企业为顾客提供价值，可以成为企业的收入，即如何将价值在企业与顾客之间进行传递。解决这 3 个问题是每一个企业商业模式必须处理的核心问题。下面依次介绍这 3 个基本问题。

（1）如何为顾客创造价值？这就是要清楚顾客的价值主张这个问题，也就是在一个既定的价格水平上向其顾客提供能够帮助其完成任务的产品或服务。所有的企业都必须运营自己的商业模式，即使是街头小店，你需要回答的问题是顾客为什么会进我的店而不是别人的店，特别是这条街上有好多家与你经营相类似小店，经营的产品和服务同质化倾向还很明显，如此一来，你怎么能够做到让顾客购买你家的产品和服务？提供与众不同的产品和服务，这可能是你首先会想到的，但收效甚微。解决问题的关键思考（思路）应当是：必须向顾客提供同类产品难以模仿的价值，增加顾客的转换成本，让顾客对你家产品形成"成瘾性依赖"。例如，烟台市莱山区庆祥路南口的宝源粮油店的商业模式创新在于以下几点：一是与养鸡场建立鸡蛋直供关系，每天早上9点前鲜蛋全部送到，零售价接近批发价，店门口整齐摆放两排，供顾客自主挑选，先到先得，每天上午顾客盈门，形成排队效应；二是其他粮油品类丰富，产地直供，品质优良，价格相对低于附近超市价格，薄利多销，吸引顾客；三是充分利用前两个举措带来的客源，顺便购买其他烹饪小商品，聚焦衣食住行的"食"，心无旁骛。

（2）如何为企业创造价值？这是谈到企业的价值主张问题，就是企业为顾客创造价值的同时又为自己创造价值。企业要从创造的价值中获得价值，必须考虑的问题：一是收益模式，即营业收入＝价格×数量，数量可以是市场规模、交易规模、购买频率、附加性产品的销量；二是成本结构，成本是如何分配的，包括主要工资的成本、直接与间接成本、规模经济等，成本结构主要取决于商业模式所需要的关键资源的成本；三是利润模式，为实现预期利润，每笔交易所产生的净利；四是资源利用速度，为了完成目标数量，该以多快的速度来利用企业的资源，这涉及库存周转率、固定资产及其他资产的周转率，并且要从整体上考虑利用好资源。在与宝源粮油朱经理的交流过程中了解到该企业创新商业模式为其带来10%以上的利润，为该企业的持续发展带来了更大的可能。

（3）如何将价值在企业与顾客之间进行传递？顾客有顾客的价值主张，企业有企业的价值主张，但是如何进行二者之间的传递。从逻辑上来看，只有拥有了独特的顾客价值主张和企业价值主张，才可能去谋求实现价值主张的资源和能力。初创企业想法往往无视自己的资源和能力的局限，对机会的识别也会失去准确判断。企业价值主张与顾客价值主张如果没有相应的资源（顾客资源、产品渠道）与能力作为支撑，就难以形成商业模式，尤其难以实现可持续、可盈利的收入流。例如弘祥麻花将顾客喜欢吃的美食麻花（顾客的价值）与企业努力创新研制的蜂蜜大麻花经营过程中获得合理利润（企业价值），通过专卖店（渠道）向顾客提供蜂蜜大麻花（产品载体）进行传递，充分利用好企业的资源和能力获取成功实属必然。

从上述 3 个基本问题的回答，商业模式的本质就是回答彼得·德鲁克提出的问题：谁是你的顾客？顾客看重什么？同时回答创业者应当思考的问题：如何从创业项目中赚钱？潜在的商业逻辑是什么？就是以产品或服务合理的价格向顾客提供价值。

由此可以概括一下商业模式的重要性。商业模式迫使创业者进一步从业务系统视角思考创意或机会的可行性；商业模式将创业者的注意力聚焦于业务系统的构成要素及各要素之间的适配机制；商业模式解释了利益相关者愿意参与创业者的机会开发活动的动因；商业模式向所有的利益相关者明晰诠释了业务运转的内在逻辑。

（二）商业模式逻辑

许多创业企业的成功，并不是因为产品创新性有多强，而是因为开发出了一套切实可行的商业模式，商业模式是企业创造价值的核心逻辑。有学者从基础设施、提供物（产品或服务）、客户与财务 4 个视角描述分析商业模式逻辑。商业模式描述了特定实体如何创造价值，传递价值和获取价值的基础架构及其背后的商业逻辑。

这一逻辑归纳起来主要表现在层层递进的 3 个方面：如何创造价值、价值匹配、价值获取，箭头指向即价值的传递，具体逻辑结构如图 7－2 所示。

图 7－2　商业模式逻辑

1. 价值创造

明晰价值创造的来源，也是对机会识别的延伸。通过可行性分析识别创业者所认定的创新性产品或服务，只是创建新企业的手段，企业最终的盈利与否决定着其是否拥有顾客。创业者在对创新产品或服务的基础上，进一步明确和细化顾客价值所在，确定价值命题，是商业模式开发的关键环节。例如"弘祥麻花"创新产品开发与经营成功不是偶然，是经过多轮顾客互动测试的结果，顾客喜欢吃并且能够反复购买（回头客），而且从顾客的反馈信息中分类梳理出关键信息为后续创新提供了更多的可能，让其客户群体得到拓展。

需要提醒农村创业者避免绕过价值创造的过程而陷入"如果我们生产产品，顾客就会来买"的错误逻辑，导致无功而返的结局。

2. 价值匹配

明确合作伙伴，实现价值创造。新创企业不可能拥有满足顾客需要的所有资源和能力，即使新创企业愿意亲自去打造和构建需要的所有能力也常常面临着很大的成本和风险。因此，为了在机会窗口内取得先发优势，并最大限度地控制机会开发的风险，几乎所有的新创企业都要与其他企业形成合作关系，以使其商业模式有效运作。以美月美公司的初创阶段为例，与供应商、物流公司、顾客以及其他许多商业伙伴的合作，促成美月美公司的商业模式形成。假如美月美（烟台）生物科技有限公司（以下称美月美公司）的供应商不能够在即时原则基础上向其供应药食同源中药材高标准提取物，美月美公司就要投资自建提取工厂可能付出很高的成本，就不可能向顾客供应高品质产品或进行市场运营，美月美公司与供应商（安徽甘滋罗等）密切合作，供应商预测美月美公司未来的市场成长机会，而且美月美公司不断激励他们参与进来。事实证明，通过与美月美公司合作，这种方式也有助于供应商获利，因为美月美公司的订单规模占了供应商很大部分的生产份额。

3. 价值获取

制定竞争策略，占有创新价值。这是价值创造的目标，是新创企业能够生存下来并获取竞争优势的关键，因此是有效商业模式的核心逻辑之一。许多创业企业是新产品或服务的开拓者，但不是创新利益的占有者（David，1986）。这种现象发生的根本原因在于这些企业忽视了对创新价值的获取。

价值获取的途径有两方面：一是为新创企业选择价值链中的核心角色，二是对自己的商业模式细节最大可能地进行保密。对第一方面来说，价值链中每项活动的增值空间是不同的，哪一家企业占有了增值空间较大的活动，就占有了整个价值链价值创造的较大比例，这直接影响到创新价值的获取；对第二方面来说，有效的商业模式被模仿，在一定程度上将会侵蚀企业已有利润，因此创业企业越能保护自己的创意不泄露，越能较长时间地占有创新效益。例如，内蒙古小肥羊餐饮连锁有限公司通过以下几种方式赚取收入：通过自建和带领当地牧民加盟巴彦淖尔的羊肉基地，稳定供应高品质羊肉，分布在全国各地的小肥羊门店主营收入稳定增长，形成行业进入壁垒；研发生产专用火锅涮料自用打造品牌，同时还面向超市供应销售，使得小肥羊品牌得到延伸；AI 内控体系建设、标准化发展战略实施，吸引更多加盟商加入，收取加盟费。小肥羊高效实现价值发现、价值匹配和价值获取。

总体来看，价值创造、价值匹配和价值获取是有效商业模式的 3 个逻辑性原则，在其开发过程中，每一项思考过程都不能忽略。新创企业只有认真遵循了这一原则，才能真正开发出同时为顾客、企业以及合作伙伴创造经济价值的商业模式，并制定经营策略运行商业模式、制定竞争策略占有创新价值。

对农村创业者来说，非常容易混淆商业模式和战略这两个概念，因为战略也极为强调价值发现、价值匹配和价值获取。毋庸置疑，商业模式和战略之间是相互关联的。但是商业模式指的是企业如何在市场竞争中运作，并为股东创造和获取价值；战略指的是通过规划为企业设定一个独特而有价值的定位，包括一系列差异化的行动。以前文络亿公司为例，公司采取的战略是将自己打造成商洛市乃至陕西省中药材种植及加工行业龙头企业，而制定的新的运营逻辑"公司 + 基地 + 农户"中药材产业发展模式以及"631"利益分配机制，让农户、企业、村集体共同受益，即股东创造和获取价值的方式，则是山阳县农业科技有限公司的新商业模式。

第二节　商业模式的构成要素

若要很好地回答商业模式设计的 3 个问题：价值创造、价值获取和价值传递，研究者须通过分析商业模式的构成要素进行探讨，通常将商业模式构成要素归类成 9 大关键要素：价值主张、顾客细分、渠道通路、客户关系、收入来源、核心资源、关键业务、重要合作以及成本机构。许多学者在研究过程中依据这 9 大要素绘制出商业模式画布（见图 7 - 3），作为通用工具分析创业企业的商业模式构成要素及其内在逻辑，以便进行创业企业商业模设计。

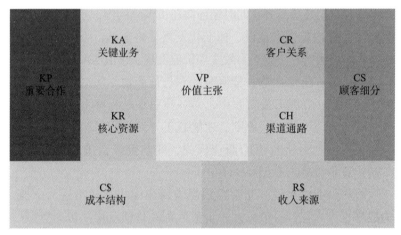

图 7 - 3　商业模式画布（创业者分析工具）

依据商业模式画布所列出的 9 大要素，为了解其内涵详情，需要对各要素主要内容进行分析。

1. 价值主张

创业者通常用价值主张来描绘为特定顾客细分创造价值的系列产品和服务，主要分析与回答以下问题：

- 我们该向顾客传递什么样的价值？
- 我们正在帮助我们的顾客解决哪一类难题？
- 我们正在满足哪些顾客需求？
- 我们正在提供给顾客细分群体哪些系列的产品和服务？

企业价值主张简要要素通常包括 11 个方面内容，如图 7 - 4 所示。

图 7-4　价值主张主张 11 个简要要素

结合"每月美月"案例加以分析：（1）新颖，企业提供的产品或服务满足顾客从未感受和体验过的全新需求，如"每月美月"开启以零食的方式治愈痛经，给消费者以全新的体验；（2）性能，改善产品或服务是传统意义上创造价值的普遍方法，"每月美月"产品有效率高达80%以上，堪比中成药的功效，为实现这一目标，其坚信"药材好，功效好"，主要配方药源精选中药材产区；（3）定制化，以满足个别客户或客户细分群体的特定需求来创造价值，"每月美月"部分产品可以接受礼品定制化服务，主要满足男性消费者购买后送给女性使用，承载关爱；（4）把事情做好，通过帮顾客把某些事情做好而简单地创造价值，"每月美月"很多细节都是站在顾客的角度思考问题，怎样帮助顾客解决痛经困扰，从而创造价值；（5）设计，产品因优秀的设计脱颖而出，"每月美月"特别注重产品及包装设计，通过大量的测试，与顾客互动，从众多的设计方案中遴选；（6）品牌或身份地位，顾客可以通过使用和显示某一特定品牌而发现价值，"每月美月"虽然是新品牌，但特别注重品牌形象的塑造，一方面加强自身塑造，另一方面注重与大品牌或大平台的合作，提升品牌价值；（7）价格，以更低的价格提供同质化的价值，满足顾客价格敏感的细分群体，"每月美月"目前将自己的产品设计分类"高校款"和"社会款"，一是因为当年的创业者初心，为女同学解除痛经困扰，二是高校女生对价格较为敏感；（8）成本削减，帮助顾客削减成本是创造价值的重要方法，"每月美月"通过企业直销方式，减少中间环节，为顾客尽可能降低成本而努力；（9）风险抑制，帮助顾客抑制风险也可以创造顾客价值，"每月美月"产品从研发、生产、仓储、运输等环节，乃至消费环节特别注重产品的安全性，毕竟是功能性食品，来不得半点马虎；（10）可达性，把产品和服务提供给以前接触不到的顾客，"每月美月"从渠道构建方面下大功夫，通过小红书、百度搜索、掌上校园等进行传播，力求让更多的消费者接触到产品信息，从而为消费者创造价值；（11）便利性或可用性，使事情更为方便或易于使用可以创造可观的价值，"每月美月"产品迭代升级，从冲饮品到零食"好巧巧克力"，使得消费者使用更为便捷。

2. 顾客细分

用来描述想要接触和服务的不同人群或组织，经营实践中往往被称为顾客精准画像。主要分析与回答以下问题：

- 我们正在为谁创造价值？
- 谁是我们最重要的顾客？

农村创业者一般可以将顾客细分为 5 种群体类型：（1）大众市场，价值主张、渠道通路和顾客关系全部聚集于一个大范围的顾客群组，顾客具有大体相同的需求和问题；（2）利基市场，价值主张、渠道通路和顾客关系都针对某一利基市场的特定需求定制，常可在供应商—采购商的关系中找到；（3）区隔化市场，顾客需求略有不同，细分群体之间的市场区隔有所不同，所提供的价值主张也略有不同；（4）多元化市场，经营业务多样化，以完全不同的价值主张迎合完全不同需求的顾客细分群体；（5）多边平台和多边市场，服务于两个或两个以上的相互依存的顾客细分群体。对于农村创业者来说，关键在于其掌握哪些资源和拥有哪些能力，大多数情况下应当寻求利基市场开启创业活动更为实际些。

3. 渠道通路

通常用来描绘如何沟通接触顾客细分群体而传递价值主张，主要回答以下问题，结合图7－5进行分析。

渠道类型			渠道阶段				
			（1）认知	（2）评估	（3）购买	（4）传递	（5）售后
自有渠道	直接渠道	销售队伍	我们如何在客户中提升公司产品和服务的认知？	我们如何帮助客户评估公司价值主张？	我们如何协助客户购买特定的产品和服务？	我们如何把价值主张传递给客户？	我们如何提供售后支持？
		在线销售					
	非直接渠道	自有店铺					
合作伙伴渠道		合作伙伴店铺					
		批发商					

图7－5 渠道通道构建逻辑

- 通过哪些渠道可以接触我们的顾客细分群体？
- 我们如何接触他们？我们的渠道如何整合？
- 哪些渠道最有效？
- 哪些渠道成本效益最好？
- 如何把我们的渠道与顾客的例行程序进行整合？

企业可以选择通过自有渠道、合作伙伴渠道或两者混合来接触顾客。其中，自有渠道包括自建销售队伍和在线销售，合作伙伴渠道包括合作伙伴店铺和批发商。

4. 客户关系

用来描绘与特定顾客细分群体建立的关系类型，主要分析与回答以下问题：

- 我们的每个顾客细分群体希望我们与其建立和保持何种关系？
- 哪些关系我们已经建立了？
- 这些关系成本如何？
- 如何把它们与商业模式的其余部分进行整合？

一般来说，可以将客户关系分为 6 种类型，如图 7-6 所示。

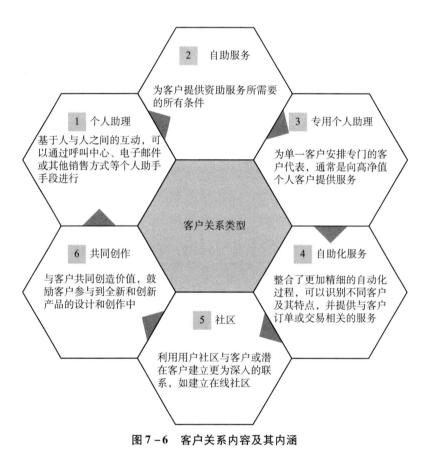

图 7-6 客户关系内容及其内涵

（1）个人助理，基于人与人之间的互动，可以通过呼叫中心、电子邮件或其他销售方式等个人助理手段进行；（2）自助服务，为顾客提供自助服务所需要的全部条件；（3）专用个人助理，为单一顾客安排专门的顾客代表，通常是向高净值个人顾客提供服务；（4）自助化服务，整合了更加精细的自动化过程，可以识别不同顾客及其特点，并提供与顾客订单或交易相关的服务；（5）社区，利用用户社区与顾客或潜在顾客建立更为深入的联系，如建立在线社区；（6）共同创作，与顾客共同创造价值，鼓励顾客参与全新和创新产品的设计与创作。

5. 收入来源

用来描绘从每个顾客群体中获取的现金收入（要从创收中扣除成本），主要分析与回答以下问题：

- 什么样的价值能让顾客愿意付费？
- 顾客现在付费买什么？
- 顾客是如何支付费用的？
- 顾客更愿意如何支付费用？
- 每个收入来源占总收入的比例是多少？

一般来说，收入来源可分为7种类型，如图7－7所示。

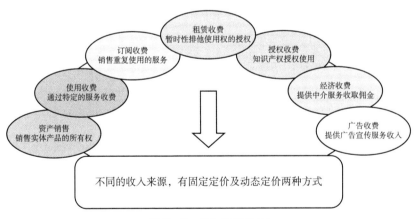

图7－7　收入来源分布

（1）资产销售，销售实体产品的所有权；（2）使用收费，通过特定的服务收费；（3）订阅收费，销售重复使用的服务；（4）租赁收费，暂时性排他使用权的授权；（5）授权收费，知识产权授权使用；（6）经济收费，提供中介服务收取佣金；（7）广告收费，提供广告宣传服务收入。

6. 核心资源

用来描绘让商业模式有效运转所必需的最重要的因素，主要分析与回答以下问题：

- 我们的价值主张需要什么样的核心资源？
- 我们的渠道通路需要什么样的核心资源？
- 我们的顾客关系需要什么样的核心资源？
- 我们的收入来源需要什么样的核心资源？

一般来说，核心资源可以分为 4 种类型，如图 7 - 8 所示。

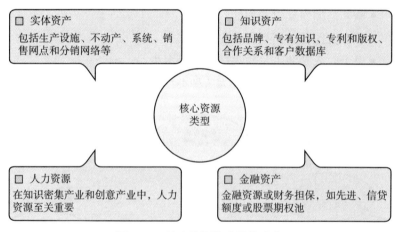

图 7 - 8　核心资源构成及其分类

（1）实体资产，包括生产设施、不动产系统、销售网点和分销网络等：（2）知识资产，包括品牌、专有知识、专利和版权合作关系和顾客数据库：（3）人力资源，在知识密集产业和创意产业中，人力资源至关重要：（4）金融资产，金融资源或财务担保，如现金、信贷额度或股票期权池。

7. 关键业务

用来描绘为了确保其商业模式可行，必须实施且最重要的事情，

主要分析与回答以下问题:

- 我们的价值主张需要哪些关键业务?
- 我们的渠道通路需要哪些关键业务?
- 我们的顾客关系需要哪些关键业务?
- 我们的收入来源需要哪些关键业务?

一般来说,关键业务可以分为 3 种类型,如图 7 - 9 所示。

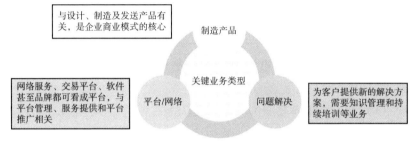

图 7 - 9　关键业务分类

（1）制造产品,与设计、制造及发送产品有关,是企业商业模式的核心;（2）平台或网络,网络服务、交易平台、软件甚至品牌都可看成平台,与平台管理、服务提供和平台推广相关;（3）问题解决,为顾客提供新的解决方案,需要知识管理和持续培训等业务。

8. 重要合作

让商业模式有效运作所需的供应商与合作伙伴的网络,主要分析与回答以下问题:

- 谁是我们的重要伙伴?
- 谁是我们的重要供应商?
- 我们正在从伙伴那里获取哪些核心资源?
- 合作伙伴都执行哪些关键业务?

一般来说,重要伙伴可以分为 4 种类型,如图 7 - 10 所示。

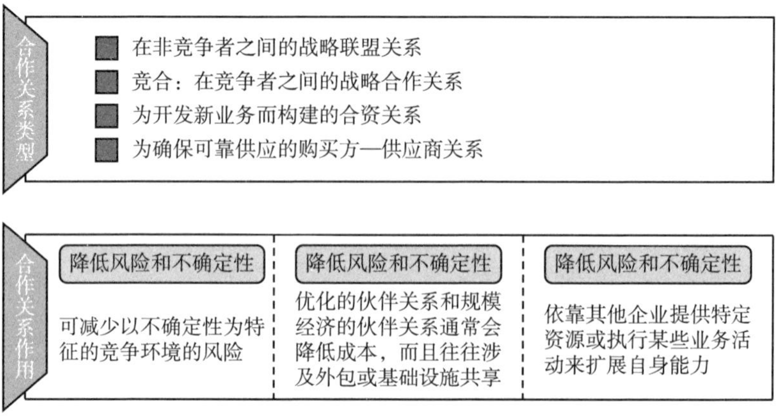

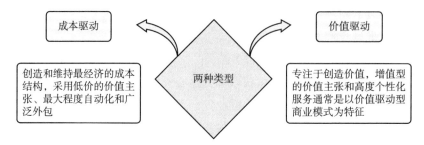

图 7 - 10　重要合作伙伴

（1）在非竞争者之间的战略联盟关系；（2）在竞争者之间的战略合作关系；（3）为开发新业务而构建的合资关系；（4）为确保可靠供应的采购商—供应商关系。

9. 成本结构

商业模式运转所引发的所有成本，主要分析与回答以下问题：

- 什么是我们商业模式中最重要的固有成本？
- 哪些核心资源花费最多？
- 哪些关键业务花费最多？

一般来说，成本结构可以分为两种类型，如图 7 - 11 所示。

图 7 - 11　成本结构及驱动因素

（1）成本驱动，创造和维持最经济的成本结构，采用低价的价值主张、最大限度自动化和广泛外包；（2）价值驱动，专注于创造价值，增值型的价值主张和高度个性化服务通常以价值驱动型商业模式为特征。

下面结合喜家德创业案例进行分析①，观察其商业模式创新之处。

2000 年，黑龙江鹤岗人高德福已经在当地有了多家餐饮，有东北菜、海鲜酒楼、火锅店等业态，高德福认识到，这么多餐厅都只是生意，他需要找到一个可以专注下去的事业。经过思考东北最适合也最适合标准化的品类就是饺子。今天，喜家德水饺已经拥有超过 500 家店面。

在喜家德，所有饺子均为现包。按盘销售，价格相对较高。一盘饺子规定是 360 克，15 个饺子，只允许 2 克以内的偏差。招牌产品虾三鲜水饺，虾仁需要手工挑选 3 次，韭菜要经过 9 道工序，鸡蛋要经过 245 秒的低温精炒，"馅料在低温 23 度的情况下才最好"，水饺的尺寸规定为 8.5 厘米×3.5 厘米的形状则是喜家德独创的一字形水饺。

饺子皮改造为草帽型，过去饺子皮需要擀 6 杖半，现在只需要 4 杖，提高了包饺子的速度。饺子皮厚度对于饺子的口感至关重要，喜家德研制了一台"饺子皮透视仪"，将擀好的饺子皮放在透视仪上，一眼就可以看出面皮的均匀程度。煮水饺用的锅比一般煮饺子的锅快 2 分钟。每一个锅都有自己的"计时器"；每一种馅料的饺子都有对应煮熟的时间，精确到秒。在高德福看来，"一个连锁企业离不开标准，没有标准那就是小吃部"①，喜家德店面没有冷冻柜，只用冷藏柜，这就避免了饺子冷冻。由于标准的细化和严格，喜家福被誉为"餐饮业的华为"。

压缩数量。饺子的品种从过去的十几种缩减成为现在的五种，并且采用 3＋2 模式，即 3 种为固定馅料，另外的 2 种根据季节时令所产蔬菜定馅料，另外一种根据区域口味来定，比如山东的白菜馅水

① 资料来源：吴何，创业管理：创业者视角下的机会、能力与选择［M］. 北京：中国市场出版社，2017（10）：97.

饺、北京人的菌香馅饺子。高德福认为，在缩减产品线的时候一定要了解市场和你的核心竞争力是什么。数量减少与喜家德的现包水饺原则是匹配的。

客群定位。高德福说，喜家德的目标客群并不是18～35岁的主流消费群体，而是主攻18岁以下的青少年和35以上的中老年群体。这些消费者是家庭的主力消费者，黏度更高，更追求家庭饮食的口味。而18～35岁的主流消费群体往往更追求新奇时尚的口味，并不太符合喜家德的品牌诉求。品牌选址定位为商圈和CBD商务区，而不是社区。在迎合品牌营养简餐的概念同时，提升品牌的单店盈利能力。

高德福主张找准产品定位并足够聚焦。"聚焦的核心是找到自己的爆款，什么是爆款呢？就是你的餐厅卖的点击量最高的那个单品。比如我们的素三鲜水饺，一天最多的时候能卖出三万多盘。而聚焦之外的则是可以舍弃的。"2015年，喜家德停掉了自己的外卖业务，相当于一年减少上亿元的收入。

喜家德内部有一个吃饺子的文化："我们管理组每天固定的任务就是把五种馅的饺子各品尝一遍，每天至少有6 000只饺子被品尝掉。"高德福说："做饺子的难度是非常大的，一种饺子有七八十种可能性，电压不稳可能出来的饺子都不好吃，水和温度控制得不好，饺子也可能不会好吃。"

会吃饺子也许不算核心能力，却是喜家德的核心专业。面粉厂生产出饺子粉的时候，会打电话到喜家德的研发中心，希望他们的人帮忙品尝。对此，高德福十分自豪："现在我们专门研究面粉的这个人完全可以盲测出来这个面粉用的什么粉，用的哪个国家的麦子，所占的比例是多少，定价多少。"2017年2月，喜家德筹建的全球首家饺子博物馆在大连开馆。

综上，任何一种商业模式都少不了上述9个要素，任何新型的商业模式都不过是这9个要素按不同逻辑的排列组合而已。每个人的定位、兴趣点和视角都不一样，向各个要素中添加的内容当然也就不一样，于是就有了不同的商业模式，例如喜家德饺子都是现包的，形成自家的饺子（产品）的特点，饺子的品种（产品组合）也是在与顾客的互动中优选出来的。根据上面案例提供的素材，农村创业者尝试按照 9 个要素勾勒出喜家德的商业模式，对比一下分析自己创业项目的 9 大要素情况。

第三节　商业模式设计步骤与方法

在充分了解商业模式的构成要素后，就可以设计商业模式了。商业模式的设计一般要经历分析确定目标客户、定义并检验价值主张、设计营收模式、设计关键流程与资源等过程。商业模式设计方法通常选择在模仿与竞争中进行，在试错中调整商业模式，反复迭代才能确定。需要注意的一点是这个过程并不是线性的，往往要经历各种反复。

一、分析并确定目标顾客

商业模式设计第一步就是确定谁是你的顾客，不能准确识别谁是你的顾客是农村初次创业者常犯的错误，因为大多数人往往是从自己提供的产品或功能出发，而不是从顾客的需求出发。创业企业归根到底经营的是市场而不是技术，出售的是价值而不是别的，所以农村创业者必须得知道顾客是谁，顾客为什么要购买你提供的产品。农村创业者识别目标顾客需要认真琢磨，可参考以下这几个步骤。

第一，描述顾客轮廓。农村创业者一开始就需要对顾客有一个基本的轮廓描述，但不一定必须做到精准。因为进入市场后，依据市场的具体情况和动态变化进行调整。例如喜家德饺子在市场经营过程中经过验证，最终将顾客群体锁定为 18 周岁以下青少年和 35 周岁以上中老年。农村创业者一定要从描述顾客轮廓这个步骤开始。描述的方式包括顾客的年龄、性别、婚姻状况、居住地区、收入水平、兴趣、偏好、习惯以及其他常用的服务等，这个过程需要进行调查或者展开消费人群测试。

第二，详细列出顾客的问题。农村创业者可以借助思维导图等工具详细列出目标顾客可能存在的问题，这些问题可能很多，但要把有可能成立的问题逐一列出来。例如喜家德把顾客喜欢的水饺品种因地制宜进行品种优选，就是依据顾客需求可能存在的问题（偏好）全部列出的基础上，结合成本控制的便利性，最终确定水饺品种"3＋2"模式。

第三，确定并厘清重要问题。着手与符合顾客描述的进行聊天交流，确认每个顾客问题的存在。坚持智慧从群众中来，走群众路线，千万别想当然，更不能把创业者自己的想法强加给顾客。在这一过程中会删掉很多其实不存在的问题，也会发现很多真正有价值的问题。面谈的顾客群体不能太少，最少要跟3~5个人聊天，最好能够跟二三十个人沟通交流之后，农村创业者就会有一个初步的、精简版的问题清单。接着，可以做更大规模的问卷调查，再去确认在这个精简后的问题清单中，哪些问题普遍存在，哪些问题其实也没那么重要。另外，也要针对每个问题的愿付成本做调查。

第四，调查市场。当经历了上面三个步骤后，理论上应该会形成一个重点问题清单（如果没有的话，那就得退回访谈的步骤，或是重新选择另一个目标群体）。需要开始做一些自上而下的市场规模调研。去看看类似的、即将被取代的产品在市场上的表现，有哪些可能竞争性产品、市场够不够大、上下游关系会不会难以确认等。当然对大多数的产业区块而言，这些信息的正确度往往很差，因导致大企业"闻一闻"就放弃了，否则也轮不到我们来创业。完成了以上这些步骤，就对顾客的基本情况、他们有哪些问题和相应的市场规模有了初步的概念。

二、定义并检验价值主张

价值主张是商业模式的基础，它说明了我们向选定的目标顾客传递什么样的价值或者帮顾客完成什么样的任务。任何类型的企业都有价值主张，因为企业都提供产品或服务来满足其目标顾客需要完成的任务。创业团队可以利用头脑风暴法思考可能的价值主张。

当通过头脑风暴得出价值主张后，需进一步检验价值主张是否可行。若要检验价值主张是否符合顾客需求，可以从3点来看。

（1）真实性。价值主张不应停留在构想阶段，须具有真实性，在某一特定期间可以让顾客看到所提供的附加价值。顾客所期望的价值可以区分为3个层次，一是解决目前问题，二是解决竞争者无法解决的问题，三是满足未来的需求。

（2）可行性。具有可行性的价值主张才是好的价值主张。可行性包括可以执行、可评估效果，最好是竞争者没有的，这样的价值才符合多数顾客的期望。

（3）与顾客的关联性。在定义价值主张之前，须用心研究顾客需求、购买行为、当前满足情形、不满意原因等，据此发展与顾客息息相关的产品和服务，缩小产品供给与顾客需求的落差，根据检验过的价值主张，发现可以提供的产品、服务或解决方案。

三、设计营收模式

根据所设定的目标市场及价值主张，进一步设计可能的收费来源、收费模式及定价。

设计营收模式的第一步在于确认此商业模式所有的营收来源，了解此商业模式如何创造营收及营收模式为何。营收模式基本上是"价格×销量"。价格的制定，应依照价值主张而变。对于低成本的商业模式，目标价格点可能是整个营收模式的关键点。在溢价商业模式中，其价格可能是需要传递独特价值所需的资源成本。而销量的部分，则依照先前所预估的市场规模而定。

成本结构大多由直接成本、人力成本所组成，并考虑经济规模，主要来自传递价值主张所需的关键活动与关键资源。

毛利源自营收模式及成本结构，许多公司会将毛利作为获利与判断创意是否适当的指标。然而，商业模式设计的目的，不仅仅只是协助维持至某个毛利，而是着眼于建立可获利的成长平台。

创业最终的目标当然是让收入大于成本，当一个商业模式可实现这一基本目标，并且有高度可规模化的潜在顾客时，则称为一个可升级的商业模式，也是所有农村初创业者追求的目标。

四、设计关键流程与资源

在目标顾客、价值主张及营收模式确定后，就需要考虑必须哪些要素到位才能支撑这三者。通常我们需要考虑三大块：关键活动、关键资源和关键伙伴。

关键活动也就是一个创业团队必须要完成的工作项目。如果创业团队连产品都还没有，那开发产品当然就是关键活动，大多数情况下农村创业者凭借自身的经历与经验，开发与自身相匹配的产品是首选。但开发什么产品绝不能完全从个人兴趣出发。要开发的产品，是基于研究了目标顾客后得到的信息，也就是目标顾客共同面临的问题，因而决定提出的价值主张，例如喜家德面对众多顾客，必然存在"众口难调"的情景，有效办法就是聚焦目标顾客群体（压缩产品覆盖面）18 岁以下的青少年与 35 岁以上的中老年，开发适合他们口味的饺子（顾客价值主张），然后据此得出来的一个产品。而当产品开发完成，并且发现有产品与市场之间存在适配关系后，关键活动也会开始变多。主营业务、顾客服务、商务发展、质量控制，只要可以帮助整个团队进步，都必须放入商业模式画布中加以追踪，并且想办法不断优化。

关键资源是根据前面所有的设定，思考这个商业模式需要什么资源。如果设计提供消费者在线餐厅订位的软件系统，那关键资源当然是"空桌"，而且不是一般的空桌，是消费者想订的空桌。因为少了这些"好空桌"，无论开发再完美的订位系统也没用，这也是过去 10 多年无数个尝试类似商业模式的团队的共同问题，总是等到产品做好了，才发现根本没有空桌可以卖。同样的道理，如果是做精品生意的奢侈店，那关键资源就是那些一流国际名牌的包包、皮件。当然发展到了某个程度，资金也会是非常重要的关键资源，尤其想要加速成长的时候。

关键伙伴就是提供关键资源的那些伙伴。例如在线折扣酒店预订，创业者可能需要与一些酒店建立战略合作伙伴关系，同时可能需要找到一家专业的 IT 技术公司，将软件系统的开发外包给对方。

通过一些问题的引导，可以帮助我们思考可能需要的关键活动、关键资源与关键伙伴。下面是一些可供参考的问题，农村创业者可以结合创业项目的特点有所选择与侧重。

（1）人员：传递价值主张所需的技能、人才及专家如何？

（2）品牌：我们有能力建立一个新品牌吗？还是可以借助现有品牌的知名度？

（3）供应商：我们现在的供货商，是否可以满足新商业模式在能力上的缺口？

（4）技术：我们的技术与竞争对手有何差异之处？

（5）渠道：我们是否有能力激励渠道？

（6）研发/产品开发：需要什么样的经验与技术？是否有这样的技术？

（7）制造：多少量可以达到经济规模？我们有这种制造能力吗？

（8）人资：需要什么样的人才？

（9）信息：什么样的 IT 系统与工具是必需的？

商业模式是一个系统，拥有所有系统应有的特征。商业模式系统的要素之间是互相影响的，没有绝对从属关系，如图 7 - 12 所示。

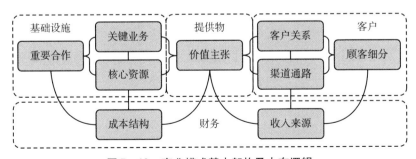

图 7 - 12　商业模式基本架构及内在逻辑

商业模式这个系统存在的目的是长期、可发展、可重复的价值产生，然而没有一个要素是因为那样的目的而存在，所以要素间必须要巧妙、和谐地共生，才能够达到系统的目的。也因此，只优化其中一个要素，往往无法达成系统的目的。

五、在模仿中设计商业模式

每个创业者都想为自己的企业设计一个独特、全新的商业模式来颠覆产业内现有的企业，但商业模式创新是一件非常困难的事情。实际上，很多企业都是在模仿、改进现有商业模式的基础上收获了巨大的成功，比如腾讯、百度。即便创业者已经设计了一个独特的商业模式，也会面临其他企业的快速模仿并利用相似的商业模式与其开展竞争，因此在竞争中设计商业模式显得极为重要。

怎样在模仿中设计商业模式呢，一般来说，模仿其他企业的商业模式的方法可以归纳为全盘复制和借鉴提升两类（付志勇，2011）。

（一）全盘复制

全盘复制商业模式的方法比较简单，即对优秀企业的商业模式进行直接复制将较为优秀的商业模式全盘拿来为创业者所用，当然有时也需要为适合企业情况略加修正。全盘复制的方法主要适用于行业内的企业，特别是同属一个细分市场或拥有相同产品的企业，更包括直接竞争对手之间商业模式的互相复制。

全盘复制优秀企业的商业模式有两个注意点：一是需要快速捕捉到商业模式的信息，谁先复制就可能具备先发优势；二是主要进行细节调整，复制不等于生搬硬套，需要针对本细分市场或企业情况进行适应性调整。

（二）借鉴提升

1. 引用创新点

通过学习和研究优秀商业模式，对商业模式中核心内容或创新概念给予适当提炼与节选，通过对这些创新点的学习，比照本创业团队的相关内容，寻找本创业团队商业模式对比这些创新点的不足，如果这些创新点能够比现阶段商业模式中的相关内容更符合发展需要，创业团队就应结合实际要将这些创新概念给予引用并发挥价值。引用创新点学习优秀商业模式的方法适用范围最为广泛，不同行业、不同竞争定位的企业都适用。例如百度初始的商业模式是通过给门户网站提供搜索技术获取服务费用，当发现给门户网站提供技术服务难以有较大发展的时候，百度对自己的商业模式进行了修正，通过出售应用软件与服务获得经济回报，这个商业模式帮助百度度过了艰难的创业期。但是这个商业模式的目标人群较小，是对自我技术的出售，不可能做大主营业务和持续发展，百度需要找到能够快速发展和做大的商业模式。2001 年百度才确定了现在的商业模式——基于竞价排名的网络推广方式，而这个创新是百度通过借鉴 Overture 公司的竞价排名，并将竞价排名作为自己的主要盈利模式，最终百度通过引用国外商业模式的创新点而使自己成功上市（张玉利等，2021）。

虽然引用商业模式中的盈利模式对企业效益的提升较为明显，但是产品模式、运营模式、业务模式的引用也可为企业带来明显的价值，并提升企业的核心竞争能力和支撑盈利模式实施的能力，所以企业也需不断加强对产品模式、运营模式和业务模式的学习与优化。

2. 延伸扩展

具体做法是通过对最新商业模式的了解，寻找使用这种商业模式的企业所在行业及细分市场，通过穷尽分析和专业分析找到同一行业内尚未开发的其他细分市场，将该种商业模式的主体框架率先运用在同一行业的不同细分市场，使商业模式的应用范围不断扩展到其他细分市场，当然商业模式在实际运用中需要针对细分市场进行优化和调整。这种学习方法的优点是借助商业模式的研究，寻找到尚未开发的其他有效细分市场，并有机会构建先发竞争优势，且使用范围也更为广泛，并适用于行业内所有的企业。行业外的企业如果想多元化发展，寻找新的业务发展机会，也可以直接复制或学习这种商业模式，使其顺利进入该行业。

延伸拓展具体实施时有两个难点：一是在于对细分市场的寻找和分析，如何能够找到尚未开发的细分市场；二是原则上进入同一市场内部不同细分市场的商业模式无须做较大调整，但是如何依据细分市场特点做针对性调整和优化则是关键。

3. 逆向思维

通过对行业领导者商业模式或行业内主流商业模式的研究学习，仿者有意识实施反向学习，即市场领导者商业模式或行业内主流商业模式如何做，模仿者则反向设计商业模式，直接切割对市场领导者或行业内主流商业模式不满意的市场份额，并为他们打造相匹配的商业模式。例如互联网行业领导者微软公司的商业模式比较传统，主要是卖软件、产品以及许可证的传统商业模式，通过提供产品和技术赚钱。微软的主要竞争对手依据逆向思维的办法制定相反的商业模式，并借此打击微软的垄断定位，比如谷歌等有实力的企业已经开始尝试在软件业实施开源软件，即消费者不再掏钱购买软件，为消费者免费享受软件打造另一种商业模式，以谷歌为代表的企业已经开始付出行动，并且在商业软件领域已经取得进展。与此相类似的是中国360杀毒软件也在近期采用了开源模式，且消费者开始可免费使用杀毒产品，而360的商业模式转向为顾客增值的个性化服务（马萨内尔等，2011）。

通过逆向思维学习并打造商业模式时应注意三个关键点：一是找到行业领导者或行业主流商业模式的核心点，并依据此制定逆向商业模式；二是企业在制定逆向商业模式时不能简单追求反向，需确保能够为消费者提供更高的价值，并能够塑造新的商业模式；三是防范行业领导者的报复行动，评估领导者可能的反制举措，并制定相应的措施。

六、在竞争中设计商业模式

当企业采取不同的商业模式进行竞争时，结果往往很难预料。如果在孤立的情况下分析，某个商业模式或许会显得优于其他商业模式，但是当把互动和协同影响考虑在内时，它创造的价值反而又不如其他商业模式。

美国学者拉蒙·卡萨德苏斯·马萨内尔，霍安·里卡特（2011）指出，企业通过商业模式开展竞争的方式有三种。

（一）强化自身的良性循环

企业可以通过调整商业模式来打造新的关键要素之间的良性循环，从而让自己更有效地与对手展开竞争。这些循环常常会强化商业模式中的其他循环。例如，空中客车公司的商业模式起先一直处于下风，因为波音公司以把波音747创造的利润进行再投资，而波音747在超大型商用客机领域长期占据着垄断地位。2007年，空客公司研发出空客380，在超大型商用客机市场挑战了波音747的垄断地位，不仅帮助空客公司维持了在小型和中型飞机领域的良性循环，而对波音公司的良性循环形成了有效遏制，改变了自己相对波音公司的长期劣势。

（二）削弱竞争对手的良性循环

一项新技术或新产品能否颠覆行业规则不仅优取决于该技术的内在优势，也取决于它与其他竞争对手之间的互动。比如从理论上说，Linux的价值创造潜力或许比Windows更大，但是微软利用与代工生产商的合作关系，在个人台式机和手提电脑上预装了Windows操作系统，从而阻止了Linwx拓展顾客基础，成功地遏制了Linux的关键良性循环（拉蒙·卡萨德苏斯·马萨内尔等，2011）。

（三）变竞争为互补

拥有不同商业模式的竞争对手也可以成为价值创造的台作伙伴。比如英国在线博彩交易所必发公司创新了博彩方式，允许彩民匿名相互下注，由此与传统博彩公司展开了较量。必发公司从整体上调整了赔率，让玩家得以少输一些钱，这样，玩家会更多地下注，从而形成一个良性循环。这极大地拓展了英国的博彩市场，竞争对手也渐渐地越来越包容它的存在了（班妮，2013）。

七、在试错中调整商业模式设计

商业模式设计通常意味着基于现实对各构成要素及其子要素进行分析和检验，需要对创业企业所依赖的关键性假设提出一些"如果…会怎么样"的问题。一旦企业开始运作，其商业模式中隐含的那些既与需求有关，又与经济效益有关的种种假设，都要在市场上不断经受检验。

商业模式的成功往往有赖于创业者是否有能力在模式实施中对其进行调整，或进行全面改革。如果创业者有意识地遵循能促进整个企业系统顺利运作的模式来工作，那么每一项决策、每一个举措以及每一次测评都会提供有价值的反馈。利润的重要性不仅在于其本身，还在于能证明商业模式是否行得通。如果没有达到预期目标，就应该重新检验商业模式。可以借助商业画布分析工具展开商业模式评估与应用。

从某种意义上说，商业模式创造过程无非是科学方法在管理上的应用，从某个假设开始，在实施过程中检验，并在必要时加以修订。商业模式行不通，或者是因为没有通过数字检验（如损益与预期不符），或者是因为没有通过叙述检验，如故事没有意义，或者说不符合经济逻辑，业务本身不能为顾客创造价值。因此，商业模式设计框架并不是写下一个无敌的商业模式，它的用途是帮助创业者追踪目前为止的所有"创业假设"。例如：喜家德认为18~35岁的年轻消费群体（目标顾客）应该会喜欢各种新奇口味饺子（价值主张），接着喜家德开始试着执行这样的计划，在最低成本的状态下想办法验证这些假设。结果事实证明这个年龄群体需求过于复杂，在与大量的客户群体互动过程中反复验证，最终锁定18岁以下青少年与35岁以上中老年，他们的需求（特别是口味这方面）相对稳定，其成本结构可控性强，或许未来在这个消费群体基础上进行拓展，条件成熟的情况下，再去服务18~35岁这个群体（潜在市场）。每尝试一次，就能让创业者得到更多关于市场的信息，然后再回来调整他的商业模式，这样一直不断地循环下去，永远没有停下来的一天。因此，重点不是在会议室里头脑风暴，"想"出最棒的商业模式，而是在实践中不断地验证，然后不断试出符合市场现实的商业模式，如此无止境地追寻下去。

创业的快速试错。早期创业公司的首要任务之一是对其商业模式进行试错。人算不如天算，预先想得再好的商业模式，一旦付诸实践，也常常问题百出，甚至根本行不通，这对于创业公司来说，可能是致命的。没有一个切实可行的商业模式，创业公司就像汪洋大海中的小船失去了方向，弄不好就会触礁沉没。创业公司能否生存下来，很大程度上取决于它的试错速度。幸运的公司能够赶在弹尽粮绝之前，根据试错实践迅速调整、修改、改进、磨炼出可行的商业模式，找到生财之道，这样创业公司才能成活，才有发展的前提。试错，是创业公司的生死考验，是创始人的一场意志和智慧的较量（查立，2011）。

其实，商业模式就是企业如何赚钱的故事。与所有经典故事一样，商业模式的有效设计和运行需要人物、场景、动机、地点和情节。为了使商业模式的情节令人信服，人物必须被准确安排，人物的动机必须清晰，最重要的是情节必须充分展示新产品或服务是如何为顾客带来了价值和利益，同时又是如何为企业创造了利润（Magretta，2002）。

需要强调的是，商业模式并不是企业的全部，商业模式描述的是企业的各个部分怎样组合在一起构成一个系统。但是，商业模式没有把影响业绩的一个重要因素"竞争"纳入考虑。每一家企业都会遇到竞争对手，这只是早晚的问题，通常是会早早遇到，而应对竞争则是战略的任务。竞争战略说明的是，如何比竞争对手做得更好。战略的全部内容就是如何通过与众不同来做得更好。因此，创业者不能认为有了商业模式就万事大吉，它充其量只是创业成功的一部分而已。此外，还有人混淆商业模式与管理模式，其实，二者之间差异更大。

第四节　农村创业项目商业模式设计实践

农村创业项目商业模式设计是在充分梳理商业模式构成要素的基础上，恰当地运用商业模式设计策略和步骤而完成的。具体到农村创业实践中需要深入调查研究，因地制宜，相机抉择，适应于农村创业环境的独特性。了解并掌握农村创业项目商业模式设计遵循的原则、设计策略与步骤等重点内容，结合农村创业案例进行分析研究，以提升农村创业者设计其创业项目商业模式的能力，并做出恰当选择。

一、农村创业项目商业模式设计原则

农村创业者精心筛选创业项目后，通常遵循四个原则对其商业模式展开设计。

一是因地制宜原则。农村创业者应充分考虑农村当地的自然条件、资源禀赋和文化特色。例如，如果所在地区有丰富的特色农产品，可围绕这些农产品进行加工、销售或发展乡村旅游中的特色农产品体验项目。结合当地的地形地貌、气候条件等进行项目规划，如在山区可发展林果种植及林下养殖结合的创业项目；在平原地区可开展大规模的现代化农业种植。

二是可持续发展原则。农村创业者设计商业模式过程中注重生态环境保护，在农业生产中采用生态种植、养殖方法，减少化肥、农药的使用，降低对环境的污染。例如发展有机农业，既能提高农产品品质，又能保护生态环境，实现经济、社会和环境效益的统一。农村创业项目商业模式不仅要追求经济效益，还要考虑项目对当地社区的带动作用，如提供就业机会、促进乡村基础设施建设等。

三是创新驱动原则。农村创业项目商业模式设计聚焦技术创新，引入先进的农业技术和设备，提高生产效率和产品质量，如利用智能灌溉系统、无人机植保等技术，降低生产成本，提高农业生产的智能化水平.

四是经营模式创新。农村创业项目商业模式设计过程中探索新的商业模式和合作方式，如"互联网＋农业"模式，通过电商平台拓展销售渠道；开展农业众筹，吸引社会资本参与农村创业项目。

二、农村创业项目商业模式设计策略

农村创业项目商业模式设计策略一般包括以下几个方面。

1. 精准定位目标客户

农村创业者根据不同的消费需求和购买行为，将市场划分为不同的细分市场。例如，针对追求健康、绿色食品的消费者，推出有机农产品；针对城市居民的休闲需求，开发乡村旅游项目。

确定目标客户群体。通过市场调研和分析，明确项目的主要目标客户是谁，了解他们的需求、偏好和购买能力。例如，乡村旅游项目的目标客户可能是城市中产阶级家庭，他们注重亲子互动和自然体验。

2. 打造独特价值主张

农村创业项目商业模式设计突出产品或服务的特色。例如，提供具有地方特色的农产品，如土特产、手工艺品等；打造独特的乡村旅游体验，如民俗文化体验、田园生活体验等。

强调项目的核心价值，可以是高品质的产品、优质的服务、独特的体验或者社会责任等。例如，一个有机农产品创业项目的核心价值可以是为消费者提供健康、安全的食品，同时推动农业可持续发展。

3. 优化渠道与供应链

农村创业项目商业模式设计的目标之一拓展销售渠道。除了传统的线下销售渠道，如农贸市场、超市等，积极开拓线上销售渠道，如电商平台、社交媒体等。同时，可以与农产品加工企业、餐饮企业等建立合作关系，拓宽销售渠道。

完善供应链管理，确保原材料的稳定供应和产品的及时配送。建立与农民合作社、种植大户等的合作关系，保证原材料的质量和供应稳定性。同时，优化物流配送体系，提高配送效率，降低成本。

三、农村创业项目商业模式设计的实施步骤与选择

（一）农村创业项目商业模式设计的实施步骤

农村创业项目商业模式通常由三个阶段构成：项目筹备阶段、试运营与调整阶段以及全面推广阶段。

1. 项目筹备阶段

该阶段分三步：市场调研、项目规划、资源整合。

（1）市场调研。农村创业者深入了解农村当地的资源优势、市场需求和竞争态势，分析当地特色农产品、自然风光、民俗文化等资源，确定哪些资源具有开发价值。调研目标客户群体，包括其消费习惯、需求偏好、购买能力等，为精准定位和价值主张设计提供依据。

他山之石，向同行学习与借鉴。考察竞争对手的商业模式、产品服务、市场份额等，寻找差异化竞争的机会。

（2）项目规划。农村创业者根据市场调研结果，对创业项目进行规划，具体规划包括三部分：一是明确创业项目的类型和定位，例如，确定是发展农产品加工、乡村旅游还是农村电商等项目；二是制定项目的发展目标和战略，包括短期、中期和长期目标，以及实现这些目标的具体策略；三是设计项目的业务流程和运营模式，包括生产、销售、服务等环节的具体操作流程。

（3）资源整合。农村创业者整合农村当地的土地、劳动力、资金等资源；与农民合作，流转土地用于项目开发；招聘当地农民作为员工，降低劳动力成本；积极争取政府扶持资金、银行贷款、社会投资等，解决资金问题；建立合作伙伴关系，如与农产品供应商、物流公司、旅游公司等建立合作，完善供应链和销售渠道。

2. 试运营与调整阶段

该阶段包括产品或服务测试、商业模式优化、业务流程和运营模式优化以及团队建设与培训。

（1）产品或服务测试。农村创业项目推出初步的产品或服务，进行小规模的市场测试，收集客户反馈，了解产品或服务的优缺点，以便进行改进和优化。农村创业者对项目产品的质量、口感、包装等进行评估，确保符合市场需求和客户期望。对于乡村旅游项目而言，需要测试旅游线路、服务设施、活动内容以及提高游客满意度等。

（2）商业模式优化。农村创业者根据其创业项目试运营阶段的反馈，对商业模式进行调整和优化。通常需要调整价值主张、目标客户定位、销售渠道等，提高商业模式的可行性和竞争力。

（3）业务流程和运营模式优化。提高生产效率、降低成本、提升服务质量。例如，改进农产品加工工艺，提高产品附加值；优化乡村旅游线路设计，提高游客体验。

（4）团队建设与培训。农村创业者依据其创业项目特征组建专业的创业团队，包括管理、技术、营销等方面的人才。根据项目需求，招聘具有相关经验和技能的人员，充实团队力量。农村创业者需要对团队成员进行培训，提高其业务能力和综合素质。通常需要开展农业技术培训、市场营销培训、服务技能培训等，提升团队的整体水平。

3. 全面推广阶段

通常包括创业项目品牌建设与推广、市场拓展、开发新的产品或服务、以及持续创新与发展三部分主要内容。

（1）品牌建设与推广。农村创业项目需要打造独特的品牌形象，包括品牌名称、标志、口号等。通过品牌建设，提高项目的知名度和美誉度，增强市场竞争力。制定品牌推广策略，利用多种渠道进行品牌宣传。如通过广告、公关、促销等手段，提高品牌曝光度；利用社交媒体、网络平台等进行线上推广；参加农业展会、旅游推介会等进行线下推广。

（2）市场拓展。农村创业项目需要扩大产品或服务的销售范围，开拓新的市场区域。例如，将农产品销售从本地市场拓展到周边城市甚至全国市场；将乡村旅游项目推广到更多的城市居民中。

（3）开发新的产品或服务，满足不同客户群体的需求。例如，在农产品加工项目中，推出新的产品系列；在乡村旅游项目中，增加新的旅游活动和体验项目。

（4）持续创新与发展。农村创业者关注市场动态和客户需求变化，持续进行创新和改进。不断推出新的产品或服务，优化商业模式，提高项目的可持续发展能力。农村创业项目实现持续创新与发展，需要加强与科研机构、高校等的合作，引进先进的技术和理念，推动项目的创新发展。同时，积极参与行业交流活动，学习借鉴其他农村创业项目的成功经验。

（二）选择农村创业项目商业模式

选择农村创业项目商业模式可以从以下几个方面重点考虑：

第一，分析自身优势，主要包括创业者自身拥有的技能与经验，拥有的资源与资金以及兴趣爱好等，正所谓"合适才是最好的选择"。具体是，技能与经验方面主要考察评估自己所具备的专业技能和工作经验。例如，如果有农业种植技术，那么可以考虑从事特色农产品种植，如果你擅长市场营销，可能更适合开展农产品电商或乡村旅游的推广；思考过去的经历中哪些方面可以为农村创业提供帮助，如曾在企业管理岗位工作过，那么在组织和运营农村创业项目时可能更具优势。资源与资金方面，审视自己拥有的资源，包括土地、劳动力、设备等。如果你拥有大片土地，可以考虑规模种植或养殖，若有闲置房屋，可发展民宿等乡村旅游项目。明确自己的资金实力，资金充裕的情况下，可以选择投资较大、回报周期较长但潜力较大的项目，如建设农产品加工厂；资金有限时，则可选择成本较低、风险较小的项目，如开展农产品电商代购代销业务。农村创业者兴趣与热情方面，需考虑其兴趣爱好。对某个领域有浓厚兴趣会更有动力去投入时间和精力，也更容易坚持下去。比如，如果农村创业者热爱动物，养殖项目可能更适合；若喜欢乡村生活和传统文化，乡村手工艺制作或民俗文化旅游项目也许是不错的选择。

第二，考察市场需求。农村创业者在设计与选择其创业项目商业模式时，考察当地特色与优势，研究所在农村地区的特色资源和优势产业。例如，若当地以某种特色农产品闻名，可以围绕该产品进行深加工或品牌化推广；如果有独特的自然风光或民俗文化，可以开发乡村旅游项目。了解当地政府对特定产业的扶持政策，这可能为其的创业项目提供更多机会和资源。

第三，消费趋势与需求的考察。关注当前市场的消费趋势，如对有机食品、绿色农产品、乡村休闲旅游的需求增长，根据这些趋势选择与之相契合的创业项目商业模式。进行市场调研，了解目标客户群体的需求和购买习惯。例如，城市消费者可能更注重农产品的品质和安全性，农村居民则可能对价格较为敏感。

第四，评估商业模式的可行性。这方面内容主要包括评价创业项目盈利能力，风险承受能力以及实施难度。盈利潜力方面，分析不同商业模式的盈利模式和预期收益。计算项目的成本投入、销售收入、利润率等指标，评估其盈利能力。考虑项目的可持续性，是否能够长期稳定地获得收益。例如，一些季节性的农业项目可能需要寻找其他收入来源来保证全年的盈利。风险承受能力方面，评估不同商业模式面临的风险，如自然风险、市场风险、政策风险等。根据自己的风险承受能力选择合适的项目。制定风险应对策略，如购买农业保险、多元化经营、与合作伙伴共同分担风险等。实施难度方面，考虑商业模式的实施难度，包括技术要求、人力资源需求、资金投入等方面。选择自己能够驾驭的商业模式，避免因实施难度过大而导致项目失败。应对措施可以先从小规模试点开始，逐步积累经验和资源，再扩大规模。

四、农村创业项目商业模式设计案例与启示

以下几个成功的农村创业项目案例分析，验证了商业模式设计应遵循的原则、设计策略与步骤等内容，案例启示有助于提升农村创业者商业模式的设计与选择能力。

1. 农产品电商——"三只松鼠"

"三只松鼠"创始人章燎原从农村走出，以坚果等农产品为主要经营产品，通过电商平台实现了爆发式增长。

该项目成功商业模式之处在于：（1）精准定位目标客户。瞄准年轻消费者，以可爱的品牌形象、高品质的产品和优质的服务吸引了大量追求时尚、健康零食的人群；（2）打造独特价值主张：强调"新鲜、美味、便捷"，从产品选材、加工到包装、配送，都注重品质和用户体验；（3）优化渠道与供应链：借助各大电商平台进行销售，建立了高效的物流配送体系，确保产品能够快速送达消费者手中；（4）与供应商建立长期合作关系，保证原材料的稳定供应和质量。

2. 乡村旅游——袁家村

袁家村位于陕西省咸阳市，通过发展乡村旅游，从一个贫困的小山村变成了年接待游客量超过 500 万人次的旅游胜地。

该项目商业模式成功之处在于：（1）因地制宜，充分利用当地的关中民俗文化和传统建筑风格，打造出具有浓郁地方特色的乡村旅游景区；（2）创新经营模式，以村民为主体，实行股份合作制，让村民共同参与旅游开发和经营，实现了共同富裕；（3）注重品质和服务，对景区内的餐饮、住宿、购物等服务进行严格管理，确保游客能够享受到高品质的旅游体验；（4）不断推出新的旅游项目和活动，吸引游客多次到访。

3. 特色农产品种植——赣南脐橙

赣南地区凭借得天独厚的自然条件，大力发展脐橙种植产业，成为全国著名的脐橙产区。

该项目商业模式成功之处在于：（1）发挥资源优势：赣南地区的土壤、气候等条件非常适合脐橙生长，当地农民充分利用这一优势，大规模种植脐橙；（2）品牌建设：打造了"赣南脐橙"这一知名品牌，通过品牌推广提高了产品的知名度和附加值；（3）拓展销售渠道：除了传统的批发销售渠道外，还积极开拓电商平台、农超对接等销售渠道，拓宽了市场份额。

4. 生态农业——多利农庄

多利农庄位于上海，是一家以有机蔬菜种植和销售为主的生态农业企业。

该项目商业模式成功之处在于：（1）秉承可持续发展理念：采用

生态种植方式，不使用化肥、农药，注重土壤改良和生态环境保护，生产出高品质的有机蔬菜；（2）采取会员制销售模式：通过发展会员，为会员提供定期配送有机蔬菜的服务，建立了稳定的客户群体；（3）进行产业融合：将农业生产与休闲旅游、科普教育等相结合，开展亲子采摘、农业科普等活动，提高了农庄的综合效益。

案例启示与借鉴。农村创业者设计并选择其创业项目商业模式，需要重视学习成功经验。研究国内外成功的农村创业项目案例，了解他们的商业模式、运营策略和成功因素。从中汲取经验和灵感，但不要盲目模仿，要结合自身实际情况进行创新。通过参加农村创业培训、交流活动，与其他创业者分享经验，拓宽思路。

创新与差异化是农村创业者设计并选择其创业项目商业模式重要关注点。农村创业者在选择商业模式时，注重创新和差异化，寻找市场空白点或未被充分满足的需求，提供独特的产品或服务。结合互联网、AI 人工智能科技等手段，为传统农村产业注入新的活力，如发展智慧农业、农村电商直播等新型商业模式。

第五节　农村创业项目商业模式设计案例分析

一、案例简述

扎根山村大地，匠心传承百姓希望。

尹健臣是云南省楚雄双柏县农村出生长大的一位 90 后，怀着对故乡的热爱，成长为新一代农村创业者，其奋斗目标与使命是努力成为国内黑山羊种源保护传承与开发的开创者。

心系扶贫、率先垂范——助力乡村振兴。2015 年，尹健臣一次跟随父亲到怒江州发放种牛。他们在实地走访中发现，不是云南所有山区都适合养牛，黑山羊在云南却有很强的适应性，但本地黑山羊也存在生长周期长、个体小、产羔率低、屠宰率低等缺点。尹健臣想，能不能帮村民找到新品种的羊，帮他们增收致富？一番寻找后，"云上黑山羊"进入尹健臣父子的视野。2016 年，创始人尹健臣在公司内提出"优质黑山羊种源培育"计划，并参与云南省畜牧兽医科学院优质黑山羊新品种项目的品种培育。

"云上黑山羊"是尹健臣联合云南省畜牧兽医科学院于 2019 年成功培育出的中国第一个肉用黑山羊品种。其生长周期从 2 年缩短到 1 年，产羔率从每胎 1 羔提高到每胎 3 羔以上，个体重量从 46 公斤提升至 76 公斤，屠宰率也从 42% 增长到 60%。

优秀的黑山羊品种有了，但怎样才能让农户们放心选择"云上黑山羊"？这成为了尹健臣面临的又一个难题。"以往在老家，一个农户家放羊 10 来头羊，两年以后出栏宰杀，一头纯收入只有几百元。'云上黑山羊'一年就能长到近 50 公斤出栏，并且一窝产仔 3 头以上，只要按我们指导喂养，一头羊增收能达到 300%。"尹健臣算了笔账：一头羊按照一年的养殖周期，除去成本，每年能为农户带来 800 ~ 1 000 元的纯利润，而在以前，农户养羊两年才能赚 400 元，这完全可以作为自己的一个创业项目来实施、推广。说干就干，尹健臣在老家组建了农民合作社，邀请贫困户加入，免费发放种羊，带着大家一起养羊。随后，尹健臣整合了行业资源，成立了双柏慕尚生物科技有限公司，创立了立体农业生态圈帮助农民增产增收，创立品牌，帮助农户搭建现代销售体系，先后带动了贫困户 1 200 余人实现了经济增收。

尹健臣把"云上黑山羊"、种牛、小香菌、中药材相结合形成一个立体的生态圈，整合资源，向社会、农户推广优质的种源产品，为农民开拓消费市场，让农民放心养、大胆养，解决了农民的后顾之忧，使农民通过不同渠道创收增收。目前，公司通过立体农业生态圈已拥有 16 项新型实用专利技术。

项目自启动以来，尹健臣带动周边农民 1 400 人次就业，380 余户养殖云上黑山羊，户均增收突破 35 000 元以上，合作社带动周边 1 000 多户农民种植全株玉米，研磨青贮饲料、种养植小香菌。

资料来源：笔者根据访谈材料整理，经本人同意写入本书公开出版。

笔者带领研究团队与尹健臣进行了深度交流，并且远赴云南双柏县进行实地调研。下文依据访谈调研与实地考察记录整理该农村创业项目的概况。

（一）创业机会来源

怀着创业梦想的尹健臣返乡创业，他坚信真正的创业机会来自充分调研和周密分析。云南省海拔高，地形以高原山地为主，地势崎岖起伏大，特别是高原山区不适合牛的养殖，生存条件所限。但是黑山羊生性活泼好动，善跑还喜欢登高爬坡，更适合在山地养殖。黑山羊在可采食的牧草有 655 种植物，云南山区当地原生植物就有 500 多种，占到80%，对粗纤维植物秸秆利用率达 70% 以上，比牛的利用率高 26%。同时还观察到国内现有 8 个地方的黑山羊品种中（分别是云南黑山羊、四川省乐至黑山羊、甘肃省陇东黑山羊、贵州黑山羊、山东省沂蒙黑山羊、广东省雷州黑山羊、湖南省沧山黑山羊、湖北省大别山黑山羊），云南黑山羊环境适应能力更强。综合分析，在云南发展和推广云南黑山羊有三大优势，一是黑山羊环境适应能力强；二是云南气候带优势——7 大气候带分布，黑山羊适应性更强、更广泛；三是种源优势云南黑山羊种群抗病性强，耐粗饲、肉质更香。

此外，云南黑山羊具备基因变革的潜质，现状是出栏率长达两年，幼羔存活率低，个体小，平均值重量低于 46 公斤，屠宰率低于42%，云南黑山羊育种变革是打开农村致富之门的钥匙，蕴含着优越的创业机会。

（二）项目选址及优良种群选育

云南楚雄双柏县，面积 4 045 平方公里，属于北亚热带高原季风性气候，雨热同季，干湿季节分明，光照资源丰富，气候资源类型多样。山区地形面积广，境内基本没有完整的平坝，山区面积占99.7%，相对海拔高差 2 390 米，森林覆盖率高达 84%[①]。

[①]　资料来源：双柏县概况［EB/OL］. 双柏县人民政府官网，（2024 – 05 – 16）［2024 –08 – 20］，http：//www. cxshb. gov. cn/info/1047/27163. htm.

独特地理气候优势，多样性的植物资源，孕育出最优质的黑山羊母体，对于培育黑山羊种源有着得天独厚的优势，而且全县黑山羊存栏率保持在 200 万只以上，有着传统产业基础。2015 年在双柏县建立起云南省首个云南黑山羊母本培育基地。利用提纯复壮的方式筛选最优质的黑山羊母本家系，具体做法是通过近亲育种让黑山羊在近亲繁育的过程中体质下降以后再杂交，使得体质恢复。母体培育的核心技术采用分析育种技术也称基因工程育种法，是在分子水平上将外来的或人工合成的 DNA 和 RNA 分子片段，用人工的方法进行重组，然后通过一定的载体引入到"受体"生物的细胞内，使后代"表达"出新引入的 DNA 和 RNA 携带的遗传信息所控制的遗传性状，从而快速、稳定而定向地创造出新品种的现代育种方法。于是在尹健臣团队的努力就有了中国第一个肉用黑山羊新品种——"云上黑山羊"。

该项目的发展历程是，2016 年云南省畜牧兽医科学院实地考察双柏县黑山羊基地并制订项目发展计划，与尹健臣创业团队共同培育优质黑山羊种源，品种选定云南黑山羊与埃及努比黑山羊通过人工杂交培育出新品种。

（三）以"云上黑山羊"为中心构建立体循环农业生态体系

"云上黑山羊"是经过人工干预优育出中外混血产物，与现有的云南黑山羊相比较发生了以下几个方面变化：一是出栏率从 2 年缩短至 1 年，二是每胎产羔率由 1 羔到 3 羔，三是个体体重从 46 公斤增大到 76 公斤，四是屠宰率从 42% 上升到 60%。农民养一只"云上黑山羊"产生的经济价值提高 300%，发展潜力巨大。

1. 发展关联产业

其一是中药材种植。云南省是中草药大省，有药用植物 4 758 种，出产的药材多达 1 000 余种，占全国药材品种的 70%。种植中药材是云南传统的农业特色产业，中药材副产品的二次利用与"云上黑山羊"产业发展紧密结合，形成了产业协同发展效应。利用中药材余料等加工成中药青贮饲料，羊粪又是非常好的有机肥原料，可以循环到中药材种植。创新思维有效解决了普通饲料所导致黑山羊易腹泻、易上火、难吸收等难题，中药青贮饲料，利用中草药废弃部分制作中药材青贮饲料，极大地提升资源利用率。

其二是发展小香菌种养殖。2019 年团队与上海食用菌研究所合作，"双柏小香菌"菌种培育成功。通过驯化野生小香菌菌丝，培育新菌种，进行扩种。小香菌含有大量的核酸类物质，是一种高蛋白、低脂肪的营养菌类，食用可以抑制人身体内的胆固醇，提高免疫力、延缓衰老。该项目社会价值和经济效益非常显著。

在初心和使命的驱使下，尹健臣团队构建起立体循环农业生态体系。2020 年中国最后一批未摘帽的 50 个贫困县当中，云南省还有 9 个，双柏县就是其中之一，家庭收入单一、农产品附加值低、销售渠道单一，构建立体循环农业生态体系，帮助农民实现增收，创立品牌，帮助农户搭建现代销售体系。为了便于整合更多的资源，2015 年开始对农民无法实现增收的问题进行考察，2020 年成立双柏建垠生物科技有限公司。

公司自主培育"云上黑山羊"种源、中草药种苗、小香菌菌棒；农民养殖"云上黑山羊"、种植中草药、培植小香菌；公司提供种殖技术与培训指导，回购成羊、中草药、小香菌，提供销售服务平台，如图 7 – 13 所示。

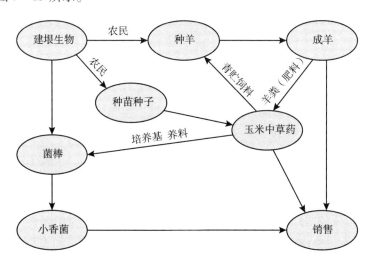

图 7 – 13　立体循环农业生态体系

资料来源：云南建银生物科技有限公司提供。

2. 搭建销售体系

公司的主要客户主要包括政府采购＋农户直采。为了提高农户采购种羊积极性，公司利用产业资源帮助农户搭建农产品现代销售体系。公司与农户相互促进关系，公司向农户提供技术培训和羊羔，回购成羊，或帮助农户联系销售商（如盒马京东、屠宰场等），也可以依照市价回收成羊。采用线上线下销售模式，公司目前拥有稳定的收购商 30 余家，每年平均采购量为 6 000 只，2020 年公司与盒马鲜生、京东共签订年销售 4 000 只的意向订单，平台销售额突破 2 000 万元；线上销售，并通过抖音直播、短视频等新媒体，进行产品的宣传、推广与销售。

截至 2021 年公司自建 360 亩种羊养殖示范及技术推广基地，中药材示范基地 300 亩，450 亩牧草示范基地。

2019 年"优质种羊计划"带动 362 户建档立卡户增收户均收入突破 3.5 万元，带动了 1 200 人就业，向社会供给种羊 1 万多只。

（四）公司拥有一支实力雄厚的技术团队，是实现可持续发展的坚强后盾

经过努力，打造"羊妈妈"技术团队，由公司特聘专家技术顾问二级研究员、云南省云岭工匠、草食家畜研究所所长、云南省畜牧兽医科学院副院长、新中国 60 年畜牧兽医科技杰出人才洪琼花领衔，联合研究员、云南省技术创新人才、西部之光访问学者、草食家畜研究所副所长、云南农业科技十大青年标兵、云南省高层次产业技术领军人才邵庆勇，形成专家技术指导核心，以及公司内部 30 名专业技术人员组成。

技术团队的主要完成了制订优质种源保护计划，推进与云南省畜牧兽医科学院的深度合作，发展更多食用类种源开发和保护。

他们的使命是保护生态就是保护我们的家园。未来筹备建立物种保护协会，聚集更多为物种保护做出努力的人和组织，扩大生态循环体系覆盖范围，将致富的钥匙推广到更多农村。

二、案例分析

（一）"云上黑山羊"商业模式逻辑

尹健臣创业团队的"云上黑山羊"创业项目商业模式逻辑遵循价值发现、价值匹配、价值提取全过程，具体状况简介如下。

价值发现源于创业团队对创业机会的识别，从案例中观测到，自2015年起，在深入调查研究的前提下进行可能性性分析论证，确定发展黑山羊养殖项目。进一步明确和细化项目的客户，客户具体是养羊农户（需要新品种羊羔及养殖技术）、屠宰商（羊肉市场需求的持续增长）、政府采购（需要新品种羊羔及养殖技术）等。

价值匹配方面，尹健臣创业团队与云南省畜牧兽医科学院紧密合作，依托该院科研团队的研究成果形成的坚实基础，使得项目快速落地。通过示范基地建设引导众多养羊户加入，让"云上黑山羊"项目得到拓展并形成规模效应，以"云上黑山羊"为中心业务构建立体循环农业生态体系，延伸产业链。

价值提取方面，制定竞争策略，占有创新价值。尹健臣创业团队成长为价值链的中心角色，拥有核心技术和销售渠道等资源，致力于带领众多养羊户通过"云上黑山羊"项目增产增收，建垠生物不仅是一家新创企业而且一定会成长为一个农村创富平台。

（二）商业模式设计框架

建垠生物商业模式设计依托9大要素的梳理和整合，形成一个独特体系，其9大要素的具体情况如表7-3所示。公司自主培育"云上黑山羊"种源、中草药种苗、小香菌菌棒；农民养殖"云上黑山羊"、种植中草药、培植小香菌；公司提供种植技术与培训指导，回购成羊、中草药、小香菌，提供销售服务平台，尹健臣团队构建起立体循环农业生态体系，天垠生物系产业链链主企业。

表 7 - 3   建垠生物商业模式 9 大要素简介

要素	内容
顾客细分	养羊农户、屠宰企业、政府采购
价值主张	增产增收（客户价值主张）、企业成长（企业价值主张）
渠道通路	公司直销
客户关系	相互依存的顾客细分群体，与顾客共同创造价值
收入来源	销售"云上黑山羊"羊羔、成羊、小香菌、中药材
核心资源	"云上黑山羊"育种技术与养殖技术、销售渠道等
关键业务	销售"云上黑山羊"羊羔、成羊
重要合作	云南省畜牧兽医科学院、养羊专业合作社、养羊户等
成本结构	示范基地建设各项投入、渠道开拓与建设等

（三）商业模式设计的一般过程

建垠生物商业模式设计过程主要分三步，具体如下。

第一步，分析并确定目标客户。建垠生物创建之前在商业机会识别过程中进行了充分的市场调查，经过分析论证，最后锁定目标客户，长期客户是黑山羊肉食及其制品消费者、整羊需求者——中间商（屠宰厂），近期客户是养羊户与政府采购，主要需求产品是羊羔，创业初期主要客户集中于此，长期会变成公司产业链主要联盟成员。

第二步，定义并检验价值主张。建垠生物的价值主张是通过发展"云上黑山羊"这一核心业务，带动养殖户共同参与把项目做大，长期布局产业链，筑牢企业发展基础。并且构建"云上黑山羊"培育养殖、中药材种植、小香菌种养殖立体生态体系，培育企业核心竞争能力。2020 年以前的精准扶贫乃至近年来的乡村振兴战略实施，农产村产业发展急需相应的产业支撑，建垠生物推出的项目极具潜力，特别是云南双柏县有着传统养羊的基础，经过技术和管理等方面创新努力，坚定了养羊户的信心，他们期待这样的项目能够给他们带来更可靠致富机会，建垠生物的价值主张某种程度上就是专门为客户设计的，无论其真实性、可行性，还是关联性等方面，双方的价值主张匹配度很高。

第三步，设计营收模式。建垠生物依据其设定的目标市场和价值主张，进一步设计营收主要来源：一是出售羊羔给养羊户（含部分政府采购），出售成羊给屠宰厂；二是种植中药材、小香菌销售收入；三是"云上黑山羊"成羊的深加工及销售。

第四步，设计关键流程和资源。建垠生物在目标顾客、价值主张和营收模式设计等完成后，重点考察关键活动、关键资源以及关键伙伴来支撑整个项目的落地。

关键活动：其一，联合云南省畜牧兽医科学院共同培育"云上黑山羊"新品种；其二，建设"云上黑山羊"新品种繁育基地，为养羊户提供小羊羔和指导养殖技术；其三，建设中药材种植示范基地与小香菌种养基地；其四，构建线上线下销售渠道。

关键资源：建垠生物掌控"云上黑山羊"繁育技术，销售渠道开拓及建设，示范基地建设资金来源与筹措。

关键伙伴：云南省畜牧兽医科学院、养羊专业合作社、养羊户以及京东等销售平台（采购商）、屠宰场（商）等。

通过一系列商业模式活动过程以及明确各要素的相互影响，构建起建垠生物的商业模式系统。该系统各要素和谐共生，而且系统存在的目的是长期的、可发展、可重复价值产生。

（四）商业模式设计优化与建议

通过对尹健臣创业团队创业项目商业模式案例分析，结合本书的研究目的提出 3 条建议。

第一，商业模式设计应遵循动态原则，在试错的过程中不断修正。建银生物的主要客户主要包括政府采购＋农户直采。为了提高农户采购种羊积极性，公司利用产业资源帮助农户搭建农产品现代销售体系。公司与农户相互促进关系，公司向农户提供技术培训和羊羔，回购成羊，或帮助农户联系销售商（如盒马京东、屠宰场等），也可以依照市价回收成羊。采用线上线下销售模式，公司目前拥有稳定的收购商 30 余家，每年平均采购量为 6 000 只，2020 年公司与盒马鲜生、京东共签订年销售 4 000 只的意向订单，平台销售额突破 2 000 万元；线上销售，并通过抖音直播、短视频等新媒体，进行产品的宣传、推广与销售。这整个过程都是在经营过程中不断完善起来的，并形成相对稳定的行业模式框架。

第二，善于向同行学习借鉴，不墨守成规。尹健臣创业团队在项目落地之前，深入研究国内黑山羊的区域分布及其经营主体的经营情况，特别是研究同行的经验并从中得到很多启发，坚信走创新发展之路是最佳选择，与云南省畜牧兽医科学院的研究成果紧密结合，最终培育出"云上黑山羊"优良品种，成为其创业项目商业模式的核心内容。

第三，要充分了解商业模式设计过程中存在的短板，要考虑市场竞争因素对商业模式带来的影响，甚至是破坏性影响。创业征途多艰辛，商业模式设计过程中也会面临很多困难与不确定性因素，资源短缺、团队磨合、消费者偏好等方面需要认真分析思考，特别是外部环境的竞争情况处在动态之中，对风险的识别与判断以及应对措施的制定等存在诸多挑战，来自方方面面的压力需要创业者时刻保持清醒的头脑。

第八章　乡村振兴背景下返乡大学生
创业行为影响因素研究

——以山东 Y 市为例

乡村振兴战略全面实施构成我国农村创业环境的主体特征，乡村振兴是我国农村经济发展的战略指导方向。随着就业趋势的变化，高校毕业生面临竞争日渐激烈的就业局面，就业问题也成了当下我国社会关注的重点，甚至成为影响我国稳定发展和农村返贫的重要影响因素。当前是"十四五"规划实施关键时期，我国农村经济的发展和进步需要高校毕业生的力量输入，但大部分的高校毕业生在面临创业和就业选择时仍不愿意把乡村作为自己的第一选择，要实现人才引进振兴乡村，需要高校、政府、乡村共同做出努力。

本章主要采用文献综述、问卷调查、实证分析和访谈等方法，以山东 Y 市大学生作为调查对象，对 Y 市大学生返乡创业的实践展开调查研究：结合当前国内外对于大学生返乡创业的研究现状，针对当前 Y 市大学生在乡村振兴战略推行的背景下，其返乡创业行为所受到的影响，从而针对性提出相关的对策建议，对于未来大学生返乡创业以及农村经济发展有一定的积极作用。

第一节　研究回顾与文献综述

在乡村振兴战略实施的过程中，我国需要结合不同的区域发展的规律，因地制宜地探索多种乡村振兴战略模式，从而有效地推动我国农村经济快速增长，进一步实现农业农村现代化。中央政府汇聚社会各个阶层的力量，将人力资本开发放在整个战略实施过程中的重要位置，这一举措吸引了大量的人才返乡进入乡村振兴阵营中，其中大学生作为人才资源中的重要组成部分，其返乡创业的行为更是对于推动乡村经济发展有着重要作用。2022 年，中共中央和国务院发布《中共中央 国务院关于做好 2022 年全面推进乡村振兴重点工作的意见》指出在进行乡村振兴过程中，要尽可能地促进农民就地就近进行就业创业，同时推进返乡入乡的创业园建设，打造高水平的创新团队，培养专业人才以加强当地的乡村建设。

2019 年，Y 市公共就业和人才服务中心组织了返乡下乡创业项目推介会，通过展示 34 个创业项目来吸引大学生进行返乡创业。2022 年，Y 市结合自身当前的人才就业环境和过往的就业政策进行汇编，从就业、创业、培训等角度出发来针对现有的人才政策进行说明。同时，随着高校的不断扩招，Y 市的大学生队伍规模越来越宏大，根据 Y 市教育部门的毕业生数据进行统计，截至 2023 年，Y 市普通高等教育的毕业人数达到了 7 万人，占据常住人口的 1.23%，同比增长了 0.20%。随着大学生人数的增加，大学生更是面临着前所未有的就业压力，乡村振兴战略的实施为大学生返乡创业提供了机遇，大学生应抓住机遇返乡创业，实现自身的价值。但目前多数大学生对于返乡创业的认知还有待提高，政府和学校的支持和引导也有待加强，综合来看，在乡村振兴战略实施的过程中，大学生返乡创业会受到诸多因素的影响，研究其对返乡大学生创业行为的互动机理，才能把握大学生创业的发展方向。

习近平总书记在党的十九大报告中提出乡村振兴战略，坚持农业农村优先发展，乡村为大学生提供了大量的返乡创业机会。在当今社会，随着国家对教育的高度重视，高等教育越来越普及，高校大学生越来越多，社会就业竞争也越来越激烈，大学生要进入这个竞争激烈的社会，就需要不断地提高自身的竞争力和实践能力。在高校毕业生中，大部分学生缺乏实践能力，在乡村振兴战略背景下，农村创业将会获得很多政策支持，也为大学生带来更多机遇。

通过对 Y 市籍大学生返乡创业的实践调查研究，一方面可以针对当前我国关于乡村振兴战略及其针对大学生返乡创业的相关政策内容进行整理，了解我国现行政策背景下的大学生返乡创业现状；另一方面梳理了当前关于乡村振兴战略背景下大学生创业的具体理论、概念以及研究现状，概括了我国学者对于大学生创业的研究成果和建议，为本书的研究夯实基础。

结合乡村振兴战略的相关内容对 Y 市的大学生返乡创业展开研究：一方面，可以有效地缓解当代大学生的就业压力，有利于社会和谐稳定；另一方面可以创造出更多的社会价值，加快推进农业产业化、农村城镇化的步伐，给农民工带来新的就业机会，有利于促进社会的持续发展。大学生通过返乡创业可以提升自我价值，同时大学生在进行返乡创业的过程中也可以将大学课程中学习到理论知识进行实践验证。大学生通过返乡创业行为也可以提升自己的拼搏精神，帮助大学生正确面对在创业过程中遇到的困难，并从创业实践中发现自身存在的不足，从而进行查漏补缺，为未来发展成为全面型人才而做好充足的准备。目前，我国社会的经济、自然以及公共服务资源是非常有限的，大学生返乡创业，有利于资源的高效利用，有利于发展农村经济新业态。此外，大力推动农村基础设施的建设，可以刺激农村消费的增长，推动农业的发展和农村农民生活水平的提高。传统落后的农民生活不能适应现代农村的发展，为了能让农民过上富裕生活，必须大力发展农村基础设施促进"三农"产业的发展。本章的研究成果期待帮助大学生了解返乡创业过程中可能存在的问题，帮助大学生更好地了解乡村振兴战略的内容，使得返乡创业做到顺势有为，为其提供重要的理论参考。

一、国内的研究现状

关于乡村振兴战略背景下的大学生返乡创业研究，国内学者主要是从乡村振兴战略、大学生返乡创业现状和困境、大学生返乡创业影响因素以及大学生返乡创业改善建议 4 个方面进行研究，研究成果颇丰。

（一）乡村振兴战略的实施推动农村经济水平提升并带动人才振兴

游猎（2022）总结出当前乡村振兴战略提出后，我国乡村全面发展仍面临一些问题，例如农村自身发展能力薄弱，农村市场机制不完善等。闫书华（2022）发现面对新时代我国乡村社会治理运行中存在的管理体制机制不够健全，整体治理能力与基层群众综合性需求契合度不够，治理的现实基础和保障机制不够完善等新问题新挑战。陆娟（2022）从政府、行业协会、企业以及消费者等多重视角探索中国情境下驱动农产品区域品牌协同共建的内在机制及外在联系，发现乡村振兴战略的实施对于农产品区域品牌协同共建与品牌效应的关系存在正向调节作用。王宇昊（2022）结合乡村振兴的发展背景，针对2021年我国各个省份的农业合作社发展情况进行分析，从而提出了可以有效改善农业合作社的运行质量方面的建议，为实现农业专业合作社管理制度的创新提供了参考，从而为当地的民众提供了更加多样化的就业机会。吴玉刚（2022）结合我国的"三农"发展需求来分析现有的乡村振兴战略实施过程，发现我国农业现代化水平呈现出逐步提升的发展局面，当地居民也开始有更多机会获取一定的经济收益。

（二）大学生返乡创业面临融资、政策、保障制度等方面的困境

从大学生返乡创业现状和困境的角度出发，例如，大学生返乡创业的融资仍然遭遇较大的困境，因此从政府、金融机构、学校和大学生个人4个角度出发来提出相应的应对措施。武汉大学国家发展战略智库课题组（2022）基于湖北省枝江市、武汉市黄陂区和黄冈市3个典型地区的实地调研发现，近年来中国城乡发展条件正在发生变化，乡村发展机会不断增加，而城镇生活成本的不断提高使越来越多的农民工、大学生、科技人员和企业家能人开始返乡创业，形成新一轮返乡入乡"创业潮"。张瑞春（2021）总结乡村振兴战略背景下涉农大学生回乡创业面临着创业教育、自身能力、政策支持和社会氛围等方面的现实困境。王翠（2021）提出，农村大学生返乡创业面临较为匮乏的创业资源、较为薄弱的创业意识，缺乏成熟的心态、不够健全的社会保障制度的发展困境。孙渔斑（2018）高校招生规模的不断扩大使"就业难"的问题日益凸显，而农村籍大学生的就业形势更为严峻，许多农村籍大学生毕业后迫于现实的压力返乡就业创业，但由于专业的不对接、农村支持系统的不完善、心理缺乏归属感，社会融入困难。张雪、孙可敬（2021）问卷分析和实地调查结果表明，发现农村籍大学生返乡就业创业面临以下问题：缺乏创业资金，政府"过程服务"不足；创业环境复杂，社会融入难；高校引导不足，专业不对口；家庭世俗眼光的制约；大学生自身综合能力不足等。

（三）大学生返乡创业受到文化、环境、个人感受等因素的影响

丁闽江（2018），钟云华、刘姗（2019）通过针对返乡创业的大学生群体进行调查研究，结果表明45.3%的大学生有到农村就业的意愿。同时性别、人力资本和社会资本等个体特征对大学生农村就业意愿有一定的影响，除此之外农村就业政策、农村生活成本、农村就业宣传、城市工资待遇、农村生活工作环境、城乡文化差异等因素都对大学生返乡创业有一定的影响。钟云华、刘姗（2019）研究发现性别、人力资本和社会资本等个体特征对大学生农村就业意愿有一定的影响，中共党员、家庭处于中层以下社会阶层的男性大学毕业生到农村就业的意愿更强。陈庚、崔宛（2018）提出我国农村居民公共文化参与在整体上处于浅表式参与层面，呈现出参与频次较低、时间较短、内容重娱乐化、交通成本偏高的特征。石丹淅、王轶（2021）通过采用单一指标创业质量评测法计量研究表明，性别、文化程度、务工经历、创业年限、职业技能水平、干部朋友、亲朋创业、"互联网＋"创业、返乡创业政策等对当前农民工返乡创业质量具有显著影响。段彩丽等（2016）以河北省442名大学生为样本，利用结构方程模型探究大学生返乡创业倾向影响因素，并得到结论：农村创业环境、大学生创业态度及返乡创业自我效能感对大学生返乡创业倾向有显著影响。

（四）结合乡村振兴战略改善大学生返乡创业现状

李骥（2020）研究认为从四个方面着手助推大学生回乡创业：优化创业教育实践，增强大学生创业实践能力；积极适应农村环境，在实干中提升创业能力；适应"互联网＋"农业发展形势，提升创业管理服务能力；提供有力的公共政策支持，辅助完善创业保障体系。徐振（2021）分析了农村籍大学生返乡创业意愿的提升问题，提出了政府需要大力扶持返乡大学生的创业贷款、减征税收等方面进一步出台一系列的政策与举措。宋欢（2019）从支持创业政策向"返乡大学生"倾斜，支持大学生创业的工作重心转为"过程服务"和高校要加强乡村振兴领域的创新创业人才培养三方面提出了引导大学生返乡创业的路径选择。顾辉（2021）基于成功创业大学生的问卷调查和个案访谈，从创业阶段视角阐述政策体系在塑造企业成长环境中的途径和作用，提出在创业启动阶段政策助力返乡大学生创业进行顺利，在创业发展阶段政策着力为创业企业起到推动作用。李建、李长勇（2022）从计算机专业的角度出发，结合互联网环境的发展提出了开发设计软件系统助推农产品加工智能化、大力发展乡村旅游产业、充分利用网络平台发展的建议。沈永真（2022）在乡村振兴战略背景的发展下总结性地提出了加强创业引导作用，提供创业资源扶持、构建创业教育体系，提升创业综合能力、推动创业实践教育，强化风险预估能力、提高政府服务力度的发展建议。

二、国外研究现状

（一）国外学者认为大学生返乡创业必须要构建创业团队的异质性、协同性、计划性等方面来开展

福布斯等（Forbes et al.，2016）指出，在竞争瞬息万变的市场，意味着创业团队需要提高市场信息的时效性，大学生创业团队所拥有的社会资源和互补性技能在合理分工的基础上合作，继而形成高效配

合的合作关系是他们的其中一个明显优势，所以，大学生返乡创业必须构建强有力的创业团队。孙德建等（Deok – Geon Song et al.，2018）根据大学生集体创业所存在的异质性以及互补性在资源的共享必要性以及紧迫性方面对大学生集体创业的异质性进行研究后指出，大学生在学校期间所选取的不同专业使他们的创业技能存在多样性，正是这种多样性使大学生的集体创业在激烈的市场竞争中可以通过不同角度对各种复杂问题进行审时度势，继而提出解决措施。杨雪（Xue Y，2017）指出了创业目标通过展开分层次、分阶段和分期进行的主要基础来自创业计划的研究，创业计划的必要性得到了明确，对创业计划本身的可行性和针对性进行分析，以一个总体的方向去开展是团队的特点。

（二）国外研究集中于环境对于创业的影响

特里帕蒂（Tripathi A，2017）指出，家庭环境和社会环境的积极性对大学生创业的态度有重要影响，并会影响创业决定；劳赫和福瑞斯（Rauch and Frees，2007）在研究个人内在因素方面，通过使用元分析，表明个人具体的特质或者性格与创业成功具有重要相关性。维什努坎特等（Vishnukanth Rao et al.，2018）在外部环境方面研究方面得出，创业教育开拓较早的国家的大学生的创业意愿较强，创业的活跃度和成功率都较高。

巴洛格鲁（Baloglu N，2017）利用行为计划理论，研究了创业教育对理工科大学生创业意愿的影响，结果表明，创业教育在很大程度上提升了学生自主创业的倾向。

（三）关于大学生创业方面

孙正（Zheng S，2017）提出，为促进国内经济发展和自主择业创业，响应国家的号召，形成了"大众创业、人人创新"的新局面。艺术设计是目前新兴的热门行业，对创业者的要求较低，各地政府为艺术设计类小企业融资提供了很多优惠政策，创业不仅需要资金支持，更需要专业独特的设计能力。然娜·贝利萨瓦等（Zhanna Belyaeva，2018）提出，为促进农业农村经济的发展，国家也对农村创业进行大力的扶持。首先是进一步拓宽大学生返乡创业的融资通道，农业农村部联合农业发展银行探索扩大农村贷款抵押物范围，开发符合返乡下乡大学生创业需求特点的金融产品和金融服务，加大农村创业创新的信贷支持和服务力度。

三、文献评述

从国外研究文献的角度出发来看，当前国外学者主要是结合大学生创业和大学生返乡创业的内容来进行研究，大部分学者所采用的都是问卷调查法和实证研究法来针对大学生对于创业的相关想法进行数据统计和分析，从而结合调查分析的结果来针对当前大学生创业的现状和存在的问题进行总结，其中计划行为理论是国外学者在针对大学生创业进行研究的过程中所参考的主要理论内容。在 Y 市大学生返乡创业研究的过程中，尝试性地参考计划行为理论中的具体内容进行影响因素的分类和数据统计分析，从而为整体的研究整理出理论研究基础，增加其研究的条理性。

从国内研究文献的角度出发来看，当前国内学者主要是结合了乡村振兴战略的社会背景和相应的政策内容来针对大学生返乡创业的发展现状进行研究，和国外学者对比来说国内学者研究过程中增加了乡村振兴背景的社会因素的影响内容，相对来说在针对大学生返乡创业影响因素研究的过程中已经限制了政策影响因素的内容。同时，大部分的国内学者在针对大学生返乡创业的影响因素进行研究的过程中，主要都是从政策、社会、高校和个人 4 个维度来进行因素分类和调查研究的，由此来说影响因素的分类仍然存在一定的限制，根据相关的资料调查可以发现，对于大学生返乡创业来说，家庭的看法、态度和经济水平对于创业会产生一定的影响，而个人因素中，个人的态度、对于政策的了解情况、风险了解度、创业意愿、行为约束力等内容对返乡创业也产生一定的影响。

因此在结合乡村振兴战略来针对大学生返乡创业影响因素进行分

析的过程中，在基于计划行为理论内容的基础上，结合现有的影响因素的划分标准来进行细分，从而设计相应的调查问卷和访谈提纲来进行数据获取，进一步提升研究过程及结论的科学性。

第二节　山东 Y 市大学生返乡创业现状调查

随着乡村振兴战略的全面实施，针对山东省 Y 市现行的创业政策进行阐述，通过使用问卷调查法和访谈法了解该市大学生返乡创业现状，从个人特征、创业意愿、创业环境等方面的内容进行整理分析。

一、山东 Y 市大学生创业支持政策概述

2011 年 3 月，山东省人力资源和社会保障厅联合发布《关于实施山东省大学生创业引领计划的通知》中明确规定，大学生创业自筹资金不足的可申请小额担保贷款，发放的个人小额担保贷款最高额度由 5 万元提高到 8 万元。经办金融机构对符合条件的个人新发放的贷款，贷款利率可在中国人民银行公布的贷款基准利率的基础最多上浮 3 个百分点。同年，Y 市人力资源和社会保障局官网发布的最新规定中指出大学生创业自筹资金不足的申请担保贷款最高额度提升到 10 万元，并将对贷款利息进行补贴，可以看出 Y 市对于大学生创业的资金支持力度较高。当前政府主要针对一次性创业、一次性创业岗位开发、社会保险和岗位补贴以及创业场所租赁补贴来对大学生进行帮扶。

2018 年，山东 Y 市正式成立公共就业和人才服务中心，结合当地人才需求建立就业扶贫制度，针对困难群体的就业进行支援，帮助 Y 市当地更多的农民工、大学生完成返乡创业，从而提升当地返乡创业制度的顺利推进。2019 年，Y 市公共就业和人才服务中心按照《Y 市返乡下乡创业人员创业服务实施方案》，为各类创业者搭建了交流互动的平台，进一步促进了返乡下乡创业服务工作的开展。2021 年 Y 市政府修订了创业带动就业扶持资金管理办法，明确调整了 Y 市创业

奖励制度和资金帮扶标准。

2022 年，山东 Y 市人力资源保障局发表了《Y 市人民政府办公室关于全力做好稳就业工作的通知》，结合《山东省人民政府办公厅关于全力做好高校毕业生等重点群体稳就业工作的通知》文件内容，大力支持高校毕业生就业创业，并加强高校毕业生就业服务和权益维护。

二、山东 Y 市大学生返乡创业现状调查分析

（一）调查对象的选取

本章选取的研究对象是 Y 市各高校本科、大专以及高职的毕业生，通过问卷调查的方式来了解调查对象对于返乡创业相关内容的看法。本章采用的问卷调查方式为线上问卷调查，一共发布问卷 338 份，回收问卷 322 份，回收率为 95.27%，其中去除空值、回答时间较短、回答选项前后矛盾等问卷后，回收有效问卷 312 份，有效问卷率为 92.31%。

（二）问卷调查设计与实施

主要围绕大学生个人因素、政府政策因素、教育因素和社会与家庭的环境因素 4 个方面针对问卷内容进行了设计，通过 28 个问题来针对目前 Y 市大学生返乡创业的现状及影响因素进行调查了解，并给出相应的路径及建议。

调查问卷的具体实施，主要利用相关网站，形成电子版问卷，通过在大学生就业群以及各学生毕业群中进行问卷链接的发放，从而确保数据的真实有效性。

（三）问卷信效度分析

1. 问卷信度分析
本章通过使用 Cronbach α 系数来进行信度分析，具体的分析结果

如表 8 - 1 所示。

表 8 - 1　　　　　　　　　　　　信度分析结果

Cronbach's Alpha	项数
0. 776	28

根据表 8 - 1 的结果来看，Cronbach's Alpha = 0. 776 > 0. 6，因此可以看出问卷的可靠性较高，可以进行进一步研究。

2. 问卷效度分析

通过进行 KMO 和 Bartlett 球形检验来针对当前的问卷效度进行分析，具体的分析结果如表 8 - 2 所示。

表 8 - 2　　　　　　　　　　　　效度分析结果

指标	值
近似卡方	408. 613
df	378
Sig.	0. 000
Kaiser – Meyer – Olkin 度量	0. 887

根据表 8 - 2 中的数据可以得知，Kaiser – Meyer – Olkin 度量值为 0. 887 > 0. 7，同时 P 值为 0. 000，因此可以得出当前的问卷具有一定的有效性。

（四）问卷调查结果分析

通过针对当前 Y 市大学生返乡创业的意愿的影响因素进行分析和研究，具体调查结果如图 8 - 1 所示。

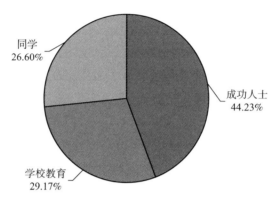

图 8 - 1   返乡大学生创业意愿来源情况图 （N = 312）

根据图 8 - 1 中的内容可以看出，排在第一位的影响因素是成功创业的企业家的号召，排在第二位的影响因素是学校相关课程的培训和引导，排在最后的是身边同学的影响。

三、Y 市大学生个人特征及能力调查

（一）大学生个人特征

针对大学生的个人特征进行调查研究，主要从大学生的性别、年级、专业类型三个角度出发，具体的调查结果如表 8 - 3 所示。

表 8 - 3   大学生个人特征 （N = 312）

分类	选项	人数（人）	占比（%）
性别	男	168	53.75
	女	144	46.25
年级	大一	43	13.77
	大二	51	16.25
	大三	50	16.06
	大四	168	53.92

续表

分类	选项	人数（人）	占比（%）
专业类型	理工类	26	8.37
	文科类	63	20.19
	医学类	23	7.31
	农业类	192	61.55
	其他	8	2.58

根据表 8-3 中的数据来看，被调查人群中男性的占比为53.75%，女性的占比为46.25%，可以看出男女的占比差距不大。年级方面，大四学生占比较高，达到了53.92%，而大一、大二、大三这三个年级的人数占比在15%左右，因此本章的调查结果主要以大四（临近毕业的大学生群体）为主。专业类型方面，农业类专业学生人数占比为61.55%，其次是文科类学生占比为20.19%，理工类、医学类等其他专业的人数相对来说占比较少。

（二）返乡创业吸引力

在研究中发现，大学生自身的条件以及大学生自己所处乡村振兴战略背景下的社会环境中的政策制度内容、资金投入情况和创业项目内容都是吸引大学生进行返乡创业的因素内容。返乡创业对大学生的吸引程度的调查结果如表 8-4 所示。

表 8-4 　　　　　　大学生返乡创业的吸引力（N=312）

选项	人数（人）	占比（%）
自我价值的实现	172	55.13
获取财富和利益	96	30.77
解决就业问题	29	9.29
热爱乡村事业	15	4.81

从表 8 – 4 中的调查结果可以看出，大学生会选择返乡创业主要是因为想实现自我价值，目前大部分大学生选择创业是想通过创业来证明自己的能力、创造自己的价值，并不是单纯地因为盈利。结合访谈的结果来进行分析，大学生认为乡村振兴战略背景下返乡创新需要具备的能力由高到低依次是富有挑战精神、乐于迎接挑战、扎实的知识储备和管理能力、处理人际关系及沟通能力、一定的社会经验。从结果看来，目前大学生认为乡村振兴战略背景下的创新首先要具备不畏挑战和风险的精神，同时也要结合各种各样扎实的个人能力才会使自己的创业目标得以实现。

（三）返乡创业地区选择

针对大学生毕业后创业首选的地区进行调查，具体问卷调查情况如表 8 – 5 所示。

表 8 – 5　　　　　　　　毕业生创业首选地区（N = 312）

选项	人数（人）	占比（%）
家乡	24	7.69
大学所在地	108	34.62
东部沿海地区	93	29.81
西部地区	87	27.88

从表 8 – 5 中的研究结果表明，当大学生毕业后，选择创业时，首先还是会考虑留在自己的大学所在地进行创业，主要原因是对当地的乡村振兴战略背景下的一些政策和资源比较熟悉，会带来一种心理上的安全感，而整体上来说选择回家乡创业的占比最低。

（四）大学生返乡创业能力调查

首先，针对大学生的返乡创业能力进行调查，主要是针对大学生对于乡村振兴战略背景下返乡创业过程中所需要具备的能力要素进行了解，具体的调查结果如表8－6所示。

表8－6　　　　大学生自身返乡创业能力满足情况（N＝312）

选项	人数（人）	占比（％）
完全具备创业这种技能	106	33.75
大概可以满足	117	37.62
不满足	89	28.63

根据表8－6中的数据来看，当前有37.62％的大学生认为自身所具备的能力大概可以满足现有的返乡创业需求，33.75％的大学生认为自身具备的能力完全可以满足现有的返乡创业需求，还有28.63％的大学生认为自身具备的能力无法满足现有的返乡创业需求。从调查结果来看，大多数大学生在进行创新之前，已经有了一定的心理准备和知识储备。

其次，针对大学生所具备的不同能力来进行调查，具体的结果如表8－7所示。

表8－7　　　　大学生自身返乡创业能力满足情况（N＝312）

分类	选项	人数（人）	占比（％）
挑战精神	是	101	32.25
	否	211	67.75
知识储备和管理能力	是	135	43.33
	否	177	56.67
处理人际关系及沟通能力	是	162	51.94
	否	150	48.06
社会经验	是	54	17.25
	否	258	82.75

根据表8－7中的内容来看，有67.75％的学生表示自己还不具备

一定的挑战精神，56.67%的学生表示自己的知识储备和管理能力对于返乡创业来说还不够，51.94%的学生认为自己已经具备了一定的处理人际关系和沟通的能力，82.75%的学生表示自己在返乡创业方面的社会经验过少。整体来看，当前被调查人群中具备一定返乡创业精神、知识储备、社会经验等的大学生占比较低。

四、大学生返乡创业社会以及家庭环境调查

（一）社会环境

首先，针对乡村振兴战略背景下社会环境的角度出发，主要是大学生在第一次创业时主要问题是资金主要来源方式，具体情况如表8－8所示。

表8－8　　　　　　　创业资金来源（N＝312）

选项	人数（人）	占比（%）
父母支持	162	51.92
个人存款	81	25.96
创业贷款	47	15.06
政府扶持	15	4.81
银行融资	7	2.24

从表8－8中的结果可以看出，有51.92%的大学生在进行创业的时候会选择父母支持相应的创业资金，有25.96%的大学生在进行创业的时候会选择使用自己的存款来用作相应的创业资金。虽然目前我国对大学生创业提供了很多资金的补助和支持，但很多大学生在第一次创业时仍然会选择从父母手中获取第一笔创业资金，对于大学生来说这样的资金获取方式的安全性更高。

其次，针对当前大学生乡村振兴战略背景下返乡创业所需要的资

金数额情况进行调查，具体结果如表 8 – 9 所示。

表 8 – 9　　　　　　　创业资金数额（N = 312）

选项	人数（人）	占比（%）
10 000 元及以下	26	8.25
10 001 ~ 30 000 元	54	17.44
30 001 ~ 50 000 元	117	37.58
50 000 元以上	115	36.73

根据表 8 – 9 中的数据来看，有 36.73% 的大学生认为当前返乡创业需要 50 000 以上的创业资金，37.58% 的大学生认为当前返乡创业需要 30 001 ~ 50 000 元的创业资金。整体来看，大学生对于返乡创业需求的资金数额看法有所不同，基本上来说认为需要的资金数额较高。

最后，针对乡村振兴战略背景下社会环境中对于大学生返乡创业帮扶现状进行调查，具体的调查结果如表 8 – 10 所示。

表 8 – 10　　　　　　　社会创业帮扶现状（N = 312）

分类	选项	人数（人）	占比（%）
社会关系对创业的帮助	是	215	68.85
	否	97	31.15
社会环境对于大学生返乡创业的支持度	十分支持	54	17.28
	比较支持	78	24.91
	一般	135	43.35
	不支持	45	14.46
对于创业服务平台的需求	十分需要	135	43.35
	比较需要	100	32.15
	一般	70	22.52
	不需要	7	1.98

根据表 8 - 10 中的数据来看，有 31.15% 的大学生表示当前乡村振兴战略背景下，社会中的关系链以及自己周边的社会关系对于自己的创业行为的帮助不大，有 43.35% 的大学生认为当前乡村振兴战略背景下的社会环境对于大学生返乡创业的支持度比较一般，有 43.35% 的大学生和 32.15% 的大学生都表示自己在返乡创业的过程中需要创业服务平台来了解相关的返乡创业内容。同时根据访谈调查可以发现，存在小部分大学生在毕业之后留在当地进行创业活动，并没有回乡进行创业，而产生这种行为的主要原因也是大学生所在的城市的社会环境和社会关系对于他们来说具有一定的帮助，而家乡无法满足他们的创业需求。整体来看，当前社会对于大学生返乡创业的支持度和帮扶力度仍然需要加强。

（二）家庭环境

针对家庭环境进行调查的过程中，主要结合家庭成员对于大学生乡村振兴战略背景下返乡创业的支持力度和创业经历进行数据统计，具体的结果如表 8 - 11 所示。

表 8 - 11　　　　　　　　家庭成员支持力度（N = 312）

分类	选项	人数（人）	占比（%）
家庭创业支持力度	十分支持	31	9.94
	比较支持	97	31.09
	一般	167	53.53
	不支持	17	5.45
家庭成员创业经历	是	73	23.35
	否	239	76.65

从表 8 - 11 中的结果可以看出，目前大学生的家庭成员对于大学生返乡创业整体的支持力度不高，只有 9.94% 的大学生的家庭成员十分支持大学生返乡创业，这部分学生所进行的创业类型大多数为餐

饮、服装等，在家庭成员眼中具备一定的可观性。而一般支持以及不够支持的占比超过了50%，这部分的学生大部分想要进行的是高新技术、互联网等创业，这类创业企业要求门槛较高、创业风险较大，因此无法获得家庭成员支持，家庭成员的支持度在一定程度上也会对大学生返乡创业的实现造成一定的影响。同时有76.65%的大学生家中的成员都没有相应的创业经历，对于大学生返乡创业无法提出具有参考性的建议。结合相关访谈可以得知，有着一定创业经历的家庭成员大部分选择的是服饰、餐饮等成本较小、风险较低的创业模式，当家庭成员有一定创业经历的时候，对于大学生返乡创业也有着一定的推动作用。

五、大学生返乡就业政策情况调查

（一）返乡创业政策熟悉度

乡村振兴战略背景下，在对毕业生对政府扶持毕业生就业的政策是否熟悉进行调查，调查结果如表8-12所示。

表8-12　　　　　　政策熟悉度调查（N=312）

选项	人数（人）	占比（%）
十分熟悉	96	30.77
比较熟悉	157	50.32
一般熟悉	39	12.5
不熟悉	20	6.41

结合表8-12中的调查数据得知，有30.77%的学生表示自己很熟悉，50.32%的学生表示了解过，比较熟悉，12.5%的学生表示自己知道有政策存在，但没有了解，6.41%的学生表示自己完全不了解。就此调查中可以看出，目前大学生对我国创业政策的了解还是不够，要进行返乡创业之前应该系统地对国家的创业扶持政策做一个较

为详细的了解。

（二）返乡创业政策需求

乡村振兴战略背景下，在对毕业生进行最希望政府促进哪一项创业工作的调查结果如表8－13所示。

表8－13　　毕业生最希望落实的创业重点工作项目（N＝312）

选项	人数（人）	占比（％）
落实贷款政策	174	55.77
提供资金支持	87	27.88
完善补贴制度	51	16.35

根据表8－13中的结果表明，目前Y市这三类政策的落实还存在问题，其中55.77％的大学生认为当前Y市已经基本落实了贷款政策，27.88％的大学生认为当前Y市满足了大学生返乡创业的资金支持。

（三）现有返乡创业看法调查

乡村振兴战略背景下，在对毕业生进行对当前Y市创业政策落实的满意度调查结果如表8－14所示。

表8－14　　　　　　　　政策满意度调查（N＝312）

分类	选项	人数（人）	占比（％）
政策满意度	很好	84	26.92
	较好	85	27.37
	一般	122	38.97
	不好	21	6.74
政策适用度	很好	98	31.43
	较好	91	29.17
	一般	114	36.42
	不好	9	2.98

续表

分类	选项	人数（人）	占比（%）
政策完善度	很好	62	19.76
	较好	61	19.64
	一般	138	44.37
	不好	51	16.23

从表 8 - 14 中的数据结果来分析，目前 Y 市的毕业生对该市毕业生创业扶持政策的满意度并不乐观，26.92% 的人觉得现在返乡创业政策很好，27.37% 的学生觉得现在返乡创业政策较好，但也有 38.97% 的学生表示现在的返乡创业政策比较一般，这说明有一些政策并没有落到实处。从政策适用度来看，当前 36.42% 的学生认为现在的返乡创业政策适用度比较一般，31.43% 的学生认为现在的返乡创业政策适用度很好，29.17% 的学生认为现在的返乡创业政策适用度较好，可以看出目前政策的适用度水平较高，但是仍然有较大的提升空间。从政策完善度来看，有 44.37% 的学生认为现在的返乡创业政策完善度一般，整体政策内容仍然需要进一步结合学生的需求以及乡村振兴战略的内容来进行补充。

六、大学生返乡创业的高校教育调查

在这一部分，主要选择高校毕业生的返乡创业选择行业、高校创业教育形式、高校创业培训指导和培训课程效果 4 个问题来进行分析。

（一）返乡创业行业选择方向

在对高校毕业生返乡创业时会选择的行业进行调查，具体情况如表 8 - 15 所示。

表 8 – 15　　　　　返乡创业行业选择方向（N = 312）

选项	人数（人）	占比（%）
农业	38	12. 18
教育业	91	29. 17
生态科技企业	107	34. 29
旅游业	76	24. 36

结合表 8 – 15 中的内容进行分析，大学生在选择返乡创业发展方向时，有 12.18% 的大学生选择了农业领域，整体上来说大学生进行返乡创业的过程中，选择农业领域较少一些，除此之外当前我国还有很多需要开发可利用的领域，亟待开发。

（二）高校开展的创业教育形式

在对高校开展的创业教育形式进行调查，情况如表 8 – 16 所示。

表 8 – 16　　　　高校开展创业教育的主要形式（N = 312）

选项	人数（人）	占比（%）
课程类	173	55. 45
讲座类	114	36. 54
实践类	25	8. 01

根据表 8 – 16 中的数据，其中有 55.45% 的大学生主要接受的是课程类的返乡创业的教育方式，36.54% 的大学生主要接受的是讲座类的返乡创业的教育方式，还有 8.01% 的大学生接受的为实践类的教育方式，可以看出当前大学生在进行返乡创业的过程中所接受的教育模式主要还是以课程类和讲座为主，不够全面。

（三）大学生接受创业培训指导频率

在针对大学生所接受的创业培训指导次数进行调查，具体的调查结果如表 8 – 17 所示。

表 8 – 17　　　　高教开展创业培训指导频率（N = 312）

选项	人数（人）	占比（%）
3 次以上	51	16. 35
3 次	149	47. 76
1 ~ 2 次	103	33. 01
没参加过	9	2. 88

根据表 8 – 17 中的内容来看，当问到在产生返乡创业的想法之前，你是否参加过相应的创业培训指导，如果有参加过几次，16. 35% 的人有过 3 次以上的培训经验，47. 76% 的人有过 3 次的培训经验，33. 01% 参加过 1 ~ 2 次，2. 88% 的大学生完全没参加过。从中可以看出选择返乡创业大学生在创业教育的培训上还比较充分。

（四）高校开展创业教育的效果

针对大学生对于返乡创业课程的效果进行调查，具体调查结果如表 8 – 18 所示。

表 8 – 18　　　　高校开展创业教育的效果（N = 312）

选项	人数（人）	占比（%）
非常好用	170	54. 49
一定作用	120	38. 46
没有作用	22	7. 05

根据表 8 – 18 中的数据来看，当问到认为学校开设与创业培训相关的课程是否起到实际作用时，有 54. 49% 的学生感到非常好用，38. 46% 的学生认为开设还是起到一定作用，7. 05% 认为完全没用。所以学校开设与创新相关的教学及培训内容则是非常有必要的。

第三节 山东 Y 市大学生返乡创业行为存在的问题与原因分析

本部分内容主要是针对前一部分的山东 Y 市大学生返乡创业现状调查结果进行分析，结合乡村振兴战略的发展内容，整合当前山东 Y 市大学生返乡创业过程中存在的问题，并从个人原因、政策原因、环境原因和学校原因 4 个维度出发来进行原因分析。

一、Y 市大学生返乡创业存在的问题

(一) 返乡创业了解程度及返乡创业比率较低

从山东 Y 市大学生返乡创业的问卷调查来看，44.23% 的大学生都是受到了成功人士的影响而开始自己的返乡创业行为，29.17% 的大学生则是受到了学校教育之后选择了返乡创业的发展道路。整体来说当前大学生在接收到成功人士所传达出的创业信息时候，整体来说了解到的创业知识以及返乡创业的政策内容、发展方向等信息较少，很容易出现盲目跟从创业的情况。除此之外，仍然有一部分的大学生自身并不具备一定的创业技能，从而影响了整个返乡创业实现的可能性，这也是大学生对于返乡创业了解程度较低所导致的，当了解得不够到位时就会导致大学生没有及时地结合乡村振兴战略背景下的返乡创业需求来进行知识水平和技能水平的提升，从而影响了返乡创业的效果。

山东 Y 市大学生返乡创业的问卷调查结果显示，只有 7.69% 的大学生选择了自己的家乡来进行创业行为。虽然，在我国当前所推行的乡村振兴战略和"双创"的大背景下，大学生对于返乡创业也有了更多的期盼，但是由于我国当前大部分的农村地区仍然存在基础设施建设不到位、经济水平滞后以及生活水平低的情况，因此农村地区对于

大学生来说发展机会也较少。除此之外，由于从农村出来的大学生大部分都会受到传统观念的影响，认为自己从农村出来不容易，因此更想留在大城市务工来改善自身的生活水平和发展命运。同时由于农村地区对于人才培养的重视度较低，人才发展保障制度相对来说不够完善，大学生在进行返乡创业之后的子女教育、保险、户口等问题也缺乏相应的政策保障，诸如这些方面的因素导致很多大学生虽然对自己的家乡充满热爱，但是目前仍然在等待更加成熟的机会来加入乡村振兴战略背景下返乡创业的队伍中。

（二）缺乏合理的返乡创业融资渠道和环境支持

从访谈和问卷调查发现，返乡创业大学生对乡村振兴战略背景下创业融资的环境表现出较多的不满，其中大学生返乡创业通过银行融资来获取资金的占比只有2.24%，通过政府扶持的方式获取资金的占比只有4.81%，51.92%的大学生都是从父母的手中获取了第一笔创业资金。虽然结合乡村振兴战略内容，政府已经出台了一些关于大学生创业资金支持的政策，但是目前大学生创业的资金来源渠道仍然不够稳定，政府对于大学生创业的融资政策的重视度也较低，政府针对大学生返乡创业所实行的融资渠道对于大学生创业的支持力度仍然不够，申请的材料和流程也十分复杂，因此可以看出，目前政府提供的创业资金无法满足大学生进行返乡创业的基本需求。同时，乡村振兴战略背景下 Y 市目前缺乏专门的政府部门或者是服务窗口来针对大学生的返乡创业方面出现的问题进行妥善处理，而大学生自己的家乡更是有部分乡村仍然缺乏关于大学生返乡创业的服务内容。除此之外，目前我国乡村振兴战略背景下的农村发展水平仍然较低，虽然随着我国经济的快速发展和乡村振兴战略的实行，我国也开始重视我国农村建设和成长，但是和城市相比我国的农村环境、基础设施、就业发展等方面仍然十分落后，这也对大学生进行返乡创业的信心产生了一定的影响，而农村地区的医疗教育水平和社会保障制度更是无法满足大学生的就业需求。

同时农村文化环境和家庭支持环境制约了大学生返乡创业。结合调查的结果来看，当前 31.09% 的大学生表示自己的家庭比较支持自己进行返乡创业，但是有 53.53% 的大学生提出自己的家庭对于自己返乡创业的行为态度比较一般。家庭对于大学生返乡创业的支持力度也是影响其创业的关键性因素，大部分农村大学生的原生家庭都希望自己的子女可以走出农村走向城市，在城市中发展扎根，因此他们对于大学生返乡创业的行为也普遍不支持。

（三）返乡创业政策宣传不到位且落实满意度较低

从 2015 年开始，乡村振兴战略背景下 Y 市开始加强自身的政策扶持引领，针对 Y 市当地农村地区创新创业推出了相应的支持文件，从项目场地孵化、土地供应、金融扶持、税费减免、资金补助、创业培训、创业指导、创业服务、重点项目帮扶等方面给予政策倾斜，采取创业担保贷款贴息、创业培训补贴及减税降费等措施，同时积极为返乡创业大学生解决医保、社保、落户、子女教育等问题，促进大学生返乡创业。根据调查结果来看，50.32% 的大学生认为自己对现有的返乡就业政策比较熟悉，30.77% 的大学生认为自己对现有的返乡就业政策十分熟悉。只有提升大学生对于返乡就业政策的熟悉度，才可以帮助大学生了解更多融资、企业发展、驻村帮扶等方面政策内容。而影响大学生对于返乡就业政策了解度的主要因素就是 Y 市当地对于返乡创业政策的宣传力度，只有加大政策宣传才可以更好地引导越来越多的大学生了解到返乡创业政策的魅力。

根据调查结果来看，51.92% 的大学生对于当地的返乡创业政策满意度很高，32.37% 的大学生对于当地的返乡创业政策的满意度较高。同时 55.77% 大学生认为当前 Y 市应当尽快落实贷款政策，同时还有 27.88% 的大学生认为 Y 市当前应当尽快对于返乡创业的大学生提供一定的资金支持。结合政策的实行情况来看，目前推行的政策对于大学生返乡创业的针对性不强，同时由于这些政策是由当地不同的政府部门所提出的，因此政策措施之间无法形成系统性的推动作用，导致无法发挥自身实际的作用。

（四）高校创业培训重视度较低且缺乏引导

根据调查结果来看，当前大学生在进行乡村振兴战略背景下返乡创业的过程中所接受的教育模式主要还是以课程类和讲座为主，不够全面，同时参加过 3 次以上的创业培训的大学生人数占比只有16.35％，7.05％的大学生认为学校提供的创业教育对于他们的创业行动来说帮助并不够。整体来说，当前 Y 市当地的高校对于大学生的创业培训依旧不够重视。目前 Y 市在针对学生进行教育的过程中，更多的依旧是带动学生来完成整个国家教育所规定课程的学习，而对于创业教育的课程开展更多的是选修课，这就会导致大学生可以按照个人的意愿来进行创业培训课程的学习，当大学生对于创业的意愿较低时就不会进行选修课选择，从而无法进行创业培训相关课程内容的学习。结合访谈结果来看，有学生反映在整个创业培训课程的学习过程中，大部分的学习内容都是成功人士的创业经验、创业理论、创业政策等，对于创业的整个流程、政策支持力度、创业方法等内容都了解得不够透彻，这就导致即使自己有一定的创业意愿，也会因为无从下手而导致无法进行创业行为。

同时，在针对 Y 市大学生返乡创业的相关内容进行调查研究的过程中，大部分的学生都结合自己所接受的培训内容进行回想表示学校只是针对创业活动进行说明，并没有明确地针对返乡创业的内容进行说明，其中有55.45％的学生通过课程学习的方式来对返乡就业的相关内容进行了解，同时还有 36.54％的大学生通过讲座的方式来对返乡就业的相关内容进行了解，整体来说返乡创业的实践性不够强。因此可以看出当前乡村振兴战略实施的过程中，Y 市部分高校对于大学生返乡创业的宣传和引导仍然不到位。

二、Y 市大学生返乡创业问题的成因分析

（一）学生个人原因

在大学生返乡创业的访谈和问卷调查的过程中发现，现阶段大学

生的返乡创业的意愿较高，但真正返乡创业的比例较低，这主要是因为大学生整体的创业能力水平较低。第一，创业意识是创业的决定性条件，只有具备较强的创业意识才能不受传统观念的影响，在激烈的市场经济中敏锐地发现创业机会，目前我国很大一部分大学生受到教育因素的影响从而无法接受完善的创业教育，导致他们对自身的创业能力信心不足；第二，返乡创业大学生的创业经验不足，缺乏创业实践经验，返乡创业大学生在校期间学习了很多创业理论知识，但是他们与社会接触较少，创业实践经验较少，社会经验不足，缺乏对市场的把握及商业管理经验，在激烈的市场竞争中，返乡创业大学生对于创业的困难、创业的风险、创业的压力认识不足，准备不充分从而影响了整体的返乡创业效果；第三，乡村振兴战略背景下返乡创业需要具体的能力缺乏，返乡创业大学生必须具有良好的创业意识、强大的心理素质和较强的创业能力，但是目前我国的大学生仍然缺乏创业意识、精神和相应的能力水平以及市场沟通能力等；第四，返乡创业大学生的吃苦耐劳精神有待加强，返乡创业可能要面临比较多的问题，尤其是艰苦的环境很多大学生难以适应。

（二）环境原因

环境原因中主要包含乡村振兴战略背景下大学生返乡创业所在的市场环境和大学生的家庭环境。

一是市场环境。主要包含两个方面的内容：首先是社会经济环境，目前我国乡村振兴战略背景下的社会经济一直处在快速发展阶段，大学生毕业后立即脱离学生身份，面临着严峻的就业形势，要求大学生必须快速地做出就业选择。并且，目前我国市场经济形势变化较快，存在一定的风险，在这种情况下，大学生选择时会比较慌乱，选择创业时担心的因素也较多。其次是客观环境，客观环境主要是当前国内外的市场发展政策和趋势，学生家乡区域的创业环境以及学生本身的人际关系，就近年的情况来说，由于受到疫情的影响，我国近年的整体经济环境和Y市的创业环境都会受到影响，且大部分毕业生毕业时都会选择就业而非创业，这些因素会影响大学生的创业判断。

二是家庭环境因素。家庭中的氛围和父母的风格都是影响大学生返乡创业的因素内容，大学生父母的职业、见识、人脉等外部因素在一定程度上也会对大学生返乡创业产生影响。针对当前的调查对象进行访谈可以了解到，目前大部分的家长在学生刚毕业时，并不支持他们进行创业，更倾向于学生选择较稳定的工作。这主要是因为大部分毕业生的家长都属于工薪阶级，无法为学生提供丰富的人脉以及创业资金，并且部分家长希望学生留在经济发达地区而非返乡。家长对于返乡创业的支持度在一定程度上会影响大学生的创业选择。

（三）政府政策原因

乡村振兴战略背景下，政策的推广和实施对于大学生返乡创业有着重要的影响，从我国社会环境的角度出发，我国政府当前对于创新创业的重视度较高，政府在实行自身职能的过程中也在不断地推动越来越多的民众加入创业队伍中。结合本章第二节的调查现状以及访谈结果来看，目前 Y 市结合大学生返乡创业已经出台了一定数量的政府帮扶文件，这些政策的存在相对来说也会吸引大学生产生创业兴趣。但目前，Y 市出台的相关扶持政策办理起来需要时间较长且门槛较高，大学生在办理相关帮扶措施的过程中手续烦琐且成功率小，办理过程中出现的这些问题会使学生的创业热情受到一定的影响。

（四）高校教育原因

首先，大学生参与培训不到位的原因主要是高校对于乡村振兴战略背景下创新创业教育政策的宣传不够到位，这就导致大部分的学生对于创新创业教育政策的了解不够深入，认为整个大学只需要按照学校规定的课程进行学习就足够。由于学生对于返乡创业政策了解不到位，这就会导致学生在未来进行就业选择的过程中对于返乡创业、乡村振兴战略等内容的关注度较低，从而不利于当前我国乡村振兴战略背景下创业环境的发展。

其次，当前高校对于创业教育师资团队的培训也不够到位，Y 市目前专业的创业教师数量较少，由于高校对于整个返乡创业教育的重视度较低，这就导致在整个培训过程中存在一定的缺陷，导致整个高校的返乡创业师资团队力量较为薄弱，从而导致学生在整个返乡创业培训课程上面学习的内容较为表面，整体的返乡创业培训效果较差。

除此之外，当前高校也缺乏返乡创业的实践平台，导致大部分学生没有机会接触到大学生返乡创业的信息，最终导致大学生无法利用高新技术所搭建的互联网平台来了解关于创业的知识内容，从而对大学生返乡创业的流程产生了影响。

第四节　山东 Y 市大学生返乡创业影响因素实证分析

为了使得研究结果更加具有真实性，现结合问卷调查的结果与 Y 市大学生返乡创业的问题进行实证研究。从个人、环境、政策、学校 4 个维度出发来分别进行影响因素分析，从而进一步总结出当前乡村振兴战略背景下 Y 市大学生返乡创业所受到的影响内容。

一、数据选取及变量说明

（一）数据选取

本章的数据来源是通过使用问卷调查的方式来针对 Y 市大学生返乡创业意愿及相关影响因素进行的随机抽样调查而收集和整理的。其中针对所有的问卷数据结果进行选取，最终得到有效问卷 312 个。

（二）变量及指标说明

本章主要是从个人、环境、政策、学校 4 个维度出发来进行问卷调查，问题内容主要涵盖了大学生个人中的性别、年级、意愿等，环境中的社会环境、家庭支持度等，政策中的政策完善度、政策了解度、政策适用度等，学校中的培训频率、培训课程有效度、培训课程的方式等内容，从而构成了实证分析的数据基础。所有的变量以及赋值内容如表 8 - 19 所示。

表 8 - 19　　　　　　　　　高教开展创业教育的效果

变量		赋值
创业意愿强烈度		是 = 1，否 = 2
基础信息	性别	男 = 1，女 = 2
	年级	大一 = 1，大二 = 2，大三 = 3，大四 = 4
	专业	理工类 = 1，文科类 = 2，医学类 = 3，农业类 = 4，其他 = 5
个人原因	创业想法来源	成功人士 = 1，学校教育 = 2，同学 = 3
	创业吸引力	自我价值的实现 = 1，获取财富和利益 = 2，解决就业问题 = 3，热爱乡村事业 = 4
创业地区		家乡 = 1，大学所在地 = 2，东部沿海地区 = 3，西部地区 = 4
自身技能水平		自己具备这种技能 = 1，大概可以满足 = 2，不满足 = 3
一定的挑战精神		是 = 1，否 = 2
扎实的知识储备和管理能力		是 = 1，否 = 2
处理人际关系及沟通能力		是 = 1，否 = 2
一定的社会经验		是 = 1，否 = 2
创业资金来源		父母支持 = 1，个人存款 = 2，创业贷款 = 3，政府扶持 = 4，银行融资 = 5
创业初期投资金额		10 000 元及以下 = 1，10 001 ~ 30 000 元 = 2，30 001 ~ 500 00元 = 3，50 000 元以上 = 4
社会关系帮助性		是 = 1，否 = 2
社会环境支持力度		十分支持 = 1，比较支持 = 2，一般 = 3，不支持 = 4
创业平台的需求度		十分需要 = 1，比较需要 = 2，一般 = 3，不需要 = 4
家人支持度		十分支持 = 1，比较支持 = 2，一般 = 3，不支持 = 4

变量	赋值
家庭成员创业经历	是 = 1，否 = 2
政策了解度	十分熟悉 = 1，比较熟悉 = 2，一般熟悉 = 3，不熟悉 = 4
政策满意度	很好 = 1，较好 = 2，一般 = 3，不好 = 4
政府工作加强方向	落实贷款政策 = 1，提供资金支持 = 2，完善补贴制度 = 3
政策适用度	很好 = 1，较好 = 2，一般 = 3，不好 = 4
政策完善度	很好 = 1，较好 = 2，一般 = 3，不好 = 4
创业选择方向	农业 = 1，教育业 = 2，生态科技业 = 3，旅游业 = 4
创业教育培训形式	课程类 = 1，讲座类 = 2，实践类 = 3
创业培训频率	3 次以上 = 1，3 次 = 2，1~2 次 = 3，没有 = 4
创业培训课程效果	非常好用 = 1，一定好用 = 2，没有作用 = 3

二、模型构建

本章在进行分析的过程中，主要是以 Y 市大学生对于返乡创业意愿的强烈程度作为研究对象，而返乡创业的强烈度是一个二元抉择的问题，因此本章将 Y 市大学生返乡创业的意愿强烈度作为模型的因变量进行赋值。因此在针对 Y 市大学生返乡创业的影响因素进行研究的过程中选择了二元 logistics 回归模型，模型的具体定义如下，其中记载事件发生的条件概率为 P，自变量为 X_1，X_2，X_3，$\cdots$，X_n 等，可以得出自变量所对应的 P 值为：

$$P = \frac{e^{a + \sum\limits_{i=1}^{m} \beta_i * X_i}}{1 + e^{a + \sum\limits_{i=1}^{m} \beta_i * X_i}}$$

同时可以设定事件没有发生概率 $Q = 1 - P$，通过将事件发生和未发生的概率进行对数转换，就可以得到二元 logistics 回归模型的线性模型，具体为：

$$\ln \frac{P}{Q} = a + \sum_{i=1}^{m} \beta_i * X_i$$

结合本章研究内容来看，其中 P 为 Y 市大学生返乡创业的意愿强烈度，X 为影响 Y 市大学生返乡创业的各种因素。

三、模型计算及回归分析

（一）描述性结果分析

通过使用 SPSS 19.0 来针对统计的数据进行描述性统计结果分析，具体的分析结果如表 8 - 20 所示。

表 8 - 20　　　　　　　　变量描述性统计结果

变量	均值	标准差
性别	1.48	0.500
年级	2.30	0.932
专业	1.93	1.228
创业意愿强烈度	1.32	0.469
创业想法影响来源	1.82	0.824
创业吸引力	1.64	0.841
创业地区	2.78	0.942
自身技能水平	2.04	0.745
一定的挑战精神	1.25	0.436
扎实的知识储备和管理能力	1.17	0.373
处理人际关系及沟通能力	1.10	0.295
一定的社会经验	1.66	0.474
创业资金来源	1.79	1.013
创业初期投资金额	2.17	0.883
社会关系帮助性	1.21	0.411

变量	均值	标准差
社会环境支持力度	1.68	0.878
创业平台的需求度	1.89	0.816
家人支持度	1.67	0.865
家庭成员创业经历	1.16	0.370
政策了解度	1.95	0.830
政策满意度	1.71	0.891
政府工作加强方向	1.61	0.753
政策适用度	1.90	0.824
政策完善度	1.92	0.786
创业选择方向	2.71	0.970
创业教育培训形式	1.53	0.641
创业培训频率	2.22	0.749
创业培训课程效果	1.53	0.626

根据表 8-20 中的内容来看，结合赋值的内容来看 312 名大学生中调查意愿较为强烈，均值在 1 之上，其中均值较高的变量有创业培训频率、创业选择方向、政策完善度、政策了解度、创业平台需求度、创业初期投资金额、自身技能水平、创业地区、创业想法影响来源、专业、年级。因此在进行实证分析的过程中可以进行重点关注。

（二）实证结果分析

首先针对数据统计结果进行卡方检验，卡方检验的结果如表 8-21 所示。

表 8-21　　　　　　　　　　　**卡方检验结果**

Hosmer 和 Lemeshow 检验			
步骤	卡方	df	Sig.
1	7.035	8	0.576

根据表 8 – 21 中的结果来看，sig = 0.576 > 0.05，因此可以看出模型整体的拟合度较好，可以用来进行二元 logistics 回归模型分析。

其次，针对统计数据进行二元 logistics 回归模型分析，具体分析结果如表 8 – 22 所示。

表 8 – 22　　　　　　二元 logistics 回归模型分析结果

变量名	B	S. E.	Wals	Sig.	Exp（B）
性别	– 0.136	0.275	0.246	0.620	0.873
年级	– 0.071	0.145	0.239	0.625	0.931
专业	– 0.034	0.109	0.097	0.756	0.967
创业想法影响来源	– 0.095	0.163	0.341	0.559	0.909
创业吸引力	0.374 **	0.156	5.721	0.017	1.454
创业地区	– 0.001	0.141	0.000	0.997	0.999
自身技能水平	0.185 **	0.178	1.079	0.043	1.203
一定的挑战精神	0.168 *	0.307	0.373	0.054	1.183
扎实的知识储备和管理能力	0.036 *	0.362	0.010	0.090	1.037
处理人际关系及沟通能力	0.113 *	0.439	3.251	0.071	1.120
一定的社会经验	0.243 **	0.284	0.541	0.046	1.275
创业资金来源	0.171	0.129	1.763	0.184	1.186
创业初期投资金额	0.085 *	0.154	0.058	0.081	0.964
社会关系帮助性	0.135 **	0.326	0.171	0.048	1.145
社会环境支持力度	0.093 *	0.158	0.302	0.072	1.097
创业平台的需求度	– 0.252	0.169	2.212	0.137	0.777
家人支持度	0.302 **	0.155	0.04	0.026	1.353
家庭成员创业经历	0.317 **	0.416	5.354	0.021	1.373
政策了解度	0.285 **	0.161	0.233	0.029	1.330
政策满意度	0.101 *	0.158	1.078	0.079	0.849
政府工作加强方向	0.067	0.179	0.14	0.708	1.069
政策适用度	0.026 *	0.171	2.344	0.098	0.770

变量名	B	S. E.	Wals	Sig.	Exp（B）
政策完善度	0.067*	0.169	0.001	0.081	1.069
创业选择方向	-0.17	0.139	1.504	0.220	0.844
创业教育培训形式	0.167*	0.203	3.709	0.054	1.182
创业培训频率	-0.081	0.177	0.207	0.650	0.922
创业培训课程效果	0.079*	0.208	3.098	0.078	1.082
常量	-1.207	1.774	0.462	0.497	0.299

注：***、**和*分别表示在1%、5%和10%的统计水平上显著。

根据模型结果分析如下。

1. 个人原因分析

性别、年级、专业、创业想法影响来源、创业地区5个基础信息对于整体的返乡创业意愿的影响较小。

创业吸引力对 Y 市大学生返乡创业具有显著正向影响，P 值为 0.017 < 0.05，结合创业吸引力的具体选项内容可以看出，其中 55.13% 的大学生都是为了实现自我发展价值最终选择了返乡创业的方式进行。这主要是由于追求成就感的大学生一般来说对于自我发展也有着一定的想法，当出现一定的发展机会的时候，这一部分有自我决定机会的大学生就会选择更加适合自身发展的方式从而实现提升，因此返乡创业的意愿也会更加强烈。

自身技能水平对 Y 市大学生返乡创业具有显著正向影响，P 值为 0.043 < 0.05，当学生自身所具备的技能种类越多，学生对于返乡创业的选择权也就会越多，学生为了保证创业的成功可能性，往往会选择自己最擅长的领域来进行创业尝试，这个时候学生本身所具备的技能水平对于学生创业方向的选择有着重要影响。

挑战精神对 Y 市大学生返乡创业具有显著正向影响，P 值为 0.054 < 0.1，当大学生具有一定的挑战精神的时候也会对于未知的挑战更加有冲劲，只有拥有一定的挑战机会才可以帮助学生在面对未来更多的未知性和可能性的时候，具有一定的探索和求知欲，从而可以

推动创业行为的出现。

知识储备和管理能力对 Y 市大学生返乡创业具有显著正向影响，P 值为 0.09 < 0.1，扎实的知识储备和管理能力则会帮助大学生在返乡创业的过程中可以更加快速地了解关于返乡创业的知识内容，只有对创业的各个环节、创业所需要的技术、创业融资、创业政策等方面的内容进行了解，才可以为学生未来的创业行为提供一定的保障。

人际关系和沟通能力对 Y 市大学生返乡创业具有显著正向影响，P 值为 0.071 < 0.1，人际关系和沟通能力则是可以有效地帮助大学生更快融入整个返乡创业的环境中，从而推动整个返乡创业的进行。当学生拥有较好的人际关系和沟通能力的时候，就可以帮助学生较快地组建一个创业团队，从而达到效益最大化。

一定的社会经验对 Y 市大学生返乡创业具有显著正向影响，P 值为 0.046 < 0.05。整体上来说返乡创业意愿越强的大学生一般来说也会具有一定的优势，而社会经验则是会帮助大学生在进行返乡创业决策的时候提供一定的参考价值。

2. 环境原因

创业资金来源、创业平台的需求度对于整体的返乡创业意愿的影响较小。

社会环境支持度对于 Y 市大学生返乡创业具有显著正向影响，P 值为 0.072 < 0.1，当社会环境对于创业的支持度较高的时候，就会有越来越多的社会组织以及公司企业对于大学生返乡创业团队给予一定的帮扶，从而带动 Y 市各个地区的大学生返乡创业团队的成长，进一步提升大学生的返乡创业意愿。

创业初期投资金额对于 Y 市大学生返乡创业具有显著正向影响，P 值为 0.081 < 0.1，当学生的创业初期的投资金额较多的时候，这就意味着这个时候学生可以选择的创业方向也就更加多样化，那样学生在进行创业选择的过程中就不会由于创业资金不够而选择自己不擅长的领域，从而影响自己整体的创业成效。

社会关系帮助性对于 Y 市大学生返乡创业具有显著正向影响，P 值为 0.048 < 0.05，大学生在进行返乡创业的过程中会根据自己的需

求向社会各界寻求帮助，当社会对于大学生的帮助越全面的时候，意味着大学生在创业的过程中面临的困境也就越少，因此创业意愿也会相对来说较高。

家庭环境角度来看，家人支持度、家庭成员创业经历对于 Y 市大学生返乡创业具有显著正向影响，P 值为 0.026 < 0.05，0.021 < 0.05。家庭成员的支持度不仅仅可以减少大学生的创业心理压力，同时在大学生返乡创业缺乏一定的资金来源的时候，也可以为大学生提供一定的资金帮助，而家庭成员所拥有的创业经历也可以帮助大学生在面临创业抉择的过程中做出更好的决策，从而可以有效地提升 Y 市大学生整体的返乡创业意愿。

3. 政策原因

政府工作加强方向对于整体的返乡创业意愿的影响较小。

政策了解度对于山东 Y 市大学生返乡创业具有显著正向影响，P 值为 0.029 < 0.05，当大学生在进行返乡创业的过程中对于 Y 市关于返乡创业的政策的了解程度越高的时候，就可以更好地帮助大学生在整个创业过程中及时获取政府关于返乡创业所颁布的政策内容，从而推动整个返乡创业行为的进行，提升返乡创业的意愿。

政策满意度对于山东 Y 市大学生返乡创业具有显著正向影响，P 值为 0.079 < 0.1，当大学生对于现有的政策满意度越高的时候，就意味着大学生在进行返乡创业的过程中所受到的政策帮扶的效果越明显，这就可以说明当前政策落实在一定程度上可以满足大学生对于创业帮扶的需求，因此整体来说创业意愿也会有所提升。

政策适用度对于山东 Y 市大学生返乡创业具有显著正向影响，P 值为 0.098 < 0.1，当大学生进行返乡创业的过程中，政策适用度越高的时候意味着当前的政府政策对于大学生创业的帮扶效果越好，贴合度也越高，对于大学生的创业意愿也会有一定的正向影响作用。

政策完善度对于山东 Y 市大学生返乡创业具有显著正向影响，P 值为 0.081 < 0.1，山东 Y 市当地针对大学生返乡创业的政策内容越完善，就可以更加有效地帮助大学生解决在返乡创业过程中可能面临的融资难、支持度低、选择方向不清晰等问题，从而有效地提升大学生

整体的返乡创业意愿。

4. 学校原因

创业选择方向、创业培训频率对于整体的返乡创业意愿的影响较小。

创业教育培训形式对于山东 Y 市大学生返乡创业具有显著正向影响，P 值为 0.054 < 0.1，大学生在学校进行创业方面的知识的学习的过程中，不同的培训形式所达到的效果也有所不同。只有增加整个培训过程中实践课的占比，才可以更好地帮助大学生产生对于返乡创业的兴趣，从而提升大学生返乡创业的意愿。

创业培训课程效果对于山东 Y 市大学生返乡创业具有显著正向影响，P 值为 0.078 < 0.1，创业培训课程效果主要体现在大学生对于返乡创业的了解程度，当学校加大了创业培训课程力度，不断地提升创业培训师资团队水平，针对当前的创业政策、环境内容、创业方向等内容进行完善的讲解，才可以更好地带动大学生对于整个返乡创业内容展开一定的了解，从而提升大学生对于返乡创业的意愿。

第五节　小结与建议

通过对大学生返乡创业的现状、问题及原因分析，分析对照调查结论，认为大学生返乡创业的影响因素是多方面，涉及个人、教育、政策、环境等重要因素，对于促进对策也应该是多方面和系统的。尤其是调查中发现，个人创业能力、创业动机、创业支持政策、社会保障政策、融资环境、创业服务环境等因素影响力较强，在促进对策中应重点提出。

一、培养创新精神和创新能力

（一）提升返乡创业意识

创业意识是大学生返乡创业的内驱动力，是大学生返乡创业的动力及个性因素，对大学生返乡创业具有重要的推动作用。创业精神是一个过程，创业精神包括发现机会和调度资源去开发这些机会，创业精神对大学生返乡创业具有强大的心理支撑作用。创业意识是支配创业者提高创业素质和能力、实施创业活动的内在动力，具有调节、约束和规范个体行为的能动作用，决定着个体对待创业教育与实践活动的态度、行为的方向与力度。一方面，大学生要积极培养自身的创业认知，主动了解创业、了解创业风险、了解企业运营方式，关注国家创业政策和社会创业大环境，了解国家对大学生创业的支持政策，了解目前乡村发展环境和农村创业的机会，主动学习创业知识，学习创业技能，统筹整理各种资源，积累发展返乡创业人脉，进一步增加创业意愿；另一方面，主动融入学校的创业教育中，学习创业知识，参与创业实践活动，培养创新精神，提升创业能力，以此来培养创业精神。

（二）丰富返乡创业理论

第一，大学生要主动学习学校开设的各种创业相关的课程，尤其是涉及三农相关的创新创业课程，通过必修和选修的方式，参与课程的学习，也可以充分利用学校的通识课程平台，选择与创业相关的课程学习，确实丰富自己的创业知识；第二，主动参与学校为学生举办的各种创新创业培训、创业论坛、创业沙龙、创业交流活动、创业竞赛等，主动到农村参与社会实践，面对面体验创业，接触返乡创业榜样，获取创业知识；第三，充分利用政府和社会创业机构举办的创业培训机会，尤其是针对三农创业的相关培训，系统学习创业知识，同时，主动参与到社会创业机构举办的活动中去，丰富创业实践知识；第四，主动学习返乡创业可能涉及的相关知识，如管理、财务、营销、法律、心理等；第五，大学生返乡创业群体应当打开思路，积极扩宽视野，进行多元化的融资，学习融资技能，充分了解和使用天使投资、风险投资、民间小额贷款等融资方式。

二、建设社会创业服务和宣传体系

各级政府就应该建立一套覆盖市、县、乡、村完整的创业服务体系，不断优化办事流程，为返乡创业大学生提供各种办事绿色通道，变管理为服务；又如，返乡创业大学生创业培训有较强烈的需求，各级部门应该出台相关的政策措施，提供必要的资金，邀请具有创业经历的导师开展创业培训工作。

三、完善大学生返乡的相关政策

国家发展战略对大学生返乡创业具有积极的影响，尤其是党的十九大提出的乡村振兴战略，为返乡创业大学生提供了巨大的发展机遇。另外，美丽乡村建设、"一带一路"建设和双创战略等都对农村的发展提供了发展动力。2018 年 4 月 24 日，农业农村部出台了《关于大力实施乡村就业创业促进行动的通知》农加发〔2018〕4 号，该通知从多个政策层面对推动乡村创业进行安排和部署。这些国家战略的实施和依据国家战略出台的配套政策必然推动大学生返乡创业。因此，各高校要对国家战略进行积极的解读，加大宣传力度。各地市县乡村也要积极地利用国家战略出台适合本地的相关政策，提升政策的吸引力，以此来促进和推动大学生返乡创业。

通过出台相应的政策来解决大学生返乡创业面临的资金困难，可以设立专门的创业基金或者设立大学生返乡创业公共资金，结合有偿使用、贴息、无息贷款、低息贷款等方式。也可以把土地资源盘活为土地资产，并将返乡大学生开展适度规模经营所需的资金纳入全国农业信贷担保体系，提高对返乡创业大学生的资金支持力度，以创新力带动就业力对返乡创业大学生进行资金支持；又如，返乡创业大学生对政府的税费减免、办理证照事项等比较关注，各级部门应该实施积极的财政政策，减税降费，促进供给侧结构性改革，加快税制改革，简政减税，持续激发市场主体活力。除此之外，还需要加强大学生创业政策间的整合与衔接，提高创业政策的实施过程中还应该注意彼此之间的相互衔接，避免出现分散的现象，使之不能形成合力，着重加强其主导力和执行力，加强对政策执行的监督工作。

四、建立科学健全的人才培养体系

首先，建立有效的创业教育工作机制，把创业普及教育和专门教育结合起来，把创业教育与创业实践结合起来建立校内、校外的创业孵化基地或者创业基地，为准备返乡创业的学生提供必要的支持和服务，帮助学生对接校外创业孵化器或者创业服务机构，让学生有更贴近现实的、更仿真的创业实践机会。通过强化科学合理的协同管理机制，建立以学校领导为组长的创业教育工作领导小组，充分发挥各部门优势。通过设立创业类必修课程和相关选修课程，构建合理的知识结构体系，要把创业理论、实践、法律等知识内容结合起来，针对返乡创业的大学生还应该加入"三农"相关课程，吸引更多的大学生返乡创业。除此之外，加大国家乡村政策宣传力度，让更多大学生了解并热爱农村，让更多的高素质毕业生愿意把青春汗水洒到乡村。

其次，高校要强化创业教育师资队伍建设，培养一批具有创业理论知识又有创业实践经验，懂创业、热爱创业的教师投入到创业教育之中。通过出台相关的激励政策，鼓励更多青年教师到企业挂职，尤其是走进三农相关企业挂职，了解创业企业和市场经济的特点，提高创业教育教师的整体水平。同时也可以聘用一批具有创业经验，在农村创办企业的校外导师加入到学生创业教育和创业指导中来，为创业学生团队尤其是返乡创业团队项目提供政策指导。学校可以尝试主动设立专门的创业服务网站、创业微信公众号等新媒体，发挥互联网平台优势，加强政策的宣传和指导服务工作，发挥社团在大学生中的巨大影响力，引导学生建立各类创业社团，激发他们的学习能力以及培养他们的领导才能，通过社团活动提升自身的创新创业能力。第一，社会相关组织和机构应当针对返乡创业内容进行宣传，带动更多的大学生和家长了解到返乡创业的优势，从而带领大学生积极参加学校、教育部门、政府或者社会机构举办的各种创新创业大赛，如"互联网＋"创新创业大赛之红色之旅赛道，通过大赛来完善自己的创业项目，获得各方面的指导，包括：创业导师、评委、创投机构等，为创业项目提供诊断和支持服务，提升自己的综合素质。第二，利用政府和社会机构为创业人员提供的创业孵化场所，申请入驻，在其中开展创业实践活动，并获得最专业的创业实践指导。第三，了解和利用家乡的创业政策，尤其是家乡为大学生创业提供的实践场所，主动参与到创业实践中去，通过利用资源，主动对接已创业的项目团队，参与运营管理，学习具体的企业运作方式。第四，对于没有创业项目的大学生，也应该主动参与各种实践活动，提升自己的综合能力，为将来的创业打下良好的基础。

第九章 乡村振兴背景下新生代农民工创业意愿影响研究

——以山东 Y 市为例

乡村振兴战略的推进形成当前农村创业环境的基本特征，也是农村创业环境主体构成。2021 年 2 月 25 日，乡村振兴局正式挂牌成立，不但标志着中国脱贫攻坚任务取得重大胜利成果，同时也是加快推动乡村振兴，带领全国各族人民奔向新生活的一个重要起点，对于农村创业者来说，新创业环境的形成，给农村创业者带来新的机遇和挑战。

最近几年，乡村振兴战略稳步推进，越来越多的农民工开始返乡创业，期望回到家乡干出一番事业，在这种时代环境下，新生代农民工也成为贯彻落实乡村振兴战略的一股重要力量。新生代农民工综合素质相对较高、头脑灵活，返乡创业的意愿比较强烈，同时，新生代农民工返乡创业有助于加快推动乡村经济实现高质量发展，为农村劳动力提供更多就业岗位，助推乡村经济蓬勃发展。另外，新生代农民工在进城务工期间积累了相对较为丰富的理论知识、学会了诸多技能，思维更加活跃，有利于将自身智慧、本土文化进行有机融合，提高返乡创业的成功率，更好地促进本土发展。为了实现乡村振兴目标，正确鼓励、引导新生代农民工返乡创业，挖掘其在创业过程中的潜力是一项具有重要价值的工作。

以山东省 Y 市新生代农民工作为具体研究对象，从不同方面、不同维度对乡村振兴战略背景下该区域新生代农民工创业意愿展开调查分析。以资源禀赋理论、创业理论、推拉理论、需求层次理论等作为重要基础，结合研究目的，设计了调查问卷，利用实地调研的方式收集、整理各方面信息数据；通过 logistic 回归模型围绕该地区乡村振兴战略背景下新生代农民工创业意愿的影响因素展开研究，研究结论表明，对新生代农民工创业意愿产生影响的因素共包含 11 个，如文化水平、年龄、资金、工作技能等。研究结论与提出的假设相符度高，结合实证分析结论，从 3 个不同方面提出了乡村振兴战略背景下进一步增强新生代农民工创业意愿的对策，具体是提升新生代农民工的人力资本素质、改善新生代农民工创业环境、完善新生代农民工创业的政策支持。

第一节　研究回顾与文献综述

一、研究回顾

"新生代农民工"是我国比较特殊的一种现象。农民工这一群体的发展是我国很多人都较为关注的重点，这也是比较关键的一个民生问题，对个人、家庭和社会都有着较大的意义。从《2022 年全国农民工监测调查报告》中可知，截至 2022 年，我国农民工总数量近 3 000 万人，同比增加了 311 万人，增长率为 1.1%。其中本地的农民工占了 1 200 多万人，同比增加了 293 万人，增长率为 2%。外出农民工有 1 700 多万人，同比增加 18 万人，增长率为 0.1%。年末在城镇居住的进城农民工达到了 13 000 多万人。农民工的数量以及增速如图 9 - 1 所示，从中可知我国农民工的数量在 2020 年因为新冠疫情产生了一定的影响，在其余各年份都保持着持续上升的态势，新生代农民工是当前社会农民工的主体部分。

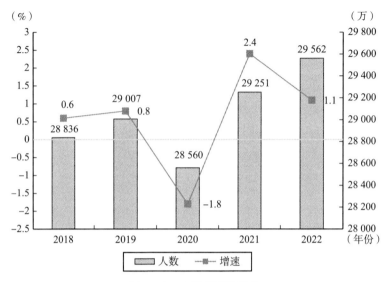

图 9 - 1   农民规模及增速

资料来源：国家统计局. 2022 年农民工监测调查报告［EB/OL］.（2023 - 04 - 28），ht-tp：//www. stats. gov. cn/sj/zxfb/202304/t20230427_1939124. html.

2021 年 2 月 25 日，国家乡村振兴局正式挂牌成立，为推动乡村振兴战略的落地，开启了一个崭新的征程。国家乡村振兴局的成立，不仅为脱贫攻坚战的成功奠定坚实的基础，更走上一条崭新的发展道路，开创一个更加多元的未来。在当今时代，促进乡村经济的可持续增长，需要通过激励农民工的创业来促进。因此，乡村振兴的规划旨在促进 123 个行业的协同发展，并通过改善就业机会来吸纳更多的劳动力。它不仅可以帮助促进当地经济的可持续增长，还可以为年轻人的就业创造更多的机会。尽管 Y 市的新生代农民工正在积极探索自己的创业之路，其创业活动正在朝着一个更加完善的方向蓬勃发展，而且已经取得了一定的成效。然而，由于缺乏系统性的、规范性的经济发展，加上当前的政策措施，仍然面临着一些挑战。为了更好地促进 Y 市的经济发展，需要从理论与实际的角度，综合考虑该区域的经济发展状况、环境等各方面来探讨如何提升该区域的新生代农民工的创业热情，并从农村复兴的角度来考虑其影响因素。纵观当前，新生代农民工在创业的道路上所遇到的挑战，为了实现农村的经济蓬勃发展，应当积极探索更加行之有效的解决方案。

基于当前的创业环境，应当重视和加强对新生代农民工的支持和帮助。应当深入探讨影响他们创业的各种因素，能从理论上给予其一定的支持。结合当前的政府政策，制定科学的政策和措施，推动其就业和收入增加，从而实现职业梦想。创业者应当从中吸取经验教训，推动职场技能的提升和职业道德的完善，从而更好地服务社会，实现社会的繁荣和稳定。经过深入分析各类影响因子，并结合实际情况，给予有效的方案和建议，以期更好地指导和推动农村的可持续发展，为乡村发展规划与策略制定提供理论依据。

新生代的农民工正在努力寻求更好的机会来解决当前的体制机制、社会的结构性冲突、城乡的发展差距、农业的欠缺困境，并且在解决这些问题的同时，其创业活动已经成为一种必需的选择，这既为全体国家的农业农村带来了巨大的进步，又为个人带来了更多的收入，从而解决了贫穷问题。在当今的乡村振兴的大环境下，本章深入探讨新生代农民工的创业发展的影响因素，已经变得越来越重要。这项实证研究既可以满足当下的需求，又可以帮助政府更好地指导他们的发展，更好地推动社会的发展。

二、文献梳理

（一）国内研究现状

对国内专家学者研究成果及理论进行梳理，归纳起来主要有以下内容。

（1）关于乡村振兴内涵的研究。在当今这个充满挑战的世界里，乡村振兴已变成一项迫切需要解决的问题。党的十九大报告第一次将这一重大课题纳入国家发展规划，并以中国的现状为依据，着力推进农村的可持续发展。这一目标既包括政府的努力，也包括社会的进步，以及人民的福祉。自从乡村振兴战略的推出，许多中国学术研究人员就其含义作出了深入的探讨。巩前文（2018）指出，乡村振兴不仅仅意味着城镇和农村的联系，更重要的是要推动农业和经济的协调发展，并将其作为一种全球性的社会变革。罗心欲（2018）指出，要高效地推动乡村振兴，必须以三个关键要素：复兴的核心、具体的行动以及高效的措施。因此，要想真正达到城乡的可持续发展，必须以宏观的视野、深入的思考以及综合的考量，以此作为推动中华民族伟大复兴的根基。蒋永穆（2018）强调，推进农业农村现代化旨在推动乡村振兴，以达到工业发达、环境宜居、文明乡风、高效管理和日常生活富足。这一目标的实现，需要以农业和农村为重点，加强管理，提高生产力，促进可持续的社会进步。

张建伟、图登克珠（2020）认为乡村振兴战略是中国特色社会主义进入新时代的重大历史任务，在我国"三农"发展进程中具有划时代的意义。李鹏飞和黄丽君（2020）指出，要想让乡村振兴，必须建立起一个强大的经济体系，以促进农民的收入增长、促进农村的可持续发展，从而达到最终的社会进步。随着2020年决胜全面建成小康社会的实现，厘清乡村产业振兴的理论内涵及其地位意义，系统总结当前乡村产业发展的问题困境，对增强我国农业农村经济发展活力、实施乡村振兴战略目标具有重要意义。樊鑫鑫（2021）认为党的十九大报告首次提出实施乡村振兴战略，将其与科技强国等并列为国家七大战略之一。随着中国政府推行的乡村振兴战略，不仅可以帮助解决当前的社会问题，还可以促进中华民族的辉煌，让中国成为一个更加繁荣的国家。这一战略的核心思想在于"工业兴旺、环境宜居、乡风文明、管理高效、人民生活富足"，即通过改革、调整、改造、改革、转型，使中国成为一个更加繁荣的国家。它的最终目的在于让农民能够更加幸福、安居乐业，并且能够更加积极地参与到政府的公益事业中来。

孙小源、诸葛福民和孙绪民（2022）强调，实现乡村人才的复苏必须深入了解和把握其中的科学含义。他们指出，乡村人才应该具有良好的道德品质，并有责任和义务去实现乡村的可持续发展。张琦等（2022）在界定新时代共同富裕概念、阐释新时代共同富裕内涵的基础上，从主体、动力、内容、途径、过程、目标 6 个方面系统地分析了共同富裕目标下乡村振兴的丰富内涵。严宇珺和龚晓莺（2022）认为新发展格局下乡村振兴的重要内涵为：改革促振兴、精准化振兴和本土化振兴，乡村振兴的时代目标为高质量振兴。夏诗园和郑联盛（2023）认为"三农"问题一直是我国经济社会工作的重中之重，农村是加快构建"双循环"新发展格局最广大、最深厚、最艰巨的地区。

（2）关于乡村振兴视域下新生代农民工创业影响因素的研究。汪昕宇等（2018）指出，将创业的原因进行划分的话，可以通过需求层次的差异分为四种：经济、成就、社会和环境。其中在农民创业中发挥最关键影响的是经济因素，这是一切活动的基础。后三个因素是主动创业的范畴。根据曹宗平（2018）的研究，农民工的创业成功取决于多重因素，包括个人能力、外部支持条件和市场环境。熊智伟（2018）在中部五省的调查中发现，社会服务、经济支持、个人特征和家庭支持都能够积极地帮助农民工修复创业失败。仇玉娟（2018）针对江苏省某地的新生代农民工创业影响因素进行了研究，利用问卷调查的方式获得相关数据，并对其做出了整理和归纳，使用 AHP 层次分析法对其中的因素定量分析，经计算得出各个因素对于创业决策产生的作用。基于此，农民工创业提出了具有可操作性的建议。周虹（2018）指出在当前阶段新生代农民工创业的趋势较为明显，不过其融资困境也是创业发展中影响力最为重要的一个因素。伍如昕和何薇薇（2018）对新生代农民工进行了调查，得到了 472 份相关问卷。通过人力、社会和心理资本等多个角度对新生代农民工创业动机和意愿以及其中发挥影响的方面进行了解。并且探究了创业动机在此三类资本和创业意愿之间产生的中介效果。

阙立峻（2019）指出乡村振兴的关键点在于人，能够让更多的新生代农民工回来建设家乡，不但能够使得乡村振兴有了更为强劲的内驱力，也能够促进农村的非农产业的进步，以此还可以成为扶贫工作的一部分助力。根据最近的研究发现，新生代农民工更倾向于通过寻找创业机遇、享受优惠的政策来实现自己的梦想。特别是这部分人更看重当地的文化氛围。梁亦傑（2019）指出，随着科技的发展，新生代农民工创业这种做法越来越受到欢迎。通过 SWOT 分析法，了解到，在当前社会情况下，新生代农民工创业问题中存在不少问题，并指出了相应的对策。彭莹莹和邸耀敏（2019）研究发现，京津冀地区的 257 名新一代农民工的创业活动受到许多不同的外部条件的影响，其中包括人口学特点、家庭状况、个体技能和创业环境。通过使用多分类有序逻辑（Logistic）回归分析，发现这些外部条件可以作为推动这些活动的重要动机，以期望改善新生代农民工的创业状况，实现其职业发展。研究发现，在考虑到年轻、单身、居住环境、未成年、目前没有孩子的情况下，新生代的农民工进行创业的可能性比较高。管理和学习能力以及创业培训则会对新生代农民工的创业产生积极的影响，而创业服务则会产生消极的影响。谢桂花和王林萍（2019）构建了一种基于认知的理论模型，以深入研究创业环境、创业认知以及其对新生代农民工创业意向的影响，并探讨这几个因素之间的关系。根据实证研究，新生代农民工的创业意向受到多种因素的影响。社会网络的支持可以直接影响其创业意向，也可以通过创业认知来间接影响其意向，宏观环境也可以通过创业认知来间接影响意向。创业认知在这种关系中起到了中介作用。应开展基于社会网络的创业宣传，优化创业宏观环境，加大创业培训，从而提升创业意向。周金城等（2019）指出，农村地区的发展落后是阻碍我国新型城镇化建设的一大障碍，而促进农村经济的发展则需要产业的支撑。因此，本章通过对新一代农民工创业的概念和实践，深入探讨了影响新生代农民工创业意愿的主要因素，并给出了有效的解决方案。王辉和朱健（2021）根据调查的 456 名农民工的数据，通过效度检验和相关性论证分析得出教育人力资本对影响农民工创业意愿是正相关的；社会资本在教育人力资本与农民工创业意愿的正相关中起到中介作用；乡土情结对调节社会资本与农民工创业意愿的关系之间有正向作用。

陈国生等（2022）经过研究表明，随着年龄的增长，人们的思维变得更加敏捷，更容易接受创新的思想和现代企业管理的理念，从而更有可能实现创业梦想。项晓娟（2022）指出随着数字经济的发展，社会上出现了大量轻创业现象。在对新生代农民工轻创业的情况进行了深入的调查之后，分析其现状、影响因素等，站在培训、平台和合作这三个不同的层面对此提出了具有可操作性的建议。詹小慧和刘云（2022）认为当前新生代农民工返乡创业呈现井喷之势，但普遍存在创业绩效不佳问题。已有研究在探讨新生代农民工返乡创业绩效影响因素时，缺乏系统性和全面性，且对内在作用机制缺乏探讨。基于整体的系统视角，通过引入 AMO 理论，从能力（Ability）、动机（Motivation）和机会（Opportunity）三条解释路径对新生代农民工返乡创业绩效影响因素研究取得的进展进行归纳梳理，形成新生代农民工返乡创业绩效的理论框架。并在此基础上提出未来的研究方向：从情绪视角出发探讨创业者积极情绪和消极情绪对返乡创业绩效产生的影响；加强对新生代农民工创业者创业能力的关注，开展多种中介机制的比较研究；构建既反映经济绩效又反映社会绩效的返乡创业绩效评价体系。

王耀斌等（2023）认为通过 321 位新生代返乡旅游创业农民工的一手调查问卷，运用多元回归分析和中介检验方法，对返乡农民工乡村旅游创业动机如何影响创业幸福感的影响机制进行了实证研究。结果显示：返乡农民工乡村旅游创业幸福感和创业自我效能感均处于中等偏上的水平；创业动机能够显著影响创业幸福感；创业环境和创业自我效能感是创业动机提升创业幸福感的中介变量，二者存在链式中介效应；返乡农民工的乡村旅游生存性创业动机对创业幸福感是完全中介效应，机会性创业动机对创业幸福感是部分中介效应，机会性创业动机比生存性创业动机的返乡农民工创业幸福感更高。

（3）关于新生代农民工创业意愿的研究。从文献检索中观察到，尽管已有大量关于农民工创业的文献，但大多数研究集中在探讨影响他们创业意愿的因素上，并以个人特征、创业环境和政策等方面为研究重点。李泓波和邓淑红（2018）的研究结果表明，农民工的性别、年龄、文化水平以及其他相关条件对其创业决心有着重要的影响。郑红友和俞林（2018）进一步表明，随着美好乡村的推进，新生代农民工面临着更多困境，需要更多机遇来实现自己的梦想，而获得当地政府的支持，以及参与当地的创业培训，将有助于更好地实现这一目标。杨艳飞、郭蕾和李宛玲（2019）指出，尽管存在一系列的影响因素，但最终的成功取决于农民工的实际劳动经验、培训经历、风险识别能力，而这三者的缺乏会对新生代农民工的创业热情产生负面影响。研究发现，拥有特殊的劳动技能、较强的实践经验、较强的创新思维、较强的风险预测能力，都会对其创业热情产生影响，而这三者的综合作用，可以帮助他们获得较大的成功，进而提升创业热情。研究表明，政策及环境对于提升农民工的就业水平具有重要作用。

王亚欣、宋世通和彭银萍（2020）的研究结果表明，政府的有效引导及适当的政策扶助，有助于促进新生代农民工的创业热情，从而提升就业水平。他们研究中还发现，QB 村的农民工的教育背景及其面临的创业挑战，会极大地提升投资兴趣，认为其中脱贫致富的利益驱动、创业政策的引导、创业者的带动、照顾老人和孩子的需要以及家人的鼓励和支持最为重要。也有学者通过"交互影响论"揭示了农民工个人学习能力和创业意愿与政策环境之间的关系。"双创"与"城乡振兴"的出台，极大地改变了当前对于农民工创业的认知，并且给出了具有重要历史意义的结论。吴瑞君和薛琪薪（2020）研究认为随着经济发展时代进步以及政府对创业的政策支持，近年的研究多表明农民工创业意愿普遍较高，且农民工主动的比例较高。

贾冀南、梁晓丹和李凯伦（2021）认为，"空心化"情况的出现，极大地妨碍了烟台市的城乡振兴，从而给当地的发展带来不小的挑战。通过二元 Logistic 回归模型，可以更好地探究烟台市新生代农民工的创业热情，这不仅可以使其更好地利用自身的个性优势，而且可以为乡村振兴战略的落地和持续发挥作用。为此，建议采取一系列的政策，来促进这一群体的创业热情，为新生代农民工未来发展打下扎实的基石。王明扬、张雪逸和戎晓红（2021）在江苏省连云港市赣榆区进行了一项针对 15 个乡镇的创业者的问卷调研，以探究其创业意向的形成机制。研究发现，不同的性别、年龄、教育背景、创业经验、财税优惠以及与当地的社交联系等都可能成为影响赣榆区新生代农民工创业的重要因素，为此以城乡振兴的理念，给予了一些实用的建议。

根据刘淼淼等（2022）对阜阳市新生代农民工的 446 份问卷调查数据，采取了二元 logistic 回归分析，发现媒体素养与创业意向存在着积极的关系，特别是在媒体评估、使用以及认知方面，这种关系更加突出。高原、马腾和武欣宇（2022）通过分析黑龙江省农民工返乡创业发展现状，结合乡村振兴背景，基于黑龙江省齐齐哈尔市已返乡农民工创业样本，深入分析并探寻乡村振兴背景下农民工返乡创业的驱动和制约因素，旨在为农民工返乡创业提供有益的启示。邓辉（2022）认为乡村振兴是实现我国农业农村现代化的发展战略，其关键在于优化农村创业环境，培育壮大创业群体，激发农村经济发展的内生动力。返乡农民工创业与乡村振兴之间存在着密切的互动耦合关系。近年来，中央和各地方政府出台一系列政策措施，为返乡农民工创业提供了良好的外部环境。以期望理论为指导，从效价与期望值两个维度构建返乡农民工创业意愿的分析框架，提出从营造创业环境、增强风险防范能力、加强创新创业培训、完善基础设施和公共服务等策略来提升返乡农民工的创业意愿。

（二）国外研究现状

由于中国的城市和农村的二元城乡模式，国际上尚未开展针对新一代农民工的就业和发展的研究。因此，本章通过"农村创业""农业创业"等网络资源的搜集，整合出一系列与此类问题的专题性论述。

1. 关于创业影响因素方面的研究

个人特点、家人的影响、创业方面的培训和政府的支持等，都会对创业产生一定的作用。另外，农村的条件、创业氛围等也会在其中发挥一定的作用。根据阿卜杜勒阿齐兹·谢胡等（Abdulaziz Shehu et al.，2014）的研究结果，拥有足够的财力和技能的家庭能够跨越传统的商界障碍，从而实现自主创新。因此，政府应该采取更多措施，如加强基础教育、完善社区基础设施、实施小额信贷政策、建立完善的社交媒体等，从而推动农村创新的发展。阿姆贾德·阿里等（Amjad Ali et al.，2019）的研究表明，为了激励潜在的创业者，针对性的农村创业项目的培训是必不可少的，不仅要求掌握基本的技术知识，还需要具备良好的心理素质，并且要熟悉当前的社会环境。另外，还要求遵守一定的行为准则。此外，为了更好地服务于本土的特色产业，政府也要加强这方面的培训。根据马苏梅等（Masoumeh Taghibeygi et al.，2015）的一项调查，375 名村民的创业热情显示出，他们在接受过专门的培训、熟悉当地的工作条件、积累的丰富的实践经历以及拥有积极的心态，都会影响他们的创业决心。亚多拉·拉吉等（Yadollah Rajaei et al.，2011）深入研究了多种可能对农村创新产生重大影响的因子。使得农村合作社的作用积极体现出来，对创业者提供金融以及税收方面的支持，对银行法进行调整和优化，设计相关的法律法规，并且站在国家的角度对于创业进行一定的规范。奥斯卡洛等（Osikabor et al.，2011）这方面进行了相关的调研活动，并且对 421 名农业专业的大四学生进行了解，指出农业专业的学生创业意愿比较高。对于收入的预期是影响其想要进行创业的最关键因素，另外婚姻情况、组织类别、专业和农业意愿都有着明显的正相关关系，然而其研究中指明性别对于农业专业的大四学生来说影响并不大。斯罗卡瓦、奥斯克谢·奥西耶夫斯基和莫里斯等（Shirokova G，Osiyevskyy O and Morris M H，et al.，2017）验证了创业因素与创业意愿、家庭和学校教育之间的关系；玛丽·库尔特在此方面的研究成果较为显著，侧重点关注青年创业者的类型和具备的素质。指出青年创业者在进行创业的时候有可能遇到的困境，进一步对青年创业者需要的贷款和政策方面的因素进行了一定的了解。并在其著作《创业行动》中认为英国政府对青年创业者的重视度非常高，而且设置了相关的部门，对此进行全权负责。

通过阿拉姆、柯瑟和雷曼（Alam M Z，Kousar S and Rehman C A，2019）的实地调查，发现 448 名来自不同背景的工科院校大学生都有着不同的创业意愿，并且一系列有助于他们实现梦想的重要因素。根据穆恩克斯、克洛兹和谢帕德（Murnieks C Y，Klotz A C and Shepherd D A，2020）的研究，在当今的全球范围，决定大学生是否具备创业的潜力的关键因素包括：个性、背景、经济状况、职位、职场发展前景以及职场竞争力。经过重新核查，发现这些因素都是有效的。帕乌卡等（Pauca et al.，2022）认为在秘鲁女性的创业选择中，个人成长、社会使命和人际关系是影响最大的因素。尽管经济动机对女性创业者来说是一个重要因素，但它并不是主要驱动力。艾利丹等（Aliedan et al.，2022）以计划行为理论为理论基础，考察了计划行为结构作为大学教育支持与创业意向之间的中介变量的作用，运用A-MOS软件进行SEM"结构方程建模"的结果表明，高校教育支持对创业意愿有显著的正向直接影响。这一研究结果向高等教育政策制定者传递了几个关于促进高等教育学生创业意愿的重要信息。

2. 关于创业意愿方面的研究

波德（Bird）在1988年首次将"创业意愿"的观点引入到了商界，即创业家的创造力和投资意愿，反映了创业家的内在力量，即企图通过自身的努力和决策，获得更多的成功，从而更好地把握商机，更快地完成自己的商业梦想。

默里、麦克·米兰（Murry，Mac Millan，1988）对创业意愿的影响因素进行了深入的研究，发现其主要表现为：成就欲望、风险承受能力以及机会识别能力。此外，还发现尽管知识可以对创业产生重要的影响，但是教育水平与创业意愿之间并没有明显的正相关性。约翰逊（Johnson，1990）指出，冒险精神和创业意愿之间存在着密不可分的关系，这一点在其研究中得到了印证。杰瓦力（Gnywali，1994）等通过对创业环境的深入研究，提出了五维度模型：企业家的管理技巧、企业的社会经济背景、企业的财务投入和其他相关因素，以及企业所面临的其他挑战，以更好地反映企业家的创新动机。冯塞卡等（Fonseca et al.，2001）指出，创业的动机取决于当前的政治环境，所以必须采取有效的措施来促进创业意愿，以便让更多的企业受益。根据布罗克豪斯（Brockhaus，2002）的研究，个人的特质包括但不限于性别、年龄、受教育水平以及社交能力。然而，库洛特克（Kurat-ko，2005）指出，这些因素都可能对个人的创新热情造成负面的影响，从而降低创新热情。

根据拉梅亚和哈伦（Ramayah and Harun，2005）的研究结果，对创业者的意愿有着重大的影响，这些意愿的形式可以归纳为：控制力、自信心、必要的资源以及对成功的渴望。此外，这些意愿的形式也存在着较大的不稳定性，可以根据个人的文化背景、社会地位、职位等多个因素而有所改变。班达里（Bhandari，2006）通过对印度大学毕业生创业潜力进行的调查得出，创业行为与领袖素质、个人抱负、决断力、创造力、勇于接受挑战以及接受的公益培训等因素密切相关。彼得·沃夫（Pieterde Wolf，2007）的调查结果表明，在许多国家，农民的创业意愿受到个人技能、风险感知，以及团队协作的重要性的显著影响，这些因素在一定程度上决定着创业意愿。根据哈瑞恩和托达罗（John R. Harris and Michael P. Todaro，1970）的研究结果，人力资本变量如创业经历，对于提升企业的创新能力至关重要，而文化背景则没有显著的影响。此外，虽然人们的认知水平（如可行性）和认知一致性（如满足）也有一定的负面作用，但仍然能够提升企业的创新能力。费尔南德斯等（Fernandez–Perez et al.，2015）的研究结果，专业网络、个人网络和导师网络的关系可以极大增强学生的学术创业意愿。特里维迪（Trivedi，2016）进一步强调，要深入探讨个性特征如何影响学术创业意愿，就必须从多方面进行深入的分析。研究表明，在决定是否进行学术创业时，受到多种因素的共同作用，其中最重要的是受到人口统计数据的支持，内在的激情、社会地位和认知水平的影响。

根据怀特和潘（Wright and Phan，2018）的观点，应该重点考虑个人的影响。内维斯和布里特（Neves and Brito，2020）认为，学术创业意愿可以被划分为两种不同的类型：一种是基于自身的科研成就开展相应的衍生型公司；另一种是拥抱市场，致力于推进自身的商业发展，比如通过投资、收购、转让等方式获取经济收益。黄（Huang，2023）认为大学生是大众创业、万众创新的生力军。本章以制度理论为基础，对全国 170 759 名大学生进行了省份分类，运用必要条件分析（NCA）和模糊集定性比较分析，从监管环境、规范环境和认知环境3 个层面分析了 6 个条件因素。李和臧（Li and Zang et al.，2023）认为农业创业大大改善了农民的生计，也有助于减少贫困。本章以中国家庭金融调查数据为样本，实证检验了数字技术采用与农民农业创业意愿之间的动态联系，表明：ADT（抽象数据类型）对欠发达地区农户、风险偏好农户、家庭未受重大不良事件影响农户、农村精英农户的创业意愿影响更为显著，并提出缩小"三级数字鸿沟"、提升数字人力资本、发展数字普惠金融等政策建议，为农民创业提供新思路，改善农民生计，促进农村经济发展。

（三）文献评述

国内外学者关于创业行为与创业意愿的相关研究较丰富。从主体的角度来看，农民工这一词在我国具有一定的特有性。国内学者分别对农民工、新生代农民工、青年农民工三个群体展开了研究。由于各国国情的差异，所以在国外并不存在"农民工"这一概念，因此对农民工这一概念的研究，主要集中在创业的影响因素以及创业意愿方面。

在具体的研究内容上，国内外学者对被调查对象的内在和外在环境进行了探讨。通过对国内外相关的文献进行整理可以看出，上述的研究结果具有一定的参考价值，从就地就业到创业，从创业意愿到创业活动的开展，都已经建立起了一个比较完整的知识系统。然而，由于宏观背景的差异，缺乏针对性的地区性研究，缺乏对不同地域新生代农民工特征的深入研究。本章认为，新生代农民工的个人特质、自我认知、社会资本以及政策支持都会影响其创业意愿。

第二节　山东省 Y 市新生代农民工创业意愿现状分析

通过对山东省 Y 市新生代农民工家庭调查数据的统计和运用，将该研究群体的个人创业意愿作为因变量，运用 Logistic 模型对个体特征、自我认知、社会资本和政策支持等变量进行分析。

一、问卷设计与调查

（一）问卷设计

本章以推拉理论，资源禀赋理论，创业理论和需求层次理论为基础，并且对相关文献资料进行了整理归纳，以此制成了《乡村振兴背景下 Y 市新生代农民工创业意愿调查问卷》，确保了其设计的科学性。问卷总共分为四个部分，共设有 35 道题目，第一部分是对个人信息的调查，第二部分是对社会资本的调查，第三部分是对农民工创业乡村振兴政策方面的调查，第四部分是创业意愿相关情况。

（二）问卷调查

对 Y 市新生代农民工创业意愿的基本情况以及特征有深入的认知，从 2023 年 1 月 10 日～2023 年 1 月 31 日，对 Y 市及 ZF 区、FS 区、MP 区、LS 区和 PL 区发放问卷，获得相关的资料。填写调查问卷的对象一般是建筑业，制造业和服务业方面。结合第五次全国经济普查工作委托工作人员发放调查问卷，并且还给予相应的小礼品表示感谢，在一定程度上使得问卷的填写质量相应提高。本次调查问卷发放了 490 份问卷，成功收回了 452 份，将其中的 72 份无效问卷剔除，得到有效问卷 380 份，有效率为 77.55%。

二、信度和效度分析

（一）信度分析

进行信度分析旨在了解指标中各个数据的一致性和指标获取的稳定度以及可信度。这些题目在此篇样本中展现出统一的状态，因此可通过克隆巴赫一致性系数进行体现。当题目 α 信度系数超过了 0.7 的范围，即可说明在这一维度上，测验具有良好的一致性。具体如表 9 - 1 所示。

表 9 - 1 信度分析

Cronbach's Alpha	项数
0.78	16

资料来源：根据 SPSS 26.0 分析得出。

对表 9 - 1 进行分析可知该研究题目信度为 0.78，大于 0.7 的要求，所以能够表明数据有着一定的信度，意味着问卷的可信度较高。

（二）效度分析

在做出效度分析时首先要了解其 KMO 值。KMO 值为取值范围为 [0，1] 的一个常数，该数值越大，就意味着相关问题的相符程度越高，而且变量之间的偏相关性比较小，这也就意味着数据题目较为方便地用来设置为稳定因子。若文中该项数值大于 0.7，即证明数据的效度良好，如表 9 - 2 所示。

表 9 - 2 KMO 值和 Bartlett 球形检验

Kaiser - Meyer - Olkin	度量	0.83
Bartlett 的球形度检验	近似卡方	1242.651
	df	91
	Sig.	0.000

资料来源：根据 SPSS 26.0 分析得出。

对表 9 - 2 进行分析可知其 KMO 为 0.83，大于 0.7，这就意味着数据的效度表现比较良好。Bartlett 通常用来了解变量的独立性，对表 9 - 2 中进行分析可知，Bartlett 的球形度检验对应的 P 值不超过 0.05，这就意味着各个因素的相关性较高，可以用来进行因子分析。

三、乡村振兴视域下 **Y** 市新生代农民工创业意愿现状调查分析

（一）新生代农民工创业的个体特征

现阶段国家对"大众创业，万众创新"有了新的期盼，并对此进行了指引，再加上对乡村发展的重视度，能够促使更多的新生代农民工进行创业。本书将新生代农民工的基本情况进行了充分的调查，从调查对象的年龄、性别、婚姻状况、个人技能、文化程度等方面作出了划分。

1. 性别特征

对调查数据进行分析，站在性别的角度进行研究，如图 9 - 2 所示，在新生代创业农民工中，男性占比较大，能够达到 75%，有近 300 人。女性占据的比例较小，只有 25%。所以可以认为，在新生代创业农民工中，男性是其主力军。

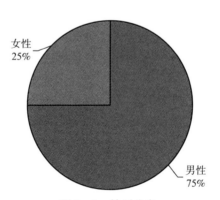

图 9 - 2　性别分布

资料来源：根据问卷调查结果分析得出。

2. 年龄特征

站在年龄的角度进行研究，如图 9 - 3 所示，在新生代创业农民工中，主要还是 23 ～ 28 的年龄段的人占据主力，占比在 46% 左右。

其次是 29～32 岁的 135 名，占比 35.5%。17～22 岁的 69 名，占比 18.2%。其中并没有 16 岁以下的创业者。

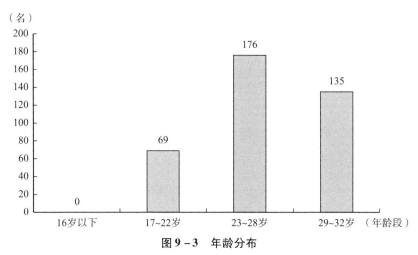

图 9 - 3　年龄分布

资料来源：根据问卷调查结果分析得出。

3. 婚姻特征

站在婚姻状态的角度进行研究，如图 9 - 4 所示，在新生代创业农民工中，有近八成的基本是已婚，这也意味着新生代农民工创业受到了家庭因素的影响。

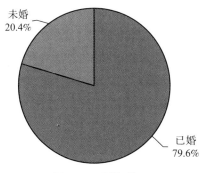

图 9 - 4　婚姻状况

资料来源：根据问卷调查结果分析得出。

（二）新生代农民工文化程度及工作技能特征

对图 9 – 5 进行分析，可知，新生代农民工创业的知识水平有着明显的区别，占比较多的是大专及以上的学历，共有 194 人，占比达到了五成以上。初中及以下 76 名占比为 20%，高中中专的人数为 110名，占比为 29%。这也说明了创业新生代农民工的知识水平不断上升，其文化程度比第一代农民工要好，这也成了创业的一大前提。在对一部分人进行访谈的时候，认识到有一些新生代农民工学历为本科以上，只是想要实现自我价值才进行创业，这部分的新生代农民工在创业的时候能够发挥出极为关键的作用。

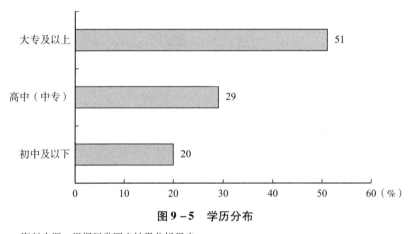

图 9 – 5　学历分布

资料来源：根据问卷调查结果分析得出。

工作技能特征。新生代农民工在此方面呈现出了具有差异的效果，对表 9 – 3 进行分析，中级人数最多 128 名，占比 33.7%，其次是无等级的有 123 名，占比 32.4%，初级的有 108 名，占比 28.4%，高级人数最少，仅有 21 名，占比 5.5%。这表明很多新生代农民工在外务工期间获得了较多的经验和工作技能，个人的综合素质得到提升，使得创业有了良好的基础。可以学习到工作技能，这也意味着新生代农民工的适应能力和学习水平比较好，尤其是拿到了高级工作技能证明的这部分人，意味着其对此方面有着较为充分的认知。

表 9 – 3   工作技能分析

项目	无等级	初级	中级	高级
人数（个）	123	108	128	21
占比（％）	32.40	28.40	33.70	5.50

资料来源：根据问卷调查结果分析得出。

（三）乡村振兴视域下 Y 市新生代农民工的特点

1. 新生代农民工的社会资本特点

社会资本一般是人际关系的一种体现，也是人和人之间的联系。和物质、人力资本有着较为一致的特点，都可以使得个人和企业得到成长，能够获得更多的经济资源。社会资本的表现方式有社会网、规范、信任等方面，新生代农民工的社会资本表现形式较多，例如经常联系的朋友人数和能够借钱的途径，就能反映出其社会资本状况，因此本章从相关因素对此方面进行了解。

表 9 – 4 进行分析可知，近六成的新生代农民工可以借到钱的朋友只有 4 个及以下，这也意味着新生代农民工的朋友数量较少，也说明了这些朋友中有余钱的人更少。所以对于新生代农民工来说，其掌握的资源有限，创业资金支持并不足，拥有的社会资本较为缺乏。

表 9 – 4   借到资金的人数情况分析

借钱人数	数量（个）	占比（％）
1 个及以下	60	15.8
2 个	69	18.16
3 个	54	14.21
4 个	48	12.63
5 个及以上	149	39.2

资料来源：根据问卷调查结果分析得出。

对表 9 - 5 进行分析，新生代农民工生活中经常联系的朋友较少，只有约半数的新生代农民工联系的朋友超过 7 个。联系朋友的数量情况也能说明新生代农民工的人际交往状况，也就意味着建立长期关系的朋友并不多，所以通过朋友可以获取的社会资源也相应地较少。

表 9 - 5 联系朋友的数量分析

朋友数量	人数（人）	占比（%）
3 个及以下	67	17.64
4 ~ 6 个	112	29.47
7 个及以上	201	52.89

资料来源：根据问卷调查结果分析得出。

2. Y 市新生代农民工返乡创业的特点

（1）创业行业。乡村振兴战略实施以来，自上而下，各省、市、县都出台了许多鼓励新生代农民工创业的政策，使农村的创新创业形态变得越来越丰富，党支部领办合作社、股份合作社、农村物流行业、旅游业、农村电商都为农村提供了新的发展机遇。

如图 9 - 6 所示，通过统计调查数据可以看出，大多数新生代农民工从事的行业是建筑行业和服务行业，分别占比为 21% 和 32%，其主要原因是这几年 Y 市项目建设如火如荼，极大促进了服务业和建筑业的繁荣。本章问卷调查的结果显示，有 80 位新生代农民工回乡创业前曾从事过建筑行业，并积累了较强的工作经验、工作技能和管理经验，自身综合素质的提升使新生代农民工自发产生了建立自己的事业，大展宏图、增长财富的欲望。Y 市城镇建设的加快也给计划在建筑行业创业的新生代农民工提供了丰富的项目来源，优秀的市场吸引他们进行创业。而新生代农民工之所以会选择在服务业进行创业，则是由于与其他行业相比，它具有覆盖面广、门槛低、投资少、风险小、技术含量低等特点。从整体情况来看，创业行业具有多样化特征。

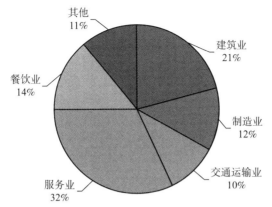

图9-6　新生代农民工创业行业

资料来源：根据问卷调查结果分析得出。

（2）创业规模。根据对调查的数据进行分析发现，新生代农民工创业企业多为中小规模经营，职工数量比较少。如图9-7所示，8人以下规模占比最高，为61.2%；9~15人的企业次之，占比17.7%；50人及以上占比9.3%；16~25人占比7.3%；26~50人的企业占比最少，为4.5%。从中我们可以发现：在新生代农民工的创业过程中，大多数都是家庭协作进行的创业活动，既是老板也是工人。另外，由于创业所需初始投入较大，加上家里的经济压力，使得他们在回乡后没有充足的资本进行扩张和用工。

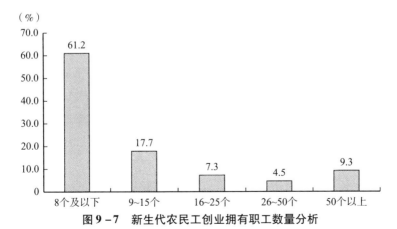

图9-7　新生代农民工创业拥有职工数量分析

资料来源：根据问卷调查结果分析得出。

（3）创业年限。通过数据调查，如图9－8所示，创办企业在1～3年的占比41.1%，数量最多；其次是3～8年的，占比21.9%；1年以下和8年以上的数量均不超过20%。通过数据分析可以看出，大多数新生代农民工返乡创业年限都比较短，特别是3年以下的企业占比61%，说明新生代农民工大多在近几年选择开始创业，这主要是因为近两年Y市"双创"活动以及利好创业政策的激励，乡村振兴战略系列政策取得了很好的初期效果。

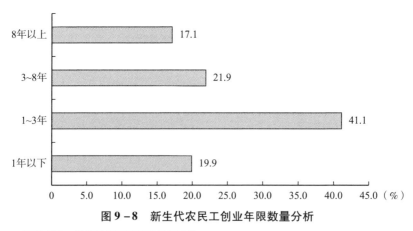

图9－8　新生代农民工创业年限数量分析

资料来源：根据问卷调查结果分析得出。

（四）新生代农民工创业政策分析

乡村振兴战略涉及的层面较多，有财政补贴、创业培训、金融支持、农民工从政府获得的创业信息等方面。乡村振兴战略实施以来，乡村的通信设施以及交通等环境持续向好，使得新生代农民工创业有了基础设施方面的保障。新生代农民对乡村振兴政策的满意度能够体现出政府在这方面的工作效果。

1. 培训政策

乡村振兴战略实施之后，政府使用了多种方式鼓励新生代农民工进行创业，并为此开展创业培训。对图9－9分析可知，参加培训次数频率较高的只有28个，占比只有7.4%，参加培训次数较多的有75

个，占比为 19.7%。两方面加起来的人数对于整体不足一半，这也就意味着只有较少的创业者进行足够的培训。参加创业培训次数较少和很少的新生代农民工占比较大，这也意味着当前政府在创业培训方面做得仍然不够，很多新生代农民工都不能享受到较多的培训。

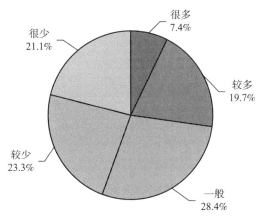

图 9 - 9　创业培训次数分析

资料来源：根据问卷调查结果分析得出。

2. 财政补贴政策

对图 9 - 10 进行分析可知，新生代农民工得到政府的财政支持的占比并不高。能够得到较多财政补贴和获得很多财政补贴的占比仅有 10.5% 和 2.9%，这也说明了只有很少的农民工创业者能够获得政府的财政补贴，很大一批新生代农民工不能得到财政补贴，在创业资金这方面能够获得政府的援助很少。政府要积极运用政策这一工具，使创业者可以得到国家政策方面的支持，促进创业的发展。

3. 金融政策

对图 9 - 11 分析可知，较容易得到金融贷款占比为 11.7%，很容易得到金融贷款占比为 3.5%，也就是说，新一代的农民工很难获得银行贷款。

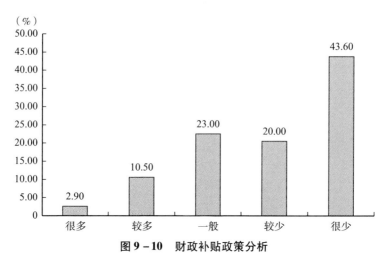

图9-10　财政补贴政策分析

资料来源：根据问卷调查结果分析得出。

较难获得金融贷款和很难获得金融贷款的占比为26%和25.4%。这意味着超过50%的新生代创业者没有获得金融贷款。在创业初期以及发展的阶段中，这一因素会起到不良的效果。企业只有得到更多的资金帮助才能够提升生产规模。政府要持续关注此方面，在金融政策上对新生代农民工创业表示支持。

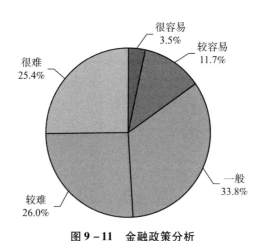

图9-11　金融政策分析

资料来源：根据问卷调查结果整理分析。

4. 创业政策满意度

对表9−6进行分析可知，对乡村振兴政策非常满意和比较满意的人数达到了35.78%；约四成的新生代农民工对乡村振兴政策看法是基本满意；有24%左右的新生代农民工对此方面表达了不满的看法。由此可见，Y市新生代农民工对于乡村振兴政策的整体满意度并不是很高，也就是说，这些农民并没有享受到政策的扶持，乡村振兴政策在新生代农民工中的作用并不明显。

表9−6　　　　　　　　对乡村振兴的满意度分析

乡村振兴满意度	数量（人）	占比（%）
非常满意	26	6.84
比较满意	110	28.94
基本满意	151	39.73
不满意	48	12.63
非常不满意	45	11.84

资料来源：根据问卷调查结果分析得出。

（五）Y市新生代农民工创业意愿

在调查问卷的前置部分，对于Y市新生代农民工是否进行过创业进行调查，其获得的数据如图9−12所示。

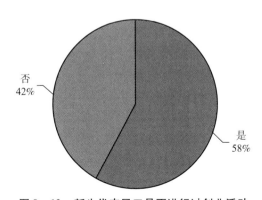

图9−12　新生代农民工是否进行过创业活动

资料来源：根据问卷调查结果分析得出。

如图 9 – 12 所示，Y 市新生代农民工进行过创业活动的人数较多，占比 58%，没进行过创业活动的人数占比 42%。

在调查问卷的第五部分，对于 Y 市新生代农民工创业意愿进行调查，其获得的数据如表 9 – 7 所示。

表 9 – 7   Y 市新生代农民工创业意愿调查统计

创业意愿	非常赞成	赞成	一般	反对	非常反对
您是否渴望自己创业	142	98	40	60	40
	37.36%	25.79%	10.53%	15.79%	10.53%
您认为未来五年内会创业吗？	89	156	32	47	56
	23.42%	25.79%	8.42%	12.37%	14.74%
您会在创业前做好充足的准备工作吗？	118	156	21	69	16
	31.05%	41.05%	5.53%	18.16%	4.21%

资料来源：根据问卷调查结果分析得出。

由表 9 – 7 可知，229 位新生代农民工想要自己创业，渴望有事业的人数占比超过 60%。觉得自己在五年之内进行创业的新生代农民工人数占比接近半数。觉得自己做好了创业充足准备的新生代农民工占比达到了 95%。调查数据可以看出 Y 市新生代农民工创业意愿较高，符合事实。

第三节　Y 市新生代农民工创业意愿影响因素分析

本章将从个体特征因素、社会资本因素、乡村振兴政策因素 3 个角度中选取的变量进一步做出分析，利用调研数据分析，来研究 Y 市新生代农民工创业意愿与影响创业意愿的具体因素之间的关系，为后续的章节打好坚实的基础。

一、研究假设

新生代农民工创业的时候，对其创业成长产生作用的因素较多。通过聚类分析，本章将其划分为三大类：一类是个体特征因素，主要包括年龄、性别、婚姻状况、文化程度、工作技能、家人是否支持创业、务工年限 7 个因素；二是社会资本因素，主要包括创业过程中能借到资金的人数、有无亲朋好友担任村干部或公务员、经常联系的朋友个数、对参加的政府或社会组织团体活动的了解 4 个因素；三是乡村振兴政策因素，主要包括获得政府税费减免、村镇硬件环境、参加创业培训次数、政府用地优惠政策、从政府获得财政补贴、从政府部门得到的信息咨询、从政府获得金融贷款、政府用地优惠政策、对乡村振兴政策的满意度 9 个因素。本章提出假设新生代农民工个体特征、社会资本、乡村振兴政策等因素均对于创业有明显的作用。

二、模型构建与变量选取

（一）模型构建

为了量化各个解释变量对于新生代农民工创业意愿的影响，本章选取二元 logistic 回归模型对各个变量进行计量分析。将"您是否渴望拥有自己的事业"一题中选取"非常赞成""赞成"和"一般"认定为有创业意愿，用 1 来表示，"反对"与"非常反对"认定为无创业意愿，用 0 来表示。基于此，可得出二元 logistic 回归方程为：

$$\log\left(\frac{p_1}{1-p_1}\right) = b_0 + b_1 X_1 + b_2 X_2 + b_3 X_3 + \cdots + b_p X_P + \varepsilon_1 \quad (9-1)$$

其中，X_i 为解释变量，P_i 为新生代农民工创业意愿的概率，ε_i 为常数项，b_i 为待估参数。

（二）变量选取

对新生代农民工创业意愿产生作用的因素较多，本章参考许小贞（2019）、韦吉飞（2017）、张广胜和柳延恒（2014）的相关文献，以此选择了个体特征、社会资本因素、乡村振兴政策作为自变量，对问题做出具体的研究。在对 Y 市进行实地调查之后，得出相关的数据对其进行研究，如表 9 - 8 所示。

表 9 - 8　　　　新生代农民工创业影响因素变量选择和赋值

变量	变量名称	赋值
X_1	性别	男 = 1；女 = 2
X_2	年龄	18 周岁及以下 = 1；19 ~ 23 岁 = 2；24 ~ 29 岁 = 3；30 ~ 32 岁 = 4
X_3	文化程度	初中及以下 = 1；高中（中专）= 2；大专 = 3；本科及以上 = 4
X_4	工作技能	无 = 1；初级 = 2；中级 = 3；高级 = 4
X_5	婚姻状况	已婚 = 1；未婚 = 2
X_6	有无家人担任村干部或公务员	有 = 1；无 = 2
X_7	家庭总人口	1 ~ 2 人 = 1；3 ~ 4 人 = 2；5 ~ 6 人 = 3；7 人及以上 = 4
X_8	是否有过创业行为	有 = 1；无 = 2
X_9	家人是否支持	是 = 1；否 = 2
X_{10}	务工年限	1 年以下 = 1；1 ~ 3 年 = 2；3 ~ 8 年 = 3；8 年及以上 = 4；
X_{11}	家庭人均收入	2 万元及以下 = 1；2 万 ~ 5 万元 = 2；5 万 ~ 8 万元 = 3；8 万元以上 = 4
X_{12}	参加创业培训次数	非常多 = 1；比较多 = 2；一般 = 3；比较少 = 4；非常少 = 5
X_{13}	从政府部门得到的信息资讯	非常多 = 1；比较多 = 2；一般 = 3；比较少 = 4；非常少 = 5
X_{14}	村镇硬件环境	非常好 = 1；比较好 = 2；一般 = 3；比较差 = 4；非常差 = 5
X_{15}	从政府获得财政补贴	非常多 = 1；比较多 = 2；一般 = 3；比较少 = 4；非常少 = 5

续表

变量	变量名称	赋值
X_{16}	从政府获得金融贷款	非常容易 = 1；较容易 = 2；一般 = 3；较难 = 4；非常难 = 5
X_{17}	获得政府税费减免	非常多 = 1；比较多 = 2；一般 = 3；比较少 = 4；非常少 = 5
X_{18}	当地政府用地优惠政策	非常多 = 1；比较多 = 2；一般 = 3；比较少 = 4；非常少 = 5
X_{19}	对乡村振兴政策的满意度	非常满意 = 1；比较满意 = 2；满意 = 3；不满意 = 4；非常不满意 = 5

资料来源：调研获得，经整理得出。

本章就选择了性别、年龄、婚姻状况、文化程度、工作技能、务工年限、家人是否支持、有无家人担任村干部或公务员、家庭总人口、是否有过创业行为、家庭人均收入、参加创业培训次数、村镇硬件环境、从政府部门得到的信息资讯、从政府获得财政补贴、获得政府税费减免、从政府获得的金融贷款、当地政府的用地优惠政策、对乡村振兴政策的满意度共19个自变量。变量选择与赋值如表9－6所示。随后基于 Logistic 模型，综合考虑了上述因素，了解其对新生代农民工创业意愿的影响。

三、研究结果分析

依据本章调查问卷中得出的数据，对得到380份问卷数据使用 SPSS 26.0 统计软件利用 Forward：Wald（向前逐步法），以此来确定出具体的变量，将 P 值大于等于0.05的变量予以剔除，将 P 值小于0.05的变量设置在其中，由此构建出二元 Logistic 模型。第一，利用回归模型对有可能对新生代农民工创业意愿产生作用的变量进行验证；第二，根据模型得出的结果，使用 Wald 统计量将最小变量予以剔除，留下拟合度较高也就是影响比较明显的自变量，最终得出结论，如表9－9所示。

表 9 - 9   实证结果分析

变量	B	S. E.	Wald	df	显著性	Exp（B）
X_2 年龄	-0.806	0.412	3.842	1	0.040	0.447
X_3 文化程度	0.567	0.301	3.559	1	0.048	1.761
X_4 工作技能	0.669	0.322	4.328	1	0.036	1.951
X_6 有无家人担任村干部或公务员	0.329	0.587	1.993	1	0.042	0.437
X_8 否有过创业行为	0.646	0.264	5.982	1	0.014	1.906
X_9 家人是否支持	0.264	0.183	2.091	1	0.022	1.302
X_{12} 参加创业培训次数	0.879	0.222	15.523	1	0.000	2.407
X_{13} 从政府部门得到的信息咨询	0.488	0.203	5.850	1	0.016	1.631
X_{14} 村镇硬件环境	0.427	0.229	3.485	1	0.032	1.523
X_{15} 从政府获得财政补贴	0.287	0.277	1.088	1	0.027	1.334
X_{17} 获得政府税费减免	0.328	0.271	1.460	1	0.029	1.387
常数	-7.461		8.955	1	0.003	0.001

卡方	-2 对数概似	Cox & Snell R 平方	Nagelkerke R 平方
8.672	126.499	0.273	0.398

资料来源：根据 SPSS 26.0 分析得出。

将数据放在模型中计算之后，将自变量 X_1、X_5、X_7、X_{10}、X_{11}、X_{16}、X_{18}、X_{19} 等排除在外，剩下的变量经过检验之后，其显著性表现良好，都能够达到 P 小于 0.05 的要求。基于此，得出对应的方程如式（9-2）所示：

$$Logitp = -7.46 - 0.806X_2 + 0.567X_3 + 0.669X_4 + 0.329X_6 + 0.646X_8$$
$$- 0.264X_9 + 0.879X_{12} + 0.488X_{13} + 0.427X_{14} + 0.287X_{15}$$
$$+ 0.328X_{17} \tag{9-2}$$

对表 9-9 进行分析，其中的似然值为 126.499，这说明最大似然比呈现的是较小的分数形式，意味着在这么多因素中，年龄、工作技能、参加创业培训次数、村镇的硬件环境、获得地方政府财政补贴、有无家人担任村干部或公务员、是否有过创业行为和家人是否支持等因素能够明显地对新生代农民创业意愿产生作用，在其中发挥着较为重要的影响。

X_2（年龄）的回归系数是 -0.806，相对风险比是 0.447，Wlad 检验统计量 0.040，P 值 <0.05，符合相关标准，这就意味着年龄和新生代农民工创业意愿有着一定的负相关关系。随着科学技术经济的不断发展，各行各业对创业者的综合能力特别是学习能力的要求日益增长，随着年龄增长，创业者学习能力和适应能力也随之下降。

所以年龄和创业意愿之间产生了负面的关系。

X_3（文化程度）的回归系数为 0.567，相对风险比为 1.761，Wlad 检验统计量为 0.048，P 值 <0.05，符合相关标准，这就意味着文化程度能够对新生代农民工创业意愿产生明显的作用，文化程度越高，就代表着新生代农民工创业意愿的表现越加突出，这也说明了文化程度能够使得新生代农民工的学习水平以及能力得到提升，对于创业成长而言，能够起到积极的促进作用。

X_4（工作技能）的回归系数为 0.669，相对风险比为 1.951，Wlad 检验统计量为 0.036，P 值 <0.05，符合相关标准，这就意味着工作能够对新生代农民工创业意愿产生明显的作用，工作技能强意味着创业者的学习水平更高，能够获得更多的技术。

性别在此方面的影响并不显著，可能是由于新生代的女性也与男性同样具有较高的综合能力、同样敢闯敢拼的缘故。婚姻状况在此方面也没有表现出显著的影响，因为婚姻状况在此方面的影响和创业者自身的个人情况相关。

X_6（有无家人担任村干部或公务员）的回归系数是 0.329，相对风险比是 0.437，Wlad 检验统计量是 0.042，P 值 <0.05，符合相关标准，这就意味着家人担任村干部或公务员的人数能对新生代农民工创业产生明显的作用，家人担任村干部的人数越多，这意味着其可接触到的社会资源越丰富，可以促进创业成长。

X_8（是否有过创业行为）的回归系数为 0.646，相对风险比为

1.906，Wlad 检验统计量为 0.014，P 值 < 0.05，符合相关标准，这说明有过创业经历的新生代农民工更愿意进行有效的创业。

X_9（家人是否支持）的回归系数为 0.264，相对风险比为 1.302，Wlad 检验统计量为 0.022，P 值 < 0.05，符合相关标准，这就意味着家人是否支持创业和新生代农民工创业意愿之间有着一定的相关关系。家人越支持子女创业，其创业的意愿则更高。

X_{12}（参加创业培训次数）的回归系数是 0.879，相对风险比是 2.407，Wlad 检验统计量为 0.000，P 值 < 0.05，符合相关标准，这就意味着参加培训越多，能够在培训中获取的有效信息越多，表现出来的创业意愿就越强烈。可以看出这一因素对于新生代农民工来说，有着关键的作用。通过创业培训，农民工的能力可以得到最大限度的提升，农民工也能从中了解到更多的创业信息，使得自身的管理能力提高，专业素养得到培养。

X_{13}（从政府部门得到信息咨询）的回归系数是 0.488，相对风险比是 1.631，Wlad 检验统计量是 0.016，P 值 < 0.05，符合相关标准，这就表明，参与创业培训次数可以对新生代农民工的创业意愿有显著影响，获取的信息也会更多。这也意味着这部分人有着良好的信息掌握，能够精准地了解到市场的变化，对其做出准确的判断，由此进行正确的决策，从而促进企业的高效发展。

X_{14}（村镇的硬件环境）的回归系数是 0.427，相对风险比是 1.532，Wlad 检验统计量是 0.032，P 值 < 0.05，符合相关标准，这就意味着村镇的硬件环境对新生代农民工创业意愿产生明显的作用，有一部分新生代农民在进行创业的时候，村镇的硬件环境好，就意味着其能够节省更多的成本，减少更多的损失。"要想富，先修路"，良好的基础设施有利于促进新生代农民工创业的迅速发展。

X_{15}（获得政府的财政补贴）的回归系数是 0.287，相对风险比是 1.334，Wlad 检验统计量是 0.027，P 值 < 0.05，符合相关标准，也就是说，得到政府的财政补助可以显著影响新生代农民工的创业表现，在新生代农民工的创业活动中，资金占有很高的地位。可以通过财政补贴等方式来缓解资金不足的困境，从而让创业者更加高效地推动企

业的进步。

X_{17}（获得政府税费减免）的回归系数是 0. 328，相对风险比是 1. 387，Wlad 检验统计量是 0. 029，P 值 < 0. 05，符合相关标准，这表明，新生代农民工创业过程中享受到的税收优惠政策对其创业表现有显著影响。在进行创业的时候的税收也会作为企业必要的成本投入，所以能够减免部分税收，很大程度上增强新生代农民工创业意愿，进而可以使得企业的压力减小，能够使企业高速成长。

第四节　小结与建议

通过对山东 Y 市问卷调查数据的分析，结合乡村振兴背景下新生代农民工返乡创业的特征、现状及存在的问题，对新生代农民工创业以活跃市场氛围、激发市场活力抱有极大的期待。以下从提升人力资本、改善创业环境、健全乡村振兴政策等方面提出相关建议。

一、提升新生代农民工的人力资本

根据实证分析可知，文化程度与工作技能越高，其创业意愿则越高，这表明人力资本在乡村振兴视域下对 Y 市新生代农民工的创业意愿具有很重要的作用，新生代农民工作为返乡创业的重要群体，在面对复杂的市场环境时，必然会遇到众多机遇和严峻的挑战，应当首先从提高自身综合能力出发，不断学习以提升自身的专业素养和应变能力，抵御企业发展存在的各种风险，提高企业竞争力。

（一）培养新生代农民工的创业理念

新生代农民工首先要树立正确的创业观念才能够回乡创业和发展。首先，良好的沟通能力是最重要的，不同的行业之间，应该多进行交流，取彼之长补己之短，合作共赢，这样才能保证公司的可持续发展，才能给企业带来更大的发展空间。其次，要有风险意识，与上一代相比，新一代农民工的思想要开放得多，但是他们的思想仍然比较保守，没有太多的冒险精神，这对企业的发展不利，要逐渐培养风险意识，去应对挑战，去把握机遇，去推动企业的发展；最重要的是要有较强的抗挫折能力、学习能力和敏锐的商业嗅觉。我国社会主义已经进入了一个高速发展的时期，在这个时期，市场的变化是非常迅速的。因此，企业家们必须要有一种敏锐的嗅觉，能够迅速地对市场的变化作出调整，并能够及时地对市场中的相关信息进行洞察和捕捉，随之应变，这样才能让自己始终处于不败之地。

（二）提升新生代农民工的职业技能和综合素质

新生代农民工普遍较父辈有更高的学历。但是，文化水平仅仅是他们自身素质中的一部分，要想成为一名创业者，必须要具备较高的职业技术水平，并且具备良好的个人素质。提高创业者的预判、分析和解决问题的能力，对于创业者来说这是非常必要的，他们需要考虑到公司的发展方向，理性地研判公司的战略，并作出重要的决策，当公司遇到棘手的问题时，可以快速地根据市场情况做出正确的决定。新生代农民工创业者要勇敢创新，要重视对员工的技能培训，不仅创业者本身要不断学习，员工也要定期培训。要加强管理，学习先进的管理模式，采用适当的激励措施，激发员工积极性、创造性。现在的经济环境，信息瞬息万变，科学技术日新月异，要重视信息，拓展获取信息的途径，提高信息整合的能力；不断地加速信息技术的更新，努力提升效率，提升品质，才能日益壮大。新生代农民工应带领员工积极参与各种技能训练，提高自己的企业竞争能力。

学历的提高也是十分重要的，越来越多的企业家渴望学习，成人自考、在职研究生、总裁班等成为了许多企业家自我提升的方式。在这个过程中，企业家们不但可以学先进的管理模式与技巧，还能学到一些先进的理念，拓展思维方式，更可以积累一定的人脉关系。许多企业家在深造的过程中，结交朋友，实现资源互换，互惠互利，对公司的发展起到了不可估量的影响。

二、改善新生代农民工创业环境

新生代农民工返乡创业过程中存在的许多问题是地域性的，创业的意愿是受限于创业环境的。完善的基础设施、健全的公共服务有助于为新生代农民工返乡创业成长提供一个宽松环境，也会吸引更多的有志之士主动创业。

（一）完善农村基础设施建设

政府应该根据自身的条件，有针对性地改造和改造农村落后地区的基础设施，注重质量，加快推进农村基础设施的建设。完善通信、畅通道路，积极引进物流，降低新生代农民工回乡创业的阻碍。可以尝试建立一批新生代农民工创业的孵化基地，建立起专门的管委会，这样有助于统一管理和进行培训，还可以联合推进，形成规模。从而推动区域经济的迅速发展，减轻新生代农民工回乡创业的压力，提升他们回乡创业的积极性，加速他们回乡创业企业的发展。这样，企业在快速成长的过程中也会改善本地的就业问题，拉动经济发展，活跃市场氛围，必然会为全面建成小康社会作出贡献。

（二）健全公共服务体系

根据 Y 市农民工在创业过程中所存在的问题，具体问题具体分析，并根据发展情况对现有问题进行优化建议，能够有效提升农民工的创业质量。

第一，提供优质创业服务。为了扶持农民创业，Y 市打造了专业的创业服务平台，以此来吸引大量农民工进行创业，推动当地经济的发展。Y 市需要为农民工提供更为专业且积极的创业服务，以此来保证农民工的创业更为顺利。例如，提升农村公共医疗服务水平、优化交通物流设施、构建专业的创业服务平台等。

第二，创建创业项目平台。山东是我国的农业大省，且各个区域均有不同的产业。根据各地区的产业特色，征集与地区特色相关的产业项目，并为其建立专门的创业项目库。并请专业对口的专家对特色项目的可行性进行评估，并在项目库中挑选与当地发展规划相符合的项目，为 Y 市农民工创业提供参考。

三、完善针对新生代农民工创业的政策支持

各级政府及相关职能部门应该主动发现新生代农民工在创业过程中的问题，应给予足够的支持，结合中央、山东省的乡村振兴战略以及当地的具体国情，制定出更加有利于新生代农民工回乡创业并促进其创业发展的各项优惠政策，用政策激励创业者，为他们的创业发展、成长创造良好的条件。

（一）建立创业指导、培训体系

尽管新生代农民工在外出打工的过程中，学会了许多先进的知识，也获得了一定的工作经验。但是，市场环境千变万化、纷繁复杂，即使新生代农民工怀揣创业梦想与激情，也会无从下手。所以政府要建立一套完善的创业指导体系，引导他们进行行业选择、资源整合、技术突破、经营管理、市场开发等。同时，要打造新生代农民工返乡创业的培训体系，有针对性地进行科学化种植业、养殖业、建筑业、渔业、农村物流和服务业的培训，提升他们的创业能力，挖掘发展潜力。

培训方式不必过于拘泥，要因地制宜，灵活多变，可以通过视频授课、实地调研、小视频教学、活动交流等方式相结合，进行各种类型的培训。也可以邀请成功创业者、资深专家与学者以及成功企业家等进行面对面的讲座，与大家交流经验，开阔眼界。培训内容包含创业各个环节，并不断地对有关的政策进行及时的调整和完善，使创业者能够及时掌握国家的有关政策，以及时调整自己的发展方向。

要让更多的创业者加入进来，以创业者的需求为基础，对新生代农民工的主要困难和弱点进行深入地认识，要让他们能够有更多的渠道表达诉求，职能部门与创业者形成有效沟通，政府准确抓住创业者

需求，精准施策，有效供给。

（二）增加新生代农民工创业的筹资渠道

资金是新生代农民工回乡创业最根本最重要的保障，但目前新生代农民工创业者缺乏有效的融资途径，制约着新生代农民工创业的发展。为了提高新生代农民工返乡创业的意愿，推进农村地区经济的繁荣发展，Y市政府应该积极主动为新生代农民工想办法开辟出更多的融资渠道，给予他们更多的优惠。简化金融审批流程，提高办事效率，让创业者感受到环境的宽松、政策的支持，才能最大程度激发新生代农民工的创业热情。

鼓励银行增加偏远地区、乡镇网点，支持金融机构的建设和发展，以提高创业者融资和还款的便利性。可以为创业者量身定制贷款产品，通过补贴利息等方式降低贷款利率。为新生代农民工创业适当提高贷款额度，放松还款期限，以最大化提供金融支持，让新生代农民工在创业过程中减少风险。

Y市政府可以在各行各业为新生代创业者筹集专项资金，创业者在有资金需求时可以自主申请，保障创业企业的产品研究、市场开发、技术创新、规模扩张等关键环节，以此来提高创业者的创业热情，激发市场活力。

营造招商引资良好环境，不局限眼前利益，争取长期投资、高额投资，为企业争取更多的资金与市场，使本地的创业企业有足够大的舞台去展现，去发展，再争取更多的投资，从而形成良性循环。

（三）加大对新生代农民工创业的财政税务支持力度

在新生代农民工创业的早期，他们的效益较低，竞争力也相对较弱，所创造的收益也比较低，因此，Y市政府应该在新生代农民工返乡创业的早期，给予他们税收上的优惠与扶持，尽量让他们能够更好地经营下去，让他们的公司能够更好地发展壮大，从而让他们的生活质量得到稳定的提升。决不能以罚款为目的，以收费为目的来征收新生代农民工创业企业高额税费。

　　在创业的早期，新生代农民工回乡后，不可避免地会有一些培训费，这些培训费也应该得到政府的财政补助或报销。要安排专门人员到农村去摸底，做好新一代进城务工人员的业务培训工作。当前，Y市政府在各方面都给予新生代创业农民工各种优惠政策，加大了资金投入，缩短了城市与农村之间的差距，让新生代农民工感受到政府的鼓励与支持。

第十章　农村创业能力培育

——以山东 L 市新型职业农民培训为例

农业、农村、农民问题是关系国计民生的根本性问题，实施乡村振兴战略，实现农业农村优先发展离不开高素质农民的参与，特别是培训农民创新创业能力是主要的培训内容和目标。农民创业是传统农业的变革者，是改造传统农业的先锋力量，是农业现代化建设的重要主体，是农村创业活动的中流砥柱。在调研及文献查阅过程中发现，农村创业培训大都包含在农民职业培训之中，选拔部分农民进行创业培训，推进农村创业活动，培育农村致富带头人是解决"三农"问题的战略安排。农村返乡大学生创业群体大部分在学校接受过创业的系统培训，少部分参与到农民职业培训活动之中，也是这部分农村创业者深入了解农村创业环境、了解农民、提升自身创业能力的关键通道。由于农村创业能力培育主要是通过新型农民职业培训同步完成的，实践当中极少单独开展此项培训，创业能力培育很大程度上等同于农村职业培训，所以本章就以农民职业培训为调研对象，以此观测农村创业能力培育状况及其规律。2012 年中央一号文件首次提出"职业农民"概念，部署相关农民进行职业培训，在国家战略引导下，各地农民职业培训发展迅速，因时因地创新了多种多样的培训形式，但是依然存在培训的供给与培训需求不匹配的情况，从而在一定程度上影响了农民职业培训的效果。为了提高培训的效率，提高培训的质量，本章从农民的视角研究职业农民创业培训目前存在的问题，并根据问卷数据统计分析结果提出合理化建议。

第一节 问题提出及研究意义

农村职业培训以"解决问题为中心"的实用主义范式为依据，针对农村职业培训现状采用"混合研究"法同时搜集相关素材和数据。重点对农民职业培训中需求问题进行研究，探索本地农民职业培训发展方向，明确以农民创新创业能力提升为核心内容，通过理论分析、山东 L 市农民培训现有体系、培训问卷数据调研、问卷数据问题分析、问题建议这 5 个模块展开分析。

为了全面、客观且深入地了解山东 L 市农民职业培训现状，首先通过访谈和培训政策调查对本地农民创业有一个大体的了解，并通过访谈资料提取农民关心的指标，把提取指标总结为培训前期宣传、参加培训成本、培训后续服务和培训内容 4 个方面。根据访谈和参考相关文献编制调查问卷，问卷分为被调查对象基本情况，接受培训农民对已参加培训的部分情况反映，农民对于培训需求调查三个部分。

农民素质提升是破解"三农"问题的重要举措。"三农"问题作为国家战略中的重难点，农民是"三农"问题中唯一具有主观能动性的主体，是解决"三农"问题的重要突破口。当前中国发展仍然处在中等收入阶段，国际形势十分复杂，国内经济社会结构也很微妙，中国仍然有超过一半人口为农村户籍人口，生活在农村的人口也超过 6亿，另外还有虽然计算为城市人口、大多数却未能在城市体面安居的农民工。留守农村的 6 亿人口主要是缺少进城务工机会的弱势农民，他们耕种小规模土地虽然难以致富，却足以解决温饱问题。农村生活成本低，虽然农民人均现金收入比较低，农民实际生活质量却不一定差。农村为进城务工失败的农民提供了退路，从而让农民在年轻时可以放心大胆进城闯荡，成功留城，失败返乡。正是农村为包括农民工在内的 8 亿农民提供了基本生活的保底，农村成为中国式现代化的稳定器与蓄水池，中国式现代化有效应对各种风险基础，包括金融危机、经济周期等，中国式现代化才能更加顺利实现，但是农村正面临人力资源面临着枯竭的问题，下一代谁来种地的问题突出。在经济发展新常态背景下，"三农"问题面临着"必须完成的历史任务""必须破解的现实难题"和"必须应对的重大挑战"①。解决"三农"问题的重要方面是提升农民素质，提高农村人力资本的积累，通过培训使农民适应新农村建设和新型城镇化推进的需求。

农村由于缺少人力资源，直接导致农业发展乏力，严重影响农业现代化进程和农村建设。农业现代化发展需要培养一支有文化、懂技术、会经营、会管理、高素质的农民队伍，为粮食问题、农产品质量、农业技术、农业产业转型等问题提供解决的基础。2012 年中央一号文件首次提出了大力发展职业农民，如表 10-1 所示，农民职业培训在理论和实践由此上升到一个新的高度。从 2012 年开始连续 10 年在中央一号文件中对农民职业培训问题提出相关规划，文件也由点到面逐渐展开，逐步形成高素质农民培育体系。农民职业培训的形式也逐步由政府主导发展为多元主体参与；农民职业培训也逐步常态化进行，培育的重点群体也逐步明确。

表 10-1　2012～2021 年中央一号文件中关于农民职业培训内容

中央一号文件时间	内容
2012 年	《中共中央、国务院关于加快推进农业科技创新持续增强农产品供给保障能力的若干意见》指出大力培育新型职业农民，对符合条件的农村青年务农创业和农民工返乡创业项目给予补助和贷款支持
2013 年	《关于加快发展现代农业进一步增强农村发展活力的若干意见》指出着力加强农业职业教育和职业培训。充分利用各类培训资源，加大专业大户、家庭农场经营者培训力度，提高生产技能和经营管理水平
2014 年	《关于全面深化农村改革加快推进农业现代化的若干意见》提出扶持发展新型农业经营主体。加大对新型职业农民和新型农业经营主体领办人的教育培训力度

① 习近平. 决胜全面建成小康社会　夺取新时代中国特色社会主义伟大胜利——在中国共产党第十九次全国代表大会上的报告 [J]. 理论学习, 2017, 411 (12)：4-25.

中央一号文件时间	内容
2015 年	《关于加大改革创新力度 加快农业现代化建设的若干意见》指出推动新型工业化、信息化、城镇化和农业现代化同步发展。积极发展农业职业教育，大力培养新型职业农民
2016 年	《中共中央 国务院关于落实发展新理念加快农业现代化实现全面小康目标的若干意见》指出必须加快培育新型职业农民，将其纳入国家教育培训发展规划，基本形成职业农民教育培训体系，把职业农民培养成建设现代农业的主导力量
2017 年	《中共中央 国务院关于深入推进农业供给侧结构性改革加快培育农业农村发展新动能的若干意见》重点围绕新型职业农民培育、农民工职业技能提升，整合各渠道培训资金资源，建立政府主导、部门协作、统筹安排、产业带动的培训机制
2018 年	《中共中央 国务院关于实施乡村振兴战略的意见》指出大力培育新型职业农民，全面建立职业农民制度，完善配套政策体系
2019 年	《中共中央 国务院关于坚持农业农村优先发展做好"三农"工作的若干意见》支持农民工返乡创业
2020 年	《中共中央 国务院关于抓好"三农"领域重点工作确保如期实现全面小康的意见》指出深入实施农村创新创业带头人培育行动，将符合条件的返乡创业农民工纳入一次性创业补贴范围
2021 年	《中共中央 国务院关于全面推进乡村振兴加快农业农村现代化的意见》指出面向农民就业创业需求，发展职业技术教育与技能培训，建设一批产教融合基地

因此，培育新型职业农民是中国实现农业现代化的必然选择。

随着乡村振兴战略的持续进行，农村的产业结构和人力资源需求结构也发生明显的变化。农村经济结构在发生着明显的改变，单一的第一产业发展也难以满足农业需要，开始逐步向第二、第三产业发展，乡村食品加工厂、乡村旅游等持续发展；农作物种植业呈现更多元的发展，经济作物种植占比明显提高。乡村振兴战略下，资源大量向农村地区转移，明显出现了农村的人力资源结构能否承接住自城市向农村的资源输入的问题，由此带来的不仅仅是人口数量的问题，还有人口质量的问题。在乡村振兴战略大背景下：一方面，农村剩余劳动力存量依然较大，但是劳动力年龄和素质结构与需求结构不相适应的矛盾日益突出，农村劳动力转移的难度加大；另一方面，城市就业岗位大量吸收农村人力资源，农业和农村发展缺少相应劳动力资源作支撑。在目前的情况下，需要从农业农村发展的实际出发，在今后一段时期重要工作就是开发农村人力资源、提升农村人力资本。

农民职业培训有助于加快职业农民队伍建设，发挥引领示范作用，缓解当前的人力资源日益短缺的问题，促进农业农村平稳发展，为政府做好农村开发工作提供有力的支撑点。农民职业培训处境尴尬，供给与需求匹配问题亟待解决。通过对山东省 L 市农民职业培训调研，发现当地的农民职业培训存在一些问题。第一，职业培训的目标问题，新型职业农民应该具有什么样的素质，新型职业农民的发展方向是什么，目标不清晰就很容易导致培训出现盲目性，难以实现科学化培训（曾平生和李根寿，2021）；第二，农民职业培训难以系统化，农民职业培训是一个系统的工程，需要政策扶持为农民职业培训创造大环境，培训不仅仅是当时培训实施过程，培训过后还需要跟踪调查，培训同时也需要配套的金融、市场等政策导入，单纯的培训犹如走马观花，对于农民素质的提升现实作用不够突出；第三，农民职业培训作用有限，新型职业农民概念的一经提出，各地在实践中就迅速地掀起了新型职业农民"职业教育培训"的热潮，由于极度缺乏对于"应该培养什么样的新型职业农民"这一逻辑起点问题的理论研究，使得当地的职业教育培训工作在培育方案制定、培训计划安排与实施、资格认定与考核、培育效果评价等系列工作出现了"盲人摸象"般被动应付的局面，产生了看似"如火如荼"实则"举步维艰"的困境，在实践中更是造成了培训主体部门认为"培训效果很好"而作为被培育对象认为"培训没什么用"的尴尬"隔空对话"，造成了供给与需求的严重不匹配；第四，农民职业培训的主次不分，农民职业培训农民理应当是培训的主角，但是在调查中发现，农民多是被动地参与培训，对于培训并没有多少感觉，对于培训的项目也并没有发言权，这也造成农民职业培训始终在进行，也投入了巨大的财力、物力以及人力，但是"没有用在刀刃上"，产生的实际效果有限。

通过问卷数据，分析得出目前山东 L 农民职业培训存在的问题主要有：农民创业参与率低；培训质量不高；培训主体单一；农民创业配套服务不足；农民创业培训信息化建设需要加强。针对以上问题，本章提出建议：加强职业农民相关宣传，提高农民创业培训参加率；注重农民创业培训质量，引入多元主体参与培训；促进农民创业培训在农业生产中全流程进行；加强培训信息化建设；建设示范基地。

第二节　文献综述和理论回顾

一、文献回顾

根据中国知网中发文量等指标统计数据画出可视化趋势图，可以更清楚地表明"农民职业培训"目前的研究状态。中国知网指数指标包含 4 个方面：学术关注度、媒体关注度、学术传播度和用户关注度，学术关注度是指篇名包含此关键词的文献发文量趋势统计；媒体关注度是指篇名包含此关键词的报纸文献发文量趋势统计；学术传播度是指篇名包含此关键词的文献被引量趋势统计；用户关注度是指包含此关键词的文献下载量趋势统计，此指标只有 2007～2011 年数据，所以本章采用学术关注度、媒体关注度和学术传播度三个指标来衡量"农民职业培训"研究目前的发展趋势。为了更好地体现"农民职业培训"研究的文献分布，本章还对"农民职业培训"关键词所分布的学科、发文机构、同现关键词进行详尽梳理。

"农民职业培训"学术关注度。1984～2020 年，农民职业培训外文文献量发文量较低，从学术关注度指数可以发现，农民职业培训在外文文献中已经不是一个学术热点，所进行研究较少，这与北美、欧洲这些资本主义发达国家早已经比较好地解决了农民教育这一问题有很大的关系，这些资本主义国家进入资本主义时间较早，采用剥削和福利两种方式把大部分农民变成市民，小部分农民变成家庭农场主，较早解决了农民培训、农民继承、农民发展等一系列问题。在学术关注度指数中中文文献在 2012 年环比增长率达到了 54%，2012～2016 年一直处于稳定上升阶段，2016～2020 年中文文献关于"农民职业培训"的发文量总体趋于稳定，如图 10－1 所示。2012 年关于"农民职业培训"中文文献发文量出现较大增长的重要原因是中央一号文件首次提出"职业农民"这一概念，农民职业培训的重要性凸显。

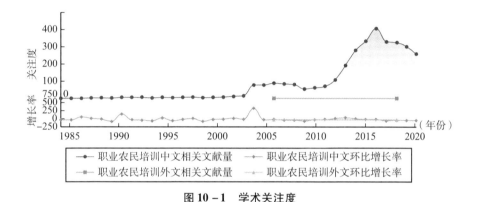

图 10－1　学术关注度

注：职业农民培训中文相关文献量、外文相关文献量（图上部分）与职业农民培训中文环比增长率、外文环比增长率（图下部分）来自知网搜索统计结果自动生成合并图，统一标度便于观察分析。

　　媒体关注度表示报纸文献关注程度，一般来说社会上话题越热点，媒体关注的热度也越高（只有中文数据）。2002～2020 年，媒体关注度总体趋于平稳，但是每个阶段的趋势不同，其中 2004 年相比于 2003 年发文量上升 543%，这与 2004 年中央一号文件重新开始关注"三农"问题有一定关系；2012～2015 年处于上升阶段，这是由于中央一号文件提出"职业农民"概念，强调了农民职业培训的重要性；2015～2017 年媒体关注程度略有下降，在 2018 年媒体关注度出现小高峰，这是由于习近平主席 2017 年 10 月 18 日在党的十九大报告中提出的乡村振兴战略。通过图 10－2 可以看出，农民职业培训在媒体关注度中比较平稳。

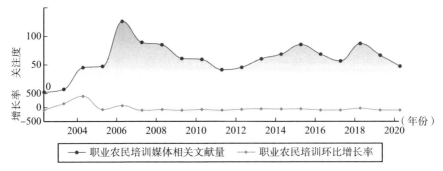

图 10 – 2　媒体关注度

注：职业农民培训媒体相关文献量（图上部分）与职业农民培训环比增长率（图下部分）来自知网搜索统计结果自动生成合并图，统一标度便于观察分析。

学术传播度指相关研究方向的传播广度，一般来说引用的数量越多，相关学术研究也就越丰富。学术传播度数据自 2007 年起到 2020 年止，总体处于上升趋势，其中在 2012 年环比增长 200%，如图 10 – 3 所示，学术传播度受到中央一号文件的影响出现大幅增长；在 2018 年乡村振兴战略提出后，再次出现较大幅度的增长。

图 10 – 3　学术传播度

注：职业农民培训文献被引领量（图上部分）与职业农民培训环比增长率（图下部分）来自知网搜索统计结果自动生成合并图，统一标度便于观察分析。

"农民职业培训"检索词在不同学科中的分布可看出："农民职业培训"主要在成人教育与特殊教育学科中进行研究，发文量 2 040 篇，占比 53.70%；在农业经济学科中发文量 1 135 篇，占比 29.88%；在职业教育学科中发文量 167 篇，占比 4.40%，如图 10 - 4 所示，在其他学科的研究中占比过少。"农民职业培训"研究首先是一个成人教育与特殊教育问题，所面对的人群都是成年人，成人教育区别于学历教育，有其特有的规律和方法，所以"农民职业培训"的研究必须考虑到受教育群体的成年人属性。农民在职业培训体系中是一个相对特殊的群体，农业经济活动虽然也是经济活动，但是有其特殊的生产关系和生产力运动规律，农民职业教育需要也必须在农业经济上考虑。"农民职业培训"在职业教育学科中占比虽然不大，但"农民职业培训"在不同学科分布中的处于前三位，也说明"农民职业培训"是职业教育的重要组成部分，虽然"农民职业培训"教育有一些特有的规律，但总体还是属于职业教育。通过对"农民职业培训"检索词在不同学科分布情况进行可视化发现，职业农民研究是成人教育与特殊教育问题、农业经济问题和职业教育问题。

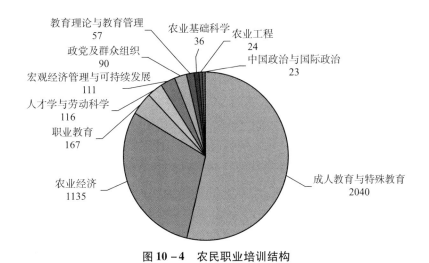

图 10 - 4　农民职业培训结构

"农民职业培训"同现关键词排行可以说明与其他关键词的关联程度。同现最多关键词是"新型职业农民"和"职业农民"，出现

867 次和 213 次，如图 10-5 所示，职业农民与传统农民存在一定的区别，不再被赋予一种身份的烙印，而是一种以农业为职业、具有相应的专业技能、收入主要来自农业生产经营并达到相当水平的现代农业从业者。同现关键词第二的是"培训"和"培育"，随着农村劳动力大量向第二、第三产业转移以及新生代农民工对土地的"陌生"，留守农业人群呈现出总量相对不足、整体素质偏低、结构不尽合理等问题，需要通过培育解决这个问题。同现关键词第三是"对策"，在乡村振兴大背景下，面对乡村持续衰败的现实情况，农民能否担当起乡村振兴的重任，需要通过哪些对策解决这一个问题，通过职业农民培训可以给现实问题提供一种对策，通过培训提升农民农业产业化能力、农村工业化能力、合作组织能力和特色农业能力，不仅可以使自己致富，而且还能帮助和带动他人致富。

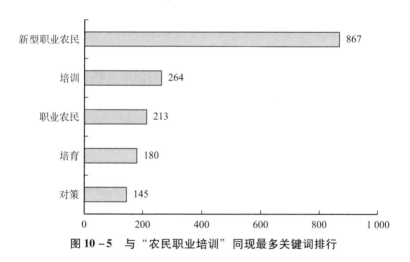

图 10-5　与"农民职业培训"同现最多关键词排行

通过图谱分析，"农民职业培训"研究目前在我国具有一定的价值，具有很强的实践意义。通过同现关键词、学科分布等指标让我们初步了解了"农民职业培训"的概况，为本调查研究提供重要的借鉴，为深入研究山东临沂农民职业培训提供基础和动力。

二、国外研究

20 世纪 60 年代，发达国家已经开始对"农民职业培训"进行相关研究，发达国家由于发展程度更高，进入工业化社会更早，也就更早面对农民与产业发展问题。发达国家对于农民职业培训的研究起步较早，较早形成了相关的理论成果。但在农民职业培训的研究中，由于中国与这些发达国家所面临的时代背景、社会制度、国情不同，研究的侧重点也有所区别。

（一）发展农民职业培训，增加农村地区人力资本

农民职业培训是增加农民专有性资产的重要手段，把传统农民改造成职业农民，弱化职业农民身份属性，增强农民的职业属性，把农民作为一种职业与其他职业平等地参与到社会分工中，充分自由地进入市场，并利用自身所具有能力与素质使经济报酬最大化。农民与其他职业一样，也需要在工作中不断进行培训，学习新的知识，提升自己的职业能力，以适应市场变化，获取更大的报酬。舒尔兹教授在《改造传统农业》主要强调了人力资本投资的重要性，增加对农民的教育和职业技能培训的投资，对实现传统的农业转型和促进农村经济增长具有不可替代的作用（Anthony M. Tang and Theodore W. Schultz，1964）。

（二）培训制度的研究

在相关研究的基础上，西方发达国家普遍认为对农民进行培训是有必要的。研究发现农民接受的教育越多，其使用电脑和网络的概率就越大，其劳动的生产率也随之越高（汪帆，2020），这也是我国大力发展农村电信基础设施建设的原因之一。特拉维斯·利伯特等（Travis J. Lybbert et al.，2012）对比了德国、日本、韩国、美国等国家的农村教育实践。研究得出，要想提高农村教育的效果，需要完善相关的法律法规，通过制度的硬性约束确保农村教育落实到位。一些国家已经为农民职业培训进行专门立法，以确保农民职业培训有法律

的保障，如英国有《农业培训法》、美国有《职业教育法》、俄罗斯有《联邦农业发展法》等，农民职业培训也由专门的政府机构进行负责并且配套有专门的财政资金和政策支持。从西方国家农民职业培训发展来看，农民职业培训由开始的一种职业教育活动逐步成为国家政策，进而逐步成为国家培训制度，有明显的由非正式活动向正式制度转变的趋势。在这种培训制度下，由于国情不同，世界上形成了以日本为首的"东亚模式"，"东亚模式"的特点是建立在人多地少、人口稠密地区上进行的一种农民职业培训形式，日本农民职业培训由国家统筹规划，农业主管部门与相关部门分工负责，培训主体以教育系统为主，农业改良普及事业系统为辅，在这种情况下，日本形成了小而精的农业特点，主要发展高附加值的农业作物，主打品牌农业，形成了诸如神户牛肉等世界知名的高端农产品品牌。西欧模式由于工业社会发展较早，城市化率较高，农业生产已经明显带有职业化特点，西欧地区农村人均占有土地较多，逐步形成了以家庭农场为主要农业经营单位进行培训的形式。北美模式是指适应机械化耕作和规模经营的农业生产，通过构建以农学院为主导的农业科教体系，实现农业教育、农业科研和农技推广三者的有机结合，从而提高农民整体素质。我国目前主要借鉴的是"东亚模式"，发展小而精的农业生产，其中中国的"一村一品"政策在一定程度上参考了日本的"一村一品"制度。

（三）培训意愿的研究

农民是否愿意参加培训受到多方面因素的影响，其中最主要的是培训后能否帮助自己在农业生产上有明显的改善。虽然参加培训后，个人专有性资产的增加情况受到个体差异的影响巨大，但是培训的好与坏还是能从参加培训的总体积极性上反映出来。一般来说，参加培训的农民会根据自己种植农作物情况，在农业上的发展空间的基础上综合考虑需不需要参加培训。培训机构课程设置得是否合理，培训地点时间是否合理，是否有培训后相关的支持政策等也将会影响农民参加职业培训的热情。

三、国内研究

(一) 培训群体的研究

我国目前正处于城市化上升阶段，在农村务农的群体，年龄普遍偏大，年轻人普遍在城市工作、安家，回到农村务农的群体较少。在没有持续的劳动力加入农业生产中，现代农业生产也就缺少了后备人才保障，从事农业生产的人在持续地减少。在这种情况下，保证涉农人才的持续培养和供给是我国目前农业发展的重要任务。但是，在目前的高等教育体系下，无论是家长和孩子在选择专业时，都不会把涉农专业放在首选的位置上，涉农专业都是放在次要考虑的位置。受中国传统思想和目前农业发展现状的影响，农村的家长普遍希望孩子能去城市里工作，获得更高的收入，取得更高的社会地位；城市的家长也希望孩子留在城市里，城市里有更多生存和发展的空间。韩丽娜 (2020) 认为高等教育的扩张也导致农村年轻劳动力被源源不断地由农村吸往城市。城市发展虽然是农村人口外流的主要原因，但是农村的现状也并不适合年轻人的生存和发展，农村缺少就业机会、基础设施建设落后等一系列问题，也把年轻人推往城市，这部分年轻的农村群体，虽然是农村户口，但是已经完全脱离农业生产，也很难通过农民职业培训把这部分群体吸收到农业生产中来。在农民职业培训群体研究方面，刘益平等 (2015) 提出自己的观点，代表性观点如表 10 - 2 所示。

表 10 - 2　　　　　　　　农民职业培训群体研究代表性观点

学者	年份	观点
刘益平等	2015	培训参与主体一般认为是在农村从事农业生产的农民，但是具体又可以分为目前在农村从事农业生产的农民、返乡创业的农民
崔健等	2020	很多在城市工作的农民工仅仅是把城市当作一个工作的地方，并没有融入城市的生活中。这部分群体具有视野广、素质相对较高、思想相对开放的特点，需要利用好返乡农民工这个群体，帮助这部分农民工返乡创业转型

续表

学者	年份	观点
孙文浩等	2020	目前的农村呈现"386199"现象，即农村地区的青壮年劳动力很少，在农村生活的群体以妇女、儿童、老人为主，儿童和老人受限于年龄、身体素质的天然缺陷，无论是在精力上、体力上、思想上都很难承担起农业生产的任务，也很难有更大的发展。在这三个群体中，妇女是农村中空余时间相对充裕，体力、精力充沛的群体，针对这一部分群体的培训，能显著增加家庭收入
林晶晶等	2020	在城市化进程中，一个很难避免的问题就是向外扩张，这就形成了很多失地农民，这部分农民很难在土地上有所作为，非农培训对这部分群体可能是更好的选择
王琦	2016	农业生产比较收入较低，需要前期的大量投入，而且结果拥有不确定性，很多农民希望从事非农职业。在农民职业培训中进行非农培训，可以帮助一部分进行非农就业，提高农村家庭收入

（二）培训存在的问题研究

农民职业培训是多方面相协调复杂工程，郑阳阳等（2020）指出既要对培育对象进行综合素质、职业素养、绿色发展理念等综合课程的培训，也要根据不同类别培育对象的需求进行经营管理、生产技能、专业技能和创业创新培训，这就要求培训内容要完善、精准。在培训上，于莎等（2018）认为培训不应该搞一刀切，要进行特色化的培训。培训存在的问题研究上吕莉敏等（2015）提出自己的观点，代表性观点如表10-3所示。

表10-3　关于农民职业培训中存在的问题部分学者观点

学者	年份	观点
吕莉敏等	2015	在农民培训过程中，政府最重要的是引导性角色，尽量发挥自己的长处，把自身所欠缺的农产品销售等方面交给市场化去做，通过市场进行调节
岳秀红	2019	农民培训，农民始终是培训的主体，应该从农民的角度进行政策制定，否则仅仅是政绩工程，不但劳民伤财，而且提高了往后政策的执行难度，降低政府的公信力

学者	年份	观点
周桂瑾等	2020	目前的农民培训存在着内容针对性不强，培训过于宽泛的问题。农业公司主导的农民职业培训主要针对单项农产品以市场为主导进行培训，只要能够带来足够的收益，农民参与积极性较高，但是参与培训的公司良莠不齐，容易对农民造成不法侵犯
刘胜林等	2020	有些地方一个县或区的新型职业农民培训内容就涵盖了种植、养殖、农机技术、农产品质量安全、农业法规和创新创业等诸多类别，师资力量很难满足不同类别的培育需求
卢彩晨等	2019	培训一统化，不能很好实现"分层次、分类别"培训要求，使培训质量大打折扣
孔韬	2019	有些地方自愿参加新型职业农民培训的人数一次比一次少，就足以说明培训实用性不强，老百姓不买账
张益丰	2019	农业合作社在农民职业培训上有一定的作用，已有研究认为农业合作社作为一种小农民联合生产的组织形式，会为了提高经济效益而对农民进行相关培训，在组织化中对于农民专有性资产的提高有帮助
屠明将等	2020	有研究发现存在一种区别于政府、以产品为导向的企业的组织，这种组织专门从事农民职业教育，以政府网外包服务为主，已有研究表明，这种组织的存在能在一定程度上缓解目前农民职业培训的供需矛盾，但是也必须建立在调查研究的基础上，不能盲目进行开展，一般应该先试点再推广，对于涉农培训要抱有审慎的态度

四、文献梳理

国外的农民职业培训研究起步较早，理论成果丰富，相关的法律法规、培训机构、培训体制较为成熟，能为我国农民职业培训提供重要的参考。我国农民职业培训大规模研究起步于 2012 年，虽然起步较晚，但是由于我国科研院所众多，职业农民研究虽然小众但是依然取得了丰硕的成果，从培训的制度、农民职业培训群体、农民职业培训方式等进行了相关的研究，这在一定程度上为现在的农民职业培训提供了理论基础和实践经验。由于我国不同地区的经济发展、文化等方面存在显著差异。虽然职业农民培训大方向是确定的，但是也需要根据每个地区所面临的不同问题，对所开展的农民职业培训进行微调，这就要求目前的研究要更加细致。

五、概念界定与理论基础

（一）概念界定

1. 职业农民

农民一般来说是指长期生活在农村从事农业生产的群体，农民有双重意思，一方面是指身份，另一方面指从事的工作。我国自古以来都是以农业立国，无论社会制度如何改变，社会阶层如何划分，农民都作为一种阶层保存下来。在古代农业稳定关系到国家的稳定，历次关于农业生产关系的变更都对社会的经济发展和走向产生了至关重要的影响。农业并不是工业化、城市化的从属产业，农民也并不是服务于工人的服务人员（魏宇等，2021）。农业在我国整个国民经济发展中起到了基础性作用，但在市场经济中呈现明显的弱势。在这种现状下，需要通过对农民的培训，使他们成为适应市场经济发展、能为农业现代化作出贡献的职业农民，改变农业的弱势地位。

职业农民或者说新型职业农民，首先要改变的是我国传统几千年以来对农民的概念，不再是生活在农村的人群就可以称为农民，而是要转变为一种职业概念。一般认为职业农民以农业生产为主要职业，充分参与市场竞争实现经济利益最大化的群体。职业农民在农业生产中应该是骨干力量，能够较快地跟上时代的发展，不断进行技术更新，具备有较多的农业知识和技术，较强的经营管理能力，并且能够在生产中不断进行学习。在参与市场竞争中，能够有一定的市场营销理念，对市场信息较为敏锐，具备一定的资金、人脉，拥有一定的抗风险能力。职业农民与现在的兼业农户主要区别是，虽然都是为了获取经济利益最大化，但是职业农民可以从农业中就可以获得与进城务工同等甚至更高的收入，也只有这样，职业农民群体才有可能更好更快地发展。

2. 农民职业培训

农民职业培训是目前培养职业农民的主流方法。随着我国经济发展，无论是城市化、工业化对农业的需要，还是农业自身的发展，都对农民从事农业生产与经营活动所需要的技能等专有性资产提出了更高的要求。农民职业培训能在一定程度上提高农民的素质，促进农户的发展，为我国的乡村振兴战略提供基础。

农民职业培训所针对的人群不仅仅是农民，但是现阶段来看，所针对的群体主要还是农民。培训要以农民作为出发点和落脚点，针对农民的特点来对课程安排、课程内容、授课形式、课后辅导和课程支持作出针对性的改变。农民职业培训所需要的师资也不仅仅局限于权威的专家（例如科研院所教授），也可以是农业生产经营较为出色的"乡土专家"（李舒婷，2021）。培训所要传授和表达的理念都应该围绕着农户，要能够提升农民素质、提高农业生产经营能力，农户收入的提升程度也是衡量培训的重要指标，要让农户感觉到培训"有利可图"，职业培训的发展才能更好地持续和发展。

（二）理论基础

本章的理论基础主要依据机会成本理论、公共产品理论和人力资源理论等，简述如下。

1. 机会成本理论

机会成本原指企业为了进行另一项生产经营活动而放弃当前经营活动而造成损失的一种成本，如果说企业想要进行另一项生产经营较为理性的选择应该是在未来相同时间内另一项生产经营所获取的收益应该大于或者等于目前正在进行的生产经营活动。

对于农民来说参加职业培训需要付出一定的时间成本，参加培训后对生产经营活动做出改变需要占用一定的资源，付出一定的资源成本。如果农民选择参加职业培训就会占用一部分外出务工的资源，在一定程度上造成收益的降低，如果农民在可以预见的时间内，参加农民职业培训所带来的后续发展要大于或者等于外出务工所带来的收益，那么对于农民来说这样的培训就是值得的。在农民职业培训中所付出的时间和精力越多，外出务工或者是获得其他收益所获取的资源就越少。职业培训的初期，也许并不会占用农民过多的时间和资源，也很少会能影响农民在其他方面的收入；随着农民认同和参与职业培训，逐渐把农业生产作为家庭主要产业，外出务工或者其他收入就会在逐渐减少，这也是机会成本中的递增原则。职业培训也可能会导致农村农业生产经营内部分工的加速，有的农民从事农业生产经营，有的农民从事生产经营服务，有的则可能把兼业的外出务工变成主业（温亚平等，2021）。

2. 公共产品理论

农民职业培训一般来说是面向全体农民，并不对所参加群体加以界定和筛选，培训一般来说由政府财政专门资金支持，并不需要农民付出直接金钱成本，培训带有明显的公共品的性质（张冠男，2021）。但是培训需要的物力和人力资源是有限的，并不能没有限制地提供，这也就造成了职业培训的有限性，所以参加培训的人是有限的，参加培训的时间也是有限的，培训在这方面又具有一定的私有产品特性。从这两个方面来看，农民职业培训具有准公共产品的特性，既需要政府主体提供，又需要政府之外的主体提供（江涛，2008）。

一般来说，只有当提供职业培训所付出成本小于或等于所获取的收益，才会有主体愿意提供农民职业培训。政府根据整个国民经济发展的需要，通过财政支持等方式支持职业农民的发展，虽然从直接付出的成本来看有可能是不划算的，但是从整体来看，职业培训所造成的支出所引起乘数收入、外部收入都是可以弥补这一部分收入。而且从长远来看，所支出的成本也是远远小于收益。

农民职业培训需要政府提供初始的资源，为其他主体参与到培训打下良好的基础，减少企业的投资回报周期。准公共产品有效地提供的一个很重要的方面是引入市场竞争，需要明确培训的目标，培训的内容、培训的方式，以经济利益为导向提供准公共产品，提高准公共产品提供的效率。

3. 人力资源理论

人力资本是劳动者自身所包含的资本，通过学习等活动，可以提高生产技术水平、生产效率。人力资本的提升能增加发展的主观能动性，发展的方向会变多，发展的空间也会变大，舒尔兹表示人力资本的积累是社会经济增长的源泉（江涛等，2008）。研究发现通过教育可以提高劳动力的质量、劳动者的工作能力和技术水平，从而提高劳动生产率，特别是教育支出的增长是经济增长的源泉之一（Zhiyi guo et al.）。

农民职业培训是以人为核心的培训，所培训的目的也是增加劳动者身上所包含的人力资本，提高其发展的可能性，更好地适应目前的市场经营，提高农业的现代化水平。农民职业培训虽然是以人为核心的培训，但是也需要借助金融等手段促进培训效果的提升。也就是说要在整个培训体系中，强化配套设施，增加政策、金融等方面的支持。

第三节　山东 L 市新型职业农民职业培训状况调查

一、调查设计

（一）问卷编制

为了全面、客观及深入地了解 L 市新型职业农民发展的现状，制作《L 市农民职业培训状况调查》问卷深入村庄、县市农业农村局进行调查。调查工作主要分两个阶段进行，第一个阶段是对问卷进行设计和验证，运用扎根理论提取出相关问卷指标如表 10 - 4 所示，进行小范围问卷调查，并对当地农民职业培训政策进行梳理；第二阶段是针对第一阶段调查问卷发现的问题进行修改和完善，并对修改和完善后的问卷进行二次发放调研。L 市农民职业培训状况调查对象是各县域内从事农业生产活动的农民，调查对象主要是 L 市各县域内下辖的行政村和自然村。问卷主要分为两个部分，第一部分是参加过农民职业培训的农民，了解他们对已开展的培训的意见及建议；第二部分是未参加过农民职业培训的农民，了解他们对于农民职业培训的需求。

表 10 – 4   访谈内容及问卷指标提取

访谈片段	问卷指标提取
农户 WGH（男，52 岁）：我家地就剩下大队里分的人口地，6 亩多，以前还包村里的地（指标 1），其他人的地，现在也不包了，出去打工比种地还轻快，挣得还多（指标 2）。培训我没参加过（指标 3），但是我也想参加，等到年龄大了，出不去打工了，还是得回来（指标 4），要是能培训一些草莓种植技术，这个挣钱多，就是投资有点大，销路还不一定（指标 5）。	指标 1：土地 指标 2：收入组成 指标 3：培训参加情况 指标 4：培训意愿 指标 5：后续服务
农户 WHK（男，49）：我那时候上学不多，就上到初中，我家里现在主要就是种地瓜、小麦、玉米、花生，这边都种这些东西，这两年村里有去外地参观种植草莓的（指标 6），回来弄了大棚，一个棚一年也能挣六七万。培训村里有叫着去的，说是管饭吃得好，我出去打工一天也挣不少，不来耽误时间。我要是去参加培训，秋收后几天还在家，去看看也行（指标 7），太远了也不值（指标 8）。	指标 6：种植基地 指标 7：培训时间 指标 8：培训地点
农户 WLY（女，53 岁）：我就在村周边有厂子打工，工资也不高，一天能挣 80 左右，也就图个离家近。培训我参加过，就是俺这些闲人去得多，去了就是讲课（指标 9），俺也听不懂，培训也没有什么意思，他讲的也不知道是个啥，参加培训就是来玩的（指标 10）。	指标 9：已参加培训的形式
农户 LX（女，48 岁）：有培训村里就在群里说，也在大喇叭吆喝，我们年轻点都会用手机（指标 11），上去 70 以上就不会用了，培训也没说干什么，去了就说怎么打农药、施化肥，这些俺种了这么些年的地都懂，光是老师讲的我们回家也没办法用，得是和我们一样的村里的讲的我们才能听懂（指标 12），当时听了，回家就忘了，要是真的要种那些新品种，没人手把手教，也不会种，种了也担心没人要，头几年就有高价卖种子，然后种出来人跑了不见了（指标 13）。	指标 10：培训满意度 指标 11：培训通知方式 指标 12：培训师资
农户 ZYQ（男，59 岁）：培训用处都不知道，付钱我就不去了（指标 14），我参加培训就是看看能有什么办法从地里多挣点钱（指标 15），年龄大了出去打工也不要了。农户 LQR（男，35 岁），对培训内容关注度高，对创业培训兴趣足（指标 15） 农户 XF（女，29 岁），对培训内容关注度高，对创业培训兴趣足，特别是农村电商、直播带货等内容（指标 15） ……	指标 13：提供培训主体选择 指标 14：培训费用 指标 15：培训内容和目的

根据农户访谈提取的相关指标，结合相关研究成果对问卷问题的内容进行设置，发现访谈对象对农民职业培训主要问题围绕着培训前期宣传、参加培训成本、培训后续服务、培训形式与内容设置这四个

方面，如图 10 - 6 所示。

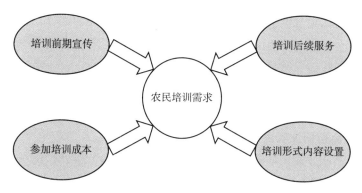

图 10 - 6   问卷设计内容与方向

（二）山东 L 市农民职业培训措施调查

山东 L 市位于鲁东南鲁苏交界处，是中国花生之乡、中国板栗之乡、北方绿茶之乡、山东草莓与大蒜主产区，是农业生产大市，L 市大部分县市以大田作物种植为主，农民职业培训近年来得到了快速发展，相关部门对农民职业培训的重视程度不断加大，在该领域加大了财政扶持力度，在实践中不断完善农民职业培训相关的基础环境，鼓励农民积极参与到各种形式的农民职业培训中。调查过程中发现 L 市各县市具体情况相似度高，以下研究主要以 L 市 J 县为例展开。

1. 各县市农广校举办农民职业培训班

早在 2012 年中央一号文件《中共中央 国务院关于加快推进农业科技创新持续增强农产品供给保障能力的若干意见》就指出应该"大力培育新型职业农民"开始，我国逐步形成由国家统筹协调，县域农广校为主要力量的农民职业培训体系。到 2023 年，L 市各县市先后组织学员参加了由省农业广播电视学校举办的"农业经理人（创业）培训班""农业领军人才培训班""农业丝路先锋培训班"和"全市农村妇女致富带头人培训班"，其中 L 市 J 县共培训往届优秀创业学员370 人，培训新型农业经营主体带头人 815 人。

2. 职业农民认定

L 市 J 县 2019 年制定《J 县新型职业农民认定管理暂行办法》，职业农民认定分经济作物、畜牧产品、林产品等类别进行，设置考核制度，全部通过合格的认定为职业农民。认定为职业农民掌握很高的农业生产技能，明显优于从事农业生产的其他人，在农业生产中有一定的规模，获得较高的经济收益，职业农民认定是一种证明自己职业能力的一种职业资格。

3. 新型职业农民职称评定制度

新型职业农民职称分为初级职称、中级职称、高级职称（分为副高级和正高级），初级、中级、副高级和正高级职称名称依次为农民助理农艺师、农民农艺师、农民高级农艺师、农民正高级农艺师。新型职业农民职称是技术水平和专业能力的标志，不与岗位和聘用等硬性挂钩。J 县在 2021 年 2 月 26 日至 3 月 20 日组织了新型职业农民职称评定申报工作，共有 4 名人员成为农民高级农艺师、14 名人员成为农民农艺师、19 名人员成为农民助理农艺师。

（三）信度分析

由于问卷中存在李克特量表类题目，需要对问卷中量表类题目进行信度分析。问卷中问题 1（你对农民职业培训了解程度）、问题 7（觉得农民职业培训对提高农业收入有没有帮助）和问题 15（对于培训有没有需要及培训内容要求）符合信度分析要求。信度分析结果显示其内部一致性系数为 0.882，信度指标比较理想，标准化的内部一致性 α 系数为 0.883（见表 10 - 5）。因此可以综合说明此量表信度较为合理，量表数据具有一定的可靠性。

表 10 - 5　　　　　　　　　问卷量表问题信度分析

克隆巴赫 Alpha	基于标准化项目的克隆巴赫 Alpha	项数
0.882	0.883	3

（四）效度分析

问卷中量表类题目即问题 1、问题 7 和问题 15 的效度分析如下：运用 SPSS 进行探索性因子分析，结果显示的 KMO 值为 0.727，并且通过 Bartlett 球形检验（见表 10 - 6）。KMO 值越接近 1 表示效度越好，大于 0.5 表示可以用，0.5 及 0.5 以下表示极不适合。

表 10 - 6　　　　　　　　　　KMO 和巴特利特检验

KMO 取样适切性量数		0.727
巴特利特球形度检验	近似卡方	765.482
	自由度	3
	显著性	0.000

二、样本基本情况

调查工作由团队成员共同完成，调查问卷发放集中在 J 县地区春忙时间（5~6 月）进行，此时间段进城务工人员多数回村务农。调查一共采取两种形式，一种是通过问卷星问卷系统进行线上作答；另一种是通过纸质问卷进行现场作答。回收工作通过问卷星问卷系统对问卷作答内容进行下载，运用 Epi data 问卷录入软件对回收问卷进行录入，形成电子化数据。本次调查问卷一共发放 520 份，为了确保问卷的有效和真实性，团队对回收问卷进行严格筛选，对作答不全、重点项缺失的问卷进行删去，对作答呈明显规律性问卷进行删除，对问卷信息呈明显错误进行删除（例如：年龄 12 岁），最终回收问卷 452 份，有效回收率 86.92%，如表 10 - 7 所示。

表 10 - 7　　　　　　　　　　样本基本情况描述

基本特征	问卷选项	样本数量（份）	占比（%）
性别	男	206	45.58
	女	246	54.42

续表

基本特征	问卷选项	样本数量（份）	占比（％）
年龄	小于 26 岁	0	0
	26～40 岁	62	13.72
	41～55 岁	198	43.80
	大于 55 岁	192	42.48
受教育程度	小学及以下	253	55.97
	初中	178	39.38
	高中	11	2.43
	大专	8	1.77
	本科及以上	2	0.44
对农民职业培训了解程度	很不了解	98	21.68
	不了解	155	34.29
	一般	162	35.84
	了解	31	6.86
	很了解	6	1.33
土地经营面积	5 亩及以下	59	13.05
	6～10 亩	302	66.81
	11～20 亩	82	18.14
	20 亩以上	9	1.99
你觉得农民职业培训对收入有帮助吗	完全没有帮助（浪费时间）	25	5.53
	没有帮助	85	18.8
	没感觉	113	25
	有帮助	213	47.12
	有很大帮助	16	3.54

性别：从表中可以看出本次调查男性问卷 206 份，占比 45.58%；女性问卷 246 份，占比 54.42%。女性问卷比男性问卷多 8.84%，造成这种情况的原因很可能是男性外出务工居多，女性则留守在家照顾老人和孩子，从这一方面来看，女性在农业生产中的潜力是比较大

的，需要利用好女性群体留守的特点，帮助她们从事农业生产或者农村创业活动。

年龄：调查中没有发现 26 周岁以下在村中务农的群体，26~40 岁群体占比 13.72%，41~55 岁群体占比 43.80%，大于 55 周岁群体占 42.48%。可以明显发现，目前在农村务农的群体集中在 40 岁以上，青壮年务农群体严重缺失，农村面临着谁来种地的困局。

受教育程度：本次调查在农村务农的群体小学及以下占比 55.97%，初中占比 39.38%，高中及中专占比 2.43%，专科占比 1.77%，本科占比 0.44%。造成这种情况的原因是务农群体主要集中在 40 岁以上，这部分群体普遍的受教育水平集中在初中及以下，而并没有受教育程度普遍较高的年轻群体补充进来，就造成了务农群体总体受教育水平较低。

农民职业培训了解程度：问卷调查农民对职业农民认识程度。问卷数据中，表示对于农民职业培训较为了解的问卷 37 份，占总体数据的 8.19%；对问卷数据表示不了解的问卷 253 份，占总体数据的 55.97%。问卷数据从一定程度上反映多数农民对农民职业培训并不了解。

土地经营面积：土地经营面积在 5 亩及以下的群体占比 13.05%，在 6~10 亩占比 66.81%，11~20 亩占比 18.14%，20 亩以上占比 1.99%。当地的农业经营面积普遍集中在 6~10 亩，经营土地以村庄分的人口地为主，少许购买同村土地来扩大生产。从土地面积上来看，目前的土地经营面积很难支撑起一个家庭的开销，比较收益低也是制约年轻人进入的重要因素。

农民对职业培训对收入影响调查：认为完全没有帮助的农民占比 5.53%；认为没有帮助的农民占比 18.8%；认为没有感觉的农民占比 25%；认为有帮助的农民占比 47.12%；认为非常有帮助的农民占比 3.54%。可以看出超过一半的农民认为农民职业培训对收入有帮助，有接近 70% 的农民并不排斥农民职业培训。这就说明农民职业培训存在较高的群众基础，多数农民还是对农民职业培训的作用持积极的态度。

三、样本收入来源基本情况

农民收入来源：本题在问卷中是多选，如表 10 – 8 和图 10 – 7 所示农业占家庭收入较多的农民占比 34.51%，年龄集中在 55 周岁以上；农业收入不是家庭主要收入的农民占比 65.49%，年龄集中在 40 ~ 55 周岁。家庭农场农民家庭收入主要来自农业收入，农业服务类农民家庭收入也主要来自农业收入。从家庭收入主要来源年龄分布来看，多数青壮年劳动力都以非农收入为主，可见农业生产比较收益低带来的影响是深远的。

表 10 – 8 家庭收入主要来源与年龄分布关系分析 单位：份

收入类型	农业占家庭收入较多的农民	农业收入不是家庭主要收入	家庭农场农民	农业服务类农民（耕地、种子等）
小于 26 岁	0	0	0	0
26 ~ 40 岁	17	45	6	10
41 ~ 55 岁	45	153	10	16
大于 55 岁	94	98	2	9

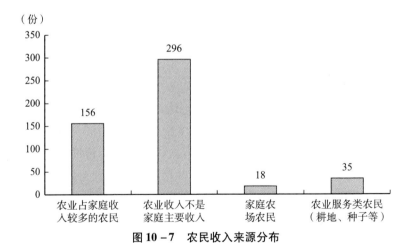

图 10 – 7 农民收入来源分布

　　农业收入来源分布：问卷中该选项是指农业收入构成部分，问题
选项为多选，问卷结果显示（见图 10 - 8）所有农民都种植大田作
物。大田作物构成如下：其中有 52 份问卷种植经济作物；有 103 份
问卷收入包含畜牧业；有 98 份问卷收入包含林业。本地的大田作物
种植比较普遍，大田作物一方面供家庭食用，一方面出售。经济作物
种植农民较少，占总体农民的 11.5%，经济作物经济附加值高，亩收
入远远高于大田作物，能够显著提高农民收入，但需要农民在外出务
工和种植经济作物之间进行选择。畜牧业收入的农民占总体 22.79%，
畜牧业收入是农业收入的重要组成部分，是土地种植收入和外出务工
收入的重要补充，一般主要由留守妇女进行家庭养殖。林业有收入的
占总体农民 21.68%，农民一般都会在沿河地、菜园、沟渠旁等种植
树木，也会在交通不便利等不好的地块种植树木。

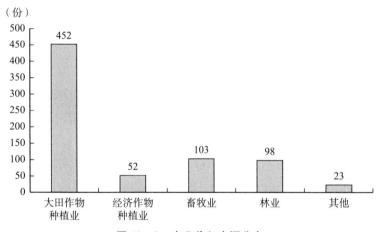

图 10 - 8　农业收入来源分布

四、样本农民职业培训参与情况

　　农民职业培训的调查分为两部分：第一部分是参加过农民职业培
训的农民，了解他们对已开展的培训的意见及建议；第二部分是未参
加过农民职业培训的农民，了解他们对于农民职业培训的需求。问卷

结果显示参加过职业培训的农民问卷 102 份，占比 22.57%；未参加过培训的农民问卷 350 份，占比 77.43%（见图 10 – 9）。从问卷数据来看，大多数农民都没有参加过农民职业培训，农民职业培训的覆盖范围还有待提高。

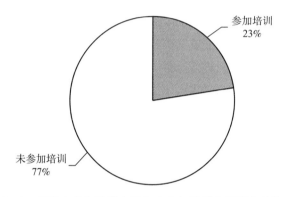

参加培训
23%

未参加培训
77%

图 10 – 9　问卷中参加培训农民与未参加培训农民所占总体比例

（一）参加培训农民供给情况调查

根据问卷数据，本次调查一共有 102 位农民参加过培训。针对参加过培训的农民进行调查，了解他们已参加过培训的情况，涉及培训提供主体、培训内容、培训受益等方面。

提供培训主体分布：对培训提供主体进行调查，本题选项为多选题。如图 10 – 10 所示问卷，第一是政府（农委）组织的培训，有 89 份问卷，占比 87.25%；第二是农业企业或农业合作社组织的培训，有 72 份问卷，占比 70.59%；第三是专业社会培训机构组织的培训，有 52 份问卷，占比 50.98%；第四是社区教育中心、成人教育中心组织的培训，有 23 份问卷，占比 22.55%；第五是其他培训机构提供的培训，有 21 份问卷，占比 20.59%；第六是职业学校提供的培训，有 8 份问卷，占比 7.84%。

从问卷数据中可以看出，农民主要参加的是政府组织的培训，政府目前依然是职业培训市场绝对主力，说明目前的农民职业培训收益较低而且回收成本周期较长，并不能在短时间变现，农民职业培训现在仍是准公共产品的前期阶段，目前很难市场化运作，在未来一段时间内，政府仍是职业培训市场的主力。但是可以发展以农业企业或农民合作社等市场化主体提供培训，由于提供的培训服务与所种植的产品息息相关，具有很强的市场导向性，逐渐会在培训提供上拥有一席之地。

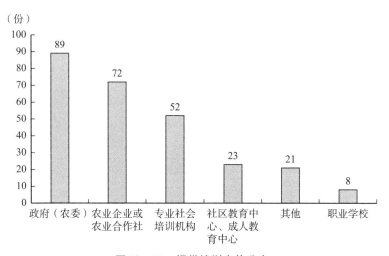

图 10 – 10 提供培训主体分布

1. 培训内容分布

农民参加过培训的内容，是职业培训的核心部分，关系到农民培训的质量，本题为多选题。培训内容选择数量前三的内容分别是专业种植养殖技术培训、农业安全环保意识和行业内先进经验，分别占总体培训内容的 96.08%、87.25% 和 54.9%（见图 10 – 11），从一定程度上反映目前培训主要集中在技能、生产安全培训方面。

2. 培训形式分布

农民参加过何种形式的培训，为多选题。如图 10 – 12 所示问卷数据中培训形式最多的是课堂授课，有 86 份数据，占总体的 84.31%；第二是视频直播，有 68 份数据，占比 66.67%；第三是外地参观技术交流，有 56 份数据，占比 54.90%。从问卷数据上来看，课堂授课依然是目前农民职业培训的主力。视频直播形式也随着互联网普及，在农民职业培训占有重要地位。外地参观技术交流能直观感受到优秀的农业生产案例，是目前主流形式之一。

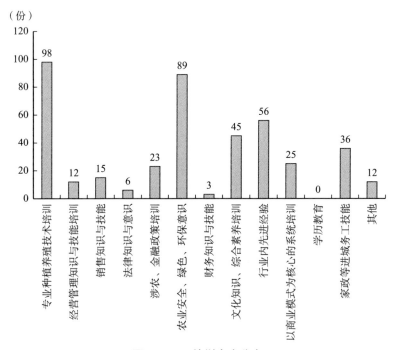

（份）

图 10-11　培训内容分布

3. 培训中问题分布

该选项主要研究在培训过程中学员遇到的问题，为多项选择题。如图 10-13 所示第一是培训问题中无培训跟踪指导服务最多，有 79 份，占总体的 77.45%；第二是培训内容不符合自己的需要，有 72 份，占比 70.58%；第三是教学方法不适应，有 65 份，占比 63.73%。说明培训的后续服务和教学内容需要进一步改善，尤其是配套的跟踪服务，不能为了培训而培训。培训不存在收费高的问题，说明目前培训多是由政府补贴进行的准公共产品。

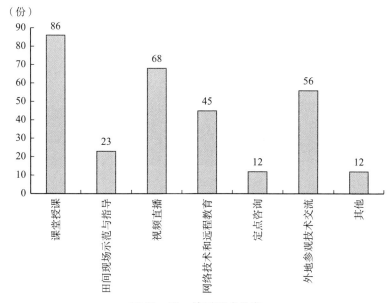

图 10 - 12　培训形式分布

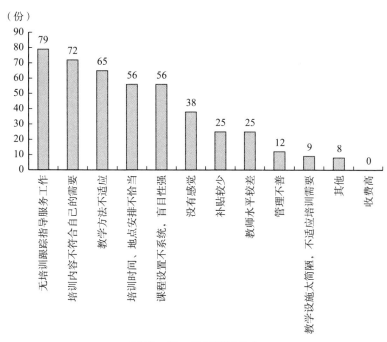

图 10 - 13　培训问题分布

4. 优惠政策和政府扶持政策分布

指农民在培训中或培训后享受的政策。从问卷数据中来看，大多数农民都没有享受过相关的政策，有一部分农民享受过金融、产业、科技和创业政策，但是所占比例不高，这说明在进行相关培训，需要有一定的政策相配套。但是也需要注意相关政策不能成为少数人牟利的工具，政策的制定应该具有普遍性，不能把参加过培训与没有参加培训的农民区别对待（见图 10 - 14）。

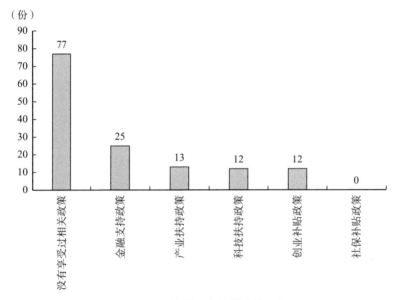

图 10 - 14 培训配套相关政策分布

从问卷数据上进行分析，目前的农民职业培训，农民参加的热情并不高，培训的提供主力依然是政府，培训的内容以专业技能、创业培训为主，但从培训反映的问题上，所培训内容与农民要求还是存在一定差距。课堂培训虽然是目前培训的主要形式，但是依然有改进的空间，农民受限于知识水平，综合素质等原因，造成课堂培训效果不理想，在培训过后也需要加强培训的跟踪服务，制定相关的辅助政策，为职业农民生存和发展提供土壤。

（二）农民职业培训需求调查

问卷中无论参加或者没有参加培训，都进行了培训需求情况调查，通过问卷数据来反映农民目前对农民职业培训有哪些要求。

1. 职业培训需要情况分析

调查农民对培训的需求情况。如图 10－15 所示大多数农民对于农民职业培训存在需求，仅有 76 份问卷表示不需要农民职业培训，占总体 16.81%，有 376 份问卷表示需要农民职业培训，占总体 83.19%。农民职业培训存在良好的群众基础，但是培训需求会随着培训的效果上升或者下降，那些参加过职业培训的农民如果将职业培训带来的好处让周围邻居看得见，那么农民职业培训需求会更加强烈，反之，农民职业培训就很难再引起农民的兴趣，容易造成以后的农民职业培训推广加大了难度。

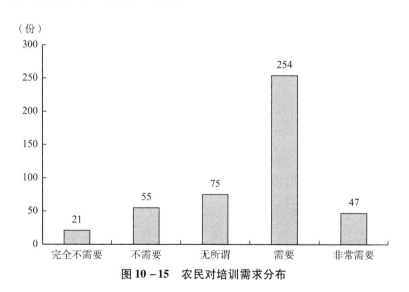

图 10－15　农民对培训需求分布

2. 培训通知获取途径分布分析

问卷选项为多选，希望从哪些途径获取培训信息。如图 10－16 所示，村庄微信群选择最多，一共 386 份，占总体的 85.4%，这说明我国的光纤入村取得了很大的进展，农村信息化建设取得了很大的成效，多数村庄都有微信群，村庄宣传和大事小事都能村庄微信群得到消息；村庄大喇叭作为村庄获取信息的传统方式，依然有很高的价值，村庄中年龄稍大的群体依然需要通过大喇叭获取信息，共有340份问卷选择，占总体75.22%。从问卷数据侧面可以看出，农村信息化普及程度较高，农村并不是人们心目中那么传统、闭塞，农民职业培训也应该加大信息化建设的力度。

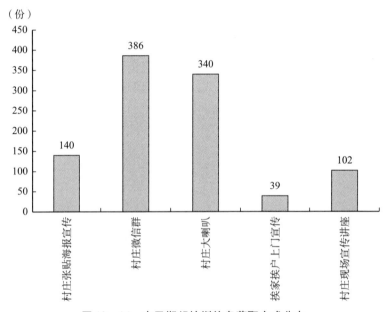

图 10 - 16　农民期望培训信息获取方式分布

3. 农民期望培训主体需求分布

如图 10 - 17 所示，问卷选项为多选，调查农民更希望哪些主体来提供农民职业培训。农民需求最多的培训主体是农业企业或农业合作社（见图 10 - 18），占总体需求 81.72%，此类型的主体以产品为导向，培训变现能力强；第二是政府主体，占到总体 78.76%，这与目前准公共产品性质密不可分。通过对农民实际参加培训提供主体与农民希望培训主体发现，农民更倾向于培训针对性更强的农业企业或农业合作社，但是也需要政府在其中防止企业侵害农民利益事情的发生。

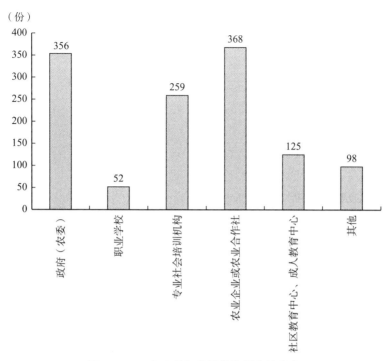

图 10-17 农民希望的提供培训主体分布

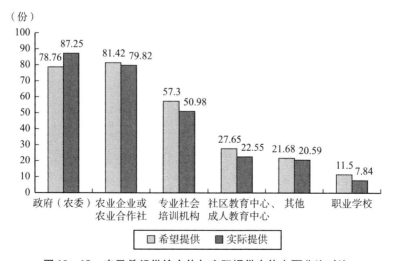

图 10-18 农民希望供给主体与实际提供主体占百分比对比

4. 培训内容需求分布

选项为多选题，主要调查农民对职业培训内容需求。如图 10 – 19 所示，第一，需求最多的是经济作物的种植技术，占总体需求的 77.88%。而大田作物种植技术需求较低，占总体需求的 28.1%，可见农民对于经济附加值较高的经济作物比较青睐；第二，创业培训以及涉农金融政策培训需求，占总体 66.6%，说明农民的金融方面的知识需求较大，从侧面反映出了金融知识的普及不到位，当资金出现困难，农民有需求会选择贷款经营，同时也需要金融部门针对农民实行差异化政策，帮助农民进行生产经营；第三，行业内先进经验，占 65.93%，行业内先进经验是农民能够看得见、摸得着的，更直观、更容易引起参加培训学员的兴趣；第四，家政等进城务工技能培训，农村土地有限，有些农民并不愿意从事农业生产，而且农业生产带来的收入也并不可观，就需要掌握一份技能来进城务工，选择此项女性占 70.65%（见图 10 – 20），这说明女性与男性对于培训的侧重点倾向有所不同，可以试图区分性别制定不同的培训内容。

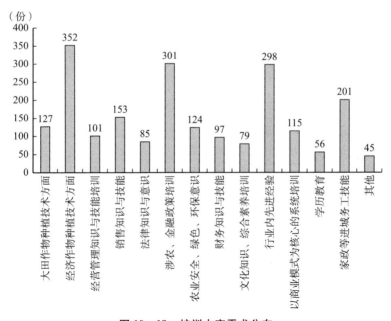

图 10 – 19　培训内容需求分布

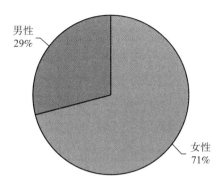

图 10 - 20　家政等务工技能性别分布

5. 学习方式分布

问卷选项为多选，主要调查农民期望的学习方式。在培训现状中，最多的培训形式是课堂教学这种理论的学习，但是农民需求调查中，问卷数据最多的是田间现场示范与指导，占 71.9%。第二是外地参观技术交流，占 60.17%。这可以说明，农民学习更倾向于直观、非文字性的学习。随着农村网络基础设施建设，视频直播、App 学习等线上培训也占有一定的比重，视频直播占 57.3%，这种随时随地都能学习的方式开始被越来越多农民喜欢，如图 10 - 21 所示。

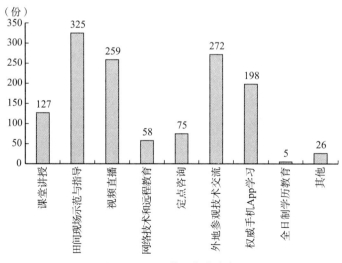

图 10 - 21　学习方式分布

6. 参加培训目的

农民参加培训的目的就是对职业培训的期望，问卷选项为多选题。问卷数据显示（见图 10 – 22）参加职业培训目的最多的是提高收入，占 54.86%；其次是提高技能，占 26.55%；获得政策补贴等选项占比较少。从问卷中可以看出，农民参加培训是需要"有利可图"，需要从某一方面提高自己或者改善目前的生活，职业培训需要给农民带来发展前景，让农民看到希望，获取高于目前的经济收益，否则农民参加职业培训就失去了意义。

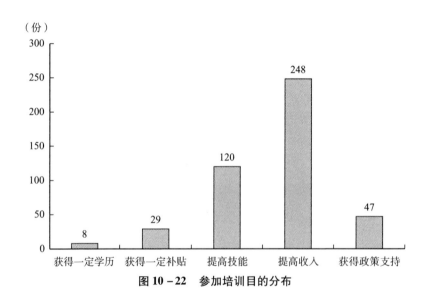

图 10 – 22　参加培训目的分布

7. 参加培训时间

培训时间的选择对农民很重要，农民很有可能由于参加职业培训而损失几天外出打工的收入。从问卷数据分析（见图 10 – 23），选择农忙后的农民稍多一些，农忙前后农民一般都会回家务农，这时候并不需要专门拿出时间参加职业培训，更有利于培训的开展。

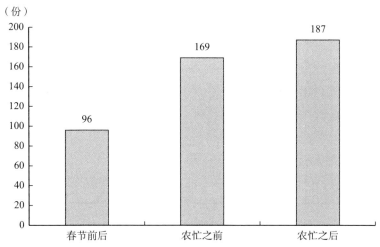

图 10 - 23　培训时间选择分布

8. 培训时间长度

问卷选项为填空题，调查用户期望的培训时间长度。从问卷数据可以看出，农民普遍希望培训时间在 1 天内完成，占全部农民的 63.94%；选择培训 2~3 天的农民占 24.12%；选择 4~5 天的农民占 6.42%（见图 10 - 24）。问卷数据反映，农民普遍不希望培训时间太长，普遍对培训抱有试试看的态度，但是培训时间短多数内容都是一带而过，不能深入。需要平衡培训双方的时间，以更加灵活的方式提供培训。

9. 培训地点选择

调查农民期望的培训地点。从问卷数据可以看出，希望在本村培训的占 61.06%，希望在本乡镇培训占 18.8%，希望在本县培训占 17.7%（见图 10 - 25）。农民普遍并不想培训地点离家太远，更希望就近培训，最好在村庄内进行培训，这样所付出的时间成本和其他成本更少。而且如果临时有其他事可以随时退出，更符合农民的利益选择。

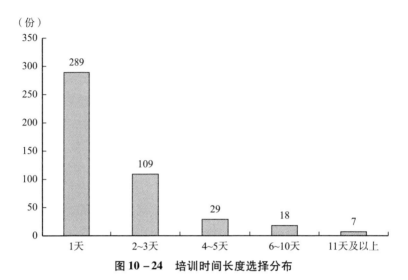

图 10 – 24　培训时间长度选择分布

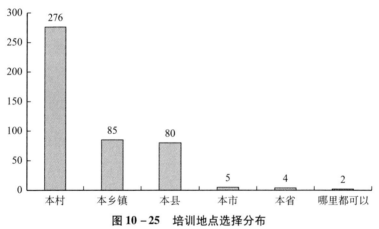

图 10 – 25　培训地点选择分布

10. 培训师资期望

问卷中为多项选择题，主要调查农民希望主体来给自己进行培训以及他们心目中较为理想的培训老师，选择最多的是同行业优秀者，占 78.76%；第二是农业高校专家教授，占 59.51%；第三是企业老板，占 54.87%（见图 10 – 26）。农民更倾向于实践经验更丰富的同行业优秀者，他们实践经验丰富，而且方法等经过实践和市场验证，可靠性较高，在职业培训中师资的选择应该重点考虑这部分群体。

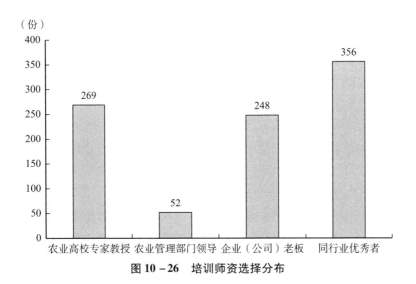

图 10 - 26　培训师资选择分布

11. 培训结束后服务

该选项调查农民培训后对服务的要求。培训的后续服务是培训的重要延伸，培训后续服务的作用从某一方面来说还要大于培训本身。如图 10 - 27 所示选择最多的是建立微信群等，随问随学，占 40.48%，农民对于快速、便捷的微信依赖程度较高，要注重职业培训后续服务的信息化建设，既有助于降低提供培训主体成本，又方便培训需求主体学习；第二是学员互相交流学习平台，占到了 28.1%，农民更相信经过实践检验出的经验，能让农民更看得见、摸得着。

12. 培训收费

合理的收费能让培训更好地发展，培训要让农民看到效果才愿意付费。如图 10 - 28 所示选择完全不收费占据绝大多数，占 85.4%，从一个侧面反映出目前的培训在农民农业生产中并不是非常重要，没有达到付费也要参加的程度。农民参加培训本身就需要付出一些成本，但是在农村时间相对充裕，时间成本可以在一定程度上忽略，但是再额外付出金钱的成本，农民就需要考虑培训能给自己带来多少收益，需要收益大于付出，农民参加的积极性才会更高。

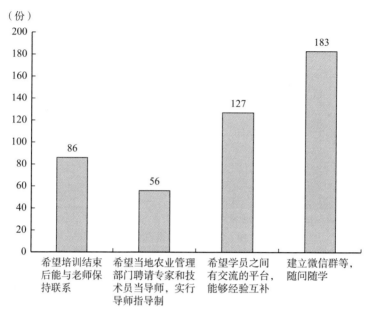

图 10 - 27　培训后续服务选择分布

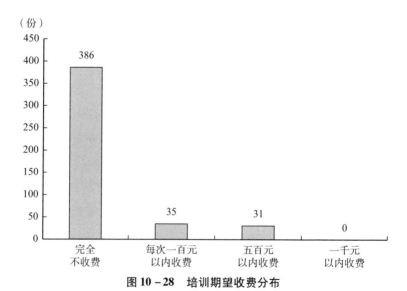

图 10 - 28　培训期望收费分布

13. 培训政策需求

　　培训政策主要是调查农民希望在农业生产中获得政策支持。如图 10 – 29 所示，需求最多的是金融支持政策，占 56.63%，在市场经济条件下，金融是发展产业的重要条件，金融政策需求较多，说明农民市场化思维有了很大程度的提高（谢颖和梁浩，2021）；第二是创业补贴政策，农民希望进行创业能够获得一定的补贴，在其他政府扶持的产业中，创业补贴也比较常见。政策需求代表政策倾斜，一定的政策倾斜能促进相关产业的发展。

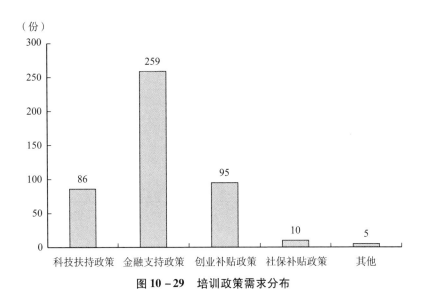

图 10 – 29　培训政策需求分布

14. 产前、产中、产后（销售）服务需求

　　产前、产中、产后（销售）表示农业生产的全流程指导，通过全流程的指导能够帮助产业产生、成长，该选项主要调查农民对于产业生产全流程服务需求。产前服务是生产之前的产业指导，正确的产前指导，能够为产中、产后打下良好的基础，包括品种选择、化肥、农药等指导，该选项的需求 79.65%；产中是生产环节，好的生产管理能够有效地提高产品的产量和质量，产中服务对于农作物尤其是初次种植的农作物至关重要，该选项需求 85.61%；产后是农作物重要的变现环节，是农作物距离市场最近的环节，好的销售状况能够有效提高农民的积极性，该选项选择最多占 93.8%，如图 10 – 30 所示。从问卷数据反映情况来看，农民对于产前、产中、产后服务需求很高，这说明在培训新技术、新作物时要注重全流程服务，否则推广的难度较大，农民接受的难度也较高。

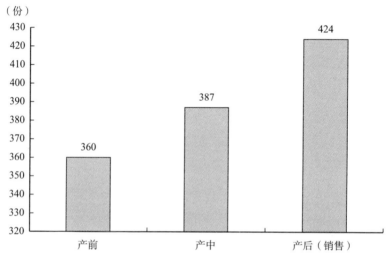

图 10 – 30　农业生产产前、产中、产后（销售）需求分布

15. 培训后示范基本建设

主要调查农民对于新品种、新技术的态度，示范基地会让新品种、新技术更直观，农民也更乐于接受，从一定程度上会降低新品种、新技术的推广难度。如图 10 – 31 所示，需要示范基地的农民占 88.72%，这与前面结果一致，农民更喜欢看得见、摸得着的东西，对于理论的感受能力较弱，在培训中需要着重加强直观展示的方面，减少纯理论方面的学习。

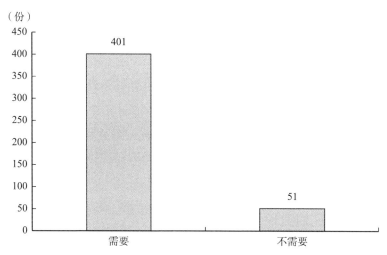

图 10-31　新技术、新品种示范基地需要调查

农民对培训的需求从一定程度上反映培训机构需要怎么做，根据问卷调查结果，农民总体并不排斥农民职业培训，但是农民职业培训供给与需求存在不匹配的情况，需要在提供的培训的细节方面加以完善。

第四节　山东 L 市农民职业培训目前存在问题分析

山东 L 市职业培训制定了多种政策，目前主流的以农广校为主体的农民职业培训体系、职业农民认定、农民职称认定等。L 市农村务农人群的现状同样也面临着老龄化的问题，绝大多数务农群体都在 40 岁以上，农业生产断层问题突出，这部分务农群体受限于当时的社会环境等影响，普遍接受教育较少。当地农民拥有土地也较少，大多数农民家庭土地在 10 亩以下，发展大田作物很难依靠农业改善家庭收入，发展经济作物又需要放弃获取其他收入的机会，农民需要根据自身情况综合考虑。

调查问卷反映农村居民的收入来源以非农收入为主，在以农业收入为主的农民中 55 周岁以上的农民占 60.25%，年龄偏大的农民出去务工机会很少，农村就成了生活托底的角色，从一个方面来说当地目前农村的社会保障属性较为突出，有效缓解了老龄化带来的社会负担问题；也从另一个方面说明当地的农业产业结构，还无法让农民通过务农过上较为体面的生活。

山东 L 市农民职业培训经过多年的发展，职业培训的制度逐步完善，农民职业教育取得了很大的进步。但是也不能忽视问题的存在，本节针对问卷数据反映问题进行梳理。

一、农民职业培训参与率低

问卷中 22.57% 的农民参加过培训，参与培训的农户较少，为了探究为什么农民培训参与率低，问卷还设置了相关问题进行调查：第一，农民对职业培训的了解程度较低，对农民职业培训较了解的农民占所有调查农民的 8.19%；第二，认为农民职业培训对收入没有帮助和没有感觉的农户占比过多，占 49.33%；第三，务农群体年龄多在 40 周岁以上，占比 86.28%；第四，在调查农民群体中 65.49% 的农户不以农业收入作为主要收入，而且年龄越小的农民对非农收入依赖性越强。

通过问卷数据，农民职业培训参与率低总结为以下几个方面原因，如图 10-32 所示：第一，是农民职业培训宣传方面，宣传是农民了解农民职业培训的窗口，一个良好的宣传能引起农民对职业培训的兴趣，从而激发农民参与职业培训；第二，农民对职业培训能提高收入期望较低，说明很多农民并不相信农民职业培训能够为自身的家庭收入带来积极正向的影响，从而对参加农民职业培训造成的结果不自信；第三，农民自身原因，务农的农民年龄普遍偏大，缺乏主动谋求发展的动力；第四，环境因素，也是最重要的因素之一，农民外部收入要远高于务农收入，导致农户不想在农业生产中投入过多的精力；第五，培训本身的问题，参加过培训的农户对培训的反映是农民了解培训质量的最重要的窗口之一，正面的评价会极大地促进农民参与培训的积极性，负面的评价会严重降低农民参与培训的积极性。

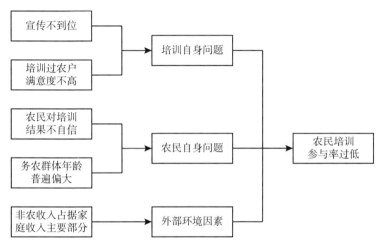

图 10 - 32　农民职业培训参与率低原因分析

二、培训主体单一

通过调查问卷中已参加过培训农民参加最多的是政府组织的培训，占比 87.25%；农民期望提供培训的主体政府占比 78.76%。问卷中实际提供主体农业企业或农民合作社占比 79.82%，农民期望提供占比 81.42%。通过问卷数据，可以把培训主体分为两大类，一个是以政府为主的非市场化培训主体；另一个是以农业企业或农业合作社为主的市场化培训主体。政府、社区教育中心、职业院校、专业社会培训机构在本质上都属于非市场化培训主体；除非市场化培训主体，其他都属于市场化培训主体。

根据问卷数据反映问题总结为以下几个方面，如图 10 - 33 所示：第一，政府组织培训占比过高；第二，农户也过于依赖政府提供的培训。以上问题造成原因有：第一，根据公共产品理论，政府仍然承担着公共产品供给者的角色，企业、社会培训机构较少参与到新型职业农民培训工作中，培训机构层面尚未形成多元化的参与的格局，影响了 L 市新型职业农民培训的供给活力；第二，农民在培训中更加相信政府为主体的培训机构，对于其他主体培训机构信任度明显不如政府高。

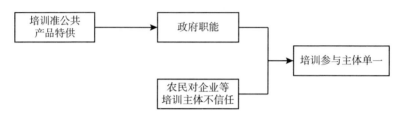

图 10-33　农民职业培训培训主体单一原因分析

三、农民职业培训质量不高

培训质量不高涉及的方面很多，问卷中体现在以下几个方面：第一，课堂授课占比过高，占比 84.31%；第二，不同培训群体对于培训内容的需求是存在区别，反映培训内容不符合自己需求的占比 70.59%，例如家政培训选择此项女性占 70.65%；第三，问卷中反映教学方法不适应，占比 63.73；第四，反映培训时间、地点设置不合理，占比 54.9%；第五，反映课程设置不系统性，盲目性强，占比 54.9%。

根据问卷数据把培训质量不高总结为以下几个方面，如图 10-34 所示：第一，培训的方式不适合，调查中农民学历初中及以下占比 95.35%，对于课堂教学等理论性学习内容并不感兴趣，接受程度也更低；第二，培训内容设置不合理，培训系统性不强，培训经常碎片化呈现，不能成为一个连贯的主体，培训的效果也受很大影响，课程设置的盲目性也较强，例如本地农民比较期望经济附加值较高，如草莓等经济作物种植培训与经营管理，但是培训中却少有此类内容；第三，培训主体选择不精确，所有人笼统培训，也很难达到一个较好的培训效果，并不是所有农户对于培训内容的需求都是一致的，甚至会根据性别等存在显著差异；第四，受成本的影响，培训需要考虑时间、地点选择给农民带来的损失，培训所选择的时间尽量是多数农户较为空闲的时间能减少农民付出的成本，所选择的地点应该是农户更容易接受的地点，尽量减少农户由于参加培训而造成的机会成本。

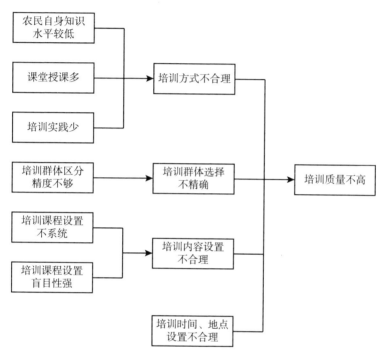

图 10 - 34　农民职业培训质量不高原因分析

四、农民职业培训配套服务不足

职业培训是系统性工程，一个合格的职业农民需要经过连续、系统性的培训，形成一定的知识体系。问卷中相关反映问题如下：第一，无跟踪指导服务，占比 77.45%；第二，培训后没有享受过相关政策，占比 75.49%。

根据问卷反映的问题，分析如图 10 - 35 所示：第一，跟踪指导服务需要消耗大量的人力、物力，实践性较强，需要以农民为中心进行服务；第二，职业培训的课程不仅仅是在课堂上，还要在实际的生产过程中进行，及时发现问题，解决问题，在实践中促进职业农民的成长。培训后服务缺失，在很大程度上减弱了培训的作用，弱化了培训与实践之间的联系；第三，相关政策支持能够帮助职业农民成长，相关政策的缺失，很容易导致培训内容难以落地，虽然当地制定了相应农业技术推广联盟等制度，但是在实践中出现了明显不足的现象。产生这些原因主要有两个方面：一是培训的形式化较严重，培训的框架虽然比较完整，但是后续和相关配套政策缺失；二是对于培训主体不够明晰，没有认识到农民是培训的主体，所有的培训都应该围绕着培育职业农民、发展农业生产的实际需求进行。

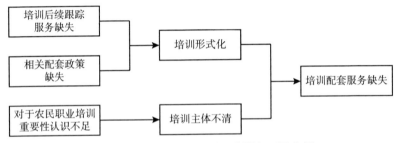

图 10－35　农民职业培训配套服务不足分析

五、农民职业培训信息化建设需要加强

问卷中对于农民信息化普及涉及的相关选项进行说明：第一，培训信息获取方式微信群占比 85.4%；第二，学习方式选择中，视频直播、权威 App 学习占到了 57.3% 和 43.8%。随着国家光纤入村，农村信息化建设，农村的网络普及程度大幅度提高，会用智能手机上网的人群也占到了很高的比例。

培训信息化建设存在以下问题，如图 10－36 所示：第一，对于农村信息化的发展认识不足，还依然认为农村落后，难以使用智能手机等电子化设备；第二，培训依然主要采用课堂等方式进行，这无疑增大了各方的培训成本，农民普遍对微信群学习等方式较为感兴趣，并不是必须课堂学习。

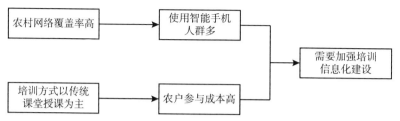

图 10 - 36　农民职业培训需要加强信息化建设原因分析

第五节　小结与建议

农民职业培训（创业能力培育）是一个系统性工程，并不是简单培训就能把传统农民培养成现代职业农民，职业农民的培训首先要认识并理解其功能，清楚职业培训的目的和意义，从政府层面确定农民职业培训需要达到某种程度。树立正确的农民职业培训的思想，只有思想正确，才能行动到位。

树立正确的职业培训思想，无论是组织者（政府）还是培训主体（承训单位）都需要认识到整个国家产业结构中农业发展的重要性，职业农民对农业产业发展的支柱地位。农民职业培训并不简单是执行国家政策，走走形式，走走过场的事情，是具有深远影响和意义的事业。农民职业培训能为农村发展提供人力资源储备，为农村创业活动培育中坚力量，是加快农业发展的支撑，能够稳定社会经济。制定农民职业培训目标，建设一支有文化、懂技术、善经营、会管理的新型职业农民队伍。

一、加强职业农民相关宣传，提高农民职业培训参加率

职业农民对于农民是一个新鲜的事物，受限于农民自身的原因和农业经济的原因，农民对于职业农民的理解需要政府的宣传和引导，很难去自主学习。职业农民的宣传是为农民职业培训打下良好的基础，可以从一定程度上改变政府举办培训热情高、农民不积极的情

况，实现较好的宣传，能够在一定程度上提高农民参与职业培训的积极性。

确定宣传大纲。农民职业培训需要确定宣传大纲，制订宣传的行动计划。对于宣传人员首先要做的就是统一认识，理解职业农民的含义，以培育农村创业致富带头人为重点，清楚职业培训的目标和对象。

组建宣传团队。村两委是农村工作的主力，可以有效地针对村民特点进行宣传，是宣传战线上的主力。需要对村两委部分成员开展培训，使他们认识到培训意义和目标，理解并认同职业农民的发展趋势。以村两委成员为主组成宣传团队，宣传职业农民，组织农民职业培训。

丰富宣传内容。农民职业培训宣传不仅仅是宣传培训本身，可以包括涉农政策解读、创业机会识别、市场行情分析、经营管理能力提升等。宣传的内容应面向农民，了解农民的需求，可以把国家、省、市、县相关农业政策进行汇总，让农民了解到当前的政策优势，所能够享受的相关服务、相关补贴。市场行情信息主要是宣传涉及本村种植产品的信息，信息内容尽可能贴近农民实际。宣传职业农民优秀案例，宣传农业发展前景。

宣传是把农民带进职业培训，良好的培训及相关服务才能真正发挥培训的作用，农民职业培训是需要系列工程支撑的。

二、注重农民职业培训质量，引入多元主体参与培训

农民职业培训质量是职业培训有效的体现，培训的数量固然重要，但也需要在数量的基础上提高质量。本章认为质量的提高需要涉及以下三个方面：第一，培训的时间、地点、时长需要符合农民的需求；第二，培训的内容、方式需要符合农民的特点；第三，培训要有比较强的目标导向性，所培训内容能够及时变现。

培训的时间、地点、时长影响农民职业培训主要是基于农民参加培训所产生的机会成本考虑，需要尽可能降低农民参加培训所付出的成本，很多农民参加职业培训都抱有试试看的心态，不是参加后就按

照政府所设定的职业农民体系专门从事农业生产，所以在大多数农民都方便的时间进行培训有助于参加培训的人数提高，能为职业农民的培育增加基数。通过问卷数据调查，希望通过微信群和村庄大喇叭获取培训信息的农民居多，但也需要针对农业生产较为出色的农民针对性通知；培训时间的选择，多数农民希望在农忙之后，这是由于农民在农忙过去之后普遍会在家休息几天再外出务工，这个时间多数农民较为空闲；集中培训的时间也不宜过长，一般应该在 1~2 天，应该以分散式、碎片化培训为主；培训的地点一般应该在本县，最好在本村或周边邻近村，这样可以有效降低农民参加培训成本。

培训内容要根据农民有针对性地进行，把所有农民混在一起培训，很难把培训的内容深入到每一类产品上，这就需要精准识别农民需求，例如有的农民需要家政、养殖、某一种经济作物种植的培训，每一个农民对于培训的需求是有区别的，应该分类进行（王秀梅，2021）。培训的方式应该以田间指导、现场教学为主，减少集中课堂授课的培训，农民普遍对课堂授课型的培训方式不感兴趣，喜欢更直观的授课方式（李梦迪，2021）；培训的老师应该多是同行业优秀者、专家教授、企业的人员，尽量不出现领导干部口号式培训；农民参加培训最多的是为了提高收入，有了收入的保障，农民会更认同职业农民。经济作物的种植是目前问卷反映需求最大的方向，要着重进行本地适宜的经济作物种植培训，但是政府也需要进行产业规划，避免同一类产品大量出现，造成恶性竞争。

农民职业培训提供主体应在政府引导下逐步形成政府引导，以市场为主体参与的局面。政府主导农民职业培训具有天然的局限性，不能很好地实现市场化，市场主体刚好能弥补这一缺陷。市场主体以经济利益为导向，培训内容更贴近农民的需要，所培训的内容能够及时变现，农民能够及时看到培训的作用。

三、促进农民职业培训在农业生产中全流程进行

农产品种植尤其是新产品种植，仅仅靠一两次培训就能解决所有

问题很难实现，所以培训需要全流程参与进行，加强培训后服务。农民在培训后比较难根据培训的内容独立发展产业或者改变现有的种植方式等，没有能改变现状的知识储备，培训就成了"走马观花"，后续服务差也是职业培训效果差、职业农民发展差的重要原因。根据调查结果，农民多反映后续跟踪服务少，没有办法解决农业生产中遇到的问题，难以提高。农民希望的培训与指导是发现问题随时解决，种植的每一个阶段都能帮助自己提出针对性建议，农民比较认同的方式是建立微信群，获得全流程的指导。

全流程指导一个重要方面是师资建设方面，可以实行教授、学者、专家兼职来补充全职教师缺乏的现状，政府搭建农民与老师的桥梁，帮助农民获取到专业的知识。

重视前期和中期培训是目前普遍的现状，但是产品变现农民才能获得收入。政府需要在农产品收获季节组织农产品收购商帮助农民销售农产品，解决销路问题。发展农业后续产业，多元开发农产品价值，提高本地农产品生产抗风险能力。

四、加强职业培训信息化建设

L市目前已经实现村庄网络全覆盖，全部实现光纤入村，在问卷数据反映情况中，大多数村民对微信的便捷性表示肯定，表示希望借助微信进行较为便捷的学习。农民智能手机普及率较高，从问卷数据中涉及微信的选项可以看出。在今后的培训中，要不断根据群众反映情况，进行针对性的改变，尤其需要重视职业培训信息化的建设，提高培训的便捷性。

培训可以通过公众号方式，推送较为权威的方式方法，并把不同种类的农产品分类列出，方便农民根据自己农产品针对性查看。J县把关于农民职业培训实行的相关政策进行罗列汇总，并把其中重点内容予以标识，以视频讲解方式呈现。种植养殖方式方法应该考虑农民特点以视频为主。农药、农残、品种等信息也应该予以汇总，方便查询。目前J县已经在所有村庄进行测土配方，但是测土配方数据农民获取便捷性还有待提高，类似于这样的数据应该整合到公众号，方便农民查找自己的地块，并给予施肥和种植建议。

五、农业生产示范基地建设

农民普遍对风险比较厌恶，需要有看得见、摸得着的东西证明培训内容确实有用。示范基地的建设主要为农民提供较为直观的学习地点，帮助农民认识到农业产业发展的前景，让农民认识到农业生产需要不断地成长和进步，才能适应目前市场经济的发展。

示范基地一般应该以合作建设为主，选择农业生产成绩较为突出的农民基础上成立农业生产示范基地，让农民了解现代农业应该有的样子（韩永强等，2021）。示范基地的建设主要有参观、学习功能，新技术、新品种试验功能。示范基地建设也需要分类进行，根据农民需求避免重复性建设（潘王林，2021）。

综上，本章通过文献梳理关于农民职业培训的主流研究及其成果为前提，在机会成本、公共产品理论和人力资源理论的基础上进行问卷设计，调查 L 市农民职业培训的供给与需求情况，并根据问卷结果分析目前存在的相关问题，并给出一些合理化建议。第一，宣传是农民职业培训的重要组成部分，良好的宣传能在很大的程度上提高职业培训的效果，选择村两委成员作为宣传主力，根据村庄特点进行差异化宣传；第二，合理选择培训时间，一般培训应该农忙后较短时间内进行，有侧重地选择培训对象；第三，合理选择培训地点，减轻农民参加培训的成本；第四，合理制定培训时长，尽量减少集中培训的时间，多以田间指导、项目观摩为主；第五，需要根据农民需求，分类培训，尽量避免混在一起培训；第六，培训应该是一个不间断学习的过程，而不是块状的、割裂的，需要的指导培训应该全流程进行；第七，加强职业培训的信息化建设，做到有问题随时解决，随时查找，在生产中促进提高；第八，示范基地建设，农民对于试验过、比较可靠的产业更容易进行生产，需要让培训看得见、摸得着，更加直观，以便农民的理解和学习。

　　本章所进行农民职业培训的调查分析，能够在一定的程度上反映出当地的农民职业培训问题；所提的建议，能为本区域农民职业培训政策调整提供理论依据。农民职业培训是一个系统性工程，把农民培养成职业农民需要各方共同努力。农民职业培训并没有固定的形式，每个地区所面临的现实情况存在不同，所进行的培训也会存在一定的不同，受限于职业培训的特点，所形成的结果，很难在短时间量化，也很难在短时间内考核，本章认为好的职业培训一般应该具有以下特点：第一，职业培训是不是促进了农业及相关产业的发展；第二，农民职业培训是不是较没有培训前对农民普遍增加更多收入。

　　农民职业培训涉及农业经济、成人教育等方面，本章仅仅是对当地农民职业培训的现状做一个调查；调查方面偏大，不够细化，难免存在很大的缺陷，例如在调查中没能够区分政府主体和市场主体之间的优缺点，所提的建议也不够深入。在今后的调查研究中还应该更加细化内容，不断地完善一些细节。中国是农业生产大国，但是大并不代表强，国家实行乡村振兴战略，助力乡村经济的发展，虽然现在的乡村经济活跃度还不过高，但有理由相信，在不久的将来，L市乡村与中国其他地区乡村一定会实现产业兴旺、生态宜居、乡风文明、治理有效、生活富裕。

参 考 文 献

[1] 阿玛尔·毕海德. 新企业的起源与演进 [M]. 魏如山，等译. 北京：中国人民大学出版社，2004：100-112.

[2] 埃里克·莱斯. 精益创业：新创企业的成长思维 [M]. 吴形，译. 北京：中信出版社，2001：23-62.

[3] [美] 安纳李·萨克森宁 (AnnaLee Saxenian). 区域优势：硅谷与128号公路的文化和竞争 [M]. 温建平，李波译. 上海：上海科学技术出版社，2020：15-45.

[4] 白旭. 农业农村现代化背景下新型职业农民培育问题及解决路径 [J]. 中国农业文摘-农业工程，2021，33 (4)：63-67.

[5] 班妮. 亲历投行——中国投行的若干传言与真相 [M]. 北京：中国法制出版社，2013：12-25.

[6] 彼得·德鲁克. 创新与企业家精神 [M]. 蔡文燕，译. 北京：机械工业出版社，2007：210-235

[7] 蔡秀玲，陈贵珍. 乡村振兴与城镇化进程中城乡要素双向配置 [J]. 社会科学研究，2018 (6)：51-58.

[8] 曹桢，王兰娟. 大学生返乡创业及其商业环境分析——基于乡村振兴视角的现状调查 [J]. 商业经济研究，2019 (12)：190-192.

[9] 曹宗平. 多重风险维度下农民工返乡创业问题研究 [J]. 贵州社会科学，2018 (11)：7-16.

[10] 查立. 创业的快速试错 [J]. 创业家，2011 (10)：28-35.

[11] 陈庚，崔宛. 乡村振兴中的农村居民公共文化参与：特征、影响及其优化——基于25省84个行政村的调查研究 [J]. 江汉论坛，

2018（11）：8 – 15.

[12] 陈国生，肖瑜君，李海波，等. 返乡农民工创业选择的影响因素分析——基于5省465户返乡农民工家庭的调查数据 [J]. 经济地理，2022，42（1）：6 – 11.

[13] 陈龙，吴春玲. 新时代乡村振兴战略背景下小农户问题研究 [J]. 山东农业大学学报（社会科学版），2021，23（2）：43 – 48.

[14] 程工. 区域经济一体化的基本模式 [J]. 城市问题，2008（9）：16 – 20.

[15] 崔健，赵杭莉. 农民转型期返乡农民工职业培训错位分析与应对策略 [J]. 职业技术教育，2020，41（19）：60 – 65.

[16] 代克强. 乡村振兴背景下农村籍大学生返乡创业的现实路径 [J]. 农业经济，2022（9）：3 – 15.

[17] 邓辉. 期望理论视角下返乡农民工创业意愿的提升策略分析 [J]. 南方农业，2022，16（6）：133 – 136.

[18] 邓玉喜，黄思源，肖青山. 大学生返乡创业协同帮扶体系构建路径研究 [J]. 职业技术教育，2021（17）：56 – 60.

[19] 丁闽江. 福建省大学生返乡创业影响因素及促进对策研究 [D]. 福建农林大学，2018.

[20] 丁闽江. 乡村振兴背景下大学生返乡创业意愿及影响因素研究 [J]. 中国成人教育，2019（15）：4 – 9.

[21] 段彩丽，焦伟伟，范彬. 大学生返乡创业倾向影响因素研究——基于结构方程模型 [J]. 调研世界，2016（7）：6 – 15.

[22] 樊鑫鑫. 乡村振兴战略的意义、内涵与实施路径 [J]. 乡村科技，2021，12（4）：6 – 11.

[23] 方世建，孙累累，方文丽. 建构主义视角下的创业机会研究经典烈评介 [J]. 外国经济与管理，2013：53 – 65.

[24] 冯蝶. 实施乡村振兴战略背景下引导贫困大学生返乡就业创业的调查与思考 [J]. 就业与保障，2022（5）：49 – 51.

[25] 付志勇. 商业新秀借商业模式突围制胜 [J]. 销售与管理，2011（11）：25 – 31.

［26］付志勇．商业新秀借商业模式突围制胜［J］．销售与管理，2011（11）：65-70

［27］盖文启．论区域经济发展与区域创新环境［J］．学术研究，2002（1）：60-63.

［28］高雷，庞菊芬．乡村振兴战略下SQ市大学生返乡创业支持体系构建研究［J］．法制与社会，2019（36）：173-176.

［29］高梦洁，王景莹，陆秋萍．基于计划行为理论的大学生返乡创业意愿及引导路径［J］．教育评论，2021（6）：103-107.

［30］高伟，姚冰洋．乡村振兴战略中农村大学生返乡创业的逻辑进路［J］．农业经济，2022（7）：3-15.

［31］高原，马腾，武欣宇，刘奕哲．乡村振兴背景下农民工返乡创业意愿的影响因素分析［J］．企业改革与管理，2022（19）：162-164.

［32］郜晋亮，缪翼．培训学本领　田间著文章［N］．农民日报（第一版）.2021-7-28.

［33］巩前文．新时代乡村振兴的科学内涵与基本路径［J］．北京教育（德育），2018（4）：25-29.

［34］顾辉．政府角色定位：政策机制与返乡大学生成功创业［J］．湖南社会科学，2021（1）：11-19.

［35］郭容邑．长春市新型职业农民培育中的问题及对策研究［D］．河北科技师范学院，2021.

［36］韩丽娜．新型职业农民培育背景下农村职业教育改革分析［J］．农业经济，2020，395（3）：84-86.

［37］韩永强，杜晓璐，杨宏伟．基于乡村振兴战略的农民教育及其促进策略［J］．河北大学成人教育学院学报，2021，23（2）：79-86.

［38］胡园园，顾新．创新环境和开放程度对区域科技创新产出的调节效应研究［J］．统计与决策，2015（2）：64-67.

［39］胡园园，顾新，王涛．基于网络层次分析法的知识链信任评估研究［J］．情报科学，2015，33（12）：40-45.

［40］黄快生．妇女参与乡村振兴：制度困境与政策选择［J］．社会科学家，2021（4）：126－132.

［41］黄桥庆，赵自强，王志敏．区域创新环境的类型及其特征［J］．中原工学院学报，2004（5）：11－12＋37.

［42］黄婷婷．乡村振兴战略背景下民办高校农村籍大学生返乡创业长效机制研究［J］．山西农经，2021（20）：96－97.

［43］贾冀南，梁晓丹，李凯伦．烟台市新生代农民工返乡创业意愿驱动因素及提升路径研究［J］．河北工程大学学报（社会科学版），2021，38（4）：8－14.

［44］贾亚男．关于区域创新环境的理论初探［J］．地域研究与开发，2001（1）：5－8.

［45］简兆权，王晨，陈键宏．战略导向、动态能力与技术创新：环境不确定性的调节作用［J］．研究与发展管理，2015，27（2）：65－76.

［46］江帆．新型职业农民培育问题研究［D］．河北农业大学，2020.

［47］江涛．舒尔茨人力资本理论的核心思想及其启示［J］．扬州大学学报（人文社会科学版），2008，12（6）：84－87

［48］江莹．天津市各区县经济发展水平评价［J］．数理统计与管理，2002（1）：4－9.

［49］蒋永穆．基于社会主要矛盾变化的乡村振兴战略：内涵及路径［J］．社会科学辑刊，2018（2）：16－25.

［50］杰弗里·蒂蒙斯，小斯蒂芬·斯皮内利．创业学案例［M］．周伟民，目长春，译．北京：人民邮电出版社，2005：159－165.

［51］杰弗里·康沃尔．步步为营［M］．陈寒松，等译．北京：机械工业出版社，2009：14.

［52］孔韬．乡村振兴战略背景下新型职业农民培育的困境与出路［J］．中国职业技术教育，2019，694（6）：80－85.

［53］拉蒙·卡萨德苏斯·马萨内尔，霍安·里卡特．在竞争中设计商业模式［J］．哈佛商业评论（中文版），2011（7）：121－130.

［54］朗格内克，等．小企业管理：创业之门［M］．郭武文，尹珏林，薛红志，等译．北京：人民邮电出版社，2007.

［55］李翀，刘思峰，方志耕．江苏省能源消耗与区域经济相关指标的灰关联分析［J］．统计与决策，2009（3）：114－116.

［56］李泓波，邓淑红．基于计划行为理论的农民工返乡创业意愿影响因素研究［J］．湖北农业科学，2018，57（19）：121－124.

［57］李骥．乡村振兴战略背景下大学生回乡创业探析［J］．农业经济，2020（5）：3－15.

［58］李建，李长勇．乡村振兴战略下大学生返乡创业路径探析——以计算机专业为例［J］．中国农业会计，2022（6）：95－97.

［59］李俊莉，曹明明．基于能值分析的资源型城市循环经济发展水平评价——以榆林市为例［J］．干旱区地理，2013，36（3）：528－535.

［60］李梦迪．拓宽农民“云端”致富路——武陵山国家农民培训基地“直播带货”培训见闻［J］．农村工作通讯，2021，798（10）：54－56.

［61］李苗苗，肖洪钧，赵爽，金融发展、技术创新与经济增长的关系研究——基于中国的省市面板数据［J］．中国管理科学，2015（2）：162－169.

［62］李鹏飞，黄丽君．乡村产业振兴的理论内涵与发展困境研究［J］．生产力研究，2020（7）：12－16.

［63］李秦阳．基于随机前沿分析的区域创新效率影响因素研究［J］．统计与决策，2019（14）：108－111.

［64］李秦阳，汪金燕，娇卫红．基于信息熵——区间数 TOPSIS 的省际竞争力评价［J］．统计与决策，2015（6）：63－65.

［65］李舒婷．女机手巾帼不让须眉　铿锵玫瑰绽放金土地——访全国农机使用一线“土专家”曹燕琴［J］．当代农机，2021，371（6）：7－9.

［66］梁书瀚，傅琳．乡村振兴战略视野下农村大学生返乡创业与新农村建设［J］．农业经济，2019（1）：32－45.

[67] 梁亦傑. 新生代农民工返乡创业社会融入问题影响因素研究 [J]. 现代营销（经营版），2019（3）：80－81.

[68] 林晶晶，林宗平. 失地农民就业培训服务供给机制的多方演化博弈分析 [J]. 成人教育，2020，40（10）：49－58.

[69] 刘洪，金林. 基于人工神经网络的湖北省循环经济发展水平评价 [J]. 统计与决策，2011（24）：68－70.

[70] 刘基钦. 商业模式创新：创新方法研析报告 [R]. 2012－06－30.

[71] 刘淼淼，韦向阳，宁鑫. 新生代农民工媒介素养对返乡创业意愿的影响——以阜阳市为例 [J]. 池州学院学报，2022，36（2）：71－75.

[72] 刘胜林，王雨林，李冬梅. 民族山区新型职业农民培训评价的影响因素研究——基于 Y 县 327 份问卷的 Logistic－ISM 模型分析 [J]. 农村经济，2020，456（10）：138－144.

[73] 刘益平，欧阳月翔，段晶. 返乡农民工投身现代农业的"主战场" [J]. 湖南农业，2015，454（10）：33－40.

[74] 刘元胜. 深刻理解中国式乡村振兴的科学内涵 [J]. 思想政治工作研究，2023（3）：18－21.

[75] 卢彩晨，李朝晖. 服务乡村振兴战略要搞好涉农培训——关于涉农培训的调研报告 [J]. 职教论坛，2019，701（1）：126－133.

[76] 卢玉光. 乡村振兴背景下大学生返乡创业就业的束缚与路径选择 [J]. 农业经济，2020（8）：2－13.

[77] 陆娟，孙瑾. 乡村振兴战略下农产品区域品牌协同共建研究——基于价值共创的视角 [J]. 经济与管理研究，2022，43（4）：19－26.

[78] 吕莉敏，马建富. 农业现代化背景下新型职业农民培训的问题及策略研究 [J]. 中国职业技术教育，2015，556（12）：44－48.

[79] 罗晓林. 乡村振兴战略下大学生返乡创业的困境及对策 [J]. 淮海工学院学报（社会科学版），2019（6）：117－120.

[80] 罗心欲. 基于本体性逻辑的乡村振兴战略内涵辨识 [J].

江汉学术, 2018 (3): 73 - 86.

［81］玛丽·库尔特. 创业行动（第 2 版）［M］. 北京：中国人民大学出版社, 2004: 145 - 178.

［82］毛晓丹, 冯中朝. 湖北省农业循环经济发展水平评价及障碍因素诊断［J］. 农业现代化研究, 2013, 34 (5): 597 - 601.

［83］潘王林. 安徽省 GY 县新型职业农民培训研究［D］. 云南师范大学, 2021: 36 - 55.

［84］彭莹莹, 邸耀敏. 京津冀新生代农民工返乡创业行为影响因素［J］. 江苏农业科学, 2019, 47 (4): 316 - 320.

［85］邱成利. 创新环境及其对新产业成长的作用机制［J］. 数量经济技术经济研究, 2002 (4): 5 - 7.

［86］仇玉娟. 基于层次分析法的新生代农民工返乡创业的影响因素研究——以江苏省为例［J］. 安徽农业科学, 2018, 46 (16): 209 - 212.

［87］阙立峻. 创业机会、政策获得抑或乡土情怀：新生代农民工返乡创业意愿及影响因素——基于浙江丽水的调查［J］. 丽水学院学报, 2019, 41 (1): 9 - 17.

［88］沈永真. 基于乡村振兴战略下大学生返乡创业的策略分析［J］. 就业与保障, 2022 (2): 130 - 132.

［89］盛明兰. 县域经济发展水平评价及分析建议——以重庆市为例［J］. 西南师范大学学报（自然科学版）, 2008, 33 (6): 106 - 111.

［90］石丹淅, 王轶. 乡村振兴视域下农民工返乡创业质量影响因素及其政策促进［J］. 求是学刊, 2021 (1): 90 - 101.

［91］宋欢. 乡村振兴战略背景下大学生返乡创业研究［J］. 教育与职业, 2019 (22): 4.

［92］宋欢. 乡村振兴战略背景下大学生返乡创业研究［J］. 教育与职业, 2019 (22): 58 - 61.

［93］孙文浩, 张益丰, 王剑锋. 女性农民创业与精准扶贫［J］. 江苏大学学报（社会科学版）, 2020, 22 (2): 49 - 64.

［94］孙小源，诸葛福民，孙绪民．新时代乡村人才振兴的内涵、生成逻辑与进路［J］．农村经济与科技，2022，33（13）：27－30.

［95］孙渔珽．乡村振兴战略下农村籍大学生返乡就业创业社会融入问题探析［J］．农业经济，2018（7）：3－12.

［96］唐方成，仝允桓．经济全球化背景下的开放式创新与企业的知识产权保护［J］．中国软科学，2007（6）：58－62.

［97］陶瑶．农科大学生返乡创业的瓶颈与对策［J］．智富时代，2018（6）：162－165.

［98］屠明将，段伟丽，罗统碧．关于职教集团参与新型职业农民教育培训的思考［J］．教育与职业，2020，966（14）：88－93.

［99］汪昕宇，陈雄鹰，邹建刚，任启敏．我国农民工返乡创业影响因素研究的回顾与展望［J］．北京联合大学学报（人文社会科学版），2018，16（3）：86－99.

［100］王翠英．乡村振兴战略背景下大学生返乡创业问题研究［J］．农业经济，2020（10）：21－28.

［101］王国斌．着力培育农村创新创业人才［N］．人民日报（第一版），2021－10－22.

［102］王辉，朱健．农民工返乡创业意愿影响因素及其作用机制研究［J］．贵州师范大学学报（社会科学版），2021（6）：79－89.

［103］王明扬，张雪逸，戎晓红．乡村振兴视角下新生代农民工返乡创业意愿研究——以连云港市赣榆区为例［J］．乡村科技，2021，12（3）：10－14.

［104］王小龙．乡村振兴视野下农村大学生管理与返乡就业的互动关系——评《农村籍大学生返乡创业推进机制研究》［J］．热带作物学报，2020（11）：222－239.

［105］王秀梅．新型职业农民订单式培训的实践探索与路径优化——以安徽农业大学农业综合试验站为例［J］．山东农业工程学院学报，2021，38（6）：9－14.

［106］王亚欣，宋世通，彭银萍，等．基于交互决定论的返乡农民工创业意愿影响因素研究［J］．中央民族大学学报（哲学社会科学

版），2020，47（3）：120 – 129.

[107] 王耀斌，李颖，赵瑞涛，姚蓉，李汶霖，吴若雪. 返乡农民工乡村旅游创业动机对创业幸福感的影响机制——基于链式中介效应的实证研究 [J]. 华中师范大学学报（自然科学版），2023（10）：11 – 25.

[108] 王艺霏，黄译萱，张雨点. 乡村振兴战略背景下大学生返乡创业机遇与建议——以山西省朔州市右玉县为例 [J]. 投资与创业，2022（1）：40 – 42.

[109] 王轶，王琦. 新常态背景下特大城市失地农民的就业问题研究——基于人力资本的视角 [J]. 当代财经，2016，378（5）：3 – 11.

[110] 王宇昊. 乡村振兴战略指导下的农业专业合作社管理创新 [J]. 中国农业资源与区划，2022，43（2）：11 – 19.

[111] 王铮，孙翊，吴乐英，等. 关于"区域管理"的再讨论 [J]. 经济地理，2019，39（10）：1 – 5.

[112] 韦吉飞. 阶层分化、代际分工与新生代农民工创业参与意愿 [J]. 宏观经济研究，2017（6）：132 – 146.

[113] 卫爱国. 乡村振兴战略背景下返乡大学生创新创业教育和指引模式 [J]. 乡村科技，2019（30）：13 – 15.

[114] 卫贵武，易文德. 基于投影的区间数评价方法探讨 [J]. 系统工程与电子技术，2007（10）：1647 – 1649.

[115] 魏宇，孙中华，杨琳. 新时期新型职业农民从业素质优化路径研究 [J]. 成人教育，2021，41（6）：48 – 51.

[116] 温亚平，冯亮明，刘伟平. 非农就业对农户林业生产分工的影响——基于福建省的农户调研数据 [J]. 林业科学，2021，57（3）：135 – 144.

[117] 吴瑞君，薛琪薪. 中国人口迁移变化背景下农民工回流返乡就业研究 [J]. 学术界，2020（5）：10 – 16.

[118] 吴玉刚. 乡村振兴战略下农业转型升级研究——评《乡村振兴：农业农村转型升级》[J]. 棉花学报，2022，34（4）：18 – 25.

［119］伍如昕，何薇薇．新生代农民工创业动机和意愿的影响因素分析——以人力、社会和心理资本为视角［J］．湖南农业大学学报（社会科学版），2018，19（1）：53－60＋72．

［120］武汉大学国家发展战略智库课题组．乡村振兴背景下返乡入乡创业潮探究——基于湖北省的调查［J］．中国人口科学，2022（4）：115－125

［121］习近平．高举中国特色社会主义伟大旗帜　为全面建设社会主义现代化国家而团结奋斗［R］．2022－10－16．

［122］习近平．决胜全面建成小康社会　夺取新时代中国特色社会主义伟大胜利——在中国共产党第十九次全国代表大会上的报告［J］．理论学习，2017，411（12）：4－25．

［123］夏俊涛，宋小平．农民培训教师开展学情分析的策略研究［J］．湖北农业科学，2021（14）：204－208．

［124］夏诗园，郑联盛．"双循环"新发展格局与乡村振兴：理论内涵、耦合机制及路径选择［J］．新金融，2023（4）：24－29．

［125］项晓娟．数字经济背景下新生代农民工轻创业现状和影响因素分析［J］．农村．农业．农民（B版），2022（7）：21－26．

［126］谢夫斯凯．企业家不是天生的［M］．金马，译．北京：清华大学出版社，2005：12－55．

［127］谢桂花，王林萍．新生代农民工返乡创业意向影响因素实证研究［J］．福建商学院学报，2019（3）：62－69．

［128］谢泉根，肖丽萍，戴琴．乡村振兴战略背景下的"互联网＋"返乡青年创业模式探究［J］．南方农机，2019（21）：11－11．

［129］谢颖，梁浩．新型职业农民培育中培训意愿的调查与分析［J］．产业与科技论坛，2021，20（14）：73－75．

［130］熊焰，赵铁山．福建省地区竞争力评价与对策研究［J］．软科学，2005（4）：40－44＋51．

［131］熊智伟．返乡农民工创业失败影响因素比较研究——基于我国中部5省微观调查数据［J］．调研世界，2018（7）：17－25．

［132］徐振．乡村振兴战略背景下大学生回乡创业路径［J］．农

业经济，2021（4）：119－130.

［133］许小贞．乡村振兴视阈下新生代农民工返乡创业问题及对策研究［J］．理论观察，2019（5）：77－81.

［134］亚瑟·布鲁克斯．社会创业［M］．李华晶，译．北京：机械工业出版社，2009：13.

［135］闫书华．乡村振兴战略视角下乡村社会治理创新研究［J］．行政论坛，2022，29（1）：6－13.

［136］严宇珺，龚晓莺．新发展格局助推乡村振兴：内涵、依据与路径［J］．当代经济管理，2022（7）：57－63.

［137］杨静，王重鸣．创业机会研究前沿探析［J］．外国经济与管理，2012，34（5）：9－20.

［138］杨俊，薛红志，等．先前工作经验、创业机会与新技术企业绩效——一个交互效应模型及启示［J］．管理学报，2011（11）：116－125.

［139］杨俊，薛鸿博，牛梦茜．基于双重属性的商业模式构念化与研究框架建议［J］．外国经济与管理，2018，40（4）：96－109.

［140］杨秀丽．返乡大学生创业生态系统构建研究——基于乡村振兴视角［J］．技术经济与管理研究，2018（11）：5－16.

［141］杨艳飞，郭蕾，李宛玲，等．乡村振兴视角下辽宁省农村青年返乡就业创业研究［J］．农村经济与科技，2019，30（17）：236－238.

［142］姚洋，牛建邦．基于绿色智慧城市建设的雄安新区新型职业农民培训路径［J］．山西农经，2021，300（12）：50－51.

［143］游猎，刘国玲，王睿．乡村振兴战略的保障机制探讨［J］．农业经济问题，2022（8）：19－32.

［144］于莎，赵义情．空心村治理下新型职业农民培育研究——基于内生发展理论［J］．中国职业技术教育，2018，678（26）：5－11.

［145］岳秀红．提升新型职业农民培育质量的必然选择：精准培育［J］．农业经济，2019，387（7）：54－56.

［146］曾平生，李根寿．新型职业农民培育的辩证图景［J］．成

人教育，2021，41（7）：41-48.

［147］詹小慧，刘云. AMO 理论视角下新生代农民工返乡创业绩效的影响因素：文献整合与研究展望［J］. 信阳师范学院学报（哲学社会科学版），2022，42（4）：25-30.

［148］张冰新. 大学生返乡创业融资困境及其路径研究［D］. 安徽财经大学，2017.

［149］张栋洋. 乡村振兴背景下大学生返乡创业现状，影响因素及政策建议［J］. 农业经济，2020（12）：13-26.

［150］张冠男. 农民职业培训的发展动态与优化路径——基于过去四十年农民职业培训项目的经验［J］. 成人教育，2021，41（7）：49-56.

［151］张广胜，柳延恒. 人力资本、社会资本对新生代农民工创业型就业的影响研究——基于辽宁省三类城市的考察［J］. 农业技术经济，2014（6）：4-13.

［152］张建伟，图登克珠. 乡村振兴战略的理论、内涵与路径研究［J］. 农业经济，2020（7）：22-34.

［153］张琦，庄甲坤，李顺强，孔梅. 共同富裕目标下乡村振兴的科学内涵、内在关系与战略要点［J］. 西北大学学报（哲学社会科学版），2022，52（3）：44-53.

［154］张瑞春. 乡村振兴战略背景下涉农大学生回乡创业的困境与突破［J］. 农业经济，2021（8）：108-110.

［155］张稳召. 乡村振兴战略背景下河南省大学生返乡就业创业现状及对策［J］. 乡村科技，2020，11（23）：47-49.

［156］张兴国，马崇启. 基于 DSSA 的中国纺织产业区域竞争力评价模型［J］. 天津工业大学学报，2011，30（6）：81-84.

［157］张雪，孙可敬. 乡村振兴战略下农村籍大学生返乡就业创业路径探究［J］. 教育评论，2021（3）：5-11.

［158］张亦琦，杨丽. 乡村振兴战略下大学生返乡创业的支持路径研究——基于山东济南市 X 区返乡创业大学生的访谈［J］. 社会治理，2021（1）：59-65.

[159] 张益丰.农民合作社提供社会化服务大有可为 [J].中国农民合作社,2019,124 (9):49 -55.

[160] 张宇.习近平务实精神在解决"三农"问题上的体现及启示研究 [D].上海师范大学,2021.

[161] 张玉利.创业伦理研究:现状评价与未来趋势 [J].科学管理研究,2010 (1):1 -5,9,51 -59.

[162] 张玉利,李新春.创业管理 [M].北京:清华大学出版社,2006:30 -34.

[163] 张玉利,薛宏志,陈寒松,李华晶.创业管理 [M].北京:机械工业出版社,2021 (11):17 -35

[164] 赵家兴.河北省新型职业农民培育问题研究 [D].河北科技师范学院,2021.

[165] 赵璐,孙佳.新形势下农业经济发展的几点思考 [J].山西农经,2021,300 (12):77 -78.

[166] 郑红友,俞林.论美丽乡村建设与新生代农民工返乡创业互动机制 [J].继续教育研究,2018 (2):35 -39.

[167] 郑阳阳,罗建利.农业生产培训能提升农户扩大农地规模意愿吗?——来自12省2340个农户的证据 [J].华中农业大学学报(社会科学版),2020,146 (2):39 -48,163 -164.

[168] 中共中央 国务院关于加快推进农业科技创新持续增强农产品供给保障能力的若干意见 [J].中国合作经济,2012,299 (2):4 -9.

[169] 钟璐.乡村振兴背景下厦门市集美区农民职业培训研究 [D].福建农林大学,2018.

[170] 钟云华,刘姗.乡村振兴战略背景下大学生农村就业意愿的影响因素分析——基于推拉理论的视角 [J].高等教育研究,2019 (8):10 -16.

[171] 周桂瑾,吴兆明.乡村振兴战略下江苏省新型职业农民培育:现实基础、瓶颈问题与优化路径 [J].职业技术教育,2020,41 (33):15 -21.

［172］周虹．新生代农民工返乡创业融资环境的影响因素分析——基于 ISM 模型的实证研究［J］．世界农业，2018（5）：17－24．

［173］周金城，易翠枝，朱孝天，候慧燕．新生代农民工返乡创业意愿的影响因素及对策分析［J］．吉林省教育学院学报，2019，35（9）：183－186．

［174］周平．乡村振兴进程中构建大学生返乡创业链式政策体系研究［J］．学术探索，2020（9）：8－19．

［175］朱红根．创业环境对农民创业影响及其优化研究［M］．北京：经济管理出版社，2017：15－49．

［176］朱建峰，郁培丽，石俊国．绿色技术创新、环境绩效、经济绩效与政府奖惩关系研究——基于集成供应链视角［J］．预测，2015（5）：61－66．

［177］Zou，C．，Amit，H. and Massa，王迎军，等．新创企业成长过程中商业模式的构建研究［J］．科学学与科学技术管理，2011（1）：78－89．

［178］Aidis，Mickiewicz，Sauka. Why Are Optimistic Entrepreneurs － Successful － An Application of the Regulatory Focus Theory［J］. William Davidson Institute Working Paper，2008（6）：914－916．

［179］Alam M Z，Kousar S，Rehman C A. Role of Entrepreneurial Motivation on Entrepreneurial Intentions and Behaviour：Theory of Planned Behaviour Extension on Engineering Students in Pakistan［J］. Journal of Global Entrepreneurship Research，2019，9（1）：1－25．

［180］Aliedan M M，Elshaer I A，Alyahya M A，et al. Influences of University Education Support on Entrepreneurship Orientation and Entrepreneurship Intention：Application of Theory of Planned Behavior［J］. Sustainability，2022，14（20）：97－130．

［181］Amit，R. and Zott，C. Value Creation in E － Business. Strategic Management Journal，2001，22（6－7）：493－520．

［182］Amit R，Zott C. Creating Value Through Business Model Innovation [J]. MIT Sloan Management Review, 2012, 53 (3): 41 – 49.

[183] Amjad Ali, Sania Yousuf. Social Capital and Entrepreneurial Intention: Empirical Evidence from Rural Community of Pakistan [J]. Journal of Global Entrepreneurship Research, 2019 (9): 6 – 17.

[184] Andries P, Debackere K, Van Looy B. Simultaneous Experimentation as a Learning Strategy: Business Model Development under Uncertainty [J]. Strategic Entrepreneurship Journal, 2013, 7 (4): 288 – 310.

[185] Anthony m. tang, Theodore w. schultz. Transforming Traditional Agriculture [Z]. JSTOR: 273 – 276.

[186] Anwar Imran, Thoudam Prabha, Saleem Imran. Role of Entrepreneurial Education in Shaping Entrepreneurial Intention among University Students: Testing the Hypotheses Using Mediation and Moderation Approach [J]. Journal of Education for Business, 2022, 97 (1): 15 – 17.

[187] Baden – Fuller C, Morgan M S. Business models as models [J]. Long Range Planning, 2010, 43 (2 – 3): 156 – 171.

[188] Baloglu N. The Effects of Family Leadership Orientation on Social Entrepreneurship, Generativity and Academic Success of College Students [J]. Educational Research and Reviews, 2017, 12 (1): 1031 – 1043.

[189] Barba – Sánchez Virginia, Mitre – Aranda María, Brío – González Jesús del. The Entrepreneurial Intention of University Students: An Environmental Perspective [J]. European Research on Management and Business Economics, 2022, 28 (2): 12 – 15.

[190] Battese, G. E., Coelli, T. J. A Model for Technical Inefficiency Effects in A Stochastic Frontier Production for Panel Data [J]. Empirical Economics, 1995, 20 (2): 325 – 332.

[191] Bhandari NC. Intention for Entrepreneurship Among Students in India [J]. Journal of Entrepreneurship, 2006 (9): 67 – 79.

[192] Bird, B. Implementing Entreneurial Ideas: The Case for In-

tentions [J]. Academy of Management Review, 1988 (13): 442 – 451.

[193] Bosma, N, Hardlng, R. Global Entrepreneurship Monitor GEM 2006 Results [R]. London Business School, 2007.

[194] Brockhaus A. Investigation of A Pulsed Oxygen Microwave Plasma By time – Resolved Two – Photon Allowed Laser – Induced Fluorescence [J]. Journal of Physics. D. Applied Physics. 2002, 35 (9): 56 – 63.

[195] Bygrave W D. Building an Entrepreneurial Economy: Lessens from the United States [J]. Business Strategy Review, 1998, 9 (2): 11 – 18.

[196] Casadesus – Masanell R, Ricart J E. From Strategy to Business Models and onto Tactics [J]. Long Range Planning, 2010, 43 (2 – 3): 195 – 215.

[197] Cavalcante S, Kesting P, J. Business Model Dynamics and Innovation: (re) Establishing the Missing Linkages [J]. Management Decision, 2011, 49 (8): 1327 – 1342.

[198] Chesbrough, H. and Rosenbloom, R. S. The Role of the Business Model in Capturing Value from Innovation: Evidence from Xerox Corporation's Technology Spin – Off Companies [J]. Industrial and Corporate Change, 2002 (11): 529 – 555.

[199] Colombel li. Alessandra, Loccisano Shiva, Panelli Andrea, Pennisi Orazio Antonino Maria, Serraino Francesco. Entrepreneurship Education: The Effects of Challenge – Based Learning on the Entrepreneurial Mindset of University Students [J]. Administrative Sciences, 2022, 12 (1): 25 – 26.

[200] Costantini, D. , Monaghan, P. and Metcalfe, N. B. Early Life Experience Primes Resistance to Oxidative Stress. Journal of Experimental Biology, 215, 2820 – 2826. DAVID'T, Profiting from Technological Innovation [J]. Research Policy, 1986 (15): 285 – 304.

[201] Costantini V, Mazzanti M. On the Green and Innovative Side

of Trade Competitiveness? The Impact of Environmental Policies and Innovation on EU Exports [J]. Research Policy, 2012, 41 (1): 132 - 153.

[202] David T. Profiting from Technological Innovation [J]. Research Policy, 1986 (15): 285 - 305.

[203] Deok - Geon Song, Jin-hyuk Im, Jin - Hong Lee. The Impact of Entrepreneurial Spirit on the Willingness to Start Up via Utilizing Knowledge and Information by College Students: Focused on Self-leadership's Mediating Effect and Regulating Effect of Gender [J]. International Journal of Knowledge Content Development & Technology, 2018: 8.

[204] Fernandez - Perez, V., Alonso - Galicia, P. E., Rodrıquez - Ariza, L., et al. Professional and Personal Social Networks: A Bridge to Entrepreneurship for Academics [J]. European Management Journal, 2015, 33 (1): 37 - 48.

[205] Ferreira Aleciane da Silva Moreira, Loiola Elisabeth, Gondim Sônia Maria Guedes, Pereira Cícero Roberto. Effects of Entrepreneurial Competence and Planning Guidance on the Relation Between University Students' Attitude and Entrepreneurial Intention [J]. The Journal of Entrepreneurship, 2022, 31 (1): 18 - 19.

[206] Fonseca, R, Lopez - Garcia, Paloma and PISSARIDES, Christopher A: Entrepreneurship: Start-up Cost and Employment [J]. European Economic Reviw, 2001, 45 (5): 226.

[207] Forbes D P, et al Entrepreneurial Team Formnation. An Exploration of New Menberaddition [J]. Entrepreneurship Theory and Practice, 2016 (30).

[208] Fritsch, Michael, Wyrwich, et al. The Effect of Entrepreneurship on Economic Development—an Empirical Analysis Using Regional Entrepreneurship Culture [J]. Journal of Economic Geography, 2017, 33 (3): 131 - 135.

[209] Fritsch, M., Slavtchev, V. What Determines the Efficiency of Regional Innovation Systems [J]. Jena Economic Research Papers,

NO. 6.

［210］ Furman, J. L. , Porter, M. E. , Stern, S. The Determinants of National Innovative Capacity ［J］. Research Policy, 2002, 31 （6）: 899 – 933.

［211］ Gartner, W. B. A Conceptual Framework for Describing the Phenomenon of New Venture Creation ［J］. Academy of Management Review, 1985, 10 （4）: 696 – 706.

［212］ Garud R , Gehman J , Tharchen T. Performativity as Ongoing Journeys: Implications for Strategy, Entrepreneurship, and Innovation ［J］. Long Range Planning, 2017, 51 （3）: 501 – 509.

［213］ G. E. Battese And TJ. Coelli Production Functions, Technical Efficiency and Panel Data: With Application to Paddy Farmers in India. The Journal of Productivity Analysis, 3, （1992）© 1992 Kluwer Academic Publishers, Boston, Manufactured in the Netherlands. 1992: 53 – 166.

［214］ Gerald E H. Variations in University Entrepreneurship Education: An Empirical Study of an Evolving Field ［J］. Journal of Business Venturing, 1988, 3 （2）: 109 – 122.

［215］ Gnyawali. Environment for Entrepreneurship Development: Key Dimensions and Research Implicatio-n ［J］. Entrepreneurship Theory and Practice, 1994 （11）: 43 – 65.

［216］ Gnyawali, Fogel. Environments for Entrepreneurship Development: Key Dimensions and Research Implications ［J］. Entrepreneurship Theory and Practice, 1994 （4）: 43 – 62.

［217］ Hajarian A. , Taghdisi A. , Barghi H. A Survey of Experts and Home Business Owners in Rural Areas of Isfahan Province （Challenges and barriers） ［J］. Human Geographies, 2021, 15 （1）: 16 – 27.

［218］ Hawkins, D. L. New Business Entrepreneurship in the Japanese Economy ［J］. Journal of Business Venturing, 1993, 8 （2）: 137 – 150.

［219］Henry, C, Hill, F, andLeitch, C. Entrepreneurship Education and Training: Can Entrepreneurship be Taught? ［J］. Education Training, 2005 （2）: 98 – 111.

［220］Hoang H and Antoncic B. Network – Based Research in Entrepreneurship: A Critical Review ［J］. Journal of Business Venturing, 2003, 18 （2）: 165 – 187.

［221］Hofer, C. W. Improving New Venture Performance: The Role of Strategy, Industry Structure, and the Entrepreneur ［J］. Journal of Business Venturing, 1987, 2 （1）: 5 – 28.

［222］Hoy, F, McDougall P. P. &D, Souza, D. E. Strategies and Environments of High Growth Firms ［A］. Chapter in The State of the Art of Entrepreneurship ［M］. Edited by Donald Sexton and John Kasarda. Boston, MA: PWS – KENT Publishing Company, 1992: 54 – 66.

［223］Huang Y, Bu Y. Institutional Environment and College Students'Entrepreneurial Willingness: A Comparative Study of Chinese Provinces Based on fsQCA ［J］. Journal of Innovation & Knowledge, 2023, 8 （1）: 100 – 112.

［224］John R. Harris and Michael P. Todaro, 1970, Migration, Unemployment and Development: A Two – Sector Analysis, American Economic Review, Vol. 60. 1970 （1）: 126 – 142.

［225］Johnson B R. Toward a Multidimensional Model of Entrepreneurship: The Case of Achievement Motivation and the Entrepreneur ［J］. Entrepreneurship Theory and Practice, 1990 （3）: 18 – 27.

［226］Juan C. Leiva, Ronald Mora Esquivel, Dyalá De La O Cordero, Rytha Picado Arroyo, Martín Solís. The Entrepreneurial Activity of University Students in Costa Rica: The Role of the University Ecosystem ［J］. International Journal of Intellectual Property Management, 2022, 12 （1）: 37 – 41.

［227］Kuratko D. F. The Emergence of Entrepreneurship Education: Development, Trends, and Challenges ［J］. Entrepreneurship Theory and

Practice, 2005 (5): 577 – 598.

[228] Law Kris M. Y, Gunasekaran Angappa. Sustainability Development in High-tech Manufacturing Firms in Hong Kong: Motivators and Readiness [J]. International Journal of Production Economics, 2012, 137 (1): 116 – 125.

[229] Li F, Zang D, Chandio A A, et al. Farmers' Adoption of Digital Technology and Agricultural Entrepreneurial Willingness: Evidence from China [J]. Technology in Society, 2023 (73): 102 – 113.

[230] Magretta J. What Management Is [M]. New York: Free Press, 2002: 125 – 241.

[231] Matthew, Mc Caffrey. Extending the Economic Foundations of Entrepreneurship Research [J]. European Management Review, 2018, 21 (1): 50 – 51.

[232] Morris M H, Shirokova G, Shatalov A. The Business Model and Firm Performance: The Case of Russian Food Service Ventures [J]. Journal of Small Business Management, 2013, 51 (1): 46 – 65.

[233] Murnieks C Y, Klotz A C, Shepherd D A. Entrepreneurial Motivation: A Review of the Literature and An Agenda for Future Research [J]. Journal of Organizational Behavior, 2020, 41 (2): 115 – 143.

[234] Murphy P J. A Conceptual Foundation for Entrepreneurial Discovery Theory [J]. Entrepreneurship Theory and Practice, 2010, 35 (2): 359 – 374.

[235] Murray B., Ian C. Mac Millan. Entrepreneurship: Past Research and Future Challenges [J]. Journal of Management, 1988, 2 (14): 139 – 161.

[236] Nambisan S, Siegel D, Kenney M. On Open Innovation, Platforms, and Entrepreneurship [J]. Strategic Entrepreneurship Journal, 2018, 12 (3): 36 – 44.

[237] Neves S, Brito C. Academic Entrepreneurship Intentions: A Systematic Literature Review [J]. Journal of Management Development,

2020, 23 (14): 45 – 56.

[238] Nunes Paulo Maas, Serrasqueiro Zalia, Leitao Joao, Is There a Linear Relationship Between R&D Intensity and Growth? Empirical Evidence of Non-high-tech vs. High-tech SMEs [J]. Research Policy, 2012, 41 (1): 36 – 53.

[239] Osikabor B, Adesope A A, Ibrahim A G, et al. Animal-agriculture Based Entrepreneurship: Descriptive Norms, Perceived Economic Viability and Behavioural Intention among Final Year Agriculture Related Students in Ibadan, Nigeria [J]. Asian Journal of Agricultural Sciences, 2011, 3 (2): 87 – 93.

[240] Parente R, Tarabishy A E, Vesci M, et al. The Epistemology of Humane Entrepreneurship: Theory and Proposal for Future Research Agenda [J]. Journal of Small Business Management, 2018, 56 (1): 35 – 42.

[241] Pauca M A V, Vásquez M E Z, Acobo R Y C, et al. Factors That Influence the Decision of Peruvian Women to Become Entrepreneurs [J]. Revista Venezolana de Gerencia: RVG, 2022, 27 (8): 1036 – 1047.

[242] Pieter de Wolf, Gerard Mcelwee, Herman Schoorlemmer. The European Farmentrepreneu: Comparative Perspective [J]. Int. J. Entrepreneurship and Small Business, 2007 (6): 350 – 369.

[243] Qinyang Li. Regional Technological Innovationand Green Economic Efficiency Based on DEA Model and Fuzzy Evaluation [J]. Journal of Intelligent & Fuzzy Systems, 2019 (37): 6415 – 6425.

[244] Ramayah T, Harun Z. Entrepreneurial Intention Among the Students of USM [J]. International Journal of Management and Entreprenesurship, 2005 (1): 8 – 20.

[245] Rueda Barrios Gladys E., Rodriguez Juan F. Reyes, Plaza Alejandro Villarraga, Vélez Zapata Claudia P., Zuluaga María E. Gómez. Entrepreneurial Intentions of University Students in Colombia: Exploration

Based on the Theory of Planned Behavior [J]. Journal of Education for Business, 2022, 97 (3): 31 –32.

[246] Rutherford M W, Buller P F, Stebbins J M. Ethical Considerations of the Legitimacy Lie [J]. Entrepreneurship: Theory and Practice, 2009 (7): 1540 –6520.

[247] Rutherford M W, Buller P F, Stebbins M. Ethical Considerations of the Legitimacy Lie [J]. Entrepreneurship: Theory and Practice, 2009.

[248] Shafer, S. M. , Smith, H. J. and Linder, J. C. . The Power of Business Models [J]. Business Horizonts, 2005 (48): 109 –207.

[249] Shehu A, Sidique S F. A Propensity Score Matching Analysis of the Impact of Participation in Non-farm Enterprise Activities on Household Wellbeing in Rural Nigeria [J]. Umk Procedia, 2014 (1): 26 –32.

[250] Shirokova G, Osiyevskyy O, Morris M H, et al. Expertise, University Infrastructure and Approaches to New Venture Creation: Assessing Students Who Start Businesses [J]. Entrepreneurship & Regional Development, 2017, 29 (9 –10): 912 –944.

[251] Solymossy E, Masters J K. Ethics Through an Entrepreneurial Lens: Theory and Observation Journal of Business Ethics [J] . 2002 (38): 227 –241.

[252] Taghibeygi M, Sharafi L, Khosravipour B. Identifying Factors Influencing the Development of Rural Entrepreneurship from the Perspective of Farmers of West Islamabad Country [J]. Research Journal of Fisheres and Hydrobiology, 2015 (5): 161 –168.

[253] Teece, D J. Business Models, Business Strategy and Innovation [J]. Long Range Planning, 2010 (43): 172 –194.

[254] Thompson, E. R. Individual Entrepreneurial Intent: Construct Clarifica-tion and Development of an Internationally Reliable Metric [J]. Entrepreneurship Theory and Practice, 2009, 3 (3): 669 –694.

[255] Timmers, P. Business Models for Electronic Markets [J].

Journal of Electronic Markets, 1998 (8): 3 –8.

［256］ Timmons, J A. New VentureCreation: A Guide to Entrepreneurship ［M］. New York: Irwin McGraw – Hill, 1999.

［257］ Timmons, JA, Spinelli, S J. New Venture Creation: Entrepreneurship for the 21st Century ［M］. 6th edition. New York: McGraw – Hill Education, 2004: 646.

［258］ Travis J. lybbert, Daniel A. Sumner. Agricultural Technologies for Climate Change in Developing Countries: Policy Options for Innovation and Technology Diffusion ［J］. Food Policy, 2015 (1): 56 –59.

［259］ Tripathi A. Helping Students Making Better Future: Factors Affecting College of Business Selection ［J］. Social Science Electronic Publishing, 2017: 34.

［260］ Trivedi, R. Does University Play Significant Role in Shaping Entrepreneurial Intention? A Crosscountry Comparative Analysis ［J］. Journal of Small Business and Enterprise Development, 2016, 23 (3): 790 – 811.

［261］ Vaghely I P, Julien P A. Are Opportunities Recognized or Constructed? An Information Perspective on Entrepreneurial Opportunity Identification ［J］. Journal of Business Venturing, 2010 (25): 73 –86.

［262］ V. Vishnukanth Rao, Iram Fatima, Farha Hassan. A Study on Progress of Students in Nizwa College of Technology with Special Emphasis on Stress Related Issues ［J］. International Business Research, 2018 (11): 101.

［263］ Wright, M. and Phan, P. The Commercialization of Science: from Determinants to Impact ［J］. Acadamay of Management Perspective, 2018, 32 (1): 11 –23.

［264］ Wuletaw Mekuria. Effectiveness of Modular Training at Farmers' Training Center: Evidence from Fogera District, South Gondar Zone, Ethiopia ［Z］. Science and Education Publishing Co. , Ltd. : 46 –52.

［265］ Xue Y. Analysis of Influencing Factors of College Students' Entrepreneurship ［C］. International Conference on Education, 2017 （4）: 228.

［266］Yadollah Rajaei, Jafar Yaghoubi, Hamid Donyaei. Assessing Effective Factors in Development of Entrepreneurship in Agricultural Cooperatives of Zanjan Province ［J］. Procedia – Social and Behavioral Sciences, 2011, 15 （C）.

［267］Yaffa Moskovich. Family Home Business in Kibbutz Industry Sustainability ［J］. Sustainability, 2020, 12 （13）: 26 – 28.

［268］Yang C H, Tseng Y H, Chen C P. Environmental Regulations, Induced R&D, and Productivity: Evidence from Taiwan's Manufacturing Industries ［J］. Resource and Energy Economics, 2012, 34 （4）: 514 – 532.

［269］Yurdagul, Emircan. Production Complementarities and Flexibility in a Model of Entrepreneurship ［J］. Journal of Monetary Economics, 2017 （1）: 36 – 51.

［270］Zhanna Belyaeva, Simone Domenico Scagnelli, Mark Thomas. Student Perceptions of University Social Responsibility: Implications from an Empirical Study in France, Italy and Russia ［J］. World Review of Entrepreneurship Management and Sustainable Development, 2018, 14 （1/2）: 455 – 468.

［271］Zheng S. College Students of Art Design Innovative Entrepreneurship Analysis ［C］. International Conference on Education, 2017: 185 – 198.

［272］Zhiyi guo, Ye chang. The Investment of Human Capital of Peasant Household and the Growth of Farmers' Income ［Z］. Brill, 2008: 296 – 311.

［273］Zott C, Amit R, Massa L. The Business Model: Recent Developments and Future Research ［J］. Journal of Management, 2011, 37 （4）: 1019 – 1042.